Cecilia Lindqvist
Eine Welt aus Zeichen

漢字源流

林西莉

CECILIA LINDQVIST

Eine Welt aus Zeichen

Über die Chinesen und ihre Schrift

Aus dem Schwedischen von
Lothar Schneider

Droemer Knaur

© Copyright für die deutschsprachige Ausgabe bei
Droemersche Verlagsanstalt Th. Knaur Nachf., München 1990
Titel der schwedischen Originalausgabe: Tecknens Rike
© Copyright by Cecilia Lindqvist, 1989
Das Werk einschließlich aller seiner Teile ist
urheberrechtlich geschützt.
Jede Verwertung außerhalb der engen Grenzen des Urheberrechts-
gesetzes ist ohne Zustimmung des Verlags unzulässig und strafbar.
Das gilt insbesondere für Vervielfältigungen, Übersetzungen,
Mikroverfilmungen und die Einspeicherung und Verarbeitung
in elektronischen Systemen.
Umschlaggestaltung: Agentur ZERO
Satzarbeiten: Brigitte Apel
Umbruch: Ventura Publisher im Verlag
Druck: Appl, Wemding
Bindearbeiten: Franz Spiegel Buch GmbH., Ulm
Printed in Germany
ISBN 3-426-26482-x

2   3   5   4   1

Warum sehen die chinesischen Zeichen so aus, wie sie aussehen?

Diese Frage hat mich fasziniert, seit ich Ende der fünfziger Jahre bei Bernhard Karlgren begann, Chinesisch zu studieren. Karlgren brachte uns nie ein Zeichen bei, ohne zu erklären, wie es zusammengesetzt war und was man über seine ursprünglichen Formen wußte. Er gab dem Zeichen eine Geschichte, und dadurch wurde es lebendig und faßbar. Jahrzehntelang galt er dann als einer der weltbesten Experten für die chinesische Sprache, aber seine Liebe zum Zeichen verlor nichts von ihrer ursprünglichen Frische, unermüdlich und mit sichtbarer Begeisterung führte er am Katheder, eingehüllt in Kreidestaub, seine Zeichenanalysen durch.

Von 1961 bis 1962 studierte ich Chinesisch an der Universität von Peking und danach *gu qin*, chinesische Laute, an der Musikakademie. Zu meiner Überraschung stellte ich fest, daß sogar gebildete Chinesen keine Ahnung von den Wurzeln ihrer Sprache hatten. Von der Grundschule bis zur Universität wird das Lernen der Zeichen rein mechanisch betrieben, ohne unterstützende Erklärungen.

Als ich nach Reisen durch Asien und Lateinamerika nach Schweden zurückkehrte und Anfang der siebziger Jahre Chinesisch zu unterrichten begann, stellte ich fest, daß meine Schüler genauso reagierten wie ich früher – je mehr ich ihnen über den Aufbau der Zeichen und frühere Formen erzählen konnte, desto leichter fiel es ihnen, die Zeichen zu verstehen und sie sich zu merken. Sie fanden es am anschaulichsten, wenn ich ihnen etwas über die konkreten Lebensbedingungen der Chinesen aus der Zeit erzählte, in der sie die Zeichen geschaffen hatten – vom Haus, vom Wagen, von den Werkzeugen und nicht zuletzt von der chinesischen Natur mit ihren Bergen und Flüssen, Pflanzen und Tieren.

Je länger ich mich mit den Zeichen beschäftigte, um so mehr faszinierte mich die Wirklichkeit, die sich in ihnen spiegelte, all das, was ich als Studentin zwar gesehen, aber nicht verstanden hatte. Warum baute man auf den Feldern verschiedene Getreide nebeneinander an? Warum wurden Wasserhähne als Drachenköpfe bezeichnet? Warum bestanden Millionen von Menschen darauf, in Grotten an Berghängen zu wohnen, obwohl sie in richtigen Häusern wohnen könnten? Ich vertiefte mich in Fachliteratur, unter anderem über technische Probleme, ein Gebiet, für das ich mich mit meinem humanistischen Hintergrund vorher nie interessiert hatte; und immer wieder kehrte ich nach China zurück, um all das konkret zu erfahren, was ich nicht verstanden hatte.

Mit jedem Mal rückten die Zeichen näher.

Als ich vor etwa fünfzehn Jahren mit den Vorarbeiten zu diesem Buch begann, sollte es eine kurze populärwissenschaftliche Abhandlung über den Stand der Forschung zum Ursprung der chinesischen Zeichen werden. Aber mir wurde rasch klar, daß die traditionellen Erklärungen oft überholt waren, beispielsweise durch neue archäologische Funde in den letzten Jahrzehnten, die aber noch nicht wissenschaftlich bearbeitet waren. Die Archäologie ist eine junge Wissenschaft in China. Die ersten richtigen Ausgrabungen wurden in den zwanziger Jahren durchgeführt, aber während der chaotischen Jahrzehnte, die dann folgten, mit Bürgerkrieg und ausländischer Invasion, wurde die Arbeit weitgehend eingestellt und erst in den fünfziger Jahren wieder aufgenommen. Mein Buch stellt nun die erste Untersuchung dar, in der die grundlegendsten chinesischen Zeichen unter Berücksichtigung des umfassenden archäologischen Materials, das bisher ans Licht gekommen ist, behandelt werden.

Lange Zeit verstand ich mich vor allem als Kunsthistorikerin. Von daher war es mir selbstverständlich, die Erklärung der Zeichen in den Bildern und Gegenständen der Zeit zu suchen, in der die Zeichen entstanden. Im archäologischen Material stößt man oft auf Darstellungen, die dieselbe Auffassung von Wirklichkeit widerspiegeln wie die ursprünglichen Formen der Zeichen. Mein Buch ist das erste, das sich systematisch damit befaßt.

Läßt man sich auf diese Bilder ein, wird deutlich, daß sie sich über Jahrtausende wie Archetypen erhalten haben. Die chinesische Kultur weist eine erstaunliche Kontinuität auf; so kommt es vor, daß man in der heutigen Werbung, in der Volkskunst und im Alltagsleben Bilder sieht, in denen sich dieselbe Art, Wirklichkeit aufzufassen und umzusetzen, wiederfindet wie bei den Schöpfern der Zeichen vor mehr als dreitausend Jahren.

Aber vor allem habe ich eine Geschichte zu erzählen – die Kulturgeschichte Chinas, wie sie sich in den Zeichen spiegelt, ihren Ursprung und ihre Entwicklung. Ich habe mir vorgenommen, die Geschichte nicht im Stil einer akademischen Abhandlung, sondern in meiner eigenen Sprache zu erzählen, als Teil meiner Erfahrungen, Erlebnisse und Einsichten.

Cecilia Lindqvist

Inhalt

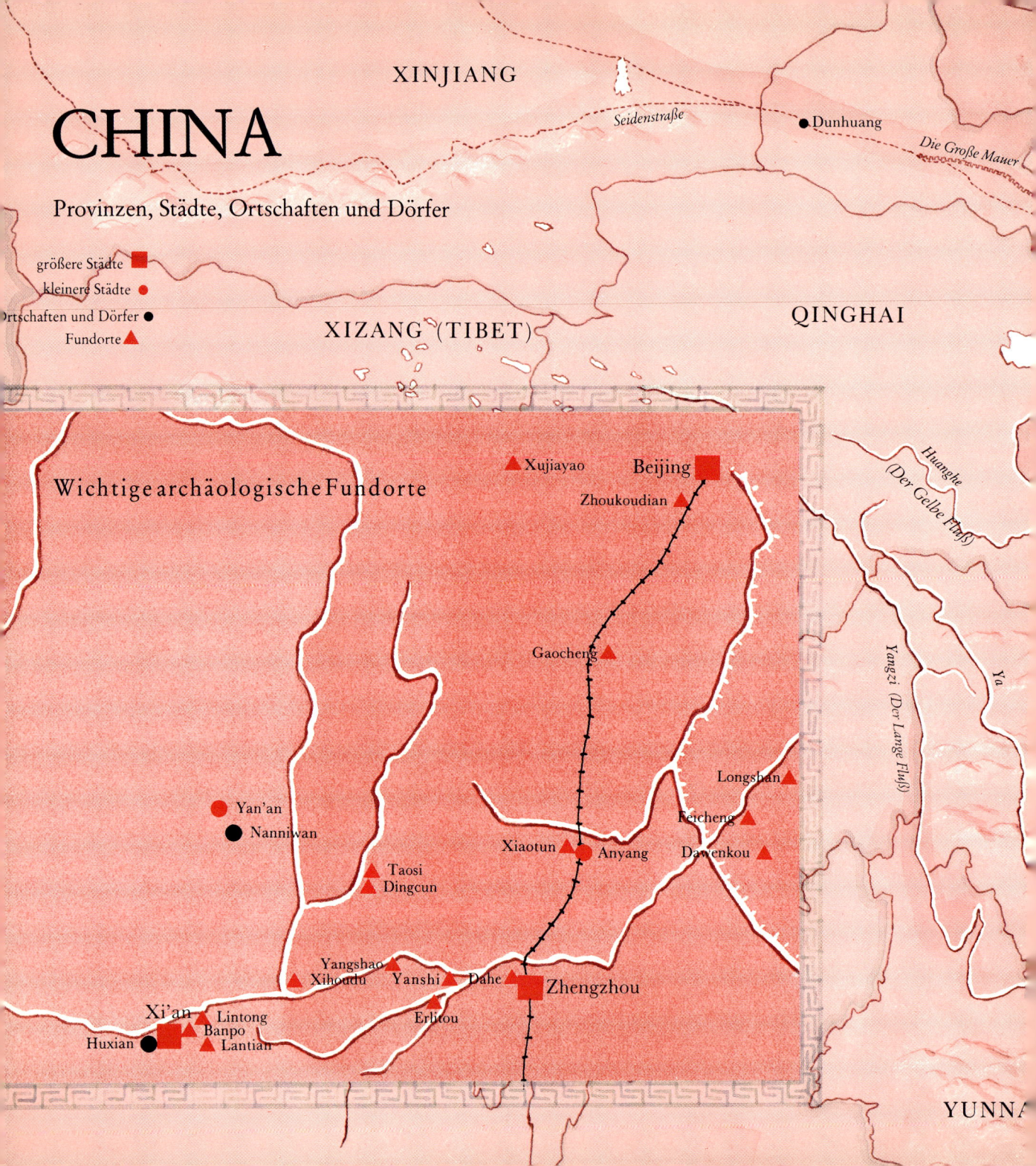

CHINA

Provinzen, Städte, Ortschaften und Dörfer

■ größere Städte
● kleinere Städte
▲ Ortschaften und Dörfer
▲ Fundorte

XINJIANG

Seidenstraße

● Dunhuang

Die Große Mauer

XIZANG (TIBET)

QINGHAI

Wichtige archäologische Fundorte

▲ Xujiayao

Beijing ■

Zhoukoudian ▲

Gaocheng ▲

Huanghe (Der Gelbe Fluß)

Longshan ▲

Feicheng ▲

Yan'an ●

● Nanniwan

Taosi ▲
Dingcun ▲

Xiaotun ▲ ● Anyang

Dawenkou ▲

Yangzi (Der Lange Fluß)

Ya

Yangshao ▲
Xihoudu   Yanshi ▲   Dahe ▲
Xi'an   Erlitou   ■ Zhengzhou
Lintong ▲
Huxian ● ■ Banpo
▲ Lantian

YUNNA

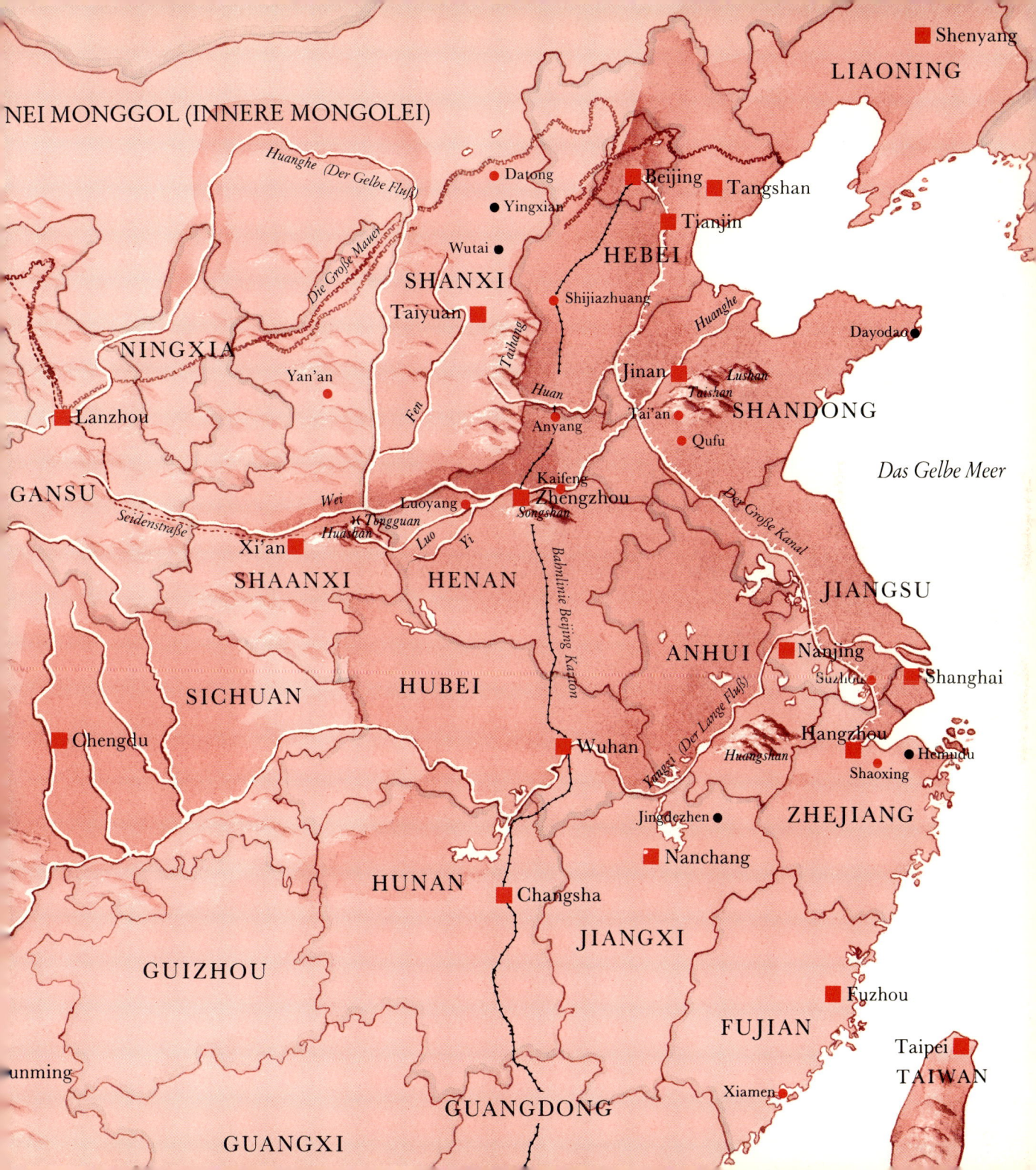

NEI MONGGOL (INNERE MONGOLEI)

Huanghe (Der Gelbe Fluß)

Shenyang

LIAONING

Datong
Yingxian
Beijing
Tangshan
Tianjin

Die Große Mauer

Wutai
HEBEI

SHANXI
Shijiazhuang

Taihang

Taiyuan

Huanghe

NINGXIA
Yan'an
Dayodao

Fen

Jinan
Lushan
Taishan

Lanzhou
Huan
Tai'an
SHANDONG

GANSU
Anyang
Qufu

Das Gelbe Meer

Kaifeng
Zhengzhou

Wei
Luoyang
Songshan

Seidenstraße
Tongguan
Luo

Xi'an
Huashan
Yi

Der Große Kanal

SHAANXI
HENAN

JIANGSU

Bahnlinie Beijing Kanton

ANHUI
Nanjing

Suzhou
Shanghai

SICHUAN
HUBEI

Hangzhou

Chengdu
Huangshan
Hemudu

Wuhan
Shaoxing

Yangzi (Der Lange Fluß)

Jingdezhen
ZHEJIANG

Nanchang

HUNAN
Changsha

JIANGXI

GUIZHOU

Fuzhou

FUJIAN

unming
Taipei

TAIWAN

Xiamen

GUANGDONG

GUANGXI

Orakelknochen und Bronzen

Dieses chinesische Zeichen bedeutet *Sonne*.
Es handelt sich ursprünglich um ein Bild.

Das hier bedeutet *Mond*.
Ursprünglich handelt es sich ebenfalls um ein Bild.

Woher man das weiß?

Zum Ursprung der chinesischen Zeichen
gibt es vor allem zwei Quellen:
Orakelknochen und Bronzen.

Die Orakelknochen

An einem Sommertag des Jahres 1899 ging der Schriftsteller und Forscher Liu E zur Apotheke Da Ren Tang, um für seinen Freund Wang Yirong, der an Malaria erkrankt war, eine Arznei zu besorgen. Die Arznei enthielt eine zur damaligen Zeit übliche Ingredienz, sogenannte »Drachenknochen«. Liu E schaute beim Zermahlen zu und entdeckte zu seiner Verwunderung, daß sich auf den Knochenstücken Inschriften befanden, die aussahen wie chinesische Zeichen.

Sobald Wang Yirongs Fieberanfall vorbei war, begaben sich die beiden Herren in die Stadt und kauften jeden Knochen, den sie in den Apotheken Beijings (Pekings) bekommen konnten. Sie entdeckten darauf 1058 Inschriften, bestehend aus seltsamen alten Zeichen, älter als alle bislang bekannten.

Alles, was die Chinesen bis dahin über den Ursprung ihrer Sprache wußten, bezogen sie aus dem Shuowen, einem Lexikon aus dem Jahre 121, das für etwa 9000 Zeichen die damals gängigen Erklärungen bot. Zweitausend Jahre lang hatten chinesische Wissenschaftler mit großem Scharfsinn, aber auch mit großer Verbohrtheit die Erklärungen der Zeichen im Shuowen diskutiert, ohne daß jemals neues Quellenmaterial hinzugekommen wäre. Schicht um Schicht lagen die Kommentare wie Grabhügel über den Texten.

Die Knochenstückchen aus den Apotheken stellten nun die erste direkte Verbindung zur Frühzeit her. Man konnte feststellen, daß die Menschen schon viel früher *Sonne* so geschrieben hatten:

und *Mond* so:

Die chinesische Kultur war vermutlich nicht die erste. Soweit wir wissen, siedelten sich zu einer noch früheren Zeit Menschen in Ägypten und im Zweistromland an, hielten Haustiere und entwickelten eine Schriftsprache. Aber Mesopotamien, Babylon und das altassyrische Reich sind längst untergegangen. Das China von heute dagegen bildet eine direkte Fortsetzung der Kultur, die im Tal des Gelben Flusses um 5000 vor unserer Zeitrechnung entstand.

Kein Mensch benutzt heute die Keilschrift der Sumerer oder die Hieroglyphen der Ägypter. Doch die heutige chinesische Schrift basiert unmittelbar auf der ersten in China entstandenen Schrift. In vielen Fällen ähneln die Zeichen den alten Formen so sehr, daß nur eine minimale Erklärung zu ihrem Verständnis erforderlich ist.

Kein Wunder, daß es einiges Aufsehen erregte, als Liu E im Jahre 1903 seine Drachenknocheninschriften in einem Buch mit dem Titel »Gesammelte Funde auf Schildkrötenpanzern« herausbrachte.

Damals wußte man noch nicht, woher die Knochen stammten und wie alt sie waren. Aber eifrige Sprachforscher und nicht weniger rührige Antiquitätenhändler machten bald als Ursprungsort Xiaotun bei Anyang aus, wo die letzte Hauptstadt der sagenumwobenen Shang-Dynastie vom 16.–11. Jahrhundert vor unserer Zeitrechnung gelegen haben soll.

Bei Xiaotun fand man einen Erdhügel, wo arme Bauern regelmäßig nach »Drachenknochen« gruben, um sie an die Apotheken der Stadt zu verkaufen. Das war seit dem Jahre 500 so Brauch, aber auf Inschriften hatte man dabei nie geachtet – vielleicht weil die Bauern, die selbst nicht lesen konnten, oft die Zeichen abfeilten, um die Knochen glatter und damit leichter verkäuflich zu machen.

Die Ausgrabungen, die im Jahre 1928 in Xiaotun durchgeführt wurden, waren die ersten wissenschaftlichen Ausgrabungen in der Geschichte Chinas. Man fand eine Fülle von Knochen und Schildkrötenpanzern, die mit dem gemeinsamen Namen »Orakelknochen« bezeichnet wurden.

Die Orakelknochen wurden benutzt, wenn der König von Shang mit den Geistern seiner Ahnen in Verbindung treten wollte, die sich um Shangdi, den höchsten Herrscher im Himmel, scharten. Durch die Vermittlung der Geister war es dem König möglich, ihm Fragen vorzulegen und Wünsche zu äußern. Das betraf Feldzüge und Jagdausflüge, das Errichten von Gebäuden, die Opferzeremonien, das Wetter, die Ernte, Krankheiten, Träume, Geburt und Tod.

Die Wahrsager polierten ein Knochenstück, beispielsweise das Schulterblatt eines Rindes oder die Unterseite eines Schildkrötenpanzers, und bohrten Vertiefungen hinein. Dann verkündeten sie mit lauter Stimme die Frage des Königs an die Ahnen und berührten gleichzeitig mit einer glühenden Bronzenadel die Vertiefungen. Durch die Hitze zersprang die Schale mit einem klaren, deutlichen Laut – die Schale »redete«, so sagte man. An den Bruchstellen konnten die Wahrsager dann die Antwort auf die Frage ablesen. Oft wurden danach mit dem Messer Frage und Antwort in die benutzten Knochen eingeritzt, manchmal verzeichnete man auch, ob sich das Vorhergesagte bewahrheitete oder nicht, und dann archivierte man die Schale.

Die Vertiefungen wurden auf der Innenseite des Schildkrötenpanzers gebohrt, und zwar in langen Reihen und symmetrisch um eine gedachte Mittelachse. Sie bestanden aus einem längeren, ovalen Loch und einem kleineren runden. Der Sinn der Sache war, die Schale dünner zu machen, damit sie, wenn man den erhitzten Stab in die Vertiefungen drückte, leichter berste. Das Bohren der Löcher erforderte eine gewisse Geschicklichkeit, denn ihre Ausführung war entscheidend für die Richtung und Form der Risse. Vor allem aber durfte die Schale nie völlig durchbohrt werden. Am Grunde jedes Loches mußte noch eine dünne Schicht Schildpatt stehenbleiben, knapp einen halben Millimeter dick, denn genau dort sollte sich die Antwort der Ahnen auf die Frage des Königs in Form eines Risses offenbaren.

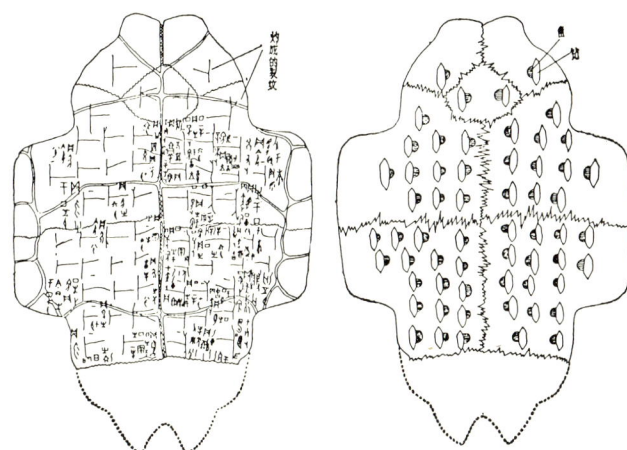

Außenseite des Schildkrötenpanzers.   Innenseite des Schildkrötenpanzers.

Man schrieb im allgemeinen von oben nach unten und begann meistens rechts. Diese Art der Textanordnung haben sich die Chinesen bis heute erhalten.

Die Fragen des Königs wurden auf die Außenseite des Panzers geschrieben, und dort finden sich auch die entstandenen Risse. Das Zeichen für *weissagen, vorhersagen* stammt aus einem solchen Riß und wird heute noch fast genauso geschrieben wie vor dreitausend Jahren. Der Unterschied in der Form ist vor allem darauf zurückzuführen, daß die Zeichen nicht mehr mit dem Messer eingeritzt, sondern mit einem weichen, biegsamen Pinsel und mit Tusche geschrieben werden. In der Frühzeit wurde das Zeichen »puk« ausgespro-

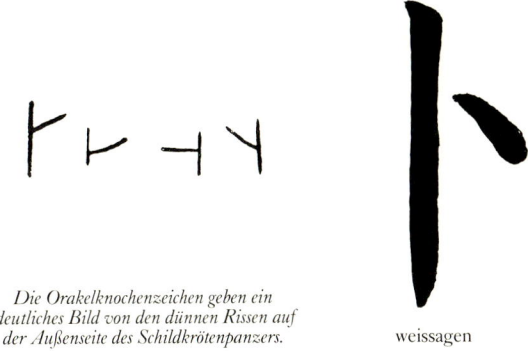

Die Orakelknochenzeichen geben ein deutliches Bild von den dünnen Rissen auf der Außenseite des Schildkrötenpanzers.

weissagen

chen – wahrscheinlich klang es so, wenn die Schale barst und der Schildkrötenpanzer »redete«.

Irgendwann um das Jahr 1100 vor unserer Zeitrechnung – die letzte Nachricht stammt aus dem Jahr 1028 v. Chr. – ging die Shang-Dynastie unter. Das Archiv, die Tempel der Vorfahren und andere Gebäude zerfielen, und als später der Gelbe Fluß über die Ufer trat, wurden die Reste unter einer dicken Schicht feinen, gelben Schlammes begraben. Dreitausend Jahre lang sollte alles so verborgen liegen.

Während der Ausgrabungen, die inzwischen in Xiaotun und Umgebung vorgenommen wurden, hat man nach letzten Berechnungen 175 000 Orakelknochen gefunden, von denen etwa 50 000 eine Inschrift aufweisen.

Inschrift auf einem Schildkrötenpanzer.

Das Lexikon Jiaguwen bian, das ständig vor mir auf dem Schreibtisch steht, enthält gut 4000 verschiedene Zeichen, von denen ein Drittel bereits identifiziert war, als das Buch 1934 erschien.

Seitdem hat man zwar eine Reihe weiterer Zeichen in ihrer Bedeutung bestimmt, aber die Hälfte der Zeichen ist bis heute in ihrer Bedeutung unklar.

Die Weissagungszeremonien und Opferriten für die Ahnen scheinen die Shang-Könige eine Menge Zeit gekostet zu haben. Das Jahr war in Abschnitte von sechzig Tagen unterteilt, und an jedem dieser Tage mußte man verschiedenen Vorfahren nach einem bestimmten Zeitplan opfern. Um sicherzugehen, daß die geplante Opferzeremonie die Zustimmung des jeweiligen Ahnherrn fand, wurde er vorsichtshalber vorher gefragt.

Hinzu kamen all die Orakelbefragungen, die sich auf die Jagd, den Krieg, die Ernte etc. bezogen. An jedem zehnten Tag bat man außerdem um Aufklärung darüber, was in der kommenden Periode zu erwarten war. Eine Inschrift aus der Regierungszeit des Königs Wu Ding um das Jahr 1300 v. Chr. beinhaltet die Frage des Königs, die Antwort des Orakels und eine Anmerkung, wie das Ganze ausgegangen ist.

»Am Tag *gui-si* fragte der Wahrsager Que das Orakel: ›Droht in den nächsten Tagen Unheil?‹

Der König las in den Rissen und sprach:

›Es kommt Unheil. Beunruhigende Ereignisse können eintreten.‹

Am fünften Tag, *ding-you*, kamen tatsächlich beunruhigende Ereignisse von Westen. Guo aus Zhi meldete: ›Tufang belagert unsere östliche Grenze und hat zwei Dörfer angegriffen. Gongfang hat außerdem die Felder an unserer westlichen Grenze geplündert.‹«

Die Orakelknocheninschriften, die Liu E im Jahre 1903 veröffentlichte, wurden mit Hilfe einer Methode reproduziert, die man gewöhnlich als Frottage oder Abreibung bezeichnet. Sie erinnert an die Art und Weise, wie wir als Kinder Spielgeld herstellten, um

Kaufladen zu spielen. Wir legten Papier auf ein Geld-
stück und kritzelten mit einem weichen Bleistift so
lange auf dem Papier hin und her, bis sich das Muster
des Geldstückes abbildete.

Diese Methode wandten auch die Chinesen an, wenn
sie in aller Stille eine schöne Inschrift, die sie in einem
Park oder Tempel entdeckten, kopieren wollten. Der
Text ist im allgemeinen tief in den Stein eingraviert,
ebenso wie in der chinesischen Frühzeit die Orakelknochenzeichen in die Schildkrötenpanzer und Rin-
derknochen eingeritzt waren, und man kann leicht eine
Kopie davon abnehmen.

Um richtige Abreibungen herzustellen, legt man dünnes, angefeuchtetes Reispapier über den Gegenstand,
der reproduziert werden soll, und drückt das Papier
behutsam auf die Unterlage, so daß es in alle Vertiefungen hineingeht. Dann nimmt man ein rundes, in
Tusche getauchtes Kissen und streicht und tupft über
die Oberfläche, bis die Schwärze gleichmäßig verteilt
ist. Das erfordert eine geschickte Hand, man muß
sachte und doch entschlossen vorgehen, und die Farbe
darf nicht zu dünn sein, damit sie nicht in die Rillen
fließt, die weiß bleiben sollen. Ist das Papier etwas
getrocknet, löst man es vorsichtig von der Unterlage –
der Abdruck ist fertig. Die Inschrift erscheint weiß in
einer schwarzen Fläche, die alle Unebenheiten des
Steines oder Knochens erkennen läßt.

Von den meisten Gegenständen mit rauher Oberfläche
kann man auf diese Weise Kopien abnehmen – von
Äxten, Messern, Münzen, Reliefs, ja sogar von runden
Bronzegefäßen –, aber es erfordert große Geschicklichkeit. Solche Reproduktionen geben den Gegenstand oft deutlicher wieder als eine Fotografie oder
eine Zeichnung, man hat beinahe das Gefühl, den
Gegenstand anfassen zu können. Viele Illustrationen
in diesem Buch stellen solche Abreibungen dar.

Alle Orakelknochenzeichen im Buch sind in ihrer natürlichen Größe abgebildet.

Abreibungen aus dem Buch
»Gesammelte Funde auf
Schildkrötenpanzern«, 1903.

Bronzen

Bei den Ausgrabungen vor Anyang in den Jahren 1928 bis 1937 kümmerte man sich vor allem um Orakelknochen. Aber man fand auch Bronzegerät von einem Formenreichtum, einer Schönheit und Ausdruckskraft, die die Welt in Erstaunen versetzten. Es wurde für Opferzeremonien benutzt, bei denen man den Geistern der Ahnen Fleisch, Wein und Leckereien anbot, um sie günstig zu stimmen.

Chinesische Intellektuelle hatten seit der Song-Dynastie (960-1279) antikes Bronzegerät gesammelt – unter anderem, um die darauf befindlichen Inschriften zu studieren. Bis zur Entdeckung der Orakelknochen waren die auf den Bronzen vorkommenden Zeichen die einzigen, die Ursprung und Entwicklung der Schrift zu erklären vermochten. Durch die Funde in Anyang erhielten die Forscher erstmals Zugang zu einer ansehnlichen Menge zweifellos echter und einwandfrei datierbarer Bronzen. Damit ergab sich zusammen mit den übrigen Funden eine feste Grundlage, auf der nicht nur Chinas ältere Geschichte, sondern auch die Geschichte der chinesischen Schrift zu rekonstruieren war.

Die Bronzeinschriften bestanden oft nur aus einem einzigen Zeichen, vermutlich dem Namen einer Familie oder einer Sippe. Manche sind allerdings länger und erzählen von der Entstehungsgeschichte des Gefäßes, wer es anfertigen ließ und zur Erinnerung an welche Person oder welches Ereignis es gedacht war.

Einer Aufstellung des Forschers Zhou Fagao zufolge gab es um das Jahr 1970 etwa 5000 Bronzegegenstände aus der Zeit der Shang- und Zhou-Dynastien; das bedeutet etwa 2000 verschiedene Bronzezeichen, die eine Entsprechung in den heutigen Zeichen finden, plus etwa 1000 Zeichen, die man als Namen von Sippen ansehen muß und denen eine moderne Entsprechung fehlt.

Auf den Bronzen wird *Sonne* so geschrieben:

Und *Mond* so:

Die Zeichen, die auf den Bronzen der Shang-Zeit vorkommen, sind bildhafter als die Orakelknochenzeichen. Der bekannte Forscher Dong Zuobin, der fünfzig Jahre seines Lebens dem Studium der frühen Zeichen gewidmet hat, hält die Bronzeschrift der Shang-Zeit für eine archaische Schrift im Unterschied zur Orakelknochenschrift, die einfacher, knapper, abstrakter und damit moderner ist.

Andere Forscher halten die auf den Bronzen angewandte Schrift für einen alten Stil, wie man ihn immer noch benutzt, wenn man ein Siegel schneidet oder auf andere Weise Zeichen für einen dekorativen Zweck verwendet. Die Art der Ausführung kann auch eine Bedeutung gehabt haben: Orakelknochenzeichen wurden mit dem Messer in ein hartes Knochenstück geritzt, während die Bronzezeichen mit einem Spachtel in den weichen Lehm einer Gußform gedrückt wurden.

Nach dem Niedergang der Shang-Dynastie hörte das Wahrsagen mit Hilfe von Orakelknochen fast völlig auf. Aber weitere achthundert Jahre pflegte man den Brauch, zu Ehren der Ahnen Bronzen zu gießen. Während dieser langen Zeit wurde die Form der Bronzezeichen vereinfacht, und gegen Ende der Zhou-Dynastie war in vielen Fällen das deutliche Bild der Ursprungzeit verschwunden.

Alle Zeichen in diesem Buch, die von Bronzen stammen, sind in natürlicher Größe abgebildet und daran erkennbar, daß sie in brauner Farbe gedruckt sind.

Sowohl auf den Bronzen wie auf den Orakelknochen stoßen wir auf eine Schrift, die, so primitiv sie wirken mag, bereits hoch entwickelt ist und eine lange Vorgeschichte haben muß. Aus dieser Vorgeschichte sind uns jedoch nur vereinzelte Hinweise erhalten. In dem Dorf Banpo bei Xi'an hat man Tonscherben mit eingeritzten Symbolen gefunden, die eine große Ähnlichkeit mit gewissen Zeichen aufweisen. Die Scherben sind nach der Radio-C[14]-Methode auf die Zeit zwischen 4800-4200 v. Chr. datiert. Einige Forscher sind davon überzeugt, daß diese Symbole der Schrift auf

Tonscherben im Schaukasten des Museums in Banpo.

den Orakelknochen und den Bronzen vorausgeht. Andere sind der Auffassung, daß es sich nicht um Zeichen handelt, sondern um Signaturen oder Namenszeichen, die die Töpfer vor dem Brennen in den Lehm ritzten, damit es ihnen selbst und den Familien, für die die Gefäße bestimmt waren, leichter fiele, ihre Gefäße zu identifizieren. Diese Frage ist noch nicht endgültig beantwortet.

Nicht einmal die ursprünglichen Fundplätze bei Anyang sind restlos ausgegraben. Im Jahre 1976 fand man, nur einen Steinwurf vom Ahnentempel entfernt, das Grab von Fu Hao, der Frau von König Wu Ding. Es handelt sich um das kostbarste und am besten erhaltene Grab aus der Shang-Dynastie, das bislang entdeckt wurde, und das einzige, das unmittelbar mit einer bekannten historischen Persönlichkeit verknüpft ist.

An einem Sommertag des Jahres 1984 spazierte ich gemeinsam mit Zheng Zhenxiang, der leitenden Archäologin der Forschungsstation bei Anyang, hinaus zu dem Grab. Nur ein einfaches Schild am Wegrand wies darauf hin, und auf den Feldern rings um das

Grab gedeihen in dem feuchten Klima Weizen und Mais. Direkt daneben waren einige Bauern beim Pflügen.

»Es ist mitten im Sommer«, sagte ich. »Warum pflügen sie jetzt?«

»Wir haben noch ein Grab gefunden«, sagte Frau Zheng, »unter diesem Feld. Es scheint bedeutend größer zu sein als das von Fu Hao und liegt in 14 Meter Tiefe. Aber als wir zu graben anfingen, stießen wir auf ein Problem. In neun Meter Tiefe fanden wir eine Sandschicht, die Wasser führt. Uns war klar, daß wir mit den uns zur Verfügung stehenden Mitteln keine Möglichkeit haben, das Wasser abzuleiten und das Grab trockenzulegen. Deshalb haben wir einfach alles wieder zugeschüttet.«

»Natürlich sind wir neugierig, wessen Grab das ist«, fuhr sie fort. »Es könnte König Wu Ding selbst gehören. Aber das ganze Jahr über werden den Museen in China täglich dreitausend neue Funde aus der Vorzeit gemeldet, und darum müssen wir uns zuerst kümmern. Das Grab bleibt uns. Eines Tages haben wir sicher Gelegenheit, es auszugraben.«

Ein großer Teil der chinesischen Vorzeit liegt noch unter der Erde, unbekannt und unerforscht. Aber verglichen mit dem, was man wußte, als Liu E im Jahre 1899 in die Apotheke ging, hat sich eine völlig neue Welt aufgetan: die Welt der chinesischen Zeichen.

Nur noch ein Hinweis, ehe wir mit den Zeichen beginnen, die mit dem Menschen und seinem Körper zu tun haben. Die Bronzezeichen wurden zur Grundlage für die erste Standardform der Zeichen, die sogenannte Kleine Siegelschrift, die im Jahr 200 v. Chr. festgelegt wurde. Der erste Kaiser der Qin-Dynastie hatte damals eine Anzahl von Kleinstaaten in der Gegend um den Gelben Fluß unterworfen; um seine Macht zu konsolidieren und die Ausübung der Regierungsgeschäfte wirksamer zu gestalten, ließ er eine Reihe von Reformen durchführen, unter anderem eine Vereinheitlichung der Schrift.

Bis zu diesem Zeitpunkt hatte man die Zeichen in den einzelnen Staaten in zahlreichen Varianten benutzt; jetzt wurde eine einheitliche offizielle Form für die allgemein üblichen dreitausend Zeichen festgelegt. Die Kleine Siegelschrift ist besonders schön und wird immer noch häufig für dekorative Zwecke verwendet, zum Beispiel bei Namensstempeln. Aber als Schreibstil für den Alltag war sie zu steif und formell. Alle Striche mußten gleich dick sein, alle Zeichen gleich groß usw. Das hemmte beim Schreiben. Es dauerte deshalb nicht lange, und ein neuer, etwas freierer Schreibstil, genannt *li shu*, entwickelte sich und wurde seinerseits zur Grundlage eines weiteren Stils, *kai shu*, der seit dem Ende der Han-Dynastie bis in unsere Tage als Normalschrift in China gilt. Die Zeichen für Sonne und Mond, wie sie uns auf der ersten Seite dieses Kapitels begegneten, sind ebenso wie alle anderen von mir aufgeführten Zeichen in diesem Stil geschrieben.

Während der Han-Dynastie begann man allgemein, mit Tusche und Pinsel zu schreiben. Die einzigartige Biegsamkeit des Pinsels, die schon durch leichte Veränderung des Druckes auf das Papier eine Verdickung oder Verdünnung des Strichs ermöglicht, führte zur Entstehung von zwei noch freieren Stilen, *xing shu* und *cao shu*. So eigenwillig sie auch wirken, sind sie doch lediglich Kursivformen der Normalschrift.

Erst nach der Revolution von 1949, als die neue Regierung vor der gigantischen Aufgabe stand, Millionen von Menschen Lesen und Schreiben beizubringen, wurde zum ersten Mal seit der Zeit des ersten Kaisers eine Veränderung im Aufbau der Schriftzeichen vorgenommen. In den fünfziger Jahren wurden gut 2200 komplizierte, aus vielen Strichen bestehende Zeichen vereinfacht. In den meisten Fällen ging man von den gebräuchlichen Verkürzungsformen aus, wie sie seit Jahrhunderten verwendet, aber nie offiziell anerkannt worden waren, in anderen Fällen schuf man reine Neukonstruktionen. Viele dieser Neukonstruktionen

kleine Siegelschrift *(auch kleine Stempel genannt)*

Sonne und Mond; hell, leuchtend.

li shu *(offizieller Stil)*

kai shu *(regulärer Stil)*

xing shu *(halbkursiver Stil)*

cao shu *(kursiver Stil)*

führten zu bedeutendem Widerstand, und alte und neue Formen mußten nebeneinander existieren. Revolutionäre wie Mao Zedong (Mao Tse-tung) und Zhu De hielten beharrlich an den alten, nicht vereinfachten Zeichen fest und mit ihnen viele Intellektuelle. Aber bei den Bauern – und diese Bevölkerungsschicht hatten die Reformatoren der fünfziger Jahre vor allem im Sinn – setzten sich die vereinfachten Zeichen durch.

Der Mensch und sein Körper

Die ältesten und deutlichsten Zeichen sind vor allem Bilder des Menschen und seiner Körperteile. Wir wollen mit dem Zeichen beginnen, das **Mensch** bedeutet. Bevor ich wußte, wie man das Zeichen in der Frühzeit schrieb, dachte ich, es handle sich um ein Abbild der Beine, und ich stellte mir eine Person vor, die mit raschem Schritt dahinläuft. Aber da irrte ich mich. Als ich untersuchte, wie das Zeichen auf Orakelknochen und Bronzen aussah, fand ich das Bild eines Menschen im Profil. Er steht aufrecht mit hängenden oder leicht vom Körper abgespreizten Armen da. In einigen Fällen ist der Kopf markiert, aber meistens sieht man nur den Körper, wie bei einem Menschen, den man aus einigem Abstand auf der Straße oder auf dem Feld sieht.

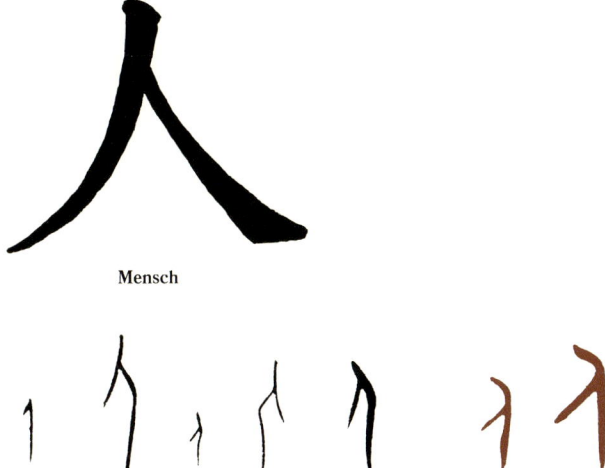

Mensch

Das Zeichen für Mensch tritt in vielen Zusammensetzungen auf. Es erscheint noch heute meist in einer Form, die jeder im frühen China verstanden hätte, obwohl seitdem dreitausend Jahre vergangen sind.
Die Lehmfigur hier ist etwas älter als die Zeichen auf den Orakelknochen, stammt aber gleichfalls aus dem Dorf Xiaotun bei Anyang. Es ist eine sehr kleine Figur, die mit zur Seite gewandtem Kopf und einem bittenden, etwas einfältigen Ausdruck im Gesicht dasteht. Die Ohren sind groß und das lange Haar von der Stirne nach hinten gekämmt und in einem Knoten am Hinterkopf befestigt. Der lange Arm hängt untätig herab und rahmt den Körper ein.
Das ist eine der frühesten Darstellungen eines Menschen in der chinesischen Kunst, einfach wie ein Zeichen.

Stehender Mensch. Lehmskulptur aus dem späten Neolithikum. Ostasiatisches Museum, Stockholm, 10 cm hoch.

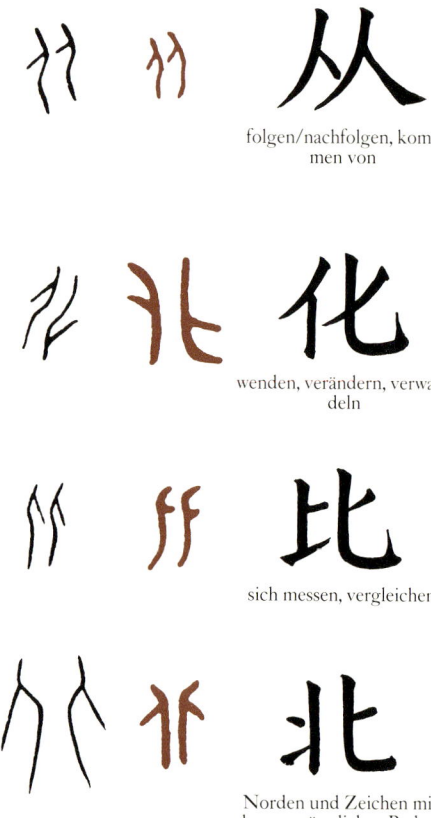

folgen/nachfolgen, kommen von

wenden, verändern, verwandeln

sich messen, vergleichen

Norden und Zeichen mit der ursprünglichen Bedeutung: Rückseite/Kehrseite

Indem sie das Zeichen für Mensch drehten und wendeten und zu verschiedenen Kombinationen zusammenfügten, konnten die Chinesen der Frühzeit viele neue Schriftzeichen für Wörter bilden, die es in der gesprochenen Sprache gab. Zwei Menschen, einer hinter dem andern, bilden zusammen das Zeichen für *folgen/nachfolgen, kommen von*. Auf den Orakelknochen und den Bronzegeräten bewegen sich die beiden Personen manchmal nach links, manchmal nach rechts. Bevor die Zeichen um das Jahr 200 v. Chr. vereinheitlicht wurden, waren derartige Variationen allgemein üblich.

Zwei Menschen, der eine nach oben, der andere nach unten gekehrt, als lägen sie Kopf an Fuß, bedeuten *wenden, verändern, verwandeln*. Das Zeichen ist Teil des zusammengesetzten Wortes für *Chemie* – die Lehre von der Verwandlung der Stoffe – und kommt in vielen anderen Wörtern vor, die mit Verwandlung/Veränderung zu tun haben.

Zwei Menschen nebeneinandergestellt: *sich miteinander messen, vergleichen*.

Ganz unten sehen wir zwei Menschen, die Rücken an Rücken stehen, voneinander abgewandt. Das Zeichen bedeutete ursprünglich *Rückseite, Kehrseite*, später kam noch die Bedeutung *Norden* dazu. Das hängt damit zusammen, daß chinesische Wohnhäuser und Paläste früher stets so gebaut wurden, daß die Rückseite nach Norden zeigte. Diese Tradition reicht zurück bis in die Anfänge der Kultur und erklärt sich aus den konkreten geographischen Bedingungen. Von Norden kommen die eiskalten sibirischen Winterwinde, und von Norden kommen im Frühling die Sandstürme aus den Wüsten der Mongolei. Der Norden war die Rückseite, er war dunkel und kalt. Man wandte sich lieber dem Süden und der Sonne zu. Bei seinen Audienzen saß der Kaiser immer mit dem Rücken nach Norden.

In dem Zeichen **groß** sehen wir einen Menschen, der breitbeinig mit weit ausgestreckten Armen dasteht, wie ein Tormann in Erwartung des Balles. Oder bläst er sich nur auf, um zu imponieren – um groß zu erscheinen? Das gleiche Bild, erweitert um einen darübergesetzten horizontalen Strich, ist das Zeichen für *erwachsener Mann, Ehemann*. Der Strich hat offenbar etwas mit den langen Stäbchen zu tun, die die Haarknoten der erwachsenen Männer zusammenhielten.

Erwachsener Mann, Ehemann

groß

Aber die Haarstäbchen wurden nicht, wie das Zeichen *erwachsener Mann, Ehemann* anzudeuten scheint, nur von Männern benutzt, sondern in gleichem Maße von Frauen, das zeigen die Grabfunde aus der Shang- und Zhou-Zeit. Der Haarknoten und die Stäbchen standen für Erwachsensein, ebenso wie hochgesteckte Zöpfe in Schweden früher anzeigten, daß ein Mädchen nicht mehr ledig war. Die Haarstäbchen legten also einen Status fest. Je vornehmer eine Person, um so zahlreicher und kostbarer die Haarstäbchen. Fu Hao, die Frau des Königs Wu Ding, bekam 499 Haarstäbchen von siebenerlei Art mit ins Grab, das hätte für so manche elegante Frisur ausgereicht.

Im Alltag verwendete man einfache, rund geschliffene Knochenstäbchen, aber es gab auch Haarstäbchen für den zeremoniellen Gebrauch. Diese Stäbchen wurden am oberen Ende mit schönen Schnitzereien verziert, oft in Gestalt eines Vogels. Haarstäbchen gehören zu den gewöhnlichen Funden in Gräbern aus den ersten Dynastien. Sie kommen zahlreich und so vielfältig vor, daß man sie zu Hilfe nimmt, um archäologische Fundstätten zeitlich zu bestimmen.

Unter den nahezu zweitausend Gegenständen im Grab der Fu Hao fand man zwei kleine Figuren aus Jade, einen Mann und eine Frau. Sie stehen auf leicht krummen Beinen, dem Betrachter zugewandt. Die Hände des Mannes hängen einfach herab auf die Oberschenkel, während die Frau ohne Scham dem Betrachter ihr Geschlecht öffnet. Ihre Köpfe zieren riesige Haarstäbchen.

Jadefiguren aus dem Grab der Fu Hao, Anyang. Shang-Zeit.
12,5 cm hoch.

Das gleiche Bild eines Menschen mit ausgestreckten Armen, auf das wir in dem Zeichen für *groß* stießen, kehrt in anderen Zeichen wieder, zum Beispiel in der Bedeutung von *in die Mitte nehmen, von beiden Seiten drücken, stützen.* Da sehen wir drei Personen, in der Mitte eine große mit ausgestreckten Armen und auf jeder Seite eine kleinere Person im Profil, die nach besten Kräften stützt und hilft.

In dem Zeichen *stehen, stellen/aufstellen, etablieren* sehen wir den Menschen mit beiden Beinen fest auf der Erde stehen, die durch einen horizontalen Strich markiert ist. Auf den Orakelknochen und den Bronzegeräten erscheint das Bild deutlich und leicht verständlich. Aber bald wurde das Bild komplizierter, und würde man die ursprüngliche Form des Zeichens nicht kennen, wäre es ziemlich schwierig zu verstehen, warum es ausgerechnet *stehen* bedeutet.

Das gleiche trifft zu für das Zeichen *kreuzen, über Kreuz legen,* ursprünglich das Bild eines Menschen mit gekreuzten Beinen. In übertragener Bedeutung wird das Zeichen seit der Frühzeit auch in der Bedeutung *Kontakt, Austausch, Kommunikation* verwendet.

stützen

stehen

kreuzen, Kontakt

Nahe verwandt mit den Zeichen *Mensch* und *groß* ist das Zeichen **Himmel**, das später auch steht für **Der Himmel**, der Höchste Herrscher, der die Macht über die gesamte Natur und über die Welt der Menschen besitzt.

Wie weit die Verehrung des Himmels zurückreicht, ist bisher nicht bekannt, aber die Gestaltung des Zeichens auf den Orakelknochen deutet darauf hin, daß ein solcher Kult schon während der Shang-Dynastie bestand. Mit dem Beginn der Zhou-Dynastie wurde der Kult allgemein gepflegt, und man betrachtete den Fürsten als Sohn des Himmels, der in dessen Auftrag das Land

regierte. An dieser Auffassung änderte sich nichts bis zum Niedergang des Kaisertums im Jahre 1911.

In den Orakelknochenzeichen ist der Kopf als Viereck oder nur als Strich gezeichnet, während das Zeichen auf Bronzen das realistischere Bild eines großen Menschen mit deutlich rundem Kopf zeigt.

Auge

Das Auge dieses Mannes ist auf sehr charakteristische Weise geformt: So findet man es nicht nur bei Skulpturen und Tiermasken, die viele Bronzegegenstände dieser Zeit zieren, sondern auch in dem Zeichen für **Auge.** Die gleiche auffällige Iris, die gleiche lange, gebogene Linie zur Nasenwurzel.

Bei der Vereinheitlichung der Schrift im Jahre 200 v. Chr. stellte man das Auge senkrecht, und die Linien wurden begradigt. Aber es braucht nicht viel Phantasie, um hinter dem heutigen Zeichen für Auge das alte Auge aus der Vorzeit zu erkennen.

Hier sitzt ein kleiner Mann, vermutlich ein Sklave, die Hände untertänig auf die Knie gelegt. Seine Augen sind groß, der Blick nach innen gewandt, als säße er schon lange wartend da. Die Skulptur, die nur 5,5 cm groß ist, stammt aus einem Grab bei Anyang, wo Fu Hao, die Frau von Wu Ding, vor 3200 Jahren mit all den Dingen begraben wurde, die ihr in einem künftigen Leben von Nutzen sein können – Diener, Opfergefäße, Spaten, Streitäxte (sie war eine berühmte Heerführerin), Jadeschmuck und Schnitzereien aus Elfenbein.

Maske eines wilden Tieres auf einem Bronzegefäß. Anfang der Shang-Dynastie. Abreibung.

Ein stehender oder sitzender Mensch und ein großes Auge: *schauen, sehen.*

schauen, sehen

Widerhaken über einem Auge: *Augenbraue*

Augenbraue

Die ältesten Zeichen für Augenbrauen beschränken sich im allgemeinen auf das Auge selbst und die Braue, doch bei einigen Orakelknochenzeichen sehen wir, wie hier, den ganzen Menschen. Die Person kniet, genau wie der kleine Sklave. Der Körper ist klein, aber Auge und Braue sind so groß, daß die Bedeutung des Zeichens klar wird.

Ein ähnliches Bild finden wir in diesem Bronzezeichen, dessen Bedeutung man aus irgendeinem Grund nicht zu erkennen meint. Ich glaube, daß es ebenfalls Augenbraue bedeutet. Alle wesentliche Details, denen wir in den anderen Zeichen für Augenbraue begegnen, kommen hier vor. In der Inschrift, zu der das Zeichen gehört, steht es für einen Namen. Warum auch nicht? Der Eigentümer des Bronzegefäßes trug möglicherweise seinen Namen wegen seiner ungewöhnlich ausgeprägten Augenbrauen.

Das Bild für Auge ist auch die Ausgangsform für das Zeichen **Gesicht**, **Oberfläche**. Auf den Orakelknochen sieht man ein Auge, umgeben von einem breiten Streifen, vielleicht die Haut bis zu den Brauen und hinunter

Gesicht, Oberfläche

Kleine Siegelschrift

zu den Wangen, vielleicht nur eine Fläche, die das Gesicht ausdrücken soll und die Funktion hat, den Hintergrund für das Auge, dieses markanteste Merkmal des Gesichts, zu bilden.

Als ich das Zeichen zum erstenmal wirklich als Gesicht erlebt und gesehen habe, wurde mir klar, wie genial einfach das ursprüngliche Bild ist. Ich hielt mich in der Forschungsstation in Xiaotun bei Anyang auf, wo man die bei den Ausgrabungen entdeckten archäologischen Funde bearbeitet und aufbewahrt. In einem Schaukasten lag zwischen all den anderen leicht ver-

Gesicht eines Menschen. Forschungsstation in Xiaotun, 1984.

staubten Fragmenten eines Lebens, wie man es in dieser Gegend vor gut dreitausend Jahren gelebt hatte, in einer Pappschachtel diese Maske auf Watte gebettet, zusammen mit einem Abguß, den man davon gemacht hatte. Es ist eines der wenigen realistischen Abbilder von Menschen aus der Shang-Dynastie. Eine Totenmaske? Möglich, aber unklar von wem. Vielleicht von einem Sklaven oder einem Wagenführer, der seinem Herrn in den Tod gefolgt ist.

Ich weiß noch immer nicht, warum mich das Gesicht so fasziniert hat. Vielleicht war es einfach die Überra-

schung, zwischen all den Tonscherben, Bronzespitzen und Beschlägen für Kampfwagen einem lebendigen Menschen zu begegnen – obwohl er tot war. Das mondbleiche Gesicht mit seinen träumenden, ins Nichts blickenden Augen, der geschlossene Mund und die hohe Wölbung der Backenknochen – ein offenes und zugleich verschlossenes Antlitz. Das Bild hält mich nach wie vor gefangen. Es hängt an der Wand über der Schreibmaschine, und jeden Tag begegnen sich unsere Jahrtausende voneinander entfernten Blicke.

Erste vereinheitlichte Form
für Ohr. Kleine Siegelschrift.

Ohr

Das Zeichen für **Ohr** tritt auf den Orakelknochen und den Bronzegeräten in verschiedenen, ganz eigenartigen Formen auf. Einige davon scheinen auf den ersten Blick nur eine sehr entfernte Ähnlichkeit mit einem Ohr aufzuweisen. Denkt man allerdings an die verwirrende Landschaft, die ein äußeres Ohr zeigt, sind die Sinnbilder vielleicht gar nicht so dumm.

Einige der charakteristischen Linien im Bronzezeichen für Ohr – zum Beispiel die weichen Krümmungen und Bögen oben und unten in Richtung Innenohr – finden wir in der hier abgedruckten Abbildung eines menschlichen Ohres aus einem chinesischen Nachschlagewerk von 1905.

In den ersten Dynastien bestand eine Übereinkunft darüber, wie die Wirklichkeit in ihren mannigfaltigen Einzelheiten aufzufassen und wiederzugeben war. Ganz gleich, ob man in Schrift oder Bild formulierte, man ging dabei von einer bestimmten Sehweise aus. Die Ähnlichkeit zwischen Schrift und künstlerischen Verzierungen ist deshalb oft recht groß.

Unter dem ersten Kaiser der Qin (221-206) erhielt das Zeichen für *Ohr* seine erste vereinheitlichte Form. Sie unterscheidet sich um einiges von den auf Orakelknochen und Bronzen üblichen Formen, obwohl das Zeichen von dort herstammt.

Gesicht auf einem Bronzegefäß. Späte Shang-Zeit. Abreibung.

An einem Frühlingstag war ich mit dem Fahrrad in Beijing unterwegs, da fiel mir auf dem Bürgersteig eine kleine »Oase« ins Auge. In vielen Bezirken der älteren Stadtteile stehen die Häuser wie auf einem Sockel etwas über dem Straßenniveau, und darauf sitzen die Schulkinder und machen ihre Schularbeiten, während die Alten dort zum Beispiel nähen. Vor dem betreffenden Haus hatte jemand ein entzückendes Gärtchen angelegt, nicht größer als ein Doppelbett. Rosen dufteten, Wein rankte hinauf zum Dach. Auf Brettern sah man Kakteen und Orchideen und ein paar Gefäße mit Knoblauch. Außerdem hingen da Käfige mit kleinen Vögeln, die um die Wette sangen und den Lärm der Autos und der Fahrradglocken zu übertönen versuchten.

Jedesmal, wenn ich hier vorbeiradelte, fuhr ich langsamer und genoß den Anblick des Lustgärtchens. Eines Tages saß dort auf niedrigen Schemeln eine Familie beim Mittagessen. Ich stieg ab, und ich fragte als erstes nach den Blumen.

»Wer hat dieses Gärtchen angelegt?«

Der Mann lachte stolz und zeigte auf seine Nase: Ich selber.

In einer solchen Situation würden wir Schweden wahrscheinlich auf unsere Brust gedeutet haben, aber in China deutet man auf die Nase. Und offenbar hat diese Geste eine lange Geschichte, denn das Zeichen für **selbst** bedeutet von jeher **Nase** und ist das Bild einer von vorne gesehenen Nase, mit Nasenflügeln und Nasenrücken. Unsere europäischen Nasen ragen im allgemeinen ein Stück aus dem Gesicht, und wir denken bei »Nase« normalerweise an ein Bild im Profil. Nicht so in China. Dort haben die meisten Menschen Nasen, die sich dem Gesicht einpassen, und für sie ist das charakteristische Bild einer Nase die Frontalansicht.

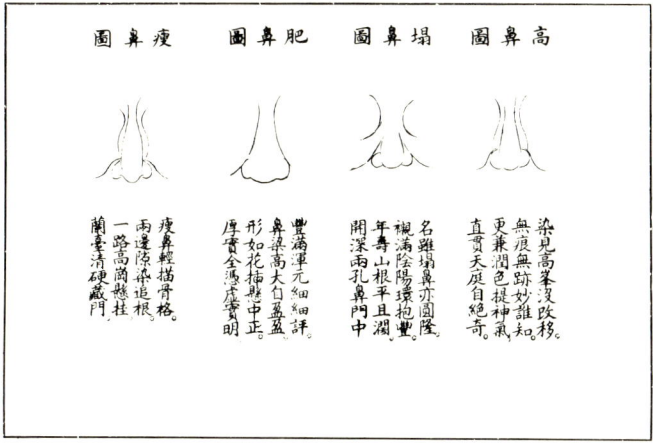

In einem Lehrbuch der Malerei aus dem Jahre 1818 werden verschiedene Arten von Nasen behandelt mit ihren hervorstechenden Eigenschaften, hohe und schmale, breite und fleischige, zusammengedrückte und überhängende. Alle sind von vorn gesehen.

selbst, und Zeichen mit der ursprünglichen Bedeutung **Nase**

Mund

Dieses Zeichen bedeutet **Mund**, und wie der lachende Mund in einer Kinderzeichnung hat es auch einmal ausgesehen. Inzwischen sind die fröhlichen Mundwinkel verschwunden, und das Zeichen sieht aus wie ein gewöhnliches Viereck. In übertragener Bedeutung heißt es *Öffnung, Mündung,* und es gehört zu zusammengesetzten Wörtern wie *Türöffnung, Eingang* und *Ausgang.*

In früheren Zeiten, als es oft schwer war, genügend Essen für alle herbeizuschaffen, standen die Kinder oft wartend da mit offenen Mündern, und so stellte man sich natürlich die Menschen als Münder vor, die gesättigt werden müssen. Eine sprachliche Eigentümlichkeit erinnert noch daran. Werde ich nämlich in China nach der Zahl der Familienmitglieder gefragt, antworte ich, daß wir vier Münder sind – nicht vier »Stück«, wie auf schwedisch. Und ich sehe vor mir die hungrigen Kinder, die darauf warten, daß ich mit den Einkaufstüten nach Hause komme, um das Mittagessen zu kochen.

Bevölkerung heißt auf chinesisch *Menschenmünder.* Es gibt inzwischen eine Milliarde Menschen in China, eine Milliarde Münder zu stopfen. 人口

Ein Mund mit etwas drin: *süß, wohlschmeckend.*

süß, wohlschmeckend

Dieselbe stilisierende Art der Wiedergabe von Augen, Augenbrauen und Ohren, die wir bei den frühen Zeichen festgestellt haben, zeigt sich auch hier auf der schweren Schneide einer ehemaligen Bronzeaxt. Das Gesicht wirkt barbarisch und grausam; dementsprechend wurde die Axt auch im Zusammenhang mit Menschenopfern verwendet. Man fand sie am Eingang eines großen Fürstengrabes, und weiter im Inneren lagen um den Toten achtundvierzig Menschen, die geopfert worden waren, um ihn in das nächste Leben zu begleiten.

Bronzeaxt aus der Shang-Dynastie. Shandong-Provinzmuseum, Jinan.

Der grinsende Mund auf der Axt weist mit seinen viereckigen lückenhaften Zähnen eine große Ähnlichkeit mit den Orakelknochenzeichen für **Zahn, Zähne** auf, aber dieses Zeichen wurde bald entstellt, und nach der Zeichenreform um 1950 ist von dem drastischen alten Bild nichts mehr übriggeblieben.

vereinfachte Form für Zahn, Zähne

Zahn, Zähne

Das Zeichen für **Herz** wirkt in seiner heutigen Form völlig unverständlich. Vielleicht hängt das damit zusammen, daß wir kaum ein wirkliches Herz zu Gesicht bekommen. So konkret es auch in uns pocht, so abstrakt ist unsere bildliche Vorstellung davon. Wer von uns ist schon in der Lage, die genaue Position der verschiedenen Kammern und Gefäße aufzuzeichnen? Unser Bild von einem Herzen hat eher mit dem Herz zu tun, wie wir es im Frühling in Buchenstämme ritzen, meist von einem Pfeil durchbohrt. Denn »Herz« bedeutet Liebe und damit Sehnsucht, Trauer und Schmerz.

Auch in China steht das Herz für Gefühle verschiedenster Art, und es ist in vielen zusammengesetzten Zeichen zu finden, die mit Gefühlen und Gemütszuständen zu tun haben oder mit Vorstellungen, die an das Innere des Menschen rühren, sein moralisches »Herz« betreffen.

Die Orakelknochenzeichen unterscheiden sich gar nicht so sehr von dem Bild des Herzens, wie es uns geläufig ist.

Nase und Herz: *atmen, seufzen, ausruhen*. Denn natürlich spürt man es in Nase und Herz, wenn man sich nach der Arbeit im Gemüsegarten hinsetzt und ausschnauft oder wenn man endlich alle Treppen hinaufgestiegen ist.

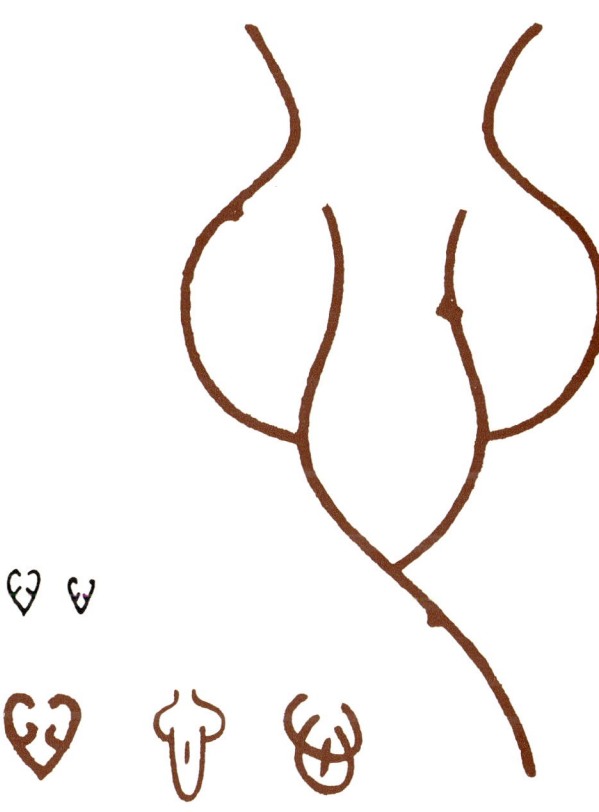

atmen

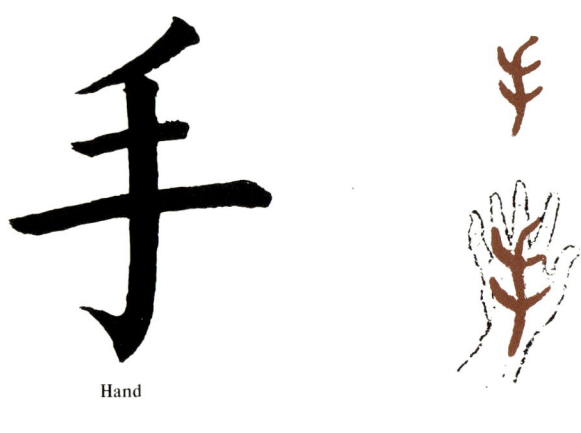

Hand

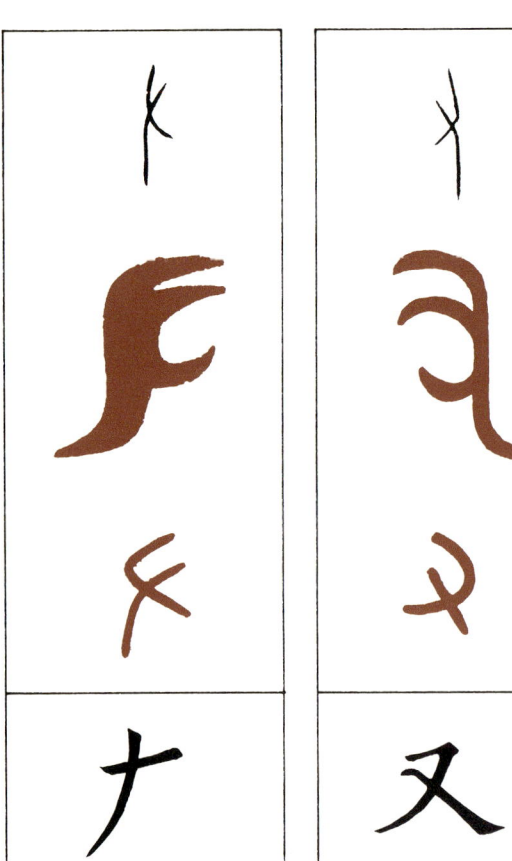

Zeichen mit der ursprünglichen
Bedeutung linke Hand

Zeichen mit der ursprünglichen
Bedeutung rechte Hand

Hand. An dem Bronzezeichen können wir erkennen, daß das Zeichen anfangs offenbar das Bild einer Hand mit fünf Fingern gewesen sein muß. Aber ist dieses Bild nicht erstaunlich schlecht? Warum kleben die Finger wie Blätter an einem Blumenstengel, warum erkennt man keinen Daumen, der doch für die Funktion der Hand so entscheidend ist und eigentlich hervorgehoben werden müßte? Unsere Vorstellungen vom Aussehen einer Hand sind sicher sehr unterschiedlich. Ich als Linkshänderin denke sie mir so.

Aber sobald ich darüber nachdenke, sehe ich ein, daß es zahlreiche Möglichkeiten gibt, eine Hand abzubilden, die mindestens ebenso einleuchtend sind wie meine Auffassung. Die Hand, das wichtigste Werkzeug des Menschen, ist nicht so leicht in einem einzigen Bild beschreibbar.

Während ich so am Schreibtisch sitze, meine Hand und das Zeichen für Hand vor mir, und über die Beziehung zwischen Wirklichkeit und Zeichen grüble, verschmelzen die Bilder miteinander, und ich erkenne, daß das Zeichen gar nicht so unvollkommen ist, wie ich zuerst glaubte. Betrachtet man den Mittelfinger als Hauptachse der Hand, verteilen sich die Finger gleichmäßig an beiden Seiten. Mein Wissen über den Aufbau einer Hand – Knochen, Sehnen, Muskeln – hat mich verleitet. Wenn ich verstehen will, wie die Menschen der Vorzeit sich selbst und ihre Umwelt auffaßten und wiedergaben, muß ich mich von den Konventionen frei machen, die dreitausend Jahre später meine Sozialisation und Ausbildung in Schweden bestimmt haben.

Aber es gibt noch eine andere Deutungsmöglichkeit. Das Zeichen für Hand war bereits in der Shang-Zeit ein Schriftzeichen und kein Bild mehr. Wie die anderen Zeichen hatte es wahrscheinlich schon eine lange Geschichte hinter sich, die zu den unterschiedlichsten Vereinfachungen geführt haben mag. Das geht unter anderem aus weiteren Zeichen für Hand hervor.

Bei diesen Zeichen hier, die ursprünglich *linke* beziehungsweise *rechte Hand* bedeuten, sieht man nur drei von fünf Fingern einer Hand.

In zusammengesetzten
Zeichen wird Hand oft
so geschrieben.

Freund, freundlich

sehen, schauen

greifen

umdrehen

Die linke Hand hat alles in allem ihre ursprüngliche Form behalten, von der alten rechten Hand jedoch ist im heute üblichen Zeichen nicht mehr viel übriggeblieben. Aber das Zeichen bedeutet in den vielen Zusammensetzungen, in denen es enthalten ist, nach wie vor *Hand*. Für sich allein bedeutet es *wiederholt, noch einmal* – wie die Hand eben bei der täglichen Arbeit wieder und immer wieder bestimmte Bewegungen wiederholt.

Die verschiedenen Zeichen für Hand sind in vielen Zusammensetzungen enthalten. Eines davon ist *Freund, freundlich*, ursprünglich zwei Hände, die in der Art wahrer Freunde etwas in gleicher Richtung tun. Später änderte man das Zeichen so, daß es aussieht wie eine rechte und linke Hand, die sich treffen, und das Bild paßt ebenfalls gut.

In einem anderen Zeichen sehen wir die Hand, die ein Auge beschattet, wie man es oft gegen die blendende Sonne tut, um etwas weit Entferntes genauer zu sehen. Das Zeichen bedeutet *sehen, schauen, betrachten*, wird aber auch benutzt für *lesen* und *einen Besuch abstatten*. Das scheinen allzu viele Bedeutungen auf einmal zu sein, aber bei genauer Überlegung verwenden wir das Wort »schauen« in gleicher Weise. Wir »schauen« in die Zeitung, obwohl wir eigentlich lesen, und wenn ein Nachbar zu Besuch kommt, sagt er, er »schaue« nur kurz vorbei, um zu fragen, ob er sich die Heckenschere ausleihen könne.

In dem Zeichen *greifen, anfassen, fangen* sehen wir eine rechte Hand, die sich nach einem Ohr ausstreckt, um es zu packen. Halt fest! Das Zeichen wurde ursprünglich auch für *sich eine Frau nehmen* benutzt – das Bild ist hier etwas drastisch –, aber für diese Bedeutung konstruierte man schon in der Shang-Zeit ein neues Zeichen, indem man das Zeichen für Frau hinzunahm, wie wir später sehen werden.

Eine Hand, die etwas dreht oder wendet: *umdrehen, entgegengesetzt, gegen, revoltieren*.

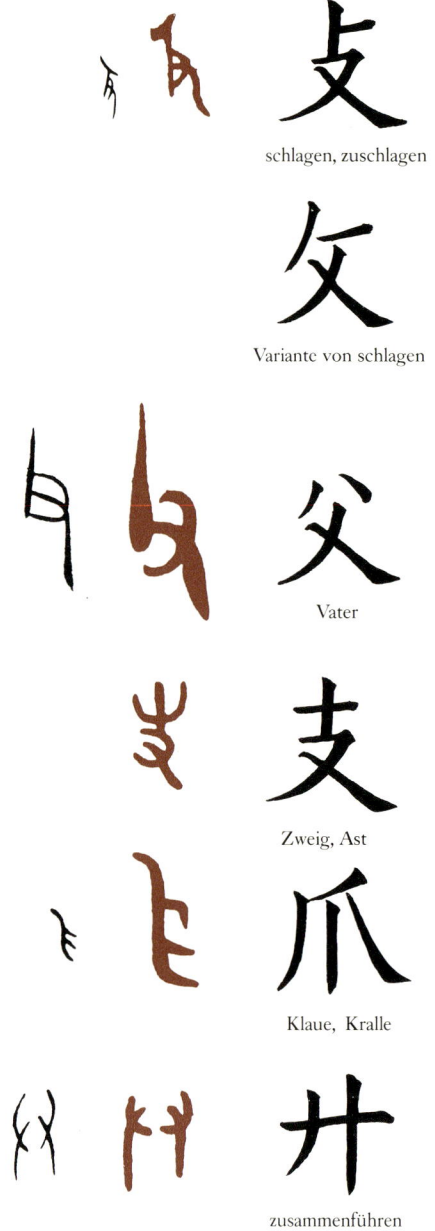

schlagen, zuschlagen

Variante von schlagen

Vater

Zweig, Ast

Klaue, Kralle

zusammenführen

Das Zeichen für *schlagen, zuschlagen* zeigt ebenfalls eine rechte Hand mit einer zum Hieb ansetzenden Hacke oder Axt. Das Zeichen kommt nie allein vor, sondern gehört zu zusammengesetzten Zeichen mit aggressiver Bedeutung: *niederschlagen, attackieren, packen, zerstören, verjagen, ruinieren, vertreiben, stoppen, kastrieren, stechen, schmerzen, eindringen* u.v.a.

Man sieht die grausigen Szenen vor sich, die sich abgespielt haben müssen, ehe die *Ordnung* wiederhergestellt war – denn auch in diesem Zeichen ist *schlagen* enthalten, ebenso wie in *führen, regieren* und *kaiserliche Verordnung*. Alle Macht beruht auf Gewalt, pflegt man zu sagen. Man kann dem durchaus zustimmen, wenn man sieht, wie das Zeichen für *schlagen* verwendet wird. Auch im Zeichen *Vater* sehen wir eine Hand, was jedoch den anderen Teil des Zeichens betrifft, sind die Fachleute verschiedener Meinung. Wahrscheinlich handelt es sich um einen Gegenstand, der Macht und Autorität repräsentiert, vielleicht eine Waffe, vielleicht ein Symbol für die Vorfahren.

Eine Hand, die einen Ast oder Zweig hält: *Zweig, Ast.*

Das Zeichen *Klaue, Kralle* ist anfangs auch das Bild einer Hand, die wie eine Klaue zupackt. In den zusammengesetzten Zeichen, in denen es vorkommt, bedeutet es nach wie vor Hand, und wird so geschrieben:

Zwei Hände, die sich einander nähern: *zusammenführen, mit beiden Händen überreichen.* Das Zeichen kommt nie allein vor, sondern immer in zusammengesetzten Zeichen, auf die ich später eingehen werde.

Hände und Arme sind vielseitig verwendbar. Die beiden muskulösen Burschen hier befinden sich in einem spielerischen, an einen Tanz erinnernden Kampf. Ihre kräftigen Nacken, der aufrechte Oberkörper und die angewinkelten Beine, mit denen sie voller Spannkraft auf dem Boden stehen, zeigen Stärke und Sinnlichkeit. Die Skulptur stammt aus der Zhou-Zeit und ist nur eine Handbreit hoch. Sie ist eine der wenigen naturalistischen Darstellungen, die es aus der chinesischen Frühzeit von Menschen gibt.

Jedesmal, wenn ich diese beiden kleinen Kerle sehe, muß ich an den alten Vergnügungspark Tian Qiao im Südteil von Beijing denken, wo der chinesische Ringkampf – die Urform mehrerer asiatischer Kampfsportarten – ebensoviel Publikum anzog wie die Akrobaten und Zauberer. Da war kein pfeifender Atem und kein Keuchen zu hören, wie man es von Ringkämpfen hierzulande kennt. Es war ein blitzschneller und spielerischer Kampf, und ehe man sich's versah, lag einer der beiden auf dem Boden.

Ringen ist als Sport in China seit dem 8. Jahrhundert v. Chr. bekannt, und seine Geschichte reicht sicher bedeutend weiter zurück. Die hier abgebildeten zwei Orakelknochenzeichen, die aussehen wie Skizzen zu einer Skulptur, sind die Vorläufer für das Zeichen **Kampf, kämpfen**.

Ringer. Statuetten aus Bronze. Zhou-Dynastie. Britisches Museum.

Kampf, kämpfen

Dieses Zeichen bedeutet ursprünglich **Fuß** und ist auch – wie man am frühen Zeichen erkennen kann – das Bild eines Fußes mit gespreizten Zehen, manchmal ein linker, manchmal ein rechter Fuß. Die Zeichen auf den Orakelknochen und den Bronzen sind bereits stark vereinfacht, aber eine Ahnung davon, wie sie einmal ausgesehen haben müssen, können wir dem Bild auf einer Tonscherbe aus Gaocheng entnehmen, einer alten Handelsstadt nördlich von Anyang. Die Tonscherbe ist nach der Radio-C^{14}-Methode auf ca. 1300 v. Chr. datiert. Darauf ist deutlich der Fuß eines Barfußgängers mit ausgestreckten Zehen sichtbar. Jeder, der auf einem Sandstrand oder mit nassen Füßen auf einem Holzboden geht, wird dieses Bild wiedererkennen.

Das Zeichen wird heutzutage vor allem verwendet für *anhalten, aufhören, stehenbleiben;* in Zusammensetzungen hat es jedoch die ursprüngliche Bedeutung Fuß.

anhalten und Zeichen mit der ursprünglichen Bedeutung **Fuß**

Ein rechter Fuß mit abgespreizter großer Zehe, gefolgt von einem linken Fuß: *gehen, Schritt.*
Ein Fuß und ein Mensch mit schwingenden Armen, als liefe er schnellen Schrittes: *zu Fuß gehen.* Ein entsprechendes Orakelknochenzeichen ist bis jetzt noch nicht bekannt, aber es gibt viele Zeichen auf Bronzen, und die sind sehr deutlich.
Auch dieses Zeichen hier, das heute gar nicht mehr so aussieht, als hätte es mit dem menschlichen Körper zu tun, war anfangs das Bild eines Fußes, der sich aus etwas herausbewegt, im Zeichen dargestellt als gekrümmte Linie: *hinausgehen, hinaus.*

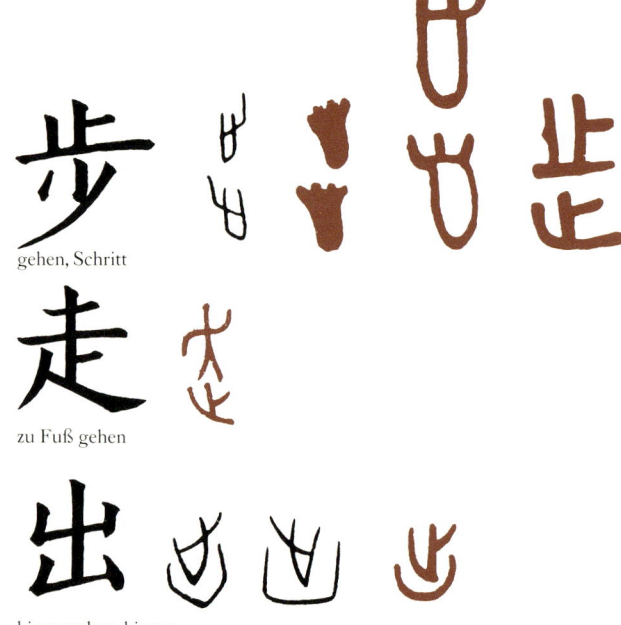

gehen, Schritt

zu Fuß gehen

hinausgehen, hinaus

Daß dieses Zeichen hier **Körper** bedeutet, darüber herrscht allgemein Einigkeit, die Zeichenbücher verlieren jedoch kein Wort darüber, um wessen Körper es sich dabei handelt. Vielleicht ist es lediglich ein Dickwanst mit gewölbtem Bauch und erhobener Hand?

Es galt in China nie als vornehm, dick zu sein, und der Philosoph Konfuzius warnte bereits im 5. Jahrhundert v. Chr. vor übermäßigem Genuß von Speisen und Getränken. Aber der Hunger war nie weit, und so betrachtete man eher mit Bewunderung und einem

Körper

gewissen Neid die Glücklichen, die es sich leisten konnten, so viel zu essen, daß sie dick wurden.

Der sogenannte lachende Buddha, eine rein chinesische Erfindung, der dasitzt mit einem Bauch, der sich wie ein Hefeteig wölbt, wurde von der hungernden Unterschicht immer besonders geliebt. Man stellte sich einfach die Menge an Essen vor, die er in sich hineingestopft haben mußte, um so dick zu werden!

Bei älteren Menschen hört man noch das alte Grußwort »Hast du gegessen?«, das heute einfach »Guten Tag!« bedeutet, aber die Erinnerung an eine andere, bittere Zeit enthält, als man sich glücklich schätzte, wenn man täglich etwas zu essen hatte. Ein anderer humorvoller Gruß lautet: »Was bist du dick gewor-

den!« Das bedeutet heute: »Wie geht's, dir scheint's ja an nichts zu fehlen!« Diesen Gruß habe ich nie sehr gemocht – besonders nicht zu Zeiten, als ich wirklich zu dick war.

Aber was ist nun mit dem Zeichen für Körper? Ist es nur das Sinnbild für einen dicken Menschen? Betrachtet man die Zeichen näher, entdeckt man an den ältesten meistens einen kleinen Punkt mitten auf dem Bauch. Als Bezeichnung des Nabels scheint er falsch plaziert, mehr nach der Art von Picasso, aber das lag den alten Zeichenschöpfern vermutlich fern. Denkt man sich das Zeichen aber als Bild einer schwangeren Frau und den Punkt als Markierung für das Kind, ist das Bild logisch, ja beinahe schön. Was könnte den Begriff Körper besser illustrieren als eine hochschwangere Frau? Genauso schwer fühlt man sich, so erfüllt von einem zappelnden Wesen!

Trifft diese Deutung zu, ist es vielleicht auch möglich, dieses Bronzezeichen als Zeichen für Körper zu erklären, das zweifellos nicht nur den schweren Bauch einer Schwangeren zeigt, sondern gleichzeitig die Brüste. In der Vorzeit verwendete man interessanterweise den Ausdruck »einen Körper haben« in der Bedeutung »schwanger sein«.

Frau

Mutter

So verschieden heute auch die Zeichen für **Frau** und für **Mutter** aussehen, waren sie doch anfangs beinahe identisch. Beide Zeichen zeigen eine kniende Person, die Arme vor dem Körper gekreuzt. Nur die zwei Punkte, die im Zeichen der Mutter die Brüste andeuten, unterscheiden die beiden Formen voneinander.

Etwas unklar erscheint die Körperhaltung der Frau. Bezeichnen die nach vorne gestreckten Arme Unterwerfung, wie einige Forscher meinen, oder sehen wir nicht ganz einfach die Frau mitten in ihren täglichen Verrichtungen in der Küche, auf dem Boden kniend, wie sie so mit Kochen und mit den Kindern beschäftigt ist?

Für die erste Theorie spricht, daß die Frauen in China während der vergangenen zwei- bis dreitausend Jahre ein unterdrücktes Leben geführt haben. Ihren Männern demütig unterworfen, war es ihre einzige wirkliche Aufgabe im Leben, Söhne zu gebären. Nur Söhne konnten das Geschlecht weiterführen, und außerdem waren nur sie imstande, die Opferriten auszuführen, mit denen die Lebenden die Verbindung zu ihren Ahnen aufrechterhielten. Töchter nahm man als notwendiges Übel in Kauf. Oft wurden sie gleich nach der Geburt ausgesetzt und starben – das war die übliche Weise, die Nachkommenschaft zu begrenzen –, und dann hoffte man, beim nächstenmal mehr Glück zu haben. Väter, die nach der Zahl ihrer Kinder gefragt wurden, nannten gewöhnlich nur die Söhne, Töchter zählten nicht. Die Mädchen, die trotz allem aufwachsen durften, wurden, sobald sie ihre Regel bekamen, verheiratet, um möglichst bald Söhne für eine neue Familie zu produzieren. In Notjahren verkaufte man sie bereits als Kinder an wohlhabende Familien oder an Bordelle und Teehäuser. Vom Ende des 18. Jahrhunderts an verkaufte man sie an Textilfabriken, wo sie fürs tägliche Brot und das Recht, unter den Maschinen schlafen zu dürfen, arbeiten mußten.

Zwei Frauen: *zanken, streiten*. In früheren Zeiten gab es in einem chinesischen Haushalt genug Anlässe zum

Streit zwischen Frauen. Keine von ihnen war ja freiwillig dort gelandet, und außerhalb der häuslichen Sphäre hatten sie keinerlei Rechte. Die Schwiegermütter rächten sich an ihren Schwiegertöchtern für ihr eigenes verpfuschtes Leben und waren nur darauf bedacht, sich eine gewisse Machtstellung zu verschaffen – so gering diese auch war; sie verbündeten sich gegen die Nebenfrauen und Konkubinen, die die Männer mit nach Hause brachten.

Drei Frauen: *Unzucht, Ehebruch.* Das Zeichen sei, schreibt Karlgren, »wenig schmeichelhaft für das schöne Geschlecht«. Das erscheint fragwürdig. Kann sich das Zeichen »drei Frauen« nicht ebensogut auf gewisse lockere Verhaltensweisen der Männer beziehen? Diese Deutung ist mindestens ebenso wahrscheinlich, besonders deshalb, weil das Zeichen in mehreren Zusammensetzungen vorkommt, die *Vergewaltigung* bedeuten.

Frau und Hand bedeutet *Sklavin, Dienerin.* Steht die Hand für die Macht des Sklavenhalters – er hat die Frau in seiner Hand, hat Macht über sie –, oder steht die Hand für die rastlose Arbeit der Dienerin im Haus? Erweitert um das Herz, bedeutet das Zeichen *Zorn, Wut, Raserei* – eine ziemlich verständliche Reaktion auf das Leben, in das viele Frauen gezwungen wurden.

Erwachsene Frauen werden in Beziehung zu ihren Männern und ihren Söhnen definiert: z.B. »Wangs Frau«, »Mutter des ältesten Sohnes« oder einfach »sie da drin«. Auch »sie, die den Herd heizt« oder »böser Stachel« waren üblich. Das Recht auf einen eigenen Nachnamen bekamen die Frauen erst im Jahre 1950 mit dem neuen Ehegesetz, das außerdem ausdrücklich Kindesmord, Brautkauf und Vielweiberei verbot, sowie eine rechtliche Gleichstellung von Mann und Frau verfügte, und zwar zu Hause und in der Öffentlichkeit. Chinesische Frauen haben inzwischen einen eigenen Namen, den sie auch in der Ehe behalten.

zanken, streiten

Unzucht, Ehebruch

Sklavin, Dienerin

Zorn, Wut, Raserei

Die Auffassung, daß die Frau weniger wert ist als der Mann, hat eine lange Tradition. Es gibt Inschriften auf Orakelknochen, auf denen man den Höchsten Herrscher um Aufklärung bittet, welches Geschlecht das Kind hat, das die Gemahlin des Fürsten demnächst zur Welt bringen wird, und manchmal finden sich auch Kommentare zur Antwort des Orakels: bei Sohn vermerkte man »gut«, bei Tochter »nicht gut«.

Bereits während der Shang-Dynastie war das Familiensystem von Grund auf patriarchalisch organisiert. Gehen wir allerdings weiter zurück, in die Jungsteinzeit, als die Menschen begannen seßhaft zu werden, scheint die Situation anders gewesen zu sein. Viele Forscher, sowohl chinesische wie ausländische, sind der Ansicht, daß die ältesten chinesischen Gemeinschaften matriarchalisch waren und von Frauen geführt wurden. Als Beweis zitiert man gewöhnlich eine Passage aus dem

Zhuangzi (Dschuang Dsi. Das wahre Buch vom südlichen Blütenland), eines der ältesten und bedeutendsten Bücher Chinas, vermutlich um 300 v. Chr. erschienen. Dort heißt es über die ersten seßhaften Menschen, daß »die Mutter bekannt und anerkannt war, der Vater hingegen unbekannt«. Modernen Anthropologen gilt diese Quelle nicht als ausreichender Beweis für das Matriarchat. Sie messen den in der Jungsteinzeit gebräuchlichen Begräbnisritualen größeres Gewicht bei, denn hier ruhen die Frauen oft allein, mit Grabbeigaben, im Unterschied zu späteren Epochen, wo sie seitlich liegen, ihrem verstorbenen Gemahl zugewandt, der offenbar als das Wichtigste angesehen wurde.

Als weitere Beweise dienen einige Funde von einer kleinen Bevölkerungsgruppe im Südwesten Chinas, wo sich Sitten, Gebräuche und Werkzeuge, wie sie in der chinesischen Vorzeit üblich waren, bis heute erhalten haben. Bei einem Teil des Volkes der Naxi sind es die Frauen, die die Produktion organisieren und verwalten. Sie stehen auch der Familie vor. Die Großmutter ist Oberhaupt der Familie, und in ihrem Haus leben die Kinder, die sie selbst geboren hat, sowie die ihrer Töchter und deren Kinder. Die Frauen suchen sich frei ihre Männer, und die Kinder gehören nur den Frauen. Sie heiraten nicht. Die Männer unternehmen nächtliche Besuche bei den Frauen, kehren am nächsten Morgen in das Haus ihrer Mutter zurück – dort leben und arbeiten sie. Das Eigentum wird unter den Frauen vererbt, und die Kinder nehmen den Familiennamen ihrer Mutter an.

Die erwachsenen Männer werden »Onkel« genannt, und die Mutter zieht gemeinsam mit diesen »Onkeln« die Kinder auf und – wie in der chinesischen Vorzeit – ist es oft so, daß die Mutter »bekannt und anerkannt ist, der Vater unbekannt«. Daß die höchste Gottheit des Stammes eine Göttin ist, versteht sich von selbst.

Die Frage nach der Stellung der Frau in China und nach einem eventuell in früheren Zeiten bestehenden matriarchalischen Gesellschaftssystem ist zu umfassend und kompliziert, um sie an dieser Stelle eingehender zu behandeln. Die Feststellung, daß es sich um ein großes und spannendes Thema handelt, zu dem wenig bekannt ist, möge genügen. Eine interessante Beobachtung soll allerdings nicht unerwähnt bleiben: Eine Vielzahl von zusammengesetzten Zeichen, die verwandtschaftliche Beziehungen unter Frauen ausdrücken, beinhalten das Zeichen für Frau. Teils sind es Zeichen, die Personen des weiblichen Geschlechts betreffen, wie *Mutter, verstorbene Mutter, Großmutter, ältere/jüngere Schwester, Schwiegertochter, Ehefrau des älteren/jüngeren Bruders*, teils betreffen sie Personen des männlichen Geschlechts wie *Neffe* und *Schwiegersohn*. Das Zeichen für Frau ist auch in einem besonderen Gruß enthalten, den die Schwäger einer Familie untereinander benutzen, sowie in mehreren wichtigen Zeichen wie *Heirat, Ehe* und – überraschenderweise – *Familienname* oder *Nachname*. Entsprechende gemeinsame Benennungen für die verschiedenen, die männliche Verwandtschaft betreffenden Wörter gibt es nicht.

Sohn, Kind, dieses ersehnte Geschöpf wird mit dem Bild eines Säuglings wiedergegeben. Mich überzeugen die ältesten Formen dieses Zeichens ganz besonders. Ich muß dabei an meine eigenen Kinder denken, als sie klein waren, und an meine jüngeren Geschwister; da lagen sie auf dem Wickeltisch mit ausgebreiteten Armen oder im Korb, eingehüllt in ihre Decke – der große Kopf mit dem hilflosen, kleinen Körper.

Der Kaiser wurde als Sohn des Himmels angesehen, und man schrieb ihn dementsprechend mit den Zeichen für Himmel und Sohn.

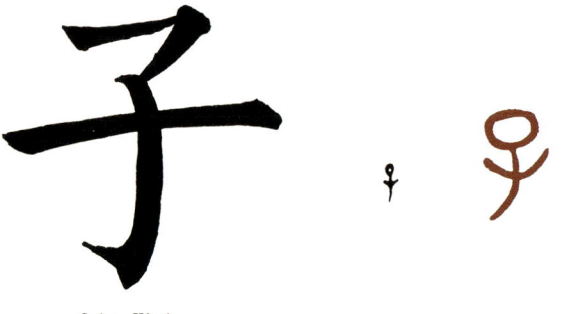

Sohn, Kind

天 子

Frau und Kind: *gut*. Dachten die Zeichenschöpfer daran, daß es dem Mann, der Frau und Kind besitzt, gutgeht, oder dachten sie an das Glück, das eine Frau zusammen mit ihrem Kind fühlt? Oder daran, daß die Frau, die Kinder gebären kann, gut ist, zu etwas taugt?

Mensch und Kind: *bewahren, schützen, verteidigen.*

Auf den Orakelknochen und den Bronzen sehen wir in einigen Fällen das Kind geborgen im Schoße des Erwachsenen, in anderen wird es auf dem Rücken getragen, und so trägt man die Kinder in China noch heute.

gut

bewahren, schützen

Bis weit ins 19. Jahrhundert gab es in der abendländischen Forschung die Behauptung, die Chinesen seien einst aus dem Mittleren Osten nach China gewandert, etwa zur selben Zeit, als die Indoeuropäer ihre Heimat südlich des Ural verließen, um Richtung Indien beziehungsweise Europa zu wandern.

Einer, der diese Theorie widerlegte und bewies, daß die chinesische Kultur ihren Ursprung in China hat, war der Schwede Johan Gunnar Andersson. Er war ein international bekannter Geologe, und der chinesische Staat hatte ihn 1914 als Experten bestellt, die Vorkommen an Steinkohle und anderen wichtigen Mineralien für den Aufbau einer Grubenindustrie zu untersuchen. Diesen Auftrag führte er auch aus. Aber in den zehn Jahren seiner Tätigkeit in China interessierte er sich mehr und mehr für Fossilien ausgestorbener Tierarten, auf die er im Rahmen seiner Expeditionen stieß und die als »Drachenknochen« Bestandteil vieler chinesischer Arzneien waren. Seine Suche führte auch zu archäologischen Erforschungen, die für das Wissen über die Frühzeit Chinas große Bedeutung erlangen sollten.

Im Frühjahr 1921 befand sich Andersson zum zweitenmal in Zhoukoudian, 42 Kilometer südwestlich von Beijing, um eine fossilhaltige Schicht in einem alten Kalksteinbruch zu untersuchen. Dort und in einigen Höhlen am Berghang fanden er und sein junger Mitarbeiter Otto Zdansky eine große Anzahl versteinerter Skelettreste, die von Hühnervögeln, Hirschen, Schweinen und anderen Tieren stammten. Er fand auch scharfkantige Quarzsteine, die man durchaus zum Schneiden benutzen konnte. Ihm fiel ein, daß die ersten Werkzeuge des Menschen natürlich nicht speziell *hergestellt* waren, man hatte einfach geeignete Holzstücke und Steine aufgehoben. Er klopfte an die Wand der großen Höhle, wo Zdansky gerade nach seinen Anweisungen arbeitete, und sagte: »Ich habe das Gefühl, daß hier drinnen Überreste eines unserer Vorfahren liegen, man muß sie nur finden. Laß dir Zeit und halte durch, bis die Höhle leer ist, auch wenn es schwerfällt.«

Zdansky ließ sich Zeit, und umfangreiches Material wurde schließlich nach Uppsala zur weiteren Analyse geschickt. Dort entdeckte man zwei Backenzähne eines menschenähnlichen Wesens, das vor etwa 500 000 Jahren in den Höhlen gelebt hatte und dem man den Namen Sinanthropus pekinensis oder »Pekingmensch« gab.

Ein halbes Jahr nach den ersten Ausgrabungen in Zhoukoudian war »China-Gunnar« in der Provinz Henan am mittleren Abschnitt des Gelben Flusses unterwegs. In der Nähe des Dorfes Yangshao fand er nicht nur interessante Fossilien, sondern auch Steinäxte und Krüge, geometrisch rot und schwarz gemustert. Die Funde führten ihn weiter westlich in das Gebiet von Lanzhou in der Provinz Gansu, und in den folgenden Jahren fand er dort fast fünfzig Wohnplätze und ein Gräberfeld aus der Jungsteinzeit, eines der eindrucksvollsten der Welt.

Die Funde in Zhoukoudian, Yangshao und Gansu, Ergebnis der ersten archäologischen Ausgrabungen in China, bewiesen eindeutig, daß hier in vorgeschichtlicher Zeit Menschen gelebt hatten. Die Behauptung einer Einwanderung aus dem Westen war damit hinfällig.

Durch die Ausgrabungen in den zwanziger und dreißiger Jahren konnten Anderssons Funde verifiziert und ergänzt werden. In Zhoukoudian fand man Reste von vierzig Menschen und etwa 100 000 Steinwerkzeuge, viele von ihnen aus Quarz, genau wie »China-Gunnar« es vermutet hatte.

Im Herbst 1941, als man befürchtete, der Krieg in Asien könnte sich ausweiten, verpackte man alle Skelettreste des »Pekingmenschen« in zwei große Kisten, um sie in den USA vor den Japanern in Sicherheit zu bringen. Seitdem sind sie verschwunden, und niemand weiß, was aus ihnen geworden ist. Erhalten sind nur noch die zwei von Zdansky gefundenen Zähne, die in Uppsala aufbewahrt werden.

»Der Leser sollte sich trotzdem nicht allzusehr grämen über den Verlust dieser kostbaren Gegenstände«, schreibt der alte Paläontologe Jia Lanpo tröstend in seinem Buch »Early Man in China« und verweist auf die vielen Funde, die seit 1949 gemacht wurden.

Mehrere davon stammen aus der Gegend, wo die Flüsse Wei und Fen in den Gelben Fluß münden und wo die Provinzen Shanxi, Shaanxi und Henan zusammentreffen. Dort scheint der eigentliche Kernbereich zu sein, in dem die chinesische Kultur einst entstand. In dem Dorf Lantian, auf halbem Wege zwischen Anderssons Fundplätzen in Yangshao und Gansu, hat man Reste von zwei Menschen gefunden, höchstwahrscheinlich Frauen, die bedeutend älter sind als die Menschen, die in Zhoukoudian lebten. Nicht weit davon, in Dingcun und in Xujiayao nahe Dantong, lebten vor 100 000–10 000 v. Chr. Jahren Menschen von der gleichen Art wie wir, also Homo sapiens. Überall findet man Überreste menschlichen Lebens.

Auch aus der Jungsteinzeit, als die Menschen seßhaft wurden und anfingen, Ackerbau zu betreiben, gibt es inzwischen Hunderte von neuen Fundorten. Einige davon, wie Longshan und Dawenkou, liegen auf der Halbinsel Shandong, andere im alten Kerngebiet. Eines der wichtigsten Dörfer ist Banpo im Wei-Tal, nach der Radio-C^{14}-Methode auf 5000 bis 4000 v. Chr. datiert. Es handelt sich um das größte Dorf aus dieser Zeit, das ausgegraben wurde, und die Hausfundamente, Tongefäße und Gerätschaften, auf die man dort gestoßen ist, erzählen nicht nur viel über das Leben der Menschen vor 6000 Jahren, sondern auch vom Leben im heutigen China und von den chinesischen Zeichen.

Wasser und Berge

Kaum eine Landschaft ist so monoton flach wie die nordchinesische Ebene. Keine Hügel, keine Täler, nur ein riesiges umgepflügtes gelbgraues Feld, ein Acker neben dem anderen. Die östliche Begrenzung bildet das Gebirge von Shandong, im Westen liegen die Berge von Shanxi, Shaanxi und Henan. Sie sind nicht besonders hoch, erheben sich aber ohne Vorwarnung direkt aus der Ebene, weshalb sie eindrucksvoller wirken, als es ihre unbedeutende Höhe vermuten läßt. Wie eine Pulsader belebt der Gelbe Fluß diese Ebene und verbindet die beiden Gebirge.

Hier ist die Wiege der chinesischen Kultur; und bis heute ist diese Gegend besser erschlossen und dichter besiedelt als das übrige Land. Etwa ein Drittel der chinesischen Bevölkerung lebt hier. Die Ebene ist eigentlich ein einziges großes Schwemmgebiet, entstanden aus dem Schlamm des Flusses. Kein Fluß der Welt ist so schlammreich wie dieser. Der Nil enthält 1,5 Kilogramm Schlamm pro Kubikmeter Wasser. Der Gelbe Fluß enthält durchschnittlich 37, und in einzelnen Nebenflüssen wurden nicht weniger als 760 Kilo festgestellt! An seiner Mündung ins Meer werden jährlich 23 Quadratkilometer Neuland aus Schlammablagerungen gewonnen.

Der Gelbe Fluß ist gefürchtet – nicht umsonst wird er auch die »Sorge Chinas« genannt. Solange er im tibetanischen Hochland fließt, wo er entspringt, ist alles in Ordnung. Dort ist das Gestein hart und das Wasser klar und durchsichtig. Aber dann – nach einer großen Windung durch die Wüste der Inneren Mongolei – bahnt sich der Fluß seinen Weg plötzlich südwärts und durchquert ein riesiges Lößgebiet mit entsprechend weichem Untergrund, den das Wasser mit sich reißt. In engen Passagen gräbt sich der Fluß sein Bett, und wenn er nach 4000 Kilometern den letzten Paß hinter sich gebracht hat, ergießt er sich in die Ebene – noch 1000 Kilometer sind es bis zum Meer, sein Lauf wird gemächlich, er breitet sich aus, und der mitgeführte Schlamm sinkt auf den Grund.

Im Laufe der Jahrtausende hat der Gelbe Fluß nicht nur die Nordchinesische Ebene geschaffen. Mit Hilfe der Menschen hat sich der Fluß sogar über die Ebene erhoben. Der mitgebrachte und abgelagerte Schlamm hat das Niveau des Flußbettes angehoben und damit auch die Wasseroberfläche. Um Überschwemmungen zu verhindern, haben die Menschen Dämme entlang der Ufer gebaut, immer höher und höher. Der Fluß lagerte weiter seinen Schlamm ab, und die Menschen haben weiter an den Dämmen gebaut. Inzwischen liegt das Flußbett an vielen Stellen mehr als zehn Meter über dem flachen Land. Ist der Sommerregen kräftiger und länger als gewöhnlich, geschieht es schnell, daß die Dämme brechen.

Aber nicht immer ist der Fluß schuld. Eine der schlimmsten Katastrophen ereignete sich 1938, als General Jiang Jieshi (Tschiang Kai-schek) nördlich von Zhengzhou die Dämme öffnen ließ, um das Vorrücken der Japaner zu stoppen. Mindestens 890 000 Menschen ertranken, 12,5 Millionen wurden obdachlos, und die ganze Region war für viele Jahre zerstört. Die Japaner aber hat man nicht aufgehalten.

Es gibt eine mythische Geschichte von einer Überschwemmung, die sich 2298 v. Chr. ereignet haben soll – eine chinesische Entsprechung zur biblischen Sintflut. Ein gewaltiger Regen ließ den Gelben Fluß über die Ufer treten. Die Ebene und die Täler zu Füßen der Berge waren überschwemmt. Die Nahrung wurde knapp, und die Menschen hungerten. Um der Not zu begegnen, taten sich alle Männer unter der Führung eines gewissen Yu zusammen; sie gruben Kanäle und huben Gräben aus, bauten Dämme, schufen neue Durchflüsse in den Bergen, und nach acht Jahren harter Arbeit (bisweilen ist von dreizehn oder dreißig Jahren die Rede) gelang es ihnen endlich, das Wasser ins Meer zu leiten und den Boden wieder zu bebauen.

Bei Beginn dieser Arbeit war Yu jungverheiratet. Aber die Verantwortung für Land und Volk nahm ihn so gefangen, daß er dreimal an der Tür seines Hauses vorbeiging, ohne einzutreten. Einmal hörte er sogar seinen Sohn weinen, und seine Gefährten meinten, er solle hineingehen, doch Yu antwortete: »Wenn ich die Arbeit unterbreche, können andere das auch tun. Wie sollen wir dann mit dem Wasser fertig werden?« Und so setzten sie ihre Arbeit fort.

Yu, oder »Der Große Yu«, wie man ihn später nennen wird, wurde der erste Kaiser der Xia-Dynastie. Diese Dynastie hielt man lange für einen Mythos, doch inzwischen wird sie mehr und mehr ernst genommen. Man fand kürzlich Reste einer Stadt mit Mauern und Wachtürmen genau an der Stelle in den Songbergen, wo der schriftlichen Überlieferung zufolge eine der Hauptstädte der Xia-Dynastie gelegen haben soll, gar nicht fern von dem Ort, der als die Heimat des legendären Yu gilt.

Seit den Tagen des Großen Yu hat es noch viele Überschwemmungen gegeben. Von 602 v. Chr. bis heute liegen regelmäßige historische Aufzeichnungen vor, die zeigen, daß sich während der vergangenen 2500 Jahre alle zwei bis drei Jahre schwere Überschwemmungen ereignet haben. Sie zeigen auch, daß der Fluß sich nicht an Lauf und Richtung hält. Sechsundzwanzigmal hat er sein Bett verlegt. Und das waren keine geringen Veränderungen! Um das Jahr 2000 v. Chr. floß er bei Tianjin in der Nähe von Beijing ins Meer. Im Jahre 602 v. Chr. verlagerte sich das Flußbett um 800 Kilometer, so daß der Strom südlich der Halbinsel Shandong ins Meer mündete. 70 n. Chr. verschob sich die Mündung in das Gebiet nördlich von Shandong. Dort blieb sie bis 1194, um dann wieder südlich von Shandong aufzutauchen. Auf diese Weise hat sich der Fluß über die gesamte Ebene bewegt und fächerförmig seinen Schlamm verteilt. Nach einigen kleineren Ausflügen, bei denen er die Läufe anderer

Flüsse besetzte und damit eine Menge Schwierigkeiten verursachte, beruhigte er sich und floß von 1324 an gut fünfhundert Jahre lang brav und friedlich südlich von Shandong ins Meer. Im Jahre 1855 war es mit dem Frieden vorbei, und der Fluß verlegte sein Bett wieder nordwärts, und zwar an die Stelle, wo es sich heute befindet. Und dabei soll es bleiben. Während der letzten Jahrzehnte hat man auf einer Länge von fast 2000 Kilometern eine »Chinesische Mauer« aus Staudämmen errichtet, um den Fluß in seinem Bett zu halten und ihn zur Energiegewinnung und für Bewässerungsprojekte zu nutzen. Zwei Millionen Menschen sind das ganze Jahr über damit beschäftigt, seine Wassermassen unter Kontrolle zu halten.

Der Yangzi (Jangtsekiang) – auf chinesisch sagt man normalerweise Chang Jiang, »Langer Fluß« – dieser Fluß hat sich nie so unruhig gebärdet. Zwar ist er ebenfalls unzählige Male über die Ufer getreten, aber er ist auf seinem Weg zum Meer von Seen und Sumpfgebieten umgeben, die das übertretende Wasser aufnehmen und als Puffer wirken. Vor allem aber führt der Lange Fluß bei weitem nicht solche Mengen an Schlamm mit sich wie der Gelbe Fluß und bleibt deshalb weitgehend in seinem Bett.

Der Yangzi ist wirklich ein bemerkenswerter Fluß. Er ist der längste Fluß Asiens und für Ozeanriesen bis hinauf nach Wuhan schiffbar, tausend Kilometer von der Küste entfernt, kleine Schiffe können weitere zweitausend Kilometer flußaufwärts fahren. Er fließt durch einige der reichsten und am dichtesten besiedelten Provinzen des Landes, wodurch er besonders für die ausländischen Kaufleute und Missionare, die im 19. Jahrhundert China erforschten, interessant war.

Der Gelbe Fluß bei Anyang, nur wenige Kilometer von der Stelle entfernt, wo man Orakelknochen fand.

Für die Chinesen ist und bleibt aber der Gelbe Fluß der Fluß schlechthin. Und das Wasser dieses Flusses ist *das* Wasser, nicht das der Seen und des Meeres. Das Zeichen für **Wasser** ist das Bild eines Flusses mit Strömungen, Wirbeln und Sandbänken, wie man sie sieht, wenn man auf einem erhöhten Ufer steht und den Flußlauf betrachtet.

In Zusammensetzungen wird das Zeichen oft nur als drei Punkte geschrieben (Abb.) – »drei Punkte Wasser«, wie der chinesische Terminus lautet.

Wasser

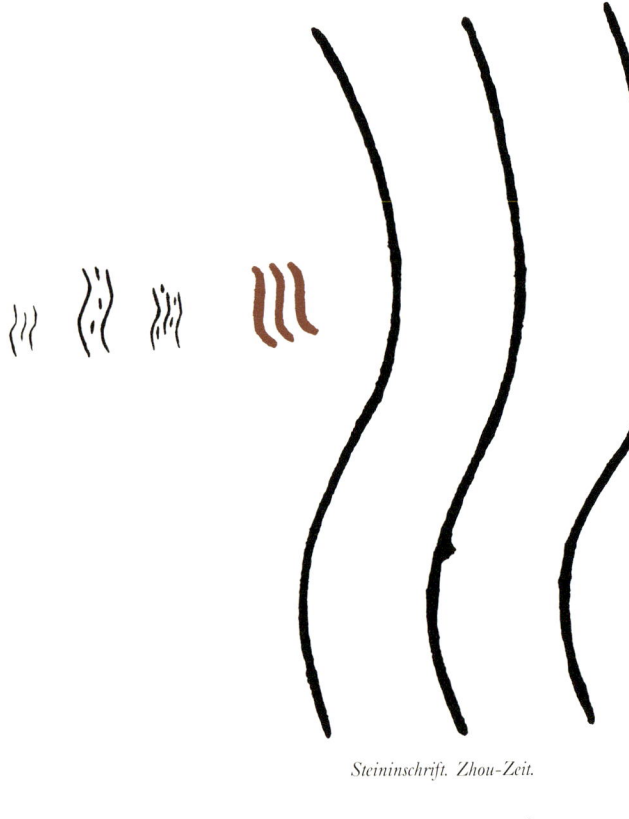

Steininschrift. Zhou-Zeit.

Fluß

Insel, Gebiet, Bereich

Einige andere Zeichen geben den Fluß auf eine ähnliche Weise wieder. Eines davon sieht so aus und bedeutet **Fluß**. Es ist als zweites Glied im Namen der Provinz Sichuan (Szetschuan) in Westchina enthalten – »Land der vier Flüsse«, womit der Yangzi und drei seiner Nebenflüsse gemeint sind.

Vielleicht war es eher zufällig, welches Zeichen die Bedeutung Wasser und welches die Bedeutung Fluß erhielt – beiden liegt dieselbe Wirklichkeit zugrunde. In einem anderen Zeichen sehen wir eine Sandbank, eingerahmt von fließenden Linien. Dieses Zeichen könnte mit der gleichen Berechtigung für den Begriff *Fluß* stehen, denn genauso sehen Flüsse oft aus, es erhielt aber die Bedeutung *Insel, Sandbank in einem Fluß*. Etwas später wurde das Zeichen außerdem benutzt für die Verwaltungseinheit *zhou*, die 2500 Personen umfaßt. Inzwischen wird es vor allem für *Gebiet, Region* benutzt.

Für die ersten seßhaften Menschen war der Fluß der Mittelpunkt ihres Lebens. Er stellte eine große Bedrohung dar, aber auch eine große Möglichkeit. Die Aufgabe, ihn zu zähmen und nutzbar zu machen, ließ eine Gesellschaft entstehen, die sich sehr von der unseren unterscheidet. Der einzelne ist stark, sagen wir und denken an den Siedler im Wald und den einsamen Pionier in der Prärie. Der einzelne ist schwach, würden die Chinesen sagen. Tausende und aber Tausende von Händen werden benötigt, um die Dämme am Flußufer instand zu halten. Tausende werden benötigt, um Kanäle zu graben und das Wasser auf die Äcker zu leiten. Ohne den gemeinsamen Einsatz wird nichts erreicht. Es war der fruchtbare Flußschlamm, aus dem sich die chinesische Kultur entwickelte, und der gleiche Schlamm, der blühende Gesellschaften unter sich begrub, wenn der Fluß über seine Ufer trat. Seitdem ruhen sie ungestört unter meterdicken Schichten aus feinem, gelbem Schlamm. Darüber bauten die Bauern ihre Hirse und ihren Mais an, und hin und wieder fanden sie beim Graben eines neuen Kanals oder eines Brunnens seltsame Bronzegefäße, die sie dem Antiquitätenhändler der nächsten Stadt verkauften. Die

Ebenen Nordchinas bergen unzählige versunkene Städte. Von vielen kennt man sogar die genaue Lage, aber nur einzelne konnten bis jetzt ausgegraben werden.

Den Fluß hat man gebändigt. Wie an einer Perlenkette hängen hier Kraftwerke und Staubecken, Tausende von Kilometern sind mit neuen Dämmen versehen, und die an den Flußufern gepflanzten Bäume sollen ihn auf seinem Weg zum Meer im Zaum halten.

Der Gelbe Fluß in südlicher Richtung zwischen den Bergen von Shanxi und Shaanxi. Das Wasser zeichnet in das weiche Erdreich des Tales ein Bild, wie es uns auch in dem nebenstehenden Zeichen begegnet; es bedeutet Insel, Sandbank in einem Fluß, Gebiet/Region. Es handelt sich um eine Steininschrift aus der späten Zhou-Dynastie, hier in natürlicher Größe wiedergegeben.

Die chinesische Ebene ist von vielen Gebirgen einge-faßt. Welches davon ihnen das Vorbild für das Zeichen **Berg, Gebirge** abgegeben hat, wissen wir nicht. Es gibt mehrere, die dem Zeichen ähneln und die seit frühester Zeit von einer Aura des Heiligen umgeben sind.
Auf der Halbinsel Shandong im Osten des Landes, wo

Vorstellung, daß dort die Toten ihr endgültiges Urteil bekamen. Es war immer von Vorteil, durch ein Opfer im Tempel des Östlichen Berges einen Bestechungsver-such für eine bessere Behandlung nach dem Tode zu unternehmen – einen solchen Tempel gab es früher in allen nordchinesischen Städten. Das Sicherste war aber eine Wallfahrt zum Berg selbst, um dort nach chinesi-scher Sitte persönlich und damit noch wirksamer seine

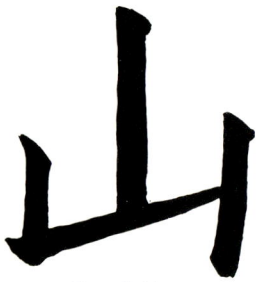    

Berg, Gebirge

die Ebene ins Meer übergeht, erhebt sich Taishan, der vornehmste unter den fünf heiligen Bergen Chinas. Die Kaiser vieler Dynastien haben dort dem Himmel die feierlichsten Staatsopfer dargebracht, dort nahmen sie den Auftrag des Himmels entgegen, das Land zu regieren. Es war der Ort, um eine gute Ernte und Hilfe bei Überschwemmungen und Erdbeben zu erflehen.
Der Taishan wurde früh zu einem wichtigen Zentrum des Taoismus. Die Höhe der Berge, die unbezwingba-ren Felsen, die Stille der Täler zogen die Menschen an, die Krieg und Elend entfliehen und im Einklang mit der Natur leben wollten. Für die Taoisten bildete alles, was ist, eine große Einheit, in der alles lebte, alles mit allem zusammenhing. Durch ein sorgfältiges Studium der natürlichen Ordnung strebten sie danach, Klarheit über die Weltgesetze zu erlangen, um ihr Leben mit diesen Gesetzen in Einklang zu bringen. Tempel und Klöster wurden errichtet; auf den steilen Felsen und in den Schluchten des Taishan bauten Eremiten ihre Hütten.
Ab dem 4. Jahrhundert n. Chr. ließen sich auch die Buddhisten hier nieder, und der Berg wurde zu einem allgemeinen religiösen Zentrum, das auch von weltli-chen Geschäften nicht verschont blieb. Für das ge-wöhnliche Volk war das Wichtigste am Taishan die

Wünsche vorzubringen. Viele gebrechliche Greise lie-ßen sich von ihren gehorsamen Söhnen auf den Gipfel tragen, in der verzweifelten Hoffnung, den Berg zu be-sänftigen und wenigstens einen Teil der erwarteten schrecklichen Strafen von sich abzuwenden.
Noch heute drängt ein Strom von Besuchern die stei-len Treppen hinauf. Auch wenn die religiöse Bedeu-tung des Berges nachgelassen hat, hegen noch immer Millionen von Chinesen den Traum, einmal im Leben den Gipfel des Taishan zu besteigen und die Sonne aus der nächtlichen Dämmerung aufsteigen zu sehen. Und sei es auch nur für ein Andenkenfoto.
Aber der Berg rächt sich, wenn ein Unwürdiger es wagt, ihn zu besteigen. Qin Shi Huangdi, der unerbitt-liche Einiger Chinas im 2. Jahrhundert v. Chr., wollte den Berg besteigen, um die Anerkennung des Him-mels für seine Herrschaft zu erlangen – er wurde von einem wütenden Gewitter abgewiesen. Mir gelang es im Dezember 1978, ihn bis zur Hälfte zu besteigen. Dann überraschte mich ein Schneesturm.
Am Fuß des Berges wimmelt es von Tempeln, Pago-den und Sehenswürdigkeiten der verschiedensten Epochen. Zu ihnen gehört der Ort Qufu, wo Konfu-zius 551 v. Chr. geboren wurde. In Qufu befindet sich auch sein Grab, und seine Nachkommen, heute in der

neunundsiebzigsten Generation, haben dort ohne Unterbrechung gelebt. Der eindrucksvolle Palast des Geschlechts wurde allerdings nach der Revolution 1949 in ein Museum umgewandelt, und die 40 000 Tonnen Getreide, die die Bauern als jährliche Pacht abzuliefern hatten, bleiben nun in den Dörfern und werden da hoffentlich sinnvoller verwendet.

Nicht sehr weit von Qufu liegt Dawenkou. Als man 1959 für die Bahnlinie eine zweite Spur baute, fand man Hunderte von Gräbern einer hoch entwickelten Kultur, die dort zwischen 4500 und 2000 v. Chr. geblüht hat. In rascher Folge sind weitere Funde hinzugekommen, und man weiß heute, daß in der Jungsteinzeit eine große Anzahl Dörfer über den Berghang verteilt waren. Die Menschen bearbeiteten die Erde mit Hacken, sie jagten mit Pfeil und Bogen, fischten mit Netzen und Harpunen und drehten geschmackvolle, dünnwandige Tongefäße in Schwarz, Weiß, Gelb und hellrotem Ocker.

Zu den interessantesten Funden gehören einige Tongefäße und Tonscherben mit eingeritzten Zeichen, die zu den ältesten bisher entdeckten Zeichen zählen. Sie stammen von unterschiedlichen Fundplätzen. Man nimmt deshalb an, daß es sich tatsächlich um Zeichen – und nicht nur um Bilder – handelt, die eine allgemein akzeptierte Form besaßen und in einem größeren Gebiet verstanden wurden.

Eines dieser Zeichen zeigt die Sonne, die über einer Wolke aufgeht oder aus dem Meer aufsteigt.

Ein anderes Zeichen zeigt die gleiche Sonne nebst Wolke bzw. Meer über einem hohen Berg mit fünf Spitzen, der eine gewisse Ähnlichkeit mit dem Taishan aufweist, so wie man ihn von der Ebene aus sieht.

Nach uralter Vorstellung begann die Sonne ihren täglichen Lauf über den Himmel am Taishan. Der Berg spielte deshalb auch bei der Verehrung der Sonne in der Jungsteinzeit eine Rolle, aber darüber weiß man nicht viel. Vielleicht hatten die Tongefäße und die sie schmückenden Zeichen mit dieser Verehrung zu tun. Die beiden Zeichen werden als Vorläufer für *Tagesanbruch, Morgengrauen* angesehen, die später so geschrieben werden:

Tagesanbruch

*In Xi'an gibt es eine merk-
würdige Sammlung von
Steintafeln mit Gravuren
aus verschiedenen Dyna-
stien, die Beilin, der »Stein-
wald«, genannt wird. Auf
einer dieser Tafeln sehen
wir den Huashan wie in
einer Traumvision. Hoch
aufragend, wunderbar
lebendig mit Quellen,
Wolken und Schluchten,
Kiefern und stillen Tälern.
Dagegen erscheinen wir
Menschen erbärmlich klein.
Wer wird da nicht von
einer ehrfürchtigen Scheu
ergriffen?*
*Das Bild wurde im Jahre
1660 von dem Dichter und
Maler Zhu Jiyi geschaffen
und ist eines von acht Bildern, die schöne Plätze in
und um die Stadt Xi'an
darstellen.*

Folgt man dem Gelben Fluß vom Taishan aus fünfhundert Kilometer nach Westen, kommt man zum
Songshan, dem heiligen Berg in der Mitte, zu dessen
Füßen die bisher ältesten Funde aus der Xia- und der
Shang-Dynastie gemacht wurden; es ist der Ort, an
dem der sagenhafte Große Yu gelebt haben soll. Der
Songshan besteht aus einer langgestreckten, zerklüf-
teten Bergkette, die – ähnlich wie der Taishan – zahlreiche Tempel aufweist. Dort steht der berühmte
Shaolinsi – Junger Wald Tempel –, Mittelpunkt für
den Zen-Buddhismus in China und Wiege der asiatischen Kampfkünste. Hier befindet sich auch die Songyang-Akademie, die seit dem 4. Jahrhundert zu den
bedeutendsten taoistischen Zentren des Landes zählt.
Weitere dreihundert Kilometer westlich liegt der heilige Westberg Huashan. Dort mündet der Wei-Fluß
in den Gelben Fluß, der hier aus den Bergen herunter-
kommt, um sich ostwärts Richtung Meer zu wenden.
Unvermittelt erhebt sich der Huashan mit seinen drei
deutlich sichtbaren Spitzen aus der Ebene. Von seinen
Gipfeln blickt man auf das Kernland des archaischen
China, das Gebiet, das von den Provinzen Shanxi,
Shaanxi und Henan eingerahmt ist.
Nicht weit entfernt von hier lebte vor 600 000 Jahren
der Lantian-Mensch, der Urahne der heutigen Chinesen. In diesem Gebiet liegt Banpo, eine der bedeutendsten Siedlungen aus der Jungsteinzeit, die man ausgegraben hat. Hier hatten die großen Dynastien der
Zhou, Qin, Han und Tang ihre Hauptstädte, und hier
befindet sich auch das Grab des Kaisers Qin Shi Huangdi mit seinen Tausenden von Soldaten aus Ton –
kurz, es gibt so viele beachtenswerte Stätten, daß man
nur einen Bruchteil davon nennen kann. Und nicht zu
vergessen Huxian, der Ort der Bauernmaler.
Über all diese Schätze wacht der Huashan ebenso wie
über den Tongguan-Paß, das Einfallstor zu dem
fruchtbaren Tal, von dem die Sicherheit der Dynastien
abhing.
Im Jahre 1766 v. Chr. opferte der erste Herrscher der

Shang-Dynastie auf dem Huashan, so steht es geschrieben. Als seine Dynastie im Jahre 1080 v. Chr. die Macht verlor, brachte der erste Herrscher der Zhou-Dynastie hier sein Opfer dar. Und dieser Brauch setzte sich fort. Hua bedeutet *blühend, ruhmreich, großartig*. Und genauso strahlend soll der Berg sein. Ich bin selbst noch nicht dort gewesen, aber er wird als einer der schönsten Berge Chinas bezeichnet. Hua bedeutet auch *China, chinesisch* und ist Teil des Namens der Volksrepublik China.

Das Zeichen zeigt offensichtlich das Bild einer Blume, aber davon ist nach der Schriftreform in den fünfziger Jahren nicht viel übriggeblieben.

Dieses Zeichen für Berg, kräftig wie ein Bronzezeichen, wurde von Mi Fei (1051–1107) gemalt, einem der berühmtesten Kalligraphen Chinas. Er war ein vielseitiger und exzentrischer Mensch, der neben seiner mehr prosaischen Tätigkeit als kaiserlicher Beamter auch Dichter, Schriftsteller und passionierter Sammler alter Malerei und eigenartiger, ausgewaschener Steine war. Außerdem war er selbst Maler, und obwohl kein Werk von ihm mehr existiert, das man mit Sicherheit ihm zuordnen kann, weiß man trotzdem viel von seiner Kunst wegen der zahlreichen Kopien und Bilder, die seine Nachfolger angefertigt haben. Er malte oft Berglandschaften mit üppigem Grün und dichten Nebelschwaden.

Mi Fei hat das Zeichen für Berg mit breitem Pinsel und dickflüssiger Tusche gemalt. Es wirkt entsprechend massiv und springt ins Auge. Die Berggipfel, die auf dem Bild darunter aus den Talnebeln aufragen – das Bild wird Mi Fei zugeschrieben –, bestehen aus leichten, beinahe impressionistisch hingetupften Punkten in verschiedenen Schichten, von denen die darüberliegenden dunkler sind.

Trotz der Verschiedenheit der Technik besteht eine unübersehbare Ähnlichkeit zwischen dem Zeichen für Berg und den Berggipfeln der Malerei; nicht nur, was die äußere Form angeht, sondern vor allem in bezug auf die Kraft und die Stärke, die darin zum Ausdruck kommen.

hua = China

das vereinfachte Zeichen für China

Das Zeichen für Berg, geschrieben von Mi Fei.

Malerei einer Berglandschaft von Mi Fei.

Das Taihang-Gebirge im diesigen Nachmittagslicht, Blick vom Zug aus auf der Fahrt zum Fen-Tal.

Nördlich des Huashan und des Gelben Flusses beginnt das Taihang-Gebirge, das sich in einem weiten Bogen erstreckt und die Grenze zwischen der nordchinesischen Ebene und den Lößflächen von Shanxi und Shaanxi bildet. Entlang dem Fuße dieses Gebirges verlief in alter Zeit einer der wichtigsten Handelswege Chinas; heute verläuft dort die Eisenbahnlinie, die Beijing mit Guangzhou (Kanton) im Süden verbindet. Es gibt acht Pässe, über die man vom Gebirge in die Ebene gelangen kann. Wo die Straßen mit dem großen Handelsweg zusammentreffen, liegen einige der ältesten Städte Chinas, darunter auch Anyang.

Im Taihang-Gebirge spielt die bekannte Geschichte von Yu Gong, dem großen Vorbild für die Kraft und Entschlossenheit des chinesischen Volkes. Sie handelt von einem närrischen alten Mann, der Berge versetzt. Vor dem Hause Yu Gongs standen zwei Berge und versperrten den Weg. Schließlich war er die Mühen leid, die ihm durch die Berge entstanden; Yu Gong und seine Söhne begannen, die Berge mit Schaufeln und Hacke zu bearbeiten. Da kam ein anderer alter

Mann. Er sagte spöttisch: »Wie dumm man sein kann! Ihr seid doch viel zu wenige, um diese gewaltigen Berge abzutragen!«

Der närrische alte Mann antwortete ihm: »Wenn ich sterbe, werden meine Söhne weitermachen, und wenn sie sterben, kommen meine Enkel und deren Söhne und Enkel und hacken, und so geht das ewig weiter. Die Berge sind hoch, aber sie können nicht höher werden, und um jedes Stück, das wir abtragen, werden sie niedriger. Warum sollen wir sie nicht wegschaffen können?«

Und er griff zur Schaufel und arbeitete weiter. Der Herrscher des Himmels war von solcher Entschlossenheit so sehr gerührt, daß er zwei *Unsterbliche* schickte, die zur Verwunderung aller die Berge wegtrugen.

unsterblich = Mensch und Berg

Im Jahre 1945, noch bevor Japan kapituliert hatte und bevor Jiang Jieshi (Tschiang Kai-schek) nach Taiwan vertrieben worden war, hielt Mao Zedong in Yan'an, das auch in diesem Gebiet liegt, eine Rede. Hier hatten die chinesischen Kommunisten nach dem Langen Marsch 1934-35 ihren Stützpunkt. Er sprach:

»Heute liegen zwei große Berge wie tote Gewichte auf dem chinesischen Volk. Der eine ist der Imperialismus, der andere der Feudalismus. Die kommunistische Partei Chinas hat seit langem beschlossen, sie abzutragen. Wenn wir durchhalten und unsere Arbeit fortsetzen, werden wir das Herz des höchsten Herrschers rühren. Unser Herrscher ist kein anderer als das chinesische Volk. Wenn es aufsteht und gemeinsam mit uns gräbt, sollten wir da die zwei Berge nicht wegschaffen?«

Die Berge in Shanxi und Shaanxi könnte man tatsächlich mit dem Spaten abtragen. Viele von ihnen sind keine richtigen Berge. Sie bestehen aus zusammengepreßter gelber Erde, die mit dem Wind aus den Wüstengebieten im Nordwesten herangeweht wurde und

sich ablagerte, teilweise in mehr als 100 m dicken Schichten. Das Regenwasser hat Rinnen und Schluchten gegraben und die Landschaft völlig zerfurcht. Die Bäche haben den gelben Wüstenstaub in die Flüsse geschwemmt, die ihn wiederum über die Tiefebenen verteilten. Diesem Umstand verdankt der Gelbe Fluß seinen Namen, und das gleiche gilt für das Gelbe Meer. Selbst Hunderte von Kilometern bis zur Küste verliert sich die gelbe Farbe des Wüstensandes nicht. Mit einfachen Hacken und großer Ausdauer haben die Bauern nach dem Vorbild von Yu Gong die Berge abgetragen und die Rinnen aufgefüllt, um Felder für den Hirseanbau zu gewinnen. Als Unterkunft haben sie sich oft Höhlen in die Berghänge gegraben, um kein wertvolles Ackerland zu vergeuden. Und so lebten und leben sie dort tief unter den Äckern der Hochebene und hoch über den Feldern des Tales, auf schmalen Terrassen am Berghang. Nur harte Arbeit machte dieses Leben möglich, irgendwelche »Unsterbliche« sind niemals als Helfer erschienen. Yu Gong und seine Söhne hätten vielleicht auch auf die Idee kommen können, das Haus zu versetzen, statt die Berge abzutragen. Aber arme Kleinbauern hatten wohl keine Wahl. Jeder Quadratmeter dieses fruchtbaren Bodens entschied darüber, ob man überlebte oder nicht.

Tal, Schlucht

Dieses Zeichen bedeutet **Tal**, **Schlucht** und zeigt offenbar die Ausläufer eines langen Tales.

Ich brauche es nur anzusehen, und schon weckt es die Erinnerung in mir, wie ich an einem kühlen Spätwintertag bei klarem Himmel in den Tälern des Lößgebietes unterwegs war, zwischen gelben, verwitterten Berghängen aus zusammengepreßter Erde, feinkörnig und weich wie Blütenstaub. Nirgends ein Baum, kaum ein Grashalm. Nur die ausgetrockneten Bachbetten, die schrägen, gelben Wände und ein intensiver Duft nach Beifuß. Einige Monate später ist alles verwandelt. Der erste Wolkenbruch des Sommers macht aus den Bächen rauschende Wasserfälle aus gelbem Lößwasser, das auf die Ausläufer der Täler zuschießt und alles, was in den Weg kommt, mitreißt.

Das Zeichen für *Tal, Einschnitt* wurde trotzdem seit frühesten Zeiten auch für *gut*, *nahrhaft* verwendet; 1958 setzte sich ein spätes, kompliziertes Zeichen durch, das ähnlich aussieht und *Getreide* bedeutet. Das hat durchaus seinen Sinn, denn in den Tälern baute man schließlich das gute und nahrhafte Getreide an.

Täler im Lößgebiet von Shaanxi. Die Gräben fressen sich weiter in die Äcker hinein. Noch ein Wolkenbruch, und das Dorf ist zweigeteilt.

Das ursprüngliche Zeichen für **Felsen** ist nach dem alten Shuowen-Lexikon das Bild eines steilen Berghanges, an dem Menschen wohnen können. In dem Zeichen sind unschwer die steilen Abhänge der Schluchten im Lößgebiet zu erkennen. Oben die flache Hochebene und links der zum Talgrund abfallende Hang.

Die Form des Zeichens, wie man sie auf Orakelknochen fand, verwirrt etwas. Was bedeutet der kleine Schrägstrich in dem Winkel? Stellt das Zeichen vielleicht eine in den Felsen gehauene Höhle im Profil dar? Wie wir später sehen werden, taucht derselbe Strich in einem Zeichen auf, das tatsächlich *Höhle* heißt.

Das Zeichen für Felsen kommt nie allein vor, immer ist es Teil von zusammengesetzten Zeichen, die entweder mit Bergformen zu tun haben oder verschiedene Räume bezeichnen wie *Wohnräume, Küche, Stall, Toilette* und *Werkstatt*. Felsen und Wohnstatt waren also lange Zeit ein und dasselbe.

Zeichen mit der ursprünglichen Bedeutung **Felsen**

Dasselbe Bild wie im Zeichen für Felsen kommt im Zeichen für **Stein, Felsblock** vor. In der heutigen Form des Zeichens wird der obere Strich etwas weiter nach links gezogen, in früheren Schreibweisen ist er identisch mit dem bei »Felsen« benutzten. Nach der gängigen Erklärung haben wir einen Steinblock unter einem Felsen vor uns. Man kann sich fragen, woher es kommt, daß der »Stein« unter dem Felsen immer wie das alte Zeiten für »Mund« geschrieben wird. Vielleicht handelt es sich gar nicht um einen den Berghang hinuntergefallenen Stein, sondern um eine der Höhlen, die sich dort so leicht graben lassen? Das Zeichen für Mund würde in diesem Fall die Bedeutung *Öffnung, Mündung* haben. Oder ist es doch der Stein mit seinen Vertiefungen und Aushöhlungen?

Stein, Felsblock

Das Handbuch »Senfkorngarten«, das seit seinem ersten Erscheinen in Suzhou im Jahre 1679 *das* Lehrbuch für chinesische Künstler war, behandelt in einem Abschnitt ausführlich die Motive »Felsen« und »Steine«. Malt man einen Stein, wie er daliegt, muß man vor allem auf seine Einkerbungen und Aushöhlungen achten und auf das Spiel von Licht und Schatten. Steine können sehr verschieden sein. Bevor man mit dem Malen beginnt, muß man sich die Struktur des Steines verdeutlicht haben. Aber damit nicht genug. Vor allem anderen gilt es, die Kraft, die in einem Stein wohnt, zu übersetzen. Der Stein muß leben.

Die Verfasser des Handbuches illustrieren ihren Text mit Bildern von verwitterten Steinbrocken, in denen die Zeit und das Wasser ihre Spuren hinterlassen

haben. Einige davon kommen dem Zeichen für Stein, Felsblock ziemlich nahe.

Steinblöcke sind in China sehr beliebt. Besonders begehrt sind die Kalksteine am Ufer des Taihu, einem großer See in der Nähe von Suzhou. Sand und Wellen haben tiefe Furchen in den Stein gegraben, ihn durchlöchert wie einen Schweizer Käse. Aber es gibt auch anderswo merkwürdige Steine – ein Lehrbuch über das Anlegen von Gärten aus dem Jahre 1634 nennt außer dem See Taihu dreizehn Seen und Berge, wo man geeignete Steine finden kann. Sind die Löcher nicht so markant, wie sie nach chinesischem Verständnis sein sollten, kann man der Natur mit dem Meißel nachhelfen und die Löcher vertiefen, um dann den Stein wieder in den See zu legen und ihn ein oder zwei Generationen dort zu belassen. Nun hat man ein fertiges Kunstwerk, von Mensch und Natur gemeinsam erschaffen. Es läßt sich wie eine moderne Skulptur aufstellen, durchströmt von Luft und Licht, vor einer Mauer in der Ecke eines Gartens etwa oder mitten in einem Steingarten mit Treppen, Pavillons und Bänken für besinnliche Gespräche, mit kühlen Grotten und überraschenden Ausblicken auf Jasminbüsche und Pfingstrosen.

Kleinere Fehler an einem Stein lassen sich mit Bambus und pulverisiertem Porzellan abschleifen. Um die richtige Oberfläche zu erhalten, kann man nun den Stein einige Jahre unter eine Dachrinne stellen, wo ihn das Regenwasser aufweicht und formt. Das machte man oft mit Steinen, die zur Zierde oder als Meditationsobjekt auf dem Schreibtisch dienen oder in einer Miniaturlandschaft mit hochwachsendem Bambus oder einer kleinen Kiefer stehen sollten.

Viele Chinesen verwenden solche Steine, kleine und große, als eine Art Ikone, zu der sie ein enges, persönliches Verhältnis haben, das täglich gepflegt wird. Von Mi Fei erzählt man, er habe sich jeden Morgen vor einem großen Stein in seinem Garten verbeugt und ihn mit den Worten »mein älterer Bruder« begrüßt.

Das Verhältnis chinesischer Intellektueller zur Natur war immer von Mystik geprägt. Was sie suchten, war aber nicht eine Vereinigung mit Gott oder einem

nicht ohne das Fließen des Blutes in Adern, Mark und Gewebe leben konnte, waren Berge und Steine vom Wasser abhängig. Durch sein unaufhörliches Tropfen, Brausen, Perlen, Sprudeln und Fließen gab das Wasser ihnen die Form. Wenn chinesische Künstler eine Landschaft malten – »Berg und Wasser«, wie der chinesische Terminus für Landschaft lautet –, so war das nicht ein beliebiges Motiv unter anderen. Es war die Essenz einer Weltanschauung und Ausdruck des ethischen Verhaltens.

Die Zielsetzung bei der Darstellung eines Wasserfalles bestand nicht in erster Linie darin, ein grandioses Naturschauspiel wiederzugeben – die diesige Luft über dem Hochplateau, die schwindelnde Höhe des Berges, den Dunstschleier des herabstürzenden Wassers –, um unsere Sinne anzuregen und uns andächtig, schwermütig oder ehrfürchtig zu stimmen. Vielmehr will uns der Künstler in Erinnerung rufen, wie wir unser Leben führen sollen: Nicht überheblich sein und auch nicht nach Ruhm streben; nicht gegen die Ordnung der Natur, sondern im Einklang mit ihren Gesetzen zu leben versuchen. Seinen Platz auf der Welt als einen unter den »Zehntausend Dingen« sehen, demütig, still und großherzig sein, sich »niedrig« machen. Wie es im achten Vers des Dao De Jing (Tao Tê King von Lao Tse) heißt:

anderen höheren Wesen, sondern eine Gemeinschaft mit allem Lebendigen. Für sie waren Felsen, Steine, das Wasser und andere Dinge, die wir ohne jede Phantasie als »tot« bezeichnen, ebenso lebendig wie Menschen, Blumen und Tiere.

Der Mensch war nicht Herr der Natur, für ihn galten dieselben Bedingungen wie für alles im Himmel und auf der Erde; alles war Teil der Großen Einheit, beherrscht von kosmischen Kräften, die man Yin und Yang nannte. Sie gehörten zusammen wie Tag und Nacht, wie Sommer und Winter, wie Leben und Tod. Sie waren die beiden Aspekte derselben Wirklichkeit, und ihr dynamisches Gleichgewicht sicherte die Harmonie im Universum. Alles befindet sich in Veränderung und im Wandel und kehrt wieder in neuen Konstellationen, alles ist in ewigem Fluß. Nichts ist von Dauer als dieser ständige, sich allmählich vollziehende Wandel.

Die Berge ordnete man dem Yang zu und verglich sie mit den Knochen im menschlichen Körper. Das Wasser war Yin und entsprach dem Blut. Wie der Körper

Der höchste Gute ist wie Wasser.
Wasser ist gut, allen Wesen zu nützen, und streitet
  nicht;
es bewohnt, was die Menschen verabscheuen. –
Darum ist er nahe dem Tao.
Im Wohnen ist er gut der Erde,
im Herzen gut dem Abgrund,
im Geben gut der Menschenliebe,
im Reden gut der Wahrheit,
im Herrschen gut der Regelung,
im Wirken gut der Fähigkeit,
im Bewegen gut der rechten Zeit.
Er streitet nicht,
darum wird ihm nicht gegrollt.

Ursprung, frühere Bedeutung: **Quelle**

Die Grundbedeutung dieses Zeichens ist **Quelle, Wasserfall.**

Hoch oben am Berg entspringt das Wasser und stürzt in gleichmäßigem Fall von den Felsen herab – ein klassisches Motiv in der chinesischen Landschaftsmalerei.

Ich mag dieses Zeichen sehr, es gibt mir ein Gefühl von Freiheit. Das Wasser als Quelle des Lebens, das Wasser als Ursprung und Anfang.

Das Zeichen wird inzwischen vor allem in seiner übertragenen Bedeutung **Ursprung, ursprünglich** verwendet. Häufig dient es als Vorsilbe, vergleichbar der deutschen Vorsilbe *ur*; zum Beispiel in *Urgesellschaft* und *Urwald*, oder als *Roh* in *Rohmaterial, Rohstoff* und als *Grund* in *Grundfarbe, Grundprinzip* usw. Diese Wörter haben alle etwas mit »Ursprung« zu tun. Der Begriff wird auch in der Bedeutung *weite Ebene, Flachland* verwendet und ist Teil der Namen von Ebenen, die am unteren und mittleren Lauf des Gelben Flusses liegen, dem Gebiet, wo die chinesische Kultur ihren Ursprung, ihre Quelle hat.

Wasserfall an einer Quelle in den Lushanbergen in der Provinz Jiangxi.

Bereits die primitiven Menschen, die vor einer halben Million Jahren in Zhoukoudian unweit von Beijing lebten, kannten den Umgang mit dem Feuer. Eine ihrer Höhlen wurde als »Küche« benutzt. Der Boden ist von einer meterdicken Schicht aus Asche, verkohlten Holzstücken und verbrannten Tierknochen bedeckt. Reste von Feuerstellen vor der Höhle deuten darauf hin, daß man dort nachts Feuer entfachte, um wilde Tiere fernzuhalten.

Lange Zeit glaubte man, sie seien die ersten Menschen gewesen, die den Umgang mit dem Feuer kannten. Aber in den sechziger Jahren machte man einige neue Funde, u.a. in Lantian und Xihoudu, in der Nähe der Stelle, wo der Gelbe Fluß nach Osten abbiegt; diese Funde beweisen, daß Menschen bereits vor 600 000 Jahren Feuer zur Nahrungszubereitung verwendeten. Wahrscheinlich waren diese frühen Menschen nicht in der Lage, das Feuer selber zu entfachen. Ein Blitzschlag oder ein Waldbrand könnten am Anfang gestanden haben. Aber sie schützten und bewahrten es sorgfältig. Es schenkte Licht, Wärme und Sicherheit, und vielleicht wurde es auch bei der Jagd verwendet. Wenn man weiterzog, tat man alles, um das Feuer mitzunehmen. Es war etwas Unersetzliches, das man von Generation zu Generation weitergab.

Erst vor etwa 9000 oder 10 000 Jahren sollen die Menschen in China gelernt haben, selbst Feuer zu entfachen.

Reklame für Feuerlöscher in Beijing.
Man vergleiche das Reklamebild eines lodernden Feuers mit dem Zeichen für Feuer auf den Orakelknochen!

Das Zeichen für **Feuer** erinnert in seiner ursprünglichen Form stark an das Zeichen für Berg. Das mag zunächst verwirrend sein. Sitzt man aber vor einem Feuer und sieht, wie die Flammen in der Dunkelheit lodern, entsteht das richtige Bild: Berg und Feuer. Die Berge als lodernde Flammen, das Feuer als flammender Berg in der Glut.

Feuer

Das Wasser der Flüsse hat die meisten Naturkatastrophen in China verursacht. Das Orakelknochenzeichen für *Katastrophe, Unglück, Elend* zeigt dementsprechend das Bild eines Flusses mit gezackten Wellen.
Die moderne Form des Zeichens setzt sich zu gleichen Teilen aus Feuer und Wasser zusammen, eine realistische Darstellung der schlimmsten Unglücke, die den Menschen heimsuchen können.

Katastrophe

Zweimal das Zeichen für Feuer übereinander bedeutet *Flamme, lodernde, brennende Hitze*, aber auch *Entzündung*.

Flamme, Entzündung

Hand und Feuer zusammen bedeuten *Asche, Staub, grau.* Vielleicht entfernt die Hand vorsichtig die Asche aus der Glut, damit das Feuer erneut aufflammt. Vielleicht kehrt sie nur den dünnen grauen Staub zusammen, das letzte, was von den dürren Zweigen und dem Feuerherd übrigbleibt?
Manchmal, wenn ich besonders niedergeschlagen bin, wenn mein Herz »grau« ist, wie die Chinesen sagen, denke ich an dieses Zeichen. Und mir fallen die verbitterten Worte des schwedischen Dichters Tegnér ein:

Asche, grau

»Mein Herz? Es ist kein Herz in meiner Brust.
Bloß eine Urne mit des Lebens Asche.«

Graues Herz = niedergeschlagen, mutlos

Wildlebende Tiere

Noch lange nachdem die Menschen an den Flußufern seßhaft geworden waren und Ackerbau betrieben, lebten sie in großem Umfang von der Jagd und vom Fischfang. Einige Forscher sind sogar der Auffassung, daß sie nur seßhaft wurden, um all die Pflanzenfasern zu beschaffen, die sie brauchten, um Netze und Angelschnüre für Fischfang und Jagd herzustellen.

In Banpo hat man eine große Zahl Angelhaken, Harpunen, Pfeilspitzen und Grundgewichte gefunden, und in den Abfallhaufen wimmelte es von Karpfengräten, interessanterweise die einzige Fischart, von der Überreste nachzuweisen waren. Auch in Anyang lebten die Menschen größtenteils vom Fischfang, und unter den sechs Fischarten, die man im archäologischen Material identifizieren konnte, waren vier Karpfen.

Dekor einer frühen Keramik aus Banpo.

Der Fisch ist ein sehr verbreitetes Motiv auf der Banpo-Keramik. Auf den ältesten Gefäßen sind die Fische naturalistisch wiedergegeben.

Später haben sie sich zu geometrischen Mustern gewandelt, zwei oder mehrere Fische bilden gemeinsam ein dekoratives Band, das um das Gefäß läuft. Zuweilen hat man das Motiv so vereinfacht, daß nur noch Dreiecke übriggeblieben sind – sie bilden eines der häufigsten Motive auf der Banpo-Keramik.

Viele der frühen Fischdarstellungen sind von so einheitlicher Form und Größe, daß man fast den Eindruck hat, ein Zeichen zu sehen. Das trifft zwar nicht zu, aber vielleicht ist es hilfreich, die Darstellungen als fehlendes Glied zwischen Bild und Bildzeichen zu betrachten, als einen der wenigen Fälle, in denen der Übergang vom Bild zur Bilderschrift erkennbar wird.

Das Zeichen für **Fisch** kommt sehr häufig auf Orakel-knochen und Bronzen vor. Die Bronzezeichen sind besonders deutlich. Wir sehen den gedrungenen, kraftvollen Körper, Schuppen und Flossen, das glotzende Auge und ab und zu auch das Fischmaul mit seinen spitzen Zähnen.

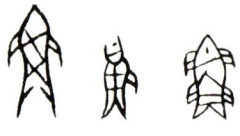

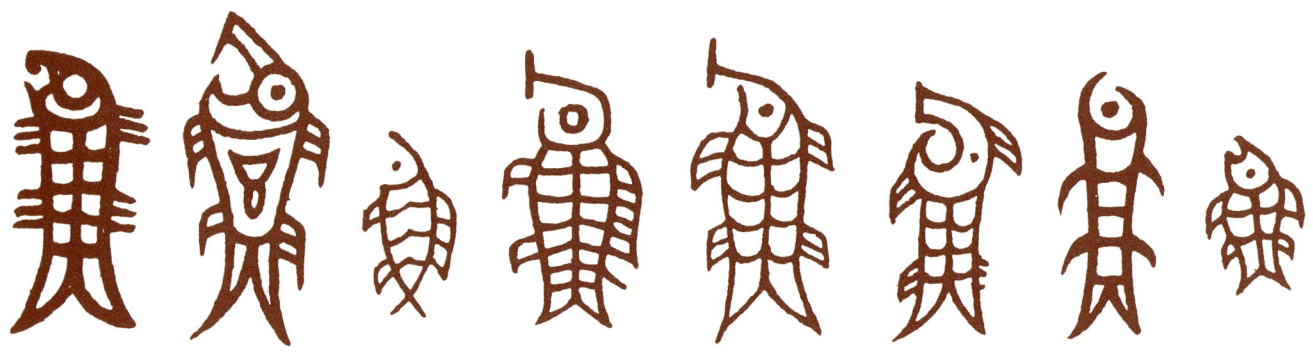

Mit diesen Bildern im Kopf fällt es leichter, das Zeichen für Fisch zu verstehen, wie es vom Beginn unserer Zeitrechnung bis 1956 geschrieben wurde und auch, wie es heute geschrieben wird – obwohl es das meiste von seiner ursprünglichen Ausdruckskraft verloren hat.

Für die Menschen in Banpo war der Fisch wahrscheinlich ein Totemtier oder ein Fruchtbarkeitssymbol. Heute ist er ein Symbol für Reichtum und Überfluß und dafür, daß Anstrengung sich lohnt. Auf den Neu-jahrsbildern, die man beim Frühlingsfest aufstellt, sieht man oft kleine, dicke Kinder auf großen roten Fischen reiten oder die Fische wie Teddybären im Arm halten. Hinter diesen Bildern verbirgt sich eine phonetische Assoziation. Das Zeichen für *Fisch* wird genauso aus-gesprochen wie das Zeichen für *Überfluß*. Und ähnlich, wie wir beim Bild eines Herzens »Liebe« assoziieren, denken die Chinesen, wenn sie einen roten Fisch sehen, an Reichtum und Überfluß.

Vielleicht fließt auch etwas von der buddhistischen Vorstellung ein, wonach der Fisch ein Symbol für »frei von allen Hindernissen« ist. Auf buddhistischen Bildern, Skulpturen oder Steinreliefs begegnet man oft Darstellungen von Fischen. Und auch der Mönch, der seine Brüder zum Gebet ruft, schlägt dazu auf einen riesigen Fisch aus Holz.

In vielen Tempelhöfen befindet sich ein Teich mit Karpfen oder Goldfischen. Anläßlich religiöser Feste

Fisch

das vereinfachte Zeichen für Fisch

bedeutete es früher eine gute Tat, von den Mönchen einen Fisch zu kaufen und ihn freizulassen. Heute kauft man sich einen Fisch bei einem der Goldfischzüchter, wie sie reihenweise mit ihren emaillierten Waschschüsseln auf dem Markt sitzen, und bringt ihn in einer Plastiktüte nach Hause, wo er dann in einer Glasschale ein einsames Dasein fristet.

Der Goldfisch und der Karpfen sind die beliebtesten Fische in China. Sie sind miteinander verwandt, und ein Goldfisch, dem es gelingt, seinem Aquarium zu entkommen und in die Natur zurückzukehren, nimmt allmählich eine grünbraune oder graue Farbe an und wird dreißig Zentimeter lang. Er wird ganz einfach zu dem Karpfen, der er ist!

Das Züchten von Goldfischen ist eine Spezialität, man könnte fast sagen eine Kunst, die ihren Ursprung in China hat. Wann genau die Goldfischzucht begann, ist nicht bekannt. Goldfische werden bereits in schriftlichen Aufzeichnungen aus der Yin-Dynastie (265-419) erwähnt, aber richtig entwickelt hat sich diese Leidenschaft offenbar erst während der Song-Dynastie (960-1279). Seitdem hat man 345 verschiedene Arten gezüchtet. Ebenso wie die Karpfen können Goldfische sehr alt werden, 20 bis 25 Jahre sind nicht außergewöhnlich für einen Goldfisch. Die beliebtesten Arten sind hellrot und haben seltsam hervorquellende, nach oben gerichtete Augen und große Schleierflossen. Auf deutsch heißen sie Kometenschweif oder Schleierschwanz.

Den echten Karpfen züchtet man seit mindestens 2500 Jahren. Er wächst rasch und verträgt es, auf engem Raum zu leben – wahrlich ein chinesischer Fisch! Früher züchtete man die Karpfen in den Reisfeldern, inzwischen ist man dazu übergegangen, die nach 1949 gebauten Staubecken auch für die Fischzucht zu benutzen. Vielerorts hat man auch richtige Fischteiche angelegt. Es können mehrere Karpfenarten im gleichen Teich leben. Sie halten sich streng getrennt in unterschiedlichen Tiefen auf, bilden aber gleichzeitig eine symbiotische Gemeinschaft. Die schwarzen Karpfen, die in einer mittleren Tiefe leben, lieben Schnecken. Ihre

Neujahrsbild für das Frühlingsfest. Junge mit großem Fisch, Symbol für Überfluß. Rechter Teil eines Bildpaares. Shandong, Weifang.

Zwischen den ältesten Bronzezeichen für Fisch und dieser Verzierung eines Bronzegefäßes aus der Han-Dynastie liegen tausend Jahre. Trotzdem überwiegt die Ähnlichkeit – ein Beispiel für die Kontinuität in der Auffassung und Umsetzung von Wirklichkeit, wie man sie so oft im Vergleich zwischen Zeichen und künstlerischer Darstellung beobachten kann.

Exkremente kommen dem Plankton zugute, das wiederum von der Goldschleie, die sich etwas tiefer aufhält, gefressen wird. Deren Exkremente bilden schließlich die Nahrung für die am Grunde des Teiches lebenden gewöhnlichen Karpfen.

Die Graskarpfen ernähren sich, wie der Name schon sagt, von Gras. Es sind nützliche Fische, die einen zugewachsenen See rasch von unerwünschtem Pflanzenwuchs befreien. Während des Sommers entspricht die pro Tag aufgenommene Nahrung ihrem Körpergewicht, und ausgewachsen wiegen – und fressen – sie bis zu 35 Kilogramm. Man hat in Schweden und Holland Graskarpfen erfolgreich zur Reinhaltung der Kanäle eingesetzt.

In dem Dorf Baoyang vor Shanghai züchtet man Karpfen. Der jährliche Ertrag liegt bei zehn Tonnen Fisch pro Hektar. Dasselbe gilt mehr oder weniger für große Teile Chinas, und in immer mehr Gebieten stellen sich die Bauern auf Fischzucht um. Viele haben gemerkt, daß es lohnender ist, auf dem vorhandenen Stück Land Fische zu züchten als Getreide und Gemüse anzubauen.

Der Karpfen ist ein guter Speisefisch. Gekocht mit schwarzen Bohnen und etwas Ingwer oder gebraten mit einer Soße aus gelbem Reiswein, Knoblauch, Zucker und Soja, die einen süßen und anregenden Geschmack hat – herrlich!

Im Landesinneren bekam man früher oft nur in der Sonne getrockneten Fisch. Aber eigentlich ist es falsch, »nur« zu sagen, denn das Trocknen ist eine ausgezeichnete Konservierungsmethode für Fisch, Garnelen und andere Schalentiere und nach wie vor in China üblich. Der Geschmack wird durch das Trocknen intensiver, und schon geringe Mengen können ein Gericht bereichern.

Neujahrsbild mit springenden Karpfen.

Der Karpfen ist ein Symbol dafür, daß Mühe und Anstrengung sich lohnen. Eine alte Legende erzählt, daß jedes Jahr im dritten Monat die Karpfen im Gelben Fluß versuchen, flußaufwärts durch die Drachenpforte zu gelangen, an der Stelle, wo die Ebene ins Gebirge übergeht. Die Strömung ist reißend, und es gelingt nur wenigen. Diejenigen aber, die es schaffen, werden in einen Drachen verwandelt – das vornehmste aller Geschöpfe und kaiserliches Symbol. Im alten China wurde der Karpfen früh zum Symbol für die hoffnungsvollen jungen Männer, welche die kaiserliche Staatsprüfung bestehen wollten – Voraussetzung für eine ehrenhafte Stellung in der Gesellschaft.

Inzwischen ist der Fluß reguliert, und es ist schwierig für die Karpfen durchzukommen; nur die wirklich großen überspringen alle Hindernisse, wie auf dem Neujahrsbild, auf dem die Fische immer noch so dargestellt sind wie in den alten Bronzezeichen.

In den Dörfern, in denen Fischzucht betrieben wird, fängt man die Fische oft mit Hilfe eines Schleppnetzes. Es ist ein langes Netz, das nicht weit vom Ufer ausgelegt und dann in immer engeren Bögen eingezogen wird, so daß die Fische wie in einem Sack gefangen werden. Das Netz bewährt sich am besten in seichten Seen, Flüssen und Teichen, in denen der Grund eben ist und keine Steine aufweist, in denen das Netz sich verfangen könnte. Solche Netze wurden wahrscheinlich schon in der Jungsteinzeit benutzt, aber wie die Netze damals genau ausgesehen haben, weiß man nicht. Doch die Orakelknochenzeichen für Netz vermitteln in all ihrer Einfachheit ein ganz gutes Bild davon, wie die Netze seinerzeit konstruiert waren.

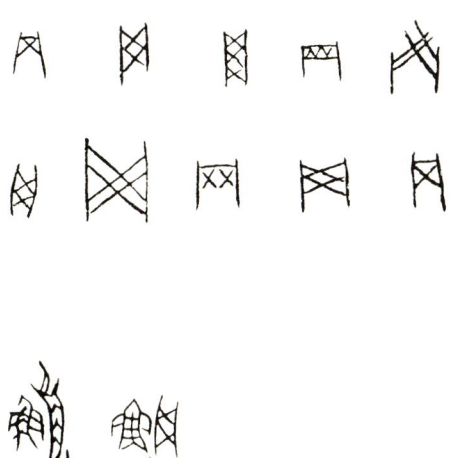

In einigen Zeichen wie diesen hier – Vorläufer des Zeichens für *fischen, angeln* – sehen wir ein Netz, das auf einen großen Fisch zubewegt wird.

Hier holen zwei Hände gerade ein Netz ein, das eine deutliche Ähnlichkeit mit einem Schleppnetz aufweist. Es muß Netze der unterschiedlichsten Art gegeben haben. Sie wurden ja nicht nur beim Fischfang, sondern auch für die Jagd verwendet. Einige Orakelknochenzeichen stellen offenbar keine Fischernetze dar, wie wir sie kennen, sondern eher eine Art Pfahlwerk, mit dem man einen Flußlauf oder einen Pfad absperren konnte, um so die Fische bzw. das Wild am Entkommen zu hindern. Andere sehen aus wie Reusen. Ein Zeichen erinnert an die Säcke aus geflochtenen Weiden oder Bambus, die man noch heute gelegentlich in kleinen Wasserläufen sieht und in die die Fische unweigerlich von der Strömung getrieben werden.

Netzsäcke ähnlicher Art habe ich auch vor der Küste von Shandong gesehen, wo es eine starke und fischreiche Strömung gibt. Die Küstenbewohner haben quer zur Strömung in einer langen Reihe kräftige Netzsäcke befestigt, sechs mal zwanzig Meter groß, die sie jeden Tag kontrollieren. Wie riesige Tüten schwimmen diese Netze im Wasser, und die Fische können sie ohne weiteres erkennen, aber die Strömung ist so stark, daß kein Entkommen möglich ist. Fast alle Fische hängen mit der Schwanzflosse voraus im Netz.

An den Wohnplätzen der Jungsteinzeit und der ersten Dynastien findet man oft Netzgewichte. Das weist darauf hin, daß es auch gewöhnliche Fischernetze gegeben haben muß, die, mit Gewichten beschwert, senkrecht im Wasser standen; solche Netze sind nach wie vor überall in China in Gebrauch.

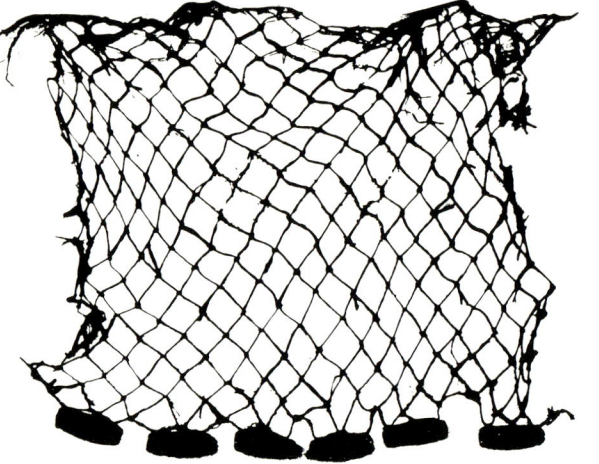

Rekonstruktion eines Fischernetzes der Frühzeit.

Das heutige Zeichen für **Netz** erinnert sowohl an das Fischernetz wie an das alte Zeichen. Es handelt sich um eine altertümliche Form, die wieder zu Ehren kommt. Seit der Han-Zeit hatte man ein anderes, komplizierteres Zeichen benutzt, das bis 1956 in Gebrauch war. Dann führte man die alte Form wieder ein – ein schönes Beispiel dafür, wie klar und brauchbar viele der ältesten Zeichen sind.

Netz

Das Zeichen für *fischen, angeln* gibt es in vielen Varianten.

Auf den Bronzen sehen wir einen großen Fisch, der mit aufgesperrtem Maul versucht, zwei gierig nach ihm greifenden Händen zu entwischen. Diesen Anblick kann man noch heute erleben, wenn das Wasser aus den Fischteichen abgelassen wird und die Bauern mit hochgekrempelten Hosenbeinen herumwaten, um die restlichen Fische zu fangen.

Auf den Orakelknochen findet man außer den Zeichen, die wir schon gesehen haben, eines, das eine Hand zeigt, die eine Angelschnur hält. Dieses Bild versteht jedes Kind.

Ein beliebtes Zeichen zeigt einen ganzen Schwarm Fische, die durchs Wasser flitzen.

In einer anderen Variante schwimmt ein einzelner Fisch im Wasser. Als die Zeichen allmählich vereinheitlicht wurden, hat dieses zum Zeichen für *fischen, angeln* geführt.

fischen, angeln

Man jagte Fische auch mit Pfeil und Bogen, und besonders über die Pfeile weiß man bedeutend mehr als
über die Netze – sie bestanden aus haltbarem Material
wie Stein, Knochen, Horn oder Bronze. In der Form
unterscheiden sie sich von den Pfeilen, die in anderen
asiatischen Ländern üblich waren. Der Schaft wurde
nicht in eine Hülse der Pfeilspitze gesteckt, sondern
man steckte umgekehrt die Pfeilspitze in den Schaft.
Das kann damit zusammenhängen, daß die Schäfte aus
Bambus waren. Das Innere einer Bambusstange ist
weich, während die in regelmäßigen Abständen ge-
wachsenen Knoten hart sind. Eingefügt zwischen zwei
Knoten sitzt die Pfeilspitze verhältnismäßig fest.
Die beiden abgebildeten Pfeilspitzen aus Knochen
stammen aus Banpo und waren vermutlich für den
Fischfang bestimmt. Der merkwürdige Wulst im unteren Bereich des Knochens stabilisierte wahrscheinlich den Halt der Spitze im Schaft. Möglicherweise
diente er auch zur Befestigung einer Leine. Der Pfeil
oder Speer könnte in dem Fall wie eine Harpune
benutzt worden sein, ähnlich wie man sie heute zur Jagd
auf Wale und andere große Fische verwendet.
Eine Gruppe von Bronzegefäßen aus der späteren
Zhou-Zeit ist mit Jagdszenen verziert. Ein verbreitetes
Motiv ist hier der Bogenschütze, der auf große Vögel
schießt. An den Pfeilen sind lange Schnüre befestigt,
vielleicht, um die Vögel, wenn sie getroffen waren, an
der weiteren Flucht zu hindern, vielleicht auch, um die
Pfeile leichter wiederzufinden, wenn man das Ziel ver-
fehlt hatte.
Zur Zeit der Shang-Dynastie waren die Pfeilspitzen im
allgemeinen entweder aus Stein oder aus Knochen
gefertigt, nicht anders als in der Altsteinzeit, als man
begann, Pfeil und Bogen zu verwenden. Die übliche
Pfeilspitze bestand aus einem flachen Stein, so behau-
en, daß eine Spitze entstand. Eine andere Art bestand
aus Knochen, war dreieckig und hatte lange, scharfe
Spitzen an den Seiten, wie die Pfeilspitzen von Banpo.
Während der Shang-Zeit wurden zunehmend Pfeilspitzen aus Bronze hergestellt, die alten Formen wurden einfach auf das neue Material übertragen.

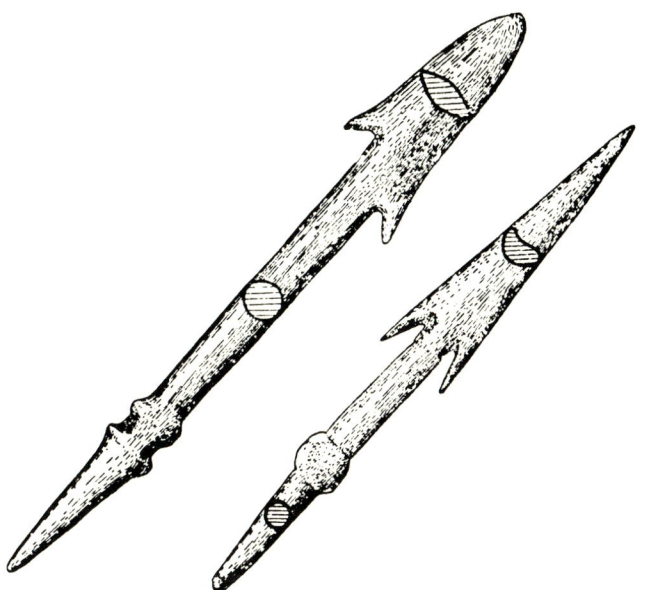

*Pfeilspitzen aus Knochen. Banpo. An vier Stellen sieht man die Spitzen
im Querschnitt.*

*Ausschnitt aus einem bronzenen Weingefäß, Zhou-Zeit. Vollständige
Abbildung auf Seite 80.*

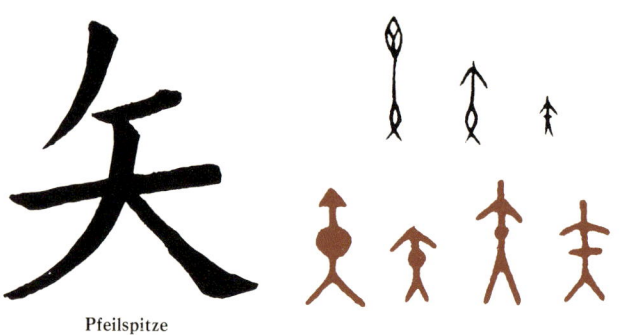

Pfeilspitze

Auf den Orakelknochen findet man das Zeichen für **Pfeilspitze** auf verschiedene Weise geschrieben, die von den shangzeitlichen Pfeilspitzenformen auszugehen scheinen. Während eine Form große Ähnlichkeit mit den flachen, geschärften Steinen aufweist, erinnert eine andere an das Dreieck mit den seitlichen Spitzen, und letzterer gehörte die Zukunft.

innen, Innenseite

hineingehen, eindringen

Es ist anzunehmen, daß die Pfeilspitze Eingang in zwei weitere Zeichen gefunden hat, die beide die Grundbedeutung *innen, eindringen* haben. In ihren ältesten Formen zeigen sie einen spitzen Gegenstand, der dem Kopf des Zeichens für Pfeilspitze sehr ähnlich ist.

ankommen, eintreffen

Ankommen, eintreffen wird durch das Bild eines Pfeiles, der sein Ziel erreicht, ausgedrückt.

verletzen, Krankheit …

Ein Mensch mit ausgestreckten Armen wie in dem Zeichen für *groß* wird von einem Pfeil unmittelbar bedroht: *verletzen, Krankheit, Schmerz, Eile, Haß* – ein ganzer Roman verbirgt sich hinter den verschiedenen Bedeutungen!
In der endgültigen Form des Zeichens ist zwar der Pfeil noch enthalten, aber der Mensch ist verschwunden und mit ihm das dramatische Ereignis.
Der linke Teil des Zeichens gehört zu einer großen Gruppe zusammengesetzter Zeichen, das chinesisch-englische Wörterbuch von Mathews führt 132 solcher Zeichen auf. Sie haben alle mit verschiedenen Arten von Krankheiten zu tun.

Mandschurischer Offizier, Beijing 1871.
Rechts: Rekonstruktion eines Bogens aus der Bronzezeit. Der Bogen hat sich in dreitausend Jahren nicht verändert.

Der Bogen hat in China eine lange Geschichte. Archäologische Funde belegen, daß man bereits vor 28 000 Jahren Bogen kannte, und noch im ausgehenden 19. Jahrhundert standen die Bogenschützen in der vordersten Reihe der kaiserlichen Armee. Jeder Offizier hatte unter anderem eine Prüfung im Bogenschießen abzulegen.

Der älteste Bogen, den man bisher fand, stammt aus der »Zeit der Streitenden Reiche«, wie man die spätere Zhou-Zeit zu nennen pflegt. Man fand ihn in einem Grab in Changsha. Der Bogen besteht aus vier Bambuslamellen, die sich in der Mitte verdicken, die Endstücke, an denen die Sehne befestigt ist, bestehen aus Holz. Der Bogen ist über die ganze Länge mit einem Band aus Bambus und Seide umwickelt und schön lackiert. Er ist etwa 1,40 Meter lang.

Die Bogen der Shang-Zeit waren vermutlich etwas länger. Es gab damals ein Längenmaß, das man »Bogenlänge« nannte und zur Landvermessung verwendete. Eine solche Bogenlänge entsprach etwa 1,65 Meter. Die Konstruktion des Bogens muß ähnlich gewesen sein wie bei dem Bogen aus Changsha. Das geht nicht zuletzt aus der Form für das Zeichen **Bogen** auf Orakelknochen und Bronzen hervor.

Die chinesischen Bogen der Bronzezeit waren ganz anders konstruiert als die Bogen, mit denen etwa ein Robin Hood oder unsere mittelalterlichen Heere kämpften. Sie wurden nicht aus einem Stück gefertigt, sondern bestanden aus dünnen Bambus- oder Holzschichten, die nach dem gleichen Prinzip zusammengefügt wurden, wie man heutzutage Turnierbogen laminiert; anschließend wurden sie mit Horn und Sehnen verstärkt. Die Spannung zwischen den verschiedenen Materialien verlieh dem Bogen eine unglaubliche Kraft. Nach einer Berechnung soll ein solcher Bogen eine Zugkraft von siebzig Kilo gehabt haben, also bedeutend mehr als die meisten modernen Turnierbogen. Selbst wenn diese Angabe nicht stimmen sollte, waren die chinesischen Bogen zweifellos äußerst wirksame Waffen. Eskimos und Indianer sowie Minderheitenvölker im südwestlichen China haben bis in unsere Zeit Bogen benutzt, die ähnlich konstruiert waren wie ihre Vorläufer aus der Bronzezeit, und sie haben sich damit gut ernährt.

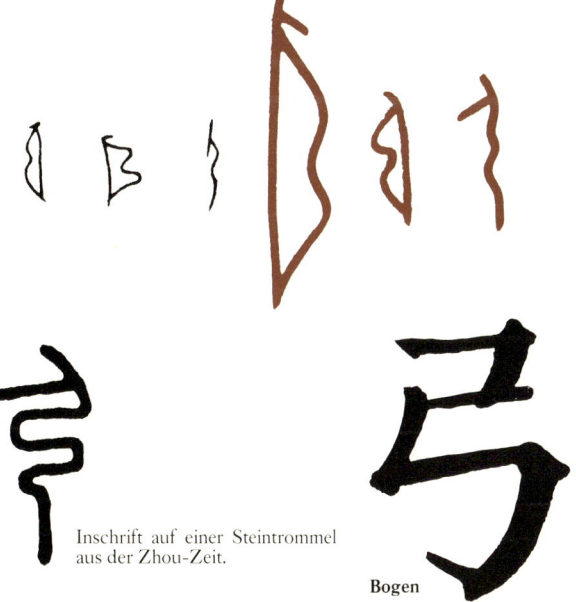

Inschrift auf einer Steintrommel aus der Zhou-Zeit.

Bogen

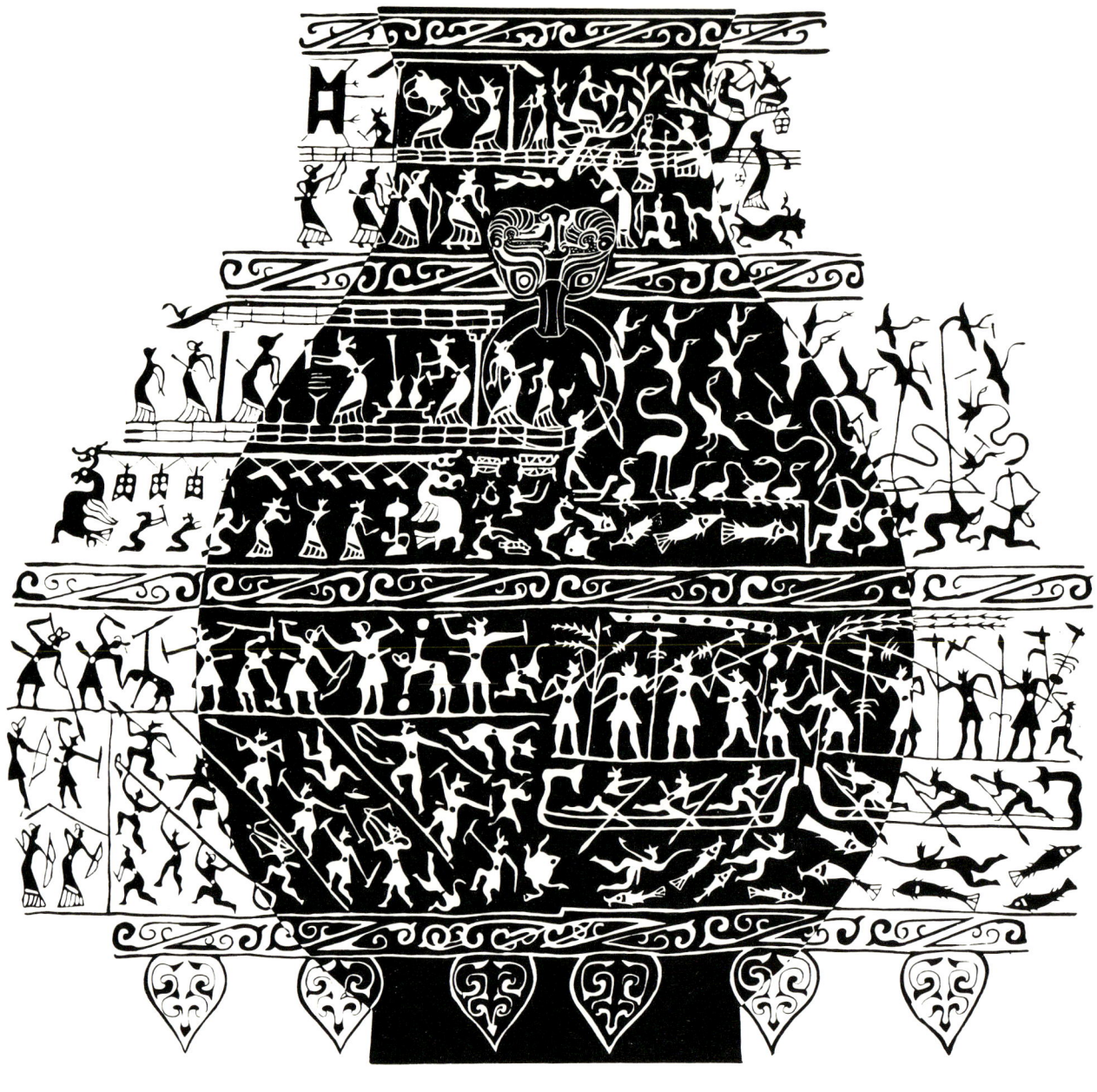

Bronzener Weinkrug aus der »Zeit der Streitenden Reiche«.

Auf einem bronzenen Weinkrug, der aus der gleichen Zeit stammt wie der Changsha-Bogen, sehen wir den Einsatz des Bogens in Friedenszeiten und im Kampf. Der obere Teil ist ausgefüllt mit lebensfrohen Szenen, Menschen pflücken Maulbeerblätter, machen Musik, bereiten ein Fest vor, schießen auf Zielscheiben und jagen große Vögel mit langen Hälsen, die aussehen wie Schwäne oder Wildgänse.

Der untere Teil ist beherrscht von kriegerischen Szenen – die Erstürmung einer Stadt und der Kampf zwischen zwei Booten auf einem Fluß, in dessen Wasser sich die Männer mit den Fischen vermischen. Ganz unten stehen zwei Frauen in langen Kleidern mit Volant. Ihre Bogen sind gespannt – gleich werden sie ihre Pfeile schnellen lassen.

Ein heutiger Grabziegel ist mit dem Bild eines Reiters in vollem Galopp verziert. Der Reiter dreht sich im Sattel um und schießt über die Kruppe des Pferdes einen sogenannten Parther-Pfeil ab.

Genauso deutlich wie das Bild ist das Zeichen für **abschießen, mit dem Bogen schießen.** Man sieht Pfeil und Bogen und manchmal noch eine Hand. Im Zuge der Vereinheitlichung der Zeichen um 200 v. Chr.

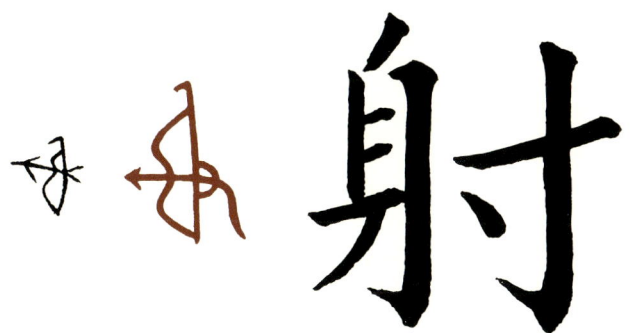

abschießen

wurde der Bogen leider versehentlich gegen das Zeichen für Körper ausgetauscht, das in alten Formen eine gewisse Ähnlichkeit mit dem Bogen aufweist, und so wurde das ursprünglich deutliche Bild entstellt.

Aus dem Bogen von der Art, wie ihn der Reiter auf dem Grabziegel benutzt, entwickelten die Chinesen gegen Ende der Zhou-Zeit die Armbrust, die vor der Einführung der Feuerwaffe die wirksamste Waffe war. Von Beginn der Han-Zeit an und noch gut tausend Jahre danach war die Armbrust die Standardwaffe der chinesischen Armee, bis das Pulver – ebenfalls eine chinesische Erfindung – sie verdrängte.

Die Armbrust wurde bereits in hellenistischer bzw. byzantinischer Zeit nach Europa eingeführt, doch erst um das Jahr 1000 kam sie allgemein in Gebrauch. Das löste einen solchen Schock aus, daß der Papst und das Laterankonzil von 1139 ihren Gebrauch – zumindest gegen Christen – verboten, allerdings ohne Erfolg. Das ganze Mittelalter hindurch und bis zur Einführung der Feuerwaffe war die Armbrust in China wie in Europa die beste Schußwaffe.

Während der Jungsteinzeit und der Zeit der ersten Dynastien entsprach das Klima um den Gelben Fluß ungefähr dem Klima, wie es heute in Südchina herrscht. Es war um mehrere Grad wärmer und bedeutend feuchter. Wo heute kahle Berge und eine weite, fast baumlose Ebene das Gesicht der Landschaft prägen, gab es zu jener Zeit Wälder, üppige Weiden, Weiher und Seen. Eine solche Umwelt bot vielen Tierarten Nahrung und Schutz – und dem Menschen ausgezeichnete Jagdbedingungen.

In der Bergregion lebten eine Menge Hirsche und Wildschweine, und selbst Tiger waren dort keine Seltenheit. Am Waldrand und auf den Feldern wimmelte es von Fasanen, Wachteln und Rebhühnern. In den Seen gab es Fische und Schildkröten, und in den feuchten Sumpfgebieten um die Tümpel ließen sich Enten, Wildgänse, Kraniche und Reiher nieder, nachdem sie höher im Norden gebrütet hatten.

Es gab auch Tiere, die wir heute überhaupt nicht mehr mit China in Verbindung bringen, wie Nashörner, Elefanten, Tapire und Pfaue. Aber zur Zeit der ersten Dynastien lebten sie alle in bester Eintracht um den Gelben Fluß. Archäologische Funde und die Zeichen auf den Orakelknochen beweisen es.

Später wurde das Klima kälter und trockener. Das Abholzen der Wälder, die Trockenlegung der Sümpfe und ihre Urbarmachung haben die Lebensbedingungen verändert. Die Hirsche sind in die nördlich und westlich gelegenen Grassteppen gezogen. Die Nashörner sind völlig verschwunden. Elefanten gibt es nur noch ganz im Süden in Yunnan, wo sie bei der Waldarbeit eingesetzt werden. Dort leben auch noch einige Tiger. Andere haben sich nach Norden, in die Mandschurei, zurückgezogen; nun müssen sie in Gegenden, aus denen sie einst ausgewandert waren, der Kälte und dem Schnee trotzen. Von vier oder fünf verschiedenen Schildkrötenarten hat nur eine einzige überlebt, eine kleine Wasserschildkröte. Man begegnet ihr oft auf den Wochenmärkten – es lasse sich eine feine Suppe daraus bereiten, und gebraten schmecke sie vorzüglich, sagen meine chinesischen Freunde.

Grabziegel aus Jingcun in der Nähe der Stadt Luoyang am Gelben Fluß, gut einen Meter hoch. Han-Dynastie.

Hirsch

Der Philosoph Zhuang Zi erwähnt, daß die ersten Menschen in China unter Hirschen und Rehen gelebt hätten. Woher er das wußte, ist unklar – der Weise lebte um 300 v. Chr. Aber die archäologischen Funde bestätigen seine Aussage und zeigen, daß die Lantianebenso wie die Pekingmenschen und ihre Nachkommen 500 000 Jahre lang Hirsche jagten und verzehrten.

Unter den vorgeschichtlichen Funden aus Anyang sind viele Hirschknochen, und der Hirsch ist das Tier, das in den Inschriften am häufigsten vorkommt. Das heutige Zeichen für **Hirsch** hat sich weit vom ursprünglichen Bild entfernt. Deutlich erkennbar ist der Hirsch auf den Orakelknochen und den Bronzen, mit ausladendem Geweih, der Körper sprungbereit, die

Augen wachsam. Man betrachte nur die lebendig geformte Rückenlinie, mit der die »Sprungbereitschaft« des Tieres festgehalten wird!

Der Hirsch lieferte nicht nur Nahrung und Material für Werkzeuge, Kleidung und Schmuck. Er spielte auch eine wichtige Rolle bei Kulthandlungen. Jedes Jahr wirft der Bock sein Geweih ab, und es wächst ihm ein neues, umhüllt von weicher Haut. Jedes Jahr beginnt auch in der Natur eine neue Zeit des Wachstums, sprießt Leben aus der kahlen Erde – wie das Geweih auf dem Kopf des Hirsches. Für die Menschen, die in grauer Vorzeit lebten, wurde das Geweih zum Symbol der Erneuerung und der Wiederkunft des Lebens; es spielte eine wichtige Rolle in den magischen Riten, mit denen man die Sonne und mit ihr das neue Wachstum hervorzulocken suchte.

Einige asiatische Volksstämme und die Indianer Amerikas haben bis in unsere Zeit rituelle Hirsch-Tänze um das Feuer ausgeführt, und die chinesischen und mongolischen Schamanen trugen Hirschköpfe, wenn sie sich in Trance versetzten, um mit den Erdgeistern in der Unterwelt oder den verstorbenen Ahnen im Himmel Verbindung aufzunehmen.

Darstellungen von Hirschen, die den Bildern auf den Orakelknochen sehr ähnlich sind, findet man auch auf Jade-Amuletten der Zhou-Zeit und als Verzierung vieler Bronze-Gefäße.

Hirsche auf Bronzegefäßen. Späte Zhou-Zeit.

Bronzegefäß aus Anyang. Shang-Zeit.

Eines der eindrucksvollsten Bronzegefäße der Shang-Zeit, das in der Nähe von Anyang gefunden wurde, ist mit acht Hirschdarstellungen verziert; es dürfte sich dabei um Sikahirsche handeln. Die Vorderseite schmücken zwei Köpfe im Profil, die zusammen einen Kopf von vorne zeigen.

Der Sikahirsch stammt aus China. Er ist ziemlich klein, hat einen weißen Spiegel, sein braunes Fell ist weißgefleckt. Das Geweih ist groß und stattlich. Während der ersten Dynastien gehörte der Sikahirsch zur üblichen Jagdbeute, spielte aber auch in rituellen Zusammenhängen eine Rolle.

Wenn man eines der Profilbilder aus dem Bronzegefäß herausnimmt, wie ich es hier getan habe, sieht man deutlich, wie nahe das Bild dem Zeichen für **Kopf, Haupt** kommt.

Die Überlegung, daß das Zeichen für *Kopf, Haupt* vom Kopf eines Hirsches abgeleitet sein könnte, tauchte erst vor einigen Jahrzehnten auf, setzte sich aber nie durch. Im Gegenteil, in den meisten Büchern wird immer noch die bald zweitausend Jahre alte Behauptung aus dem Shuowen wiederholt, das Zeichen stelle Kopf und Haare eines Menschen dar.

Denkt man jedoch an die Form, die das Zeichen auf

Kopf, Haupt

den Orakelknochen hat, so erscheint diese Erklärung nicht überzeugend. Ich sehe darin – ebenso wie auf den Bronzen – den Kopf eines Tieres, nicht den eines Menschen.

Aber ist es ein Hirsch? Wohl kaum. Da gibt es andere Zeichen, die ein viel überzeugenderes Bild von einem Hirschkopf zeigen. Die Orakelknochenzeichen auf dieser Seite stellen angeblich den Namen einer Stadt dar, leider fehlt hier aber jede Entsprechung zu späteren Zeichen. Als Vorläufer für das Zeichen *Kopf*, *Haupt* (wie es auch im Chinesischen den ersten Teil des Zeichens für Hauptstadt bildet) würde es gut passen. Aber darüber wurde bislang noch nichts geschrieben.

Die Frage nach der möglichen Bedeutung des Hirschkopfes für das Zeichen *Kopf*, *Haupt* ist nicht beantwortet. Aber ich bin sicher, daß es hier einen Zusammenhang gibt. Was könnte besser den Begriff Kopf repräsentieren als ein Hirschkopf mit seiner gewaltigen Symbolkraft und seiner strahlenden Schönheit? Haben wir Menschen hier – zumindest was das Äußere betrifft – etwas Vergleichbares zu bieten?

Der Hirsch verlor nach und nach seine religiöse Bedeutung. Aber die Vorstellung, er habe mit Wiederkunft und Lebenskraft, ja sogar mit Unsterblichkeit zu tun, blieb bestehen. Es wird erzählt, daß die Soldaten während des Bürgerkrieges im 19. Jahrhundert einen Hirsch an der Spitze der Armee mitführten, um den militärischen Erfolg zu sichern und das Leben der Soldaten durch seine magische Kraft zu schützen.

Und bis heute wird das Geweih des Sikahirsches als Medizin verwendet. Apotheken haben gern ein Geweih auf ihren Aushängeschildern. Dank seiner kraft-

vollen Gestalt und der weichen, seidig glänzenden Haut gehört das Hirschhorn zu den spektakulärsten Ingredienzen der chinesischen Arzneimittel.

Hirschhorn soll wichtige Stoffe enthalten, die stärkend und aufbauend wirken. Aber es muß sich um ein »noch lebendes« Horn handeln. Die von den Hirschen abgeworfenen Geweihe sind ungeeignet – ein volles, ausgewachsenes Geweih verkalkt nämlich und verliert damit seinen medizinischen Wert, worin immer der bestehen mag. Deshalb sägt man das Gehörn einfach irgendwann im Frühsommer ab, solange es noch durchblutet ist.

Gemahlenes Hirschhorn soll Wunder wirken, wenn Männer Probleme mit der Potenz haben. Das Horn von jungen Böcken soll besonders wirksam sein, ist aber schwer erhältlich und entsprechend teuer. China exportiert jährlich eine ansehnliche Menge Hirschhorn nach Japan, wo das Potenzproblem offenbar besonders groß ist. Man exportiert auch getrocknete, abgegangene Hirschföten – eine makabre Medizin, die bei vielen Frauenleiden helfen soll.

Ein Dachziegel aus der Han-Dynastie zeigt das Bild eines Hirsches. Sein Gehörn hat wenig mit dem geschlossenen Geweih des Sikahirsches zu tun, eher scheint es das offene Geweih des Davidshirsches (Elapharus davidianus) darzustellen. Auch dieser Hirsch – einer der größten und stattlichsten der Welt – stammt aus China. Während der chinesischen Urzeit lebte er in den feuchten Waldgebieten um den Gelben Fluß; die Inschriften auf den Orakelknochen sprechen oft von Hunderten von erlegten Tieren.

Der Davidshirsch wurde bald ausgerottet. Ende des 19. Jahrhunderts gab es nur noch ein einziges Rudel im kaiserlichen Park von Chengde nördlich von Beijing. Als im Jahre 1900 nach dem Boxeraufstand in China die europäischen Mächte gewaltsam in das Geschehen eingriffen, starben auch diese Tiere mit Ausnahme einiger Exemplare, die man nach England brachte. Ihre Nachkommen leben seitdem auf den Gütern des Herzogs von Bedford in Woburn Abbey.

Im Herbst 1985 wurden 20 Nachkommen der einst geraubten Hirsche der Volksrepublik China geschenkt. Es wurde ein besonderer Park für sie angelegt, und man bemühte sich, so gut es ging, die Bedingungen der natürlichen Wälder im Gebiet des Gelben Flusses nachzuahmen.

Davidshirsch.

Das nebenstehende Bild zeigt eine Schildkröte. Vielleicht sieht man das erst, wenn man sie auf die Füße stellt, aber dann ist das Bild eindeutig: der große Panzer mit den tiefen Einkerbungen, der vorgestreckte Kopf auf dem dünnen Hals, die gespreizten Zehen. Das Zeichen, das von Orakelknochen stammt, bedeutet **Schildkröte**.

Im Zuge der Vereinheitlichung der Sprache um 200 v. Chr. verlor das Zeichen für Schildkröte wie so viele andere Zeichen seinen klaren Bildcharakter. Aber mit etwas gutem Willen kann man das Tier noch immer erkennen. Der Panzer ist – bei allen Verzerrungen – ebenso vorhanden wie die Füße.

Einschneidender wirkte sich die Schreibreform von 1958 aus. Da verlor das Zeichen jede Verbindung mit seiner natürlichen Vorlage.

Während der ersten Dynastien pflegte man Schildkröte noch auf eine andere Art zu schreiben. Das Zeichen war mehr auf den Panzer bezogen, der für die Chinesen der Urzeit der wichtigste Teil des Tieres war, denn auf den Panzer schrieb man ja die Fragen an die Ahnen und an den Himmel. Es ist möglich, daß die zwei Formen ganz einfach von verschiedenen Arten ausgingen oder unterschiedlich verwendet wurden; die näheren Zusammenhänge sind noch nicht erforscht.

Ähnliche Bilder von Schildkröten kommen als magisch-dekoratives Element bereits auf Keramiken aus der Jungsteinzeit vor sowie auf vielen Bronzen aus der Shang- und Zhou-Zeit. Das hat mit der zentralen Stellung der Schildkröte in der chinesischen Mythologie zu tun. Man glaubte, die Schildkröte sei an der Erschaffung der Welt beteiligt gewesen und trage seitdem die Grundpfeiler des Universums auf ihrem Rücken.

Die Schildkröte war auch eng verbunden mit der Vorstellung von Yin und Yang sowie mit dem magischen Quadrat Luoshu. In den Rissen eines Schildkrötenpanzers fand der legendäre Kaiser Fu Xi die *ba gua*, die acht Urtrigramme. Sie bilden die Grundlage für die 64 Hexagramme, mit deren Hilfe die Chinesen bis heute alle natürlichen Erscheinungen und alle Gemütszu-

Schildkröte Das vereinfachte Zeichen für Schildkröte.

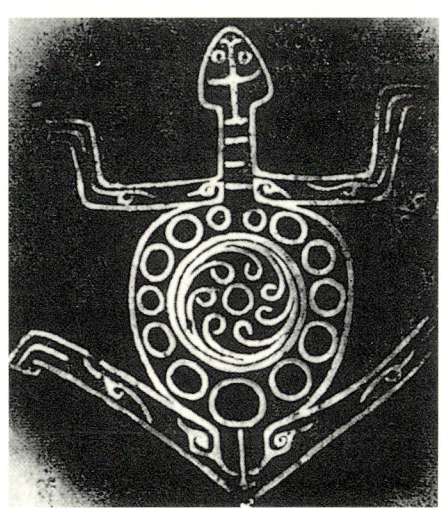

Verzierung auf dem Boden einer tiefen Bronzeschale aus Shaanxi. Shang-Zeit.

Schildkröte im Provinzmuseum von Shaanxi, Xi'an.

stände des Menschen symbolisch erfassen können. Durch das I Ging, das »Buch der Wandlungen«, ist diese Art der Weissagung weltbekannt geworden.

Für die Chinesen der Frühzeit war die Schildkröte ein weibliches Wesen. Männliche Schildkröten existierten einfach nicht, und das machte die Fortpflanzung zu einem Problem. Eine Möglichkeit, das Rätsel zu lösen, bestand in einem nicht näher erklärten Denkvorgang der Schildkröte. Als zweite Möglichkeit wurde die Hilfe einer Schlange angenommen. In beiden Fällen fehlt ein eigentlicher Vater. Daraus entstanden eine Reihe Flüche und Schimpfwörter mit kränkenden, sexuellen Anspielungen, die noch heute in Gebrauch sind.

Und doch trug die Schildkröte das Universum auf ihrem Rücken. Daraus ergaben sich viele andere schwere und ehrenvolle Aufgaben. So wird erzählt, man habe die Pfeiler, die den Himmelstempel von Beijing tragen sollten, auf lebende Schildkröten gestellt. Nach allgemein verbreitetem Glauben konnten sie ja dreitausend Jahre ohne Nahrung auskommen und besaßen außerdem die wunderbare Fähigkeit, das Faulen des Holzes zu verhindern.

Schildkröten können sehr alt werden, manche Arten leben weit über hundert Jahre, und sie sind tatsächlich in der Lage, lange Hungerperioden zu überstehen – wenn auch keine dreitausend Jahre. Ich erinnere mich an eine Schildkröte, die ich als Kind hatte. Jeden Winter verschwand sie unter dem Sekretär im Wohnzimmer zum Winterschlaf und erschien erst im Frühling wieder. Eines Sommers lief sie davon und wir dachten, sie sei gestorben, bis sie eines schönen Tages nach der Schneeschmelze im Garten angelaufen kam, als sei nichts geschehen. Wo sie den Winter zugebracht hatte, erfuhren wir nie.

Man kann gut verstehen, daß ein solches Tier in China zum Symbol für langes Leben, für Stärke und Ausdauer wurde. Man braucht sich nur ihre äußere Erscheinung anzusehen! Der Panzer, ein kahler urzeitlich wirkender Kopf, der runzlige Hals. Eine richtige Ururgroßmutter!

In dem alten konfuzianischen Tempel von Xi'an, der jetzt ein Museum ist, sind in einigen dunklen Hallen die dreizehn klassischen Schriften Chinas für die Ewigkeit aufbewahrt, eingraviert in riesige Steintafeln. Man wandelt zwischen ihnen wie in einem Wald. Der Anblick der Zeichen, wenn ein Sonnenstrahl sie für einen kurzen Augenblick aus dem gewaltigen, steinernen Grau befreit, die vielen Handschriften der Dichter und Herrscher und das Bewußtsein, daß hier die gesamte klassische Weisheit gesammelt und so unmittelbar verfügbar ist, daß man sie mit der Hand berühren kann – all das macht den Tempel zu einem der sehenswertesten intellektuellen Wallfahrtsorte Chinas.

Einige der größten Steintafeln stehen auf dem Rücken von Schildkröten. Sie liegen da, die Köpfe nach vorn gestreckt, mit bittendem, nachdenklichem Blick, die Last der Weisheit auf dem Rücken, steinerne Zeugen der Ewigkeit.

In den Steppen der Mongolei sah ich einmal mit meinen Kindern eine solche Schildkröte. Es war bei Karakorum, der einstigen Hauptstadt des mongolischen Weltreiches. Der Stein mit den Inschriften ist längst verschwunden, die Schildkröte ein Spielobjekt für Kinder.

Schildkröte bei Karakorum.

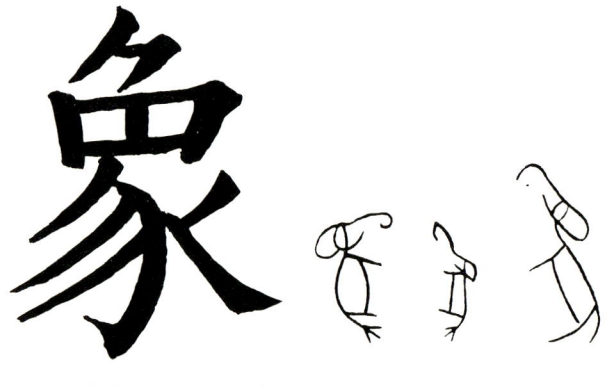

Weingefäß aus Bronze, 17,2 cm. Shang-Zeit.

Elefant

Ohne die älteren Zeichen daneben würde man kaum erkennen, daß das Zeichen **Elefant** bedeuten soll. Die größte Schwierigkeit besteht darin, daß der Elefant nicht, wie wir es gewohnt sind, auf seinen vier Füßen steht, sondern aufrecht. Der Grund dafür ist einfach. Für die Schreiber, die die Wörter in die Orakelknochen ritzten, stellten viele der Zeichen, die Tiere wiedergaben, ein Problem dar. Man schrieb in Spalten von oben nach unten und hatte nur einen begrenzten Platz zur Verfügung. Der langgestreckte Körper des Tigers, der Hundeschwanz und der Elefantenrüssel störten auf ärgerliche Weise die Ordnung und verringerten den Platz für die nächste Spalte. Um das Problem zu lösen, stellte man die Tiere aufrecht, und man braucht das Bild nur zu drehen, um das jeweilige Tier mit Körper, Rüssel oder Schwanz zu erkennen.

Auf den Bronzen gibt es Inschriften und Zeichen mit deutlich erkennbaren Elefanten. Man findet aber auch stärker stilisierte Darstellungen, von ihnen ist das heutige Zeichen abgeleitet.

In den Gräbern der ersten Dynastien ist man auf zahlreiche Amulette, Kleinskulpturen und Bronzegefäße in Form von Elefanten gestoßen, ähnlich der abgebildeten Figur. Diesen Bronzeelefanten mag ich besonders gern, mit seinem freundlichen Gesicht und seinem Jungen als Deckelknauf auf dem Rücken. Es ist ein Weingefäß aus der Shang-Zeit. Vergleicht man die Skulptur mit den Orakelknochenzeichen, so ist sie erstaunlich naturgetreu nachgebildet.

Elefantenartige Tiere wie Mammuts und Stegodonten gab es reichlich im altsteinzeitlichen China. Man hat an Wohnplätzen aus dieser Zeit Knochenreste und einige komplette Skelette dieser Riesentiere gefunden. In der Shang-Zeit lebte nur noch eine einzige Art, der sogenannte indische Elefant mit den kleinen Ohren, der inzwischen nur noch im südlichsten Teil Chinas, in Südostasien und in Indien vorkommt. Er wurde als Arbeitstier benutzt und spielte eine wichtige Rolle im Krieg, vergleichbar den Elefanten Hannibals.

Äußerst vielgestaltig ist die chinesische Vogelwelt. Allein unter den Fasanen gibt es ein Dutzend Arten. Von einem einzigen, dem Königsfasan mit dem weißen Hals, stammen sämtliche Fasanen der Welt ab. Das prachtvolle Federkleid der Männchen und das schmackhafte Fleisch führten dazu, daß der Fasan in vielen Ländern der Welt eingeführt wurde. Nach Europa kam er im Laufe des 16. Jahrhunderts, zum großen Vergnügen des jagdbegeisterten Adels und der Künstler. Stilleben mit frisch geschossenen Fasanen finden sich zuhauf in der europäischen Kunstgeschichte.

In die USA gelangte der Vogel erst Ende des 19. Jahrhunderts – eine willkommene Ergänzung zum wilden Truthahn, den man schon fast ausgerottet hatte. Der Fasan, die Wachtel, das Rebhuhn, der Pfau und das gemeine Haushuhn gehören alle der gleichen Familie an, den Phasianidae. Sie lieben von Feldern unterbrochene, offene Waldlandschaften, wo sie Körner und Kleingetier als Nahrung sowie Büsche und Bäume als Schlafplätze für die Nacht finden. Genau diese Lebensbedingungen waren in alter Zeit um den Gelben Fluß gegeben. Es ist deshalb nicht verwunderlich, daß von den vier Vogelarten, die man bisher im archäologischen Material identifiziert hat, drei dieser Familie angehören: Hühner, Fasane und Pfaue. Bei der vierten Art handelt es sich um einen Geier.

Betrachtet man die Schriftzeichen, so wird das Bild der urzeitlichen Vogelwelt noch vielgestaltiger. Mein systematisches Studium der »Grammata Serica«, Bernhard Karlgrens Lexikon über die Sprache der Zhou-Zeit, förderte über hundert Zeichen, die mit Vögeln zu tun haben, zutage. Ungefähr ein Viertel davon sind Namen für die verschiedenen Fasanenarten, ihr Gefieder und ihre Flügel. Etwa ebenso viele Zeichen haben mit Wasservögeln zu tun. Die meisten davon sind Namen von Wildgänsen und Enten, aber es gibt auch eigene Zeichen für Reiher, Kranich und Storch, ja sogar für Pelikan und Kormoran, den schwarzen Vogel, den man zum Fischfang abrichten kann.

Von den übrigen fünfzig Vogelzeichen ist die Hälfte nicht zuzuordnen, der Rest bezieht sich auf kleine

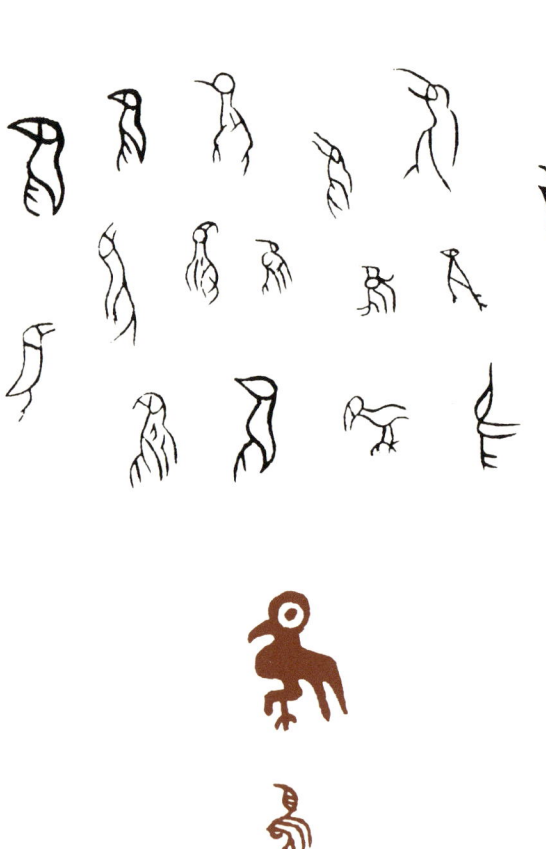

langschwänziger Vogel

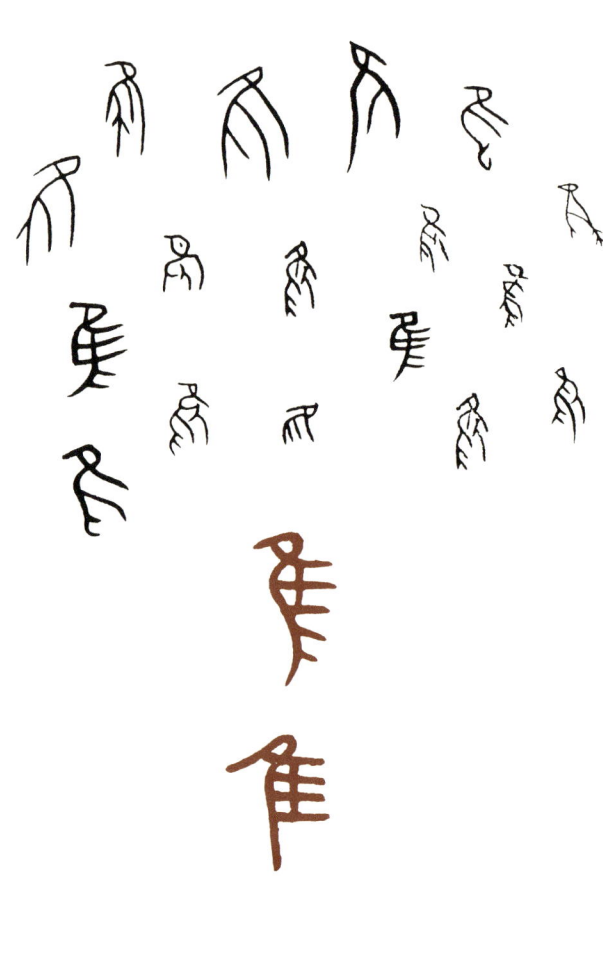

kurzschwänziger Vogel

Vögel wie Sperlinge, Schwalben, Pirole, Eisvögel, Häher und Rabenvögel wie Dohlen, Elstern und Raben. Dazu kommen zehn Zeichen für Raubvögel wie Habicht, Falke und Adler.

Neben dem besonderen Zeichen für jeden dieser Vögel gibt es zwei allgemeine Zeichen: eines für **langschwänziger Vogel** und eines für **kurzschwänziger Vogel**. Die Unterteilung mag uns etwas seltsam erscheinen, da wir ein anderes Klassifikationssystem gewöhnt sind, aber wenn man an die Vogelarten denkt, die es in einem bestimmten Gebiet zu bezeichnen gilt, und bedenkt, daß die Zeichen vor 3000 Jahren aufgestellt wurden, ist das Schema gar nicht so abwegig.

Wir sehen sie in all ihrer Pracht auf den Orakelknochen, eine fröhliche Schar schreiender Vögel mit vom Wind zerzausten Federn und mit Schnäbeln, die kurze, metallisch klingende Rufe auszustoßen scheinen.

Aus dieser Unzahl von Zeichen kristallisierten sich im Laufe der Zhou-Zeit die beiden Zeichen für den langschwänzigen bzw. kurzschwänzigen Vogel heraus, sie sind die Vorläufer der heute gebräuchlichen Zeichen. Die Gruppe in der linken Spalte zeigt die Vorläufer des Zeichens für *langschwänziger Vogel*, rechts sehen wir die Vorläufer des Zeichens für *kurzschwänziger Vogel*, und wir können die Entwicklung bis zum endgültigen Zeichen verfolgen.

Eine gründliche Analyse der Beziehungen der verschiedenen Zeichen untereinander existiert meines Wissens noch nicht, aber aus meiner Zusammenstellung ist leicht ersichtlich, daß es viele Grenzfälle gibt. Einige Orakelknochenzeichen könnten ebensogut Vorläufer für das eine wie für das andere Zeichen sein. Mehr als 10 Prozent aller zusammengesetzter Zeichen für verschiedene Vogelarten treten außerdem in zwei Varianten auf – eine mit dem Zeichen *langschwänziger Vogel* und eine mit dem für *kurzschwänziger Vogel* – das gilt zum Beispiel für Fasane, Hühner, Wildgänse und Adler.

Es könnte sich auch darum handeln, Männchen und Weibchen zu unterscheiden, das aber scheint mir nicht konsequent durchgehalten.

Einige Wissenschaftler vertreten die These, es habe ursprünglich ein einziges Zeichen für *Vogel* gegeben. Die Aufteilung in zwei Zeichen habe erst gegen Ende der Zhou-Zeit stattgefunden. Diese Theorie ist bis jetzt nicht allgemein akzeptiert. Wir müssen uns damit abfinden, daß es zwei verschiedene Zeichen für *Vogel* gibt – und eine endgültige Aussage über das Aussehen des Vogels ist mit Hilfe des Zeichens nicht möglich. Noch nicht. Denn eigentlich sollte man das Problem lösen können, wenigstens für einen Teil der Zeichen. Die Zeichen beruhen auf einer ziemlich sorgfältigen Beobachtung der Vögel und ihrer Eigenheiten. Viele von ihnen sind so deutlich wiedergegeben, daß ein erfahrener Ornithologe in der Lage sein müßte, sie zu identifizieren. Mehrere Orakelknochenzeichen, die man früher den langschwänzigen Vögeln zugeordnet hatte, erhielten vor kurzem eine eigene Identität, darunter die Zeichen, die man als die ältesten Formen für *Hühnervogel* und *Specht* ansieht. Was nun was ist, darüber kann doch kaum ein Zweifel bestehen, oder?

Beide Zeichen haben ihre Entsprechungen in Bronzeinschriften.

Nicht identifizierte Zeichen für Clans oder Familien.

Bis vor kurzem waren sie einer Gruppe von Zeichen zugeordnet, die für Namen von Sippen oder Familien stehen. Viele Zeichen, für die man noch keine Vorläufer oder Nachfolger finden konnte, sind in dieser Kategorie gelandet.

Viele davon sind sicher auch Namen oder vielleicht symbolische Darstellungen von mythischen Vögeln, die bestimmte Sippen für ihre Ahnen hielten. Aber ebenso wie bei den deutschen Familiennamen Wolf, Fuchs, Linde, Berg, Stern u.ä. wird über den Namen hinaus eine konkrete Erscheinung bezeichnet. Dasselbe gilt wahrscheinlich auch für die chinesischen Namen und Schriftzeichen.

Im Zuge der Auswertung neuer archäologischer Funde wird es sicher gelingen, weitere Vögel zu bestimmen.

Eine Hilfe können die Amulette sein, mit denen sich die Reichen der Shang- und Zhou-Zeit zu schmücken pflegten. Sie bestehen aus dünnen Jade- oder Knochenscheiben und sind mit Gravuren und Reliefs verziert. Man sieht die Vögel in ihren Umrissen, genau wie auf den Orakelknochen und Bronzen. Viele sind deutlich wie ein Zeichen.

Amulett.

Derartige Amulette trägt man heute nicht mehr, aber in einigen Gegenden um den Gelben Fluß wird das Haus mit Scherenschnitten geschmückt. Stilistisch gesehen sind sie – was die Auffassung und Umsetzung von Wirklichkeit angeht – den Silhouetten der frühen Jadeamulette und den Schriftzeichen verblüffend ähnlich.

Die Silhouetten werden aus Buntpapier ausgeschnitten, meist schwarz oder rot, und an den weißen Papierfenstern, an Türen und Wänden und unter der Zimmerdecke befestigt. Diese Kunst wird überwiegend von den Frauen ausgeführt. Während die Kinder ihren Mittags-

Amulett.

schlaf halten und es noch zu früh ist, das Abendessen vorzubereiten, sitzen die Frauen auf dem *kang* – dem großen, gemeinsamen Bett der Familie – und basteln Scherenschnitte, so wie die Frauen in Europa Spitzen häkeln oder Tischdecken besticken, oder wie sie früher Regalborten aus weißem Papier zuschnitten, um die Speisekammer zu verschönern.

Die älteren, erfahrenen Frauen verwenden gewöhnliche Scheren; sie schneiden aus, ohne sich vorher etwas aufzuzeichnen. So entsteht ein einmalig frisches, ausdrucksvolles Muster, das von der Eingebung des Augenblicks und der Geschicklichkeit der Scherenführung lebt.

Motive liefern die vertrauten Tiere und Pflanzen des Alltags, Ochsen und Schafe, Hühner und Schweine, Hirsche und Vögel, Kohlköpfe, Melonen und Pfirsiche. Dazu all die kleinen Ereignisse, die täglich im und um das Haus passieren. Zwei Hähne gehen aufeinander los. Ein geschundenes Pferd läuft davon. Ein Schwarm Vögel läßt sich auf einem Obstbaum nieder.

In vielen Gegenden Chinas hat sich die Herstellung von Scherenschnitten zu einer Industrie entwickelt. Die Bilder werden serienweise mit der Maschine ausgestanzt und entsprechend einheitlich. Die Motive haben oft mehr mit Träumen als mit dem Alltag zu tun: hoch aufragende Gebirgslandschaften, von Schleiern umwehte Göttinnen und ähnliches. In den armen Dörfern in Shanxi und Shaanxi stößt man aber nach wie vor auf den Scherenschnitt als Volkskunst in seiner ursprünglichen Form, eine einfache Möglichkeit, sich den Alltag zu verschönern, die kaum etwas kostet.

Die Gegend um die Stadt Yan'an ist berühmt für ihre Scherenschnitte. Bereits unter den ersten Dynastien befand sich hier ein militärisches, politisches und wirtschaftliches Zentrum, und Yan'an behielt seine Bedeutung als Handelsmetropole zwischen Zentralasien und den Wüsten im Norden, bis die Mongolen im 13. Jahrhundert China eroberten.

Damit begann der Niedergang. Der Austausch von Waren und Informationen brach zusammen, alle Aktivitäten in der Region stagnierten. Die Menschen in den umliegenden Tälern wurden durch die schwer zugänglichen Berge und Schluchten voneinander isoliert, die kulturellen Kontakte mit der Umwelt kamen zum Stillstand. Schwere Hungersnöte dezimierten die Bewohner, und als Mao und seine Armee nach dem Langen Marsch im Herbst 1935 dort ankamen, fanden sie große Gebiete verlassen vor.

Als Folge der Isolierung waren aber viele alte Sitten und Bräuche in den Tälern erhalten geblieben und die Frauen hatten die traditionelle Kunst des Scherenschnitts gepflegt, um Farbe in den grauen, oder besser gesagt lößgelben Alltag zu bringen.

Als man 1980 zum erstenmal Scherenschnitte aus dieser Gegend in Beijing ausstellte, versetzte das die Archäologen und Volkskundler in großes Erstaunen. Formen von Kunstgegenständen aus den ersten Dynastien kamen hier in Gestalt von Scherenschnitten zum Vorschein, hergestellt von einfachen Bauersfrauen, die nie lesen und schreiben gelernt hatten. Woher kam das? Wieviel hatten sie von der alten Kunst gesehen und inwieweit waren sie von Bronzen, Jadegegenständen und den Reliefs und Dachziegeln der Han-Zeit beeinflußt?

Vermutlich gar nicht.

Im Sommer 1987 habe ich in der Gegend von Yan'an einige alte Frauen besucht, um mich in die Kunst des Scherenschnitts einweihen zu lassen. Eine von ihnen war die vierundsechzigjährige Ji Lanying. Sie lebte mit ihren Söhnen und deren Familien in mehreren Höhlen mit schöngerahmten Fenstern in einem Tal vor der Stadt. Bücher existierten nicht in ihrer Welt, und zwar aus dem einfachen Grund, weil weder sie noch die anderen lesen konnten. Der fünfzehnjährige Enkel war zwar einige Jahre zur Schule gegangen, aber nicht lange genug, um beispielsweise den Namen seiner Großmutter schreiben zu können. Das einzige Schriftstück im Haus war ein dünnes Heft, in dem die Pacht für die Äcker festgehalten wurde, lesen konnte es keiner. Ji Lanying war wohl schon bis Yan'an gekommen, aber sie hatte noch nie einen Fernseher oder ein Kino gesehen. Woher sie die frühen Formen der chinesischen Kunst kannte, war unerklärlich. Sie behauptete mit Bestimmtheit, alles Wissen entweder von den alten Frauen der Gegend gelernt oder selbst erfunden zu haben.

Diese Auskunft erhielt ich mehrmals. Interessiert und geduldig hatten Großmütter und alte Tanten die kleinen Mädchen im Papierschneiden angelernt. Nur Ji Lanyings Mutter hatte sich dem Wunsch ihrer Tochter, Scherenschnitte zu machen, widersetzt – die Familie war arm, und es gab kein Geld für Papier. So benutzte Ji Lanying Laub statt Papier. Schließlich erbarmte sich eine Nachbarin und brachte ihr einige der alten Muster bei, sie zeigte ihr auch, wie die Schere zu halten war, um zum Beispiel die feinen Spitzen zu schneiden, die die Federn der Vögel darstellen sollten.

Ich hatte eine Menge Fragen zu den Mustern, Formen und nicht zuletzt zur Symbolik der verschiedenen Scherenschnitte, und ich erhielt immer eine Antwort, wenn auch kaum eine Erklärung. »Die Blumen sind schön.« – »Die Vögel sind so zutraulich.« – »Hier im Dorf haben alle Hühner« usw., und wenn ich weiterfragte, hieß es meistens: »Ich weiß nicht so genau. So haben wir es immer gemacht.« Dahinter steckte keine Ablehnung; wir sprachen in der Zeit, die ich dort verbrachte, ganz offen über alles – Familie, wirtschaftliche Verhältnisse, Gepflogenheiten. Ji Lanying und die anderen, denen ich begegnet bin, wußten es ganz einfach nicht. Die Muster waren ihnen seit ihrer frühesten Kindheit so selbstverständlich, daß sie nie darüber nachdachten. Sie hatten ihre Freude an dieser Handarbeit und liebten die friedliche Stimmung, wenn sie auf dem Familienbett saßen und ihre Bilder ausschnitten. Und wenn sie ihre Scherenschnitte an die Fenster und Wände und unter die Decke der Höhle klebten, freuten sie sich an der Schönheit der Bilder, und das genügte.

Heute stellt sich die Frage, wie lange diese Tradition noch überleben wird. Im Zuge der allgemeinen Normierung werden nun überall im Land die als altmodisch betrachteten Scherenschnitte von anderen Dekorationsartikeln verdrängt. Viele Chinesen ziehen es vor, Poster von Schlagersängern und Filmstars aufzuhängen – Symbole für Entwicklung und Fortschritt –, und es ist vermutlich nur eine Zeitfrage, bis das Alte endgültig verschwunden ist.

Eine ernstzunehmende Untersuchung der historischen Entwicklung des Scherenschnitts ist meines Wissens noch nicht erfolgt. Vielleicht wird es nie dazu kommen. Schließlich handelt es sich um ein leicht vergängliches Material, das mehrmals im Jahr ausgewechselt wird. Wir wissen deshalb nicht, wie kontinuierlich die stilistische Tradition verlaufen ist. Die Scherenschnitte, die heute noch in der Gegend von Yan'an hergestellt werden, zeugen jedenfalls von der Macht der Tradition in der Auffassung und Umsetzung von Wirklichkeit, wie man ihr in China immer wieder begegnet.

Bronzezeichen für Hühnervogel.

Scherenschnitte von Vögeln, alle aus Yan'an.

Großmutter mit Enkelin in Anyang.

Scherenschnitt aus Ansai in der Nähe von Yan'an.

In einer Hand ein Hase, in der anderen ein Vogel, und zwei Vögelchen, die die Jackenzipfel halten wie eine Schleppe. Auf dem Kopf zwei Haarbüschel, wie sie chinesische Kinder seit Urzeiten tragen. Ein einzelnes Büschel wie ein Ausrufezeichen mitten auf dem Scheitel für die Jungen und zwei für die Mädchen sollten die Kinder vor bösen Mächten schützen. Hier sind die Haarbüschel in Vogelform geschnitten, was um so mehr Sinn macht, als sie in der Gegend von Yan'an als »Hühner« bezeichnet werden. Oder sind die Büschel auf dem Scherenschnitt gar keine Haarbüschel, sondern Haarstäbchen, die so oft in Form von Vögeln dargestellt wurden? Die Hühner und vor allem die Hähne symbolisierten die Sonne und den Tag, mit dem alles Dunkle und Gefährliche verschwindet. Außerdem fressen sie Insekten und giftiges Kleingetier und schützen auf diese Weise Erwachsene und Kinder. Im Dorf Ansai näht man nach wie vor am fünften Tag im fünften Monat zwei Stoffhühner auf die Jacken der Kinder, ein uralter Brauch, um sie vor bösen Einflüssen zu schützen. Dabei singt man auch das folgende Lied:

> Die Hühner picken,
> die Tiger wachen.
> Die Hühner fressen giftige Insekten,
> die Tiger vertreiben alles Böse.

Am fünften Tag im fünften Monat beginnt der Hochsommer. Mit zunehmender Hitze vermehren sich die Insekten und werden gefährlicher. Zur Sicherheit klebt man dann den Scherenschnitt eines Hahnes, der eben einen riesigen Skorpion gefangen hat, an die Wand. Das hilft immer.

In vielen zusammengesetzten Zeichen, mit denen verschiedene Vogelarten sowie deren Bewegungen und Laute benannt werden, tauchen die Zeichen für langschwänziger oder kurzschwänziger Vogel auf. Mund und langschwänziger Vogel bilden zusammen das Zeichen für *Vogelschrei*, das in übertragener Bedeutung auch für *Laut* und *Signal* verwendet wird. Das Zeichen begegnet einem oft auf Verkehrsschildern bei Fahrten durchs Gebirge vor gefährlichen Kurven oder vor der Einfahrt in einen Eisenbahntunnel: Signal geben! Hupen!

Ein kurzschwänziger Vogel und eine Hand bilden das Zeichen für *einer, ein einziger*; es wird benutzt, wenn man von einem einzelnen Tier spricht, das normalerweise in Herden oder in Scharen auftritt, wie zum Beispiel Hühner. Auf den Orakelknochen und den Bronzen sehen wir eine rechte Hand, die sich nach einem Vogel mit gespreizten Schwanzfedern ausstreckt. Dasselbe Motiv taucht oft in den Scherenschnitten aus Yan'an auf, und obwohl hier die Bilder

鳴
Vogelschrei, Laut, Signal

隻
einer, ein einziger

Auf einem anderen Scherenschnitt, ebenfalls aus Yan'an, sehen wir einen Mann mit einem Vogel im Arm, offensichtlich ein Huhn. Es hat den Schnabel geöffnet, und man könnte meinen, es gackert wie ein Huhn, das gerade ein Ei gelegt hat. Und tatsächlich hält der Mann ein Ei in der Hand. Daneben steht ein Korb. Ein Korb voller Eier oder das Nest des Huhnes?

Vögel gehören zu den beliebtesten Motiven der Scherenschnitte aus Yan'an, und auffallend oft sieht man sie als spiegelbildliches Pärchen. Das hat natürlich mit der Technik des Ausschneidens zu tun: durch Falten des Papiers lassen sich problemlos zwei Vögel gleichzeitig herstellen. Das Zeichen für *ein Paar* auf den Bronzen läßt unwillkürlich an die Scherenschnitte denken. Wir sehen zwei Vögel Schnabel an Schnabel, die Schwanzfedern lustig aufgestellt, genau wie bei einem beliebigen Scherenschnitt.

Im Zuge der ersten Vereinheitlichung der Zeichen um das Jahr 200 v. Chr. hat man aus irgendeinem Grund das Zeichen für Hand hinzugefügt, vielleicht, um es dem Zeichen für *einer, ein einzelner* zuzuordnen, und in dieser Form wurde das Zeichen bis 1958 verwendet. Man nahm die Vögel einfach weg und verdoppelte das Zeichen für Hand. Dem Zeichen fehlt nun jede Ver-

meist ausführlicher gestaltet sind – man sieht die ganze Person und nicht nur die Hand, manchmal wird auch ein Tisch, ein Stuhl oder ein Korb gezeigt –, ist doch der Vogel in der Hand das Wichtigste. Auf der oberen Abbildung sehen wir eine Frau und ihren Vogel. Sie bilden eine innige Gemeinschaft und schauen sich an. Das runde Auge des Vogels ist genauso ausgeprägt wie im Bronzezeichen.

ein Paar

Das vereinfachte Zeichen für ein Paar.

bindung mit seiner ursprünglichen Form. Aber für den Begriff *ein Paar* sind zwei Hände natürlich ebenso geeignet.

Kleiner Vogel, Spatz. Der obere Teil des Zeichens bedeutet »klein« – wir behandeln dieses Zeichen im Zusammenhang mit den abstrakten Zeichen, da paßt es besser hin.

kleiner Vogel, Spatz

Reiher. Der merkwürdige obere Teil läßt sich vielleicht mit Hilfe eines Orakelknochenzeichens erklären: Wird hier der Schopf des Reihers gezeigt? Sind die beiden Zeichen für Mund ein Hinweis auf den ungewöhnlich gellenden Schrei des Vogels?

Reiher haben eine auffällige Art zu fliegen. Sie lassen ihre langen, dünnen Beine einfach nach unten hängen. Sind es diese Beine oder die langen Flügel, die man auf dem Bronzezeichen sieht?

Reiher

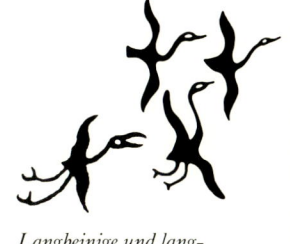

Langbeinige und langhalsige Vögel auf Bronzegefäßen. Späte Zhou-Zeit.

Falke. Ein Bild, schreibt Karlgren in der »Grammata Serica« lakonisch über dieses Zeichen. Im »Analytic Dictionary« heißt es ausführlicher: »Ein Vogel auf einer Sitzstange; gefangener Falke.«

Die Falkenjagd in Asien hat eine sehr lange Tradition. Die alten Assyrer bedienten sich dieser Jagdmethode schon um 700 v. Chr. – aus dieser Zeit stammt der älteste bekannte Nachweis. Und wenn man dem Zeichen für Falken Glauben schenken darf, traf das auch für die Chinesen zu.

Falke

Wie man damals die Falken zähmte, ist nicht bekannt. Im 19. Jahrhundert ließ man sie jedenfalls drei Monate lang angebunden auf einer Holzstange sitzen, im ersten Monat wurde ihnen eine Haube über den Kopf gezogen. Auf diese Weise gewöhnte man sie daran, daß der Mensch ihnen die Nahrung bringt, und wenn sie dann endlich wieder fliegen und jagen durften – zuerst noch mit einer langen Leine am Bein –, war es ihre Aufgabe, die Beute zu schlagen und sie dem Jäger zu bringen, von dem sie dann einen Leckerbissen, zum Beispiel die Eingeweide, bekamen. Nach der Jagd wurde der Falke wieder auf seiner Stange angebunden.

Im Zusammenhang mit den Kreuzzügen und der Ausdehnung der Handelsbeziehungen um das Jahr 1000 gelangte diese alte asiatische Jagdmethode nach Europa, wo sie im Hoch- und Spätmittelalter beim Adel äußerst beliebt wurde.

In den Grenzgebieten Chinas hat sich die Falkenjagd bis heute erhalten. Ich bin selbst einmal in den sechziger Jahren in der Mongolei einem Falkner begegnet. Er kam durch ein Tal geritten, die Ohrenklappen seiner Mütze wehten wie Flügel im Wind. Der Falke saß auf seinem mit Leder geschützten Arm, ein edles, ernstes Tier. Am Sattel hingen einige Hasen, die Jagdbeute. Wie schon erwähnt, findet man das Zeichen für kurzschwänziger oder langschwänziger Vogel in den meisten Vogelnamen und in vielen zusammengesetzten Zeichen, die ein anschauliches Bild von den Bewegungen des Vogels geben – *schnell, elegant, unruhiger Blick, Vogelschrei, antworten, hoch hinauf gelangen, sich versammeln, sich niederlassen.* Dies ist nur ein Beweis unter vielen für die äußerst genaue Beobachtung der Natur, aus der heraus das Zeichen entstanden ist. Ein Motiv, das eindeutig auf die Vogelbetrachtung zurückgeht, beinhaltet das Zeichen *gebraten, geröstet, gebrannt* – ein Vogel über dem Feuer.

gebraten, gebrannt

Frisches Fleisch wurde offensichtlich hoch geschätzt. Man höre sich nur das Lied aus Chu an, das die herrlichsten Gerichte auf die verlockendste Weise schildert, um so die »Seele« des Toten zur Rückkehr ins Leben zu bewegen: Komm zurück, o Seele! Töpfe voller Köstlichkeiten dampfen auf dem Herd!

> Die Kessel kochen fast über, wohlriechende Düfte vermischen sich miteinander.
> Gutgenährte Goldamseln, Tauben und Gänse, gewürzt mit der Brühe aus dem Fleisch wilder Hunde.
> O Seele, komm zurück! Befriedige deinen Appetit!
> Frische Schildkröten, saftige Hähnchen, angerichtet mit Chu-Soße.

> Marinierte Ferkel, gekochter Hund mit bitteren Kräutern und mit Ingwer gewürztes Hammelfleisch,
> Und säuerlicher Wu-Salat mit Beifuß, weder wäßrig noch geschmacklos.
> O Seele, komm zurück! Gib nach zu deinem eigenen Wohl!
> Gebratene Kraniche werden serviert, gedämpfte Enten und gekochte Wachteln,
> Gebratene Brachsen, geschmorte Spatzen und gekochte Junggänse.
> O Seele, komm zurück! Die Köstlichkeiten sind für dich bereitet!
> Alle vier Weinsorten haben die richtige Reife und kratzen nicht in der Kehle.
> Klares, duftendes, eiskaltes Getränk, nicht für gewöhnliches Volk,
> und weiße Hefe wurde mit Wu-Most vergoren für den klaren Wu-Wein.
> O Seele, komm zurück und fürchte dich nicht!

Das Reich Chu bestand zur gleichen Zeit wie die Zhou-Dynastie und lag am unteren Jangtse. Aber die Art der Zubereitung und die Zutaten, die das Gedicht so appetitanregend beschreibt, waren auch in der Gegend um den Gelben Fluß üblich. Die Auffassung, die beste Verbindung zu den Geistern der Verstorbenen sei das Essen, bestand an beiden Orten. Die Ahnen gehörten nach wie vor zur Familie, und wenn die Essensdüfte aufstiegen, wollten sie genauso wie die Lebenden wissen, was da so gut riecht. Es gibt viele Inschriften auf Orakelknochen, wo sich der Herrscher mit seinen Ahnen-Gästen über das Menü berät: Ochse oder Hammel? Und wie viele? Einer, zehn, fünfzig? Vögel, besonders Hühner, sind noch immer ein wichtiger Bestandteil der chinesischen Küche, und viele Familien halten sich Hühner, meist in geflochtenen Bambuskörben, zwischen Fahrrädern und Blumentöpfen auf dem Hof. Unter dem Dach hängt oft ein Käfig mit einem Singvogel.

Wir in Europa halten Hunde und Katzen. Die Chinesen halten Goldfische und Vögel. Und genauso, wie wir mit unseren Hunden spazierengehen, nehmen sie ihre Vögel mit. Im Morgengrauen, wenn sich der Frühnebel langsam auflöst, spazieren die alten Männer die Straße entlang, versammeln sich in den Parks und hängen ihre Vogelkäfige in die Bäume. Oder sie hängen die Käfige an Schnüren auf, die man einfach zwischen den Häusern gespannt hat.

In den runden Käfigen kämpfen die Vögel um ihr Revier. Meist sind es Lerchen der verschiedensten Arten, chinesische Rotkehlchen oder Nachtigallen. Der größte Sänger und Favorit im ganzen Land ist eine gelbgraue Drossel, Garrulax canorus. Sie singt so schön, daß die Nachtigallen ihr Selbstvertrauen verlieren.

Jeden Morgen kommen die alten Männer mit ihren Käfigen – es ist wie bei einem Wettbewerb: welcher Vogel singt am lautesten, welcher am kräftigsten, welcher hält am längsten durch? Vor allem aber sind die Vögel ein Anlaß, sich zu treffen, und mit einem Vogelkäfig in der Hand ist jeder gern gesehen.

Wenn das Morgengrauen dem Tageslicht weicht und die Fahrräder und Busse sich in den Straßen drängen, sind die Männer mit ihren Lieblingen schon wieder auf dem Heimweg, die Käfige sorgsam mit blauem Tuch bedeckt. Erst am Abend kommen sie wieder hervor, und mit dem Verstummen des Tageslärms ertönt im Dunkel der Bäume ein lebhafter Gesang, während sich die Männer über den vergangenen Tag unterhalten.

Fasan

Pfeil und Bogen bilden zusammen das Zeichen für den gewöhnlichen *Silberfasan*.

Fasanenfedern

Dies ist eines von vielen Zeichen für *Fasan* und *Fasanenfedern*.

Federn, Gefieder

Der obere Teil des Zeichens bedeutet **Federn, Gefieder**. Es ist umstritten, ob das Zeichen die Schwanzfedern, die Schwungfedern oder einen Federbusch auf dem Kopf des Vogels abbildet, aber das ist vielleicht hier nicht so wichtig. Auf jeden Fall ergibt das Bild vom Vogel und den Federn zusammen eine hübsche Vorstellung von dem, was den Fasan ausmacht.

Die Schwanzfedern eines gewöhnlichen Fasans werden höchstens eine halben Meter lang, andere Arten haben Schwanzfedern, die bis zu zwei Meter lang werden. In der Zhou-Zeit wurden die Fasanenfedern in vielen Zeremonien verwendet, sie zierten Standarten, Kampfwagen und auch Musikinstrumente.

Schmuckmotiv aus der Zhou-Zeit.

In jeder Hand eine Fasanenfeder, triumphiert der Affenkönig mit hämischem Lachen: Er hat seine Gegner beim »Kampf im Himmelspalast« überlistet.

Während der Kaiserzeit waren die Gewänder der höchsten Beamten mit gestickten Fasanen verziert – Goldfasane für Beamte des zweiten Dienstranges, Silberfasane für den fünften Dienstrang. Die übrigen Beamten trugen Kraniche, Pfaue, Wildgänse, weiße Reiher, Enten, Wachteln, Fliegenschnäpper und Pirole auf ihren Gewändern – eine ausgezeichnete Übersicht über die damalige Vogelwelt rund um den Gelben Fluß!

Die zwei Meter langen Federn des Königsfasans (Phasianus reevesis) zieren bis zum heutigen Tag die prächtigen Kopfbedeckungen, die die Generäle in der Pekingoper tragen. Wie riesige Insekten oder Vögel wirbeln die Schauspieler über die Bühne und drücken durch unterschiedliches Bewegen der Fasanenfedern Empörung, Entschlossenheit, Aufregung und andere Gefühle aus. Die Zuschauer, die mit dieser Zeichensprache vertraut sind, verstehen sofort, was vor sich geht oder was geschehen wird.

Läßt der Schauspieler den Kopf so schnell kreisen, daß die Federn wie eine wirbelnde Krone hoch über seinem Haupt stehen, weiß jeder, daß er außer sich ist vor Zorn und Verbitterung. Beugt er aber den Kopf immer wieder so weit nach vorn, daß die Federn den Boden berühren, hat es ihm die Sprache verschlagen, er muß nachdenken.

Zieht er eine der Federn zwischen Zeigefinger und Mittelfinger von der Wurzel zur Spitze und führt er die Feder gleichzeitig in weitem Bogen auf seinen Körper zu, hält er nach einem weit entfernten Ziel Ausschau – einer heranrückenden feindlichen Armee, einer Stadt oder einem hohen Berg. Führt er dieselbe Bewegung mit beiden Händen aus, ist das ein Ausdruck der Freude und des Entzückens. Bewegt er dagegen die Federn mit bebenden Händen in kleinen Kreisen vor der Brust, bedeutet das Unruhe und Erregung.

Daß das nebenstehende Zeichen **Tiger** bedeutet, steht außer Zweifel. Mit aufgerissenem Rachen und drohend erhobenem Schwanz steht er mit seinem massigen Körper da.

Eigentlich sollte der Tiger wie die anderen Vierbeiner auf den Orakelknochen hoch aufgerichtet erscheinen, aus den erwähnten Platzgründen. Aber das Tier zeigt sich eindeutig auf allen vieren stehend, im Profil. Genau wie der kleine Tiger aus hellbrauner Jade. Er duckt sich gerade vor dem entscheidenden Sprung. Die Ohren sind zurückgelegt, die Zähne gefletscht.

Es handelt sich um ein Schmuckstück der Shang-Zeit aus dem Fu-Hao-Grab außerhalb von Anyang. Schmuck dieser Art war sowohl in der Shang- wie in der Zhou-Dynastie üblich, nicht nur in Form von Tigern, sondern auch, wie wir gesehen haben, in Form von Fischen und Vögeln. Man trug diese Figuren meist am Gürtel. Sie galten auch als Amulette und wurden den Verstorbenen mit ins Grab gegeben.

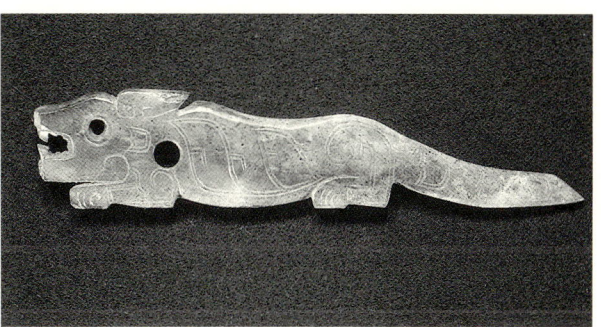

Anhänger aus der Shang-Zeit.

Das Tigerzeichen auf den Orakelknochen wurde im Laufe der Zeit immer mehr stilisiert.

In bestimmten älteren Bronzezeichen findet man noch den Rachen des Tigers, seine Klauen und den peitschenden Schwanz, aber dann verschwand alles in einem Wirrwarr von Strichen.

Ohne Zuhilfenahme der Zeichen auf den Orakelknochen und Bronzen ist es fast unmöglich, im heutigen Zeichen für Tiger das Bild des Königs unter den Tieren Chinas zu erkennen.

Tiger

In China gibt es viele spannende Geschichten über Tiger. Eine der bekanntesten handelt von dem Raufbold Wu Song, der in betrunkenem Zustand auf einen Tiger trifft. Das Raubtier hat lange Zeit die ganze Gegend terrorisiert, und Wu Song tötet es mit bloßen Händen. Das ist eine besonders blutrünstige Geschichte, und alle chinesischen Kinder lieben sie. Sie stammt aus »Die Räuber vom Liang-Shan-Moor«, einer Sammlung von Erzählungen, in denen eine Räu-

Inzwischen können die meisten Chinesen lesen. Aber die Geschichte von Wu Song und dem Tiger hat ihre Faszination nicht verloren. Die Warteschlangen vor den Bibliotheksständen in den Parks, wo es Comics auszuleihen gibt, sind lang, und das Heft über Wu Song ist immer vergriffen.

Der Tiger ist ein gefährliches Tier, das wissen wir alle, und ein menschenfressender Tiger ist besonders grausig, das grenzt schon fast an einen Verstoß gegen die

Tiger auf einem Bronzegefäß. Zhou-Zeit.

berbande die Hauptrolle spielt, die im 11. Jahrhundert im westlichen Shandong ihr Unwesen trieb. Zweitausend Jahre früher gehörte dieses Gebiet zum Herrschaftsbereich der Shang-Dynastie. Die Freveltaten der Räuberbande waren der Anlaß für unzählige Sagen, die von Berufserzählern durch die Jahrhunderte weitergegeben wurden.

Ich hörte die Geschichten zum erstenmal auf einem Markt in Kaifeng. Das Geschichtenerzählen gehörte früher zu den allgemein üblichen Unterhaltungsformen in China. Das ist nicht weiter verwunderlich, denn nur ein Bruchteil der Bevölkerung konnte lesen, und man liebte es, spannende Geschichten zu hören. Noch zu Beginn der sechziger Jahre, als ich in China studierte, gab es überall auf den Märkten und in den Vergnügungsvierteln Geschichtenerzähler. In einer einfachen Bretterbude saß man auf harten Holzbänken im Halbdunkel, meist eine Tasse Tee in der Hand. Nie werde ich die atemlose Spannung des Publikums vergessen und den trockenen Laut der Holzklappern, die der Erzähler gegeneinanderschlug, um die Dramatik der Geschichte zu unterstreichen.

Natur. Aber für die Chinesen war das Bild des Tigers nie einseitig geprägt. So bedrohlich er als Raubtier war, versprach er doch auch Schutz und Sicherheit.

Im chinesischen Volksglauben besaß der Tiger eine enge Verbindung zur Erde und damit auch zu den Ahnen – zwei ganz zentrale Begriffe in früheren Zeiten. Der Tiger war auch Symbol für das Weibliche. Deshalb gibt es viele Märchen über Tiger oder genauer Tigerinnen, die Menschen vor bösen Mächten retten und neugeborene, ausgesetzte Kinder säugen, ähnlich der römischen Wölfin in der Geschichte von Romulus und Remus.

Die Doppelbedeutung des Tigers hat sich bis in unsere Tage erhalten. Eine der beliebtesten Spielsachen ist ein mit Buchweizensamen oder Stoffresten ausgestopfter Stofftiger. Auf seiner Stirn trägt er das Zeichen für »König«, und genauso stark wie ein Tiger, so mächtig wie ein König und so selbstbewußt, soll das Kind werden, das damit spielt. Früher nähten die Leute die Tiger selber, wie wir Stoffpuppen und Bären. Inzwischen werden die Tiger in allen Größen in den Spielzeugläden angeboten.

Noch heute tragen die kleinen Kinder auf ihren Mützen und Schuhen aufgenähte Tiger, die sie vor allem Bösen schützen sollen. Das erinnert an die Helme der shang-zeitlichen Krieger, auf denen Masken von wilden Tieren befestigt waren. Um den Bauch tragen die Kinder einen Schurz mit dem Bild eines brüllenden Tigers – so wie die Soldaten in früheren Zeiten Schilde trugen, auf denen schrecklich anzusehende Tiger abgebildet waren, mit weit geöffnetem Rachen, jederzeit bereit, sich auf den Feind zu stürzen und ihn zu zerfleischen.

Auf einem Markt außerhalb von Xi'an fand ich vor ein paar Jahren einen Kinderkragen in Form eines Tigers. Und ich erinnerte mich an eine grünlich schimmernde Bronzeaxt aus der Shang-Dynastie, auf der ein kleines Gesicht mit offenen Augen zwischen zwei gewaltigen Tigerrachen herausschaut, genauso vertrauensvoll, wie die Kinder unter ihren Tigermützen und aus ihren Tigerkrägen herausschauen.

Verzierung einer Bronzeaxt aus der Shang-Zeit, ein Kinderkragen aus unserer Zeit und ein frohgemuter Krieger unter seinem Helm mit aufgesetzter Wildtiermaske.

Man wird kaum eine bessere Illustration für das Doppelgesicht des Tigers in der chinesischen Kultur finden als den Scherenschnitt aus Ansai bei Yan'an. Die spitzen, gefletschten Raubtierzähne im geöffneten Maul wirken genauso bedrohlich wie die Tigerrachen auf den Orakelknochen und Bronzen; wie dort, sind sie im Profil wiedergegeben. Und doch ist das Gesicht des Tigers mit seinen wachsamen Augen und dem Zeichen für »König« auf der Stirn dasselbe, das wir bei den Spielzeugtigern kennengelernt haben.

Der Tiger wurde von einer jetzt achtzigjährigen Frau ausgeschnitten; sie stellt seit ihrer Jugend für sich und für die Dorfbewohner Scherenschnitte zur Verzierung der Häuser her. Die Frau stammt aus einer sehr armen Familie, und erst, als man sie im Jahre 1979 bat, einen Kurs über die Kunst des Scherenschnitts zu leiten, bekam sie einen eigenen Namen, Wang Zhanlan.

»Kinder sind die Zukunft des Landes und die Hoffnung der Nation« steht auf diesem Plakat, das einen Jungen mit Tigermütze zeigt, der zufrieden auf seinem Tigerkissen schläft. Beijing 1985.

»Ein Papiertiger«. Wer politisch interessiert ist, hat sicher von dem Gespräch gehört, das Mao Zedong in den vierziger Jahren in Yan'an mit der amerikanischen Journalistin Anna Louise Strong geführt hat. Es war während des Krieges, und die Situation der Kommunisten sah alles andere aus als rosig. Aber Mao war zuversichtlich. Alle herrschenden reaktionären Gruppen seien ebenso wie die Imperialisten und Diktatoren aller Art zum Untergang verurteilt, weil sie keine Verbindung zum Volk besäßen. Sie könnten natürlich für eine gewisse Zeit schrecklich sein, wie wirkliche Tiger, die Menschen töten und fressen. Aber, sagte Mao, eines Tages würden sie trotzdem unschädlich gemacht und in Papiertiger verwandelt, in Spielzeugtiger.

Die Tiere, die wir bisher behandelt haben, sind in höchstem Maße wirklich, spielten aber in der Shang- und Zhou-Zeit auch mythologisch eine wichtige Rolle. Die Schildkröte war, wie wir gesehen haben, an der Erschaffung der Welt beteiligt. Hirsch, Vogel und

Tiger hatten mit dem Wechsel der Jahreszeiten, dem Erwachen der Natur und der Erde zu tun. Die Menschen der Vorzeiten lebten in enger Verbindung mit der Natur. Sie sahen in den Tieren ihre Vorgänger, und die Herrschergeschlechter zählten Tiere zu ihren Ahnen: Der Große Yu, der erste aus dem Geschlecht der Xia, stammte der Legende nach von einem Bären ab, die Shang-Dynastie ging auf einen schwarzen Vogel zurück, und der Begründer der Zhou-Dynastie wuchs beschützt von Ochsen, Vögeln und Schafen auf. Die Tiere waren deshalb Boten zwischen den Menschen und ihren Vorfahren, und diese Verbindung war lebenswichtig: Mit Hilfe der Tiere konnte man sich dem höchsten Wesen oder dem Himmel nähern, der alles lenkte, von den großen Abläufen in der Natur bis zur Gesundheit des einzelnen Herrschers oder zum Erfolg bei der Jagd und im Krieg.

Auf dem Höhepunkt des Ahnenkultes standen große Teile der Zeremonien im Zeichen von Tieren. Schamanen mit aufgesetzten Hirsch- oder Tigerköpfen, das abgezogene Fell um die Schultern gelegt, leiteten die Riten. Die verwendeten Opfergefäße waren mit Tierbildern bedeckt, zuweilen hatte das ganze Gefäß die Form eines Tieres.

Eines der prachtvollsten Gefäße aus der Shang-Dynastie, ein Weinkrug, hat die Form eines Tigers. In der weichen Magengrube kauert ein Mensch wie ein Affenjunges bei seiner Mutter. Das Maul des Tigers ist geöffnet, die Reißzähne drohend entblößt, aber der Mensch zeigt keinerlei Angst. Wie ein Neugeborenes betrachtet er mit ernsten Augen die Welt, ruhig und voller Staunen.

Handelt es sich wirklich um einen Tiger? Beim näheren Hinschauen entdeckt man, daß der Körper aus verschiedenen Tierbildern zusammengesetzt ist. Rücken und Schwanz des Tigers sind eigentlich ein Elefantenkopf mit langem Rüssel und kräftigen Stoßzähnen. Um die Beine ringeln sich Drachen mit zusammengerollten Schwänzen, und über die Hose des Menschen kriechen Schlangen. Den Handgriff zieren Reptilien, die in einen elefantenähnlichen Kopf über-

gehen, und auf dem Deckel, dem Kopf des »Tigers«, steht ein Hirsch. Ein Drache mit Horn und zwei große Fische bilden die Unterseite. Welche Vorstellung steckt hinter dieser Figur? Ein Kind oder ein Sklave als Menschenopfer für ein wildes Tier? Die Geburt des Urvaters eines mythischen Clans oder vielleicht der Beischlaf selbst, der ihn hervorbringen soll?

Die Tierbilder der Bronzen sind Ausdruck einer komplizierten mythologischen Sprache, deren Deutung noch lange nicht abgeschlossen ist. Die Versionen sind zu zahlreich. Einige Grundzüge haben sich aber herausgeschält. Viele der Motive scheinen einen Übergang von einem Stadium zu einem anderen darzustellen, in erster Linie Geburt – Tod – Wiedergeburt.

Weinkrug aus der Shang-Dynastie.

Die Natur wurde als Bedrohung empfunden, aber auch als Quelle von Geborgenheit. Ihr entstammte der Mensch, und von ihr wurde er genährt. Indem er sich in ihren Schutz begab, sicherte er seine Existenz. Diese symbiotische Beziehung wird in der frühen chinesischen Kunst auf viele Weise ausgedrückt. Beschützt von den bedrohlichen wilden Tieren, war der Mensch gleichzeitig Kind und Herr der Natur.

Je mehr die Fähigkeit des Menschen zunahm, die Natur nach seinen Wünschen und seinem Willen zu beherrschen, um so geringer wurde die Bedeutung der Tiere, meint Kwang-Chih Chang, eine der angesehensten Kapazitäten chinesischer Archäologie. Ursprünglich waren die detaillierten mythologischen Darstellungen – ähnlich wie an den Kirchen des europäischen Mittelalters – als Erklärungen und Anregungen für religiöse Vorstellungen gedacht, später verkamen die Tiermotive immer mehr zu bloßen Verzierungen, und die ursprüngliche Haltung der Hingabe und Ehrfurcht den Tieren gegenüber verschwand. Der Mensch wurde zum Maß aller Dinge.

Doch in der Volkskunst und im Volksglauben lebten die alten Vorstellungen weiter, und dort trifft man sie bis heute an, späte Erinnerungen an die Wildtiermasken, die einst die Opfergefäße der Bronzezeit schmückten.

Abreibung von Orakelknochen.

Die hohe Stellung der Tiere in der Mythologie war kein Hinderungsgrund, sie auch für ganz prosaische Zwecke zu verwenden. Das Fleisch, das Fell, die Knochen und das Hirschhorn waren ebenso wie Daunen und Federn wichtige Rohstoffe, die überall im Land gebraucht wurden. Die Herrscher und später die Kaiser beanspruchten allerdings einen Großteil davon für sich und den Hof. Ein Herrscher verfügte über ausgedehnte Jagdgebiete, die nicht nur der Jagd dienten, sondern auch militärischen Übungen.

Schätzungsweise die Hälfte aller Inschriften auf Orakelknochen handeln von der Jagd. Die Jagderfolge wurden dort genauestens registriert, und so wissen wir, daß die Ausbeute in den Wäldern recht ansehnlich war.

Auf dem hier abgebildeten Orakelknochen aus der Zeit von König Wu Ding, um 1300 v. Chr., lesen wir:

Am Tag Wu-Wu
fragte Ku das Orakel:
Wir wollen bei Qiu jagen. Irgendeine Beute?
Jagten an diesem Tag und erlegten:
Tiger einen, Hirsche vierzig,
Füchse hundertvierundsechzig,
Hirsche ohne Geweih hundertneunundfünfzig …

Vögel   Ein Elefant   Tiger   Wildschwein

Es gab viele verschiedene Jagdmethoden. Oft wurden
Netze verwendet. Wir sehen hier einige Tiere, die
gerade ins Netz laufen. (Zwei ähnliche Netze sieht man
auf dem Bild mit den Orakelknocheninschriften, sie
haben dort die Bedeutung »jagen«.)
Um den Tiger zu bezeichnen, reicht eigentlich der
Rachen, wie das Beispiel zeigt!
Größere Tiere fing man in Fallgruben, wie diese zwei
Hirsche.

Aber es gab offenbar noch eine weitere, etwas ungewöhnliche Jagdmethode.
Die verschiedenen Zeichenpaare in der Reihe unten
bedeuten alle **wildes Tier**. Das rechte Zeichen steht
jeweils für *Hund*, aber was soll das linke bedeuten?

Die Forscher haben als mögliche Bedeutungen *groß,
Schild, Netz, Streit, mit einer Schaufel drohen* oder *Hand-
trommel* vorgeschlagen – mit anderen Worten, sie wis-
sen es nicht.
Ich glaube, daß einige der neuen archäologischen Fun-
de das Rätsel lösen können.
Im Jahre 1976 wurde im nördlichen Shanxi in der Nähe
von Datong, 120 Kilometer westlich von Beijing, ein
Steinzeitdorf entdeckt. Man kann es auf etwa 100 000
Jahre zurückdatieren. Dieses Dorf ist in verschiedener
Hinsicht interessant. Man fand dort Skelettreste der
ersten Menschen unserer Art, also des Homo sapiens,

wildes Tier

 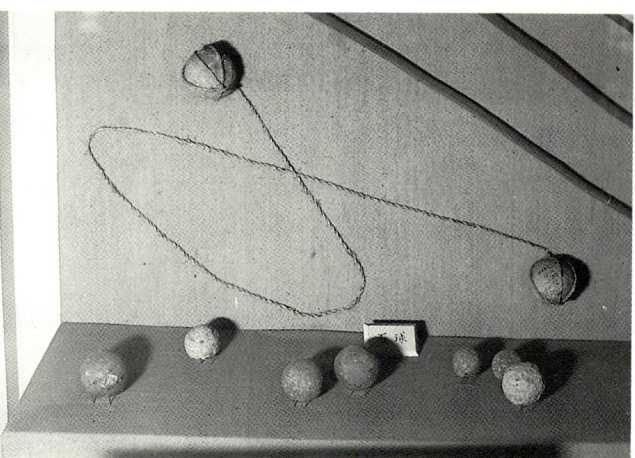

Schaubild aus dem Museum von Zhoukoudian, das Steinzeitmenschen bei der Hirschjagd zeigt.
Rechts: Wurfsteine. Etwa 4000 v. Chr., Museum von Banpo.

sowie große Mengen von Knochen verschiedener Hirscharten.

Man fand auch mehrere Tonnen runder Steinkugeln unterschiedlicher Größe, die kleinsten wogen nur hundert Gramm, die größten zwei Kilo. Ein Teil von ihnen war erst halb fertig, so daß man den Weg der Herstellung an ihnen verfolgen kann. Man hat den Eindruck, als sei dieses Steinzeitdorf für die Herstellung von Kugeln zuständig gewesen. Die Steine holte man von einem nahe gelegenen Seeufer.

Wozu könnte man nun die Kugeln benutzt haben? In Yunnan, im äußersten Südwesten Chinas, leben zwei primitive Volksstämme, die Naxi und Pumi, die noch vor einigen Jahren eine interessante Jagdmethode anwandten. Sie befestigten zwei Steinkugeln an je einem fünfzig Zentimeter langen Seil und verknüpften die Seilenden mit einer Schlinge. Dann schleuderten sie die Steine durch die Luft, so daß sich das Seil um die Beine oder um das Gehörn des fliehenden Tieres schlang.

Einige Indianerstämme Südamerikas benutzten bis zum Ende des 19. Jahrhunderts dieselbe Jagdmethode auf den Pampas. Darwin berichtete begeistert von ihrer Geschicklichkeit in der Handhabung dieser »Bolas«.

Ich selbst habe »Bolas« zum erstenmal im Jahre 1967 gesehen, und zwar in einem Museum in Paraguay. Dort wurde erklärt, wie sich die Gauchos, die südamerikanischen Cowboys, die Jagdmethode der Indianer angeeignet hatten und Wurfsteine benutzten. Ich kaufte mir so einen Stein; fast 10 Jahre lang lag er als Briefbeschwerer auf meinem Schreibtisch und erinnerte mich an eine aufregende, fremde Welt.

Dann kam ich nach Xi'an und besuchte Banpo, das Museum über die ersten seßhaften Menschen Chinas. Die Führerin durchquerte mit uns rasch den ersten Raum und erwähnte nur nebenbei, daß in einigen Schaukästen, auf die sie nicht eingehen könne, Steinkugeln seien, die man bei der Jagd benutzt habe. Ohne meine südamerikanische Kugel wäre ich nicht hellhörig geworden. So aber ging ich zurück und fand zu meiner Überraschung einen Stein, der meinem Stein zu Hause zum Verwechseln ähnlich sah. Er war nur 6000 Jahre älter.

Ohne dieses Erlebnis hätte ich die archäologischen Zeitschriften Chinas in den nächsten Jahren sicher nicht so genau gelesen. So aber stieß ich auf allerlei Hinweise und auch den Artikel über die Ausgrabungen des Steinzeitdorfes bei Datong und verstand, daß Wurfsteine das wichtigste Jagdgerät des chinesischen Steinzeitmenschen waren.

Bernhard Karlgren schreibt in seinem Lexikon über die vorzeitliche chinesische Sprache, dieses Zeichen bedeute in den ältesten Schriften *erschöpft, bis zum Äußersten gehen*. Er habe keine Erklärung dafür, was das Bild darstelle. Vielleicht, schreibt er, sei es nur eine Form für »Heuschrecke«, weil das Zeichen in der modernen Schreibweise für Heuschrecke vorkomme. Das ist eine sehr seltsame Erklärung. Interessant ist jedoch, daß von den fünfundzwanzig zusammengesetzten Zeichen, die Karlgren anführt, acht mit *Erschöpfung, mit Kugeln schießen, Furcht, Kampf* und *beißen* zu tun haben. Die übrigen Zeichen haben, soweit ich sehen kann, keinen vergleichbaren gemeinsamen Nenner.

Wenn demnach Wurfsteine eines der wichtigsten Jagdgeräte des Steinzeitmenschen waren und nachweislich nicht nur vom ersten Homo sapiens in China benutzt wurden, sondern auch von den Steinzeitmenschen in Banpo vor 6000 Jahren und von kleinen Volksstämmen bis heute, dann ist anzunehmen, daß diese Steine in Zeichen auftauchen, die mit Kugeln und Kampf zu tun haben. Und was ist naheliegender, als daß die wichtigsten Jagdutensilien – die Wurfsteine, die das Tier zu Fall bringen, und die Hunde, die durch ihre Schnelligkeit als erste die Beute erreichen und bis zum Eintreffen der Jäger festhalten – zusammen das Zeichen für *wildes Tier* bilden?

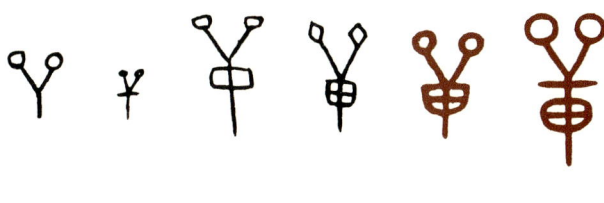

Zeichen mit der ursprünglichen Bedeutung *erschöpft*.

Eskimos und einige chinesische Minoritätenvölker jagen bis heute Vögel mit Steinkugeln. Diese Kugeln sind allerdings nicht größer als Murmeln, mit denen die Kinder spielen. Eine Handvoll Kugeln wurde in ein Stück an der Bogensehne befestigten Stoff gelegt. Ließ man die Sehne losschnellen, so konnte eine der Kugeln den Vogel, auf den man zielte, treffen und so lange betäuben, bis man ihm den Hals umdrehte.

Bronzeinschrift aus der Zhou-Zeit, wahrscheinlich der Name einer Familie oder einer Sippe.

Neben all den hier genannten Tieren, die seit Urzeiten eine starke mythische Bedeutung haben, gibt es noch ein Wesen ganz besonderer Art – nämlich den Drachen. Einige Forscher sehen sein Urbild in den kleinen Krokodilen, die nach wie vor im Yangzi-Fluß leben, oder in vorzeitlichen Tieren, die einst am Rande der Sümpfe, in der heutigen Mongolei, beheimatet waren. Aber diese Theorien nimmt niemand so richtig ernst. Ebensowenig glaubt man dem chinesischen Schriftsteller Wen Yidou, der meint, der Drache sei ursprünglich eine Schlange gewesen, um die sich im Laufe der Zeit immer mehr mythische Assoziationen gebildet hätten. Der Drache ist ein so selbstverständlicher Bestandteil der Vorstellungswelt des Chinesen, daß sogenannte natürliche Erklärungen niemanden interessieren, zumindest nicht den Mann auf der Straße.

In den Sagen und Mythen des Abendlandes und in der Bibel wird der Drache im allgemeinen als feuerspeiendes, meist mehrköpfiges Ungeheuer dargestellt, ein Vertreter des Bösen. Helden wie Beowulf, Siegfried und der heilige Georg haben gegen Drachen gekämpft, um edle Jungfrauen oder belagerte Städte aus ihren Klauen zu befreien oder um unermeßliche Schätze, auf welchen der Drache saß, zu erobern.

Ganz anders in China. Dort hat man sich mit dem Drachen angefreundet und ihn um Hilfe gebeten, er konnte z.B. Regen schicken. Für die Chinesen symbolisiert der Drache Güte, Stärke, Fruchtbarkeit und Wandlung. Man stellt sich vor, daß er – vornehmster Träger der männlichen Kraft – im Winter zusammengerollt am Grunde des Meeres oder eines Flusses schläft. Wenn der Frühling kommt, steigt er zum Himmel auf, wo er sich während des Sommerhalbjahres in den Wolken aufhält. Er wirbelt die dicken Wolken durcheinander und wäscht sich seine lockige Mähne im strömenden Regen. Seine Klauen sind die Blitze am Himmel, seine Stimme der Donner, der die Natur erbeben läßt, und der Sturm, der in die trockenen Blätter des Waldes fährt. Damit war der Drache zwar gefährlich, doch wenn man mit Weidenruten in den

Händen ihm zu Ehren tanzte und um seine Hilfe bat, konnte es geschehen, daß er die Wolken um die Gipfel der Berge versammelte und den Regen auf die ausgetrockneten Äcker fallen ließ.

Eine der ältesten Darstellungen dieses Fabelwesens fand man auf einer großen Tonschale bei Ausgrabungen in Taosi im südlichen Shanxi, knapp hundert Kilometer von der Drachenpforte entfernt, wo der Gelbe Fluß sich aus den Bergen in die weite nordchinesische Ebene ergießt. Die Schale und viele andere dort gemachte Funde sind nach der Radio-C^{14}-Methode auf 2500-1900 v. Chr. datiert und sollen aus der Xia-Kultur, Chinas erster Dynastie, stammen.

Der Drache liegt zusammengerollt im Innern der Schale. Sein Körper ist kräftig wie der einer Pythonschlange und mit einem breiten, gleichmäßig gemusterten Band versehen. Oder handelt es sich bei den schwarzen Flecken um stilisierte Schuppen? Das wäre durchaus möglich – nach späteren Beschreibungen haben Drachen große, flache Schuppen wie Karpfen. Der Kopf ist klein und von einer Art Horn gekrönt, sein Rachen speit Feuer oder Rauch. Oder ist es nur seine lange Zunge?

Ähnliche Darstellungen findet man etwa tausend Jahre später auf Orakelknochen. Die in die Knochen geritzten Drachen wirken äußerst lebendig mit ihren offenen Mäulern und den geschmeidigen Körpern. Manche tragen, wie der Drache in der Schale, eine Art Verzierung auf dem Kopf, die in bestimmten Schriftzeichen ebenfalls auftaucht.

Drache

Dieses fröhliche, unkomplizierte Bild eines **Drachen** wird in den folgenden Jahrhunderten mit vielen neuen Details angereichert. In der Han-Zeit besaß der Drache nach landläufiger Vorstellung ein Geweih wie ein Hirsch, Ohren wie ein Ochse, Augen wie ein Hase, Tatzen wie ein Tiger, Klauen wie ein Raubvogel, Schuppen wie ein Karpfen, einen Bauch wie eine Seidenraupe und einen Kopf wie ein Kamel. Und jede Verwandlung war denkbar. Er konnte sich problemlos klein machen wie eine Seidenraupe oder so groß, daß er den gesamten Raum zwischen Himmel und Erde ausfüllte. Er konnte dunkel erscheinen oder hell, ja wenn nötig sogar unsichtbar.

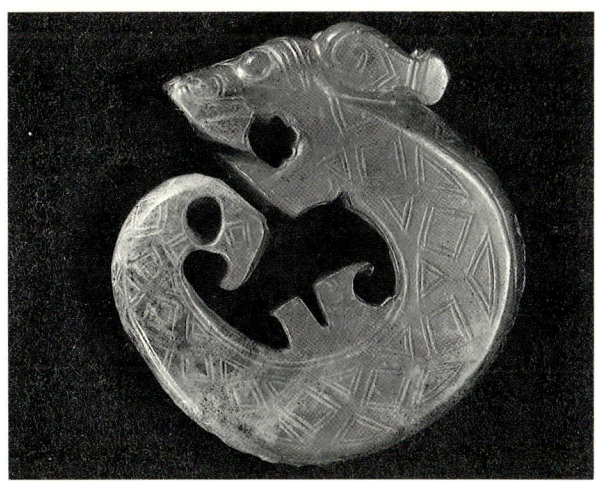

Amulett in Form eines Drachen. Shang-Zeit.

Von diesem seltsamen Fabeltier handeln viele Märchen und Geschichten, vor allem in den buddhistischen und taoistischen Überlieferungen. Da begegnet man oft dem Drachen in seinem Kristallpalast tief unten am Meeresgrund, beschützt von einer Armee aus Fischen und Schildkröten.

Der Drache war aber nicht einfach ein mythologisches Tier unter anderen. Er wurde als das höchste aller Geschöpfe betrachtet und symbolisierte die Macht Chinas und des chinesischen Kaisers. Der Gelbe Kaiser, der nach der Legende um 2700 v. Chr. das Kernland um den Gelben Fluß regiert haben soll und als der Urvater aller Chinesen gilt, soll die Inkarnation eines Drachen gewesen sein. Die Herrscher späterer Zeiten knüpften gerne an diese Vorstellung an, und in dem Bemühen, ihre Position zu legitimieren, präsentierten sie sich selbst als Drachen. Bald war auch ihre ganze Umgebung vom Drachen geprägt. Ihren Thron nannten sie Drachenthron, ihr Bett Drachenbett, ihre prachtvollen, gestickten Seidenröcke Drachengewänder usw. Drachen schmückten die vergoldeten Säulen, auf denen das Dach des Palastes ruhte, Drachen zierten die Porzellanschalen, in denen das Essen serviert wurde.

Die Drachen, die die persönlichen Gegenstände des Königs schmückten, wurden stets mit fünf Klauen abgebildet, während Drachen für den Hausgebrauch sich mit vier begnügen mußten.

Diese Zeiten sind nun vorbei. In jedem beliebigen

Drache in den Wolken. Emaillemalerei auf einer Schale aus dem 18. Jahrhundert.

Haushaltswarenladen kann man heute Porzellan mit fünfklauigen Drachen kaufen, und die T-Shirts ebenso wie die Morgenröcke aus Seide, die in alle Welt exportiert werden, tragen fünfklauige Drachen, wie seinerzeit die Gewänder des Kaisers.

Für den gewöhnlichen Chinesen war der Drache früher etwas sehr Handgreifliches, und er fühlte sich gern selbst als Kind des Drachen. Er hängte Bilder von Drachen auf und schnitzte Drachenreliefs, die über der Tür angebracht wurden; und er nahm das Zeichen für Drache in die Namen seiner Söhne auf in der Hoffnung, daß kluge, kraftvolle und fröhliche Menschen aus ihnen würden.

Zwei der großen volkstümlichen Jahresfeste haben mit dem Drachen zu tun. Das erste fällt auf den fünfzehnten Tag des ersten Monats, gerechnet nach dem Mondkalender. Man feiert das Ende des Neujahrsfestes und den Beginn des Frühlings. An diesem Tag ziehen fröhliche Drachen durch die Städte und Dörfer,

begleitet von Musikanten mit dröhnenden Trommeln und Zimbeln und Scharen von kleinen Buben, die Knaller werfen. Die Drachen sind aus vielen Laternen zusammengesetzt, die die Glieder des Drachenkörpers darstellen. Manchmal werden dazu mehrere hundert Laternen verwendet. Sie sind auf Stangen befestigt, die von einer langen Reihe von Tänzern gehalten werden. Die erste und größte Laterne hat die Form eines riesigen Drachenkopfes, es folgen in absteigender Linie immer kleinere Laternen bis zum Schwanz. Die Tänzer bewegen sich langsam vorwärts und heben und senken dabei rhythmisch ihre Laternen, so daß der Eindruck eines leuchtenden Drachen entsteht, der sich durch die Dunkelheit windet. Oft geht dem Zug ein einzelner Tänzer voraus, der dem Drachen neckend eine Laterne in Form eines roten Balles vor die Nase hält. Der Drache versucht, zum Vergnügen der Zuschauer, nach dem Ball zu schnappen, und er schüttelt verärgert den Kopf und sprüht Funken, wenn er ihn nicht erwischt.

Bei Umzügen am Tage nimmt man gewöhnlich einen aus Pappe und Stoff gefertigten Drachen, bemalt mit lustigen glänzenden Schuppen. Auch er wird von Tänzern mit langen Stangen gehandhabt. Dieser Drache ist zwar viel wilder und ungestümer als der Laternendrache, aber es geht nicht der gleiche Zauber von ihm aus.

Der Tanz hängt wohl ursprünglich mit den Zeremonien zusammen, die man zu Beginn einer neuen Pflanzperiode beging. Der Drache wurde aus seinem Winterschlaf geweckt, um den für die jungen Pflänzchen und Samen so wichtigen Regen zu spenden.

Bis heute ist das Zeichen für Drache Bestandteil des Namens von Geräten, die mit Bewässerung zu tun haben, das gilt für die langen Kettenpumpen, die man benutzt, um das Wasser auf die Reisfelder zu bringen, ebenso wie für den Wasserhahn, der auf chinesisch »Drachenkopf« heißt. Vielleicht rühren die Bezeichnungen auch nur von äußerlichen Ähnlichkeiten her, im ersten Fall die Pumpe und der lange Körper des

Drache, aus Tausenden von Blumentöpfen zusammengesetzt, vor dem Tor zur Verbotenen Stadt.
Vorführung in Verbindung mit dem Nationaltag 1986.

Drachen, im zweiten der Drachenkopf mit dem vorspringenden Kiefer. Allerdings beziehen volkstümliche Ausdrücke oft ihren tieferen Sinn aus volkstümlichen Vorstellungen, und das trifft wahrscheinlich auch hier zu.

Das zweite Fest, das mit Drachen zu tun hat, fällt auf den fünften Tag des fünften Monats im Mondkalender. Hier geht es um ein Wettrudern von »Drachenbooten«, langen, schmalen Booten, die bis zu hundert Ruderern Platz bieten. Achtern oder in der Bootsmitte sitzen Musikanten mit Trommeln und Zimbeln, um die Ruderer anzufeuern und ihnen den Takt zu geben. Das Drachenbootrudern hat vermutlich ebenso wie der Drachentanz ursprünglich mit Regenzauber zu tun, ist aber auch mit einem tragischen Ereignis verbunden: Es ist die Geschichte von Qu Yuan (320–278 v. Chr.), einem unbescholtenen Staatsmann und Dichter im Reiche Chu, der unter demütigenden Umständen seines Amtes enthoben und des Landes verwiesen

wurde. Nach vielen Jahren der Verbannung erreichte ihn die bittere Nachricht, daß die Hauptstadt seines Landes eingenommen und dem Erdboden gleichgemacht worden war. Seine Hoffnung, eines Tages heimzukehren, war zerstört. Er schrieb nun einen Gedichtzyklus, »Begegnung mit der Trauer«, der zu den ergreifendsten in der chinesischen Dichtung gehört, füllte die langen Ärmel seines Gewandes mit Steinen und ertränkte sich im Miluo-Fluß. Schon an seinem ersten Todestag opferten die Menschen in Bambusblätter eingeschlagene Reiskuchen, um seinen Geist im Fluß zu ehren, und Boote ruderten auf und ab, um die Dämonen fernzuhalten.

Heutzutage ist das Drachenbootrudern das spektakulärste aller Volksfeste, und am fünften Tag des fünften Monats rudert man nicht nur auf dem Miluo-Fluß um die Wette, sondern auch auf vielen anderen Flüssen, vor allem im südlichen China. Der Brauch hat sich bis nach Japan und Südostasien ausgebreitet.

Haustiere

»Der Hund ist der beste Freund des Menschen«, pflegt man bei uns zu sagen. Auch wenn »Hund« bisweilen in negativem Zusammenhang oder als Schimpfwort verwendet wird (frecher Hund, hundsgemein), so gilt er im allgemeinen doch als gutes Tier, verläßlich und treu.

Man sollte nun meinen, daß es in China nicht anders ist, auch dort gehört der Hund seit mindestens achttausend Jahren zu den Haustieren, er war sogar das erste Haustier des Menschen überhaupt. Zu der Zeit aber, als das Zeichen gebildet wurde, scheint man den Hund noch als Teil der Natur und nicht als treuen Diener des Menschen betrachtet zu haben.

Das geht unter anderem aus der Bedeutung vieler zusammengesetzter Zeichen hervor, in denen nichts vom gehorsamen, verläßlichen Hund zu merken ist: *verrückt, grob, roh, wild, aggressiv, rücksichtslos.* In einer Reihe von zusammengesetzten Zeichen für wildlebende Tiere kommt ebenfalls der Hund vor, und das nicht nur beim *Wolf* und beim *Fuchs,* die zur Unterfamilie der Caninae zählen, sondern auch in den Zeichen für *Dachs, Otter* und *Wiesel* – dem Hund ähnliche Tiere – und für verschiedene Affenarten.

Eine der ältesten Darstellungen des **Hundes** befindet sich auf einem Bronzegefäß aus der Shang-Zeit. Sein stierer Blick und das aggressiv aufgerissene Maul vermitteln den Eindruck von Wildheit und Bestialität. Ein Schoßhund ist das sicher nicht.

Auf den Orakelknochen wirken die Hunde bescheidener, aber auch hier begegnet man respekteinflößenden Tieren mit langen, in die Höhe gereckten Schwänzen. Einige von ihnen bellen so wütend, daß man glaubt, sie zu hören.

Ein spätes Bronzezeichen für Hund.

Das Zeichen für Hund, wie es oft in zusammengesetzten Zeichen auftritt.

Hund

Eine Grabbeigabe aus Luoyang am Gelben Fluß, einer der Hauptstädte der Zhou, stellt einen Hund mit gedrungenem Körper und kräftigen, kurzen Beinen dar. Ein Hundekenner wird sofort sehen, daß es sich um einen Spitz handelt, die aufgestellten Ohren und der so typisch geringelte Schwanz kommen bei anderen Rassen nicht vor.

Eine in China beheimatete Spitzrasse ist der Chow-Chow. Er ist seit mindestens 2000 Jahren bekannt und gehört zu den ältesten Hunderassen der Welt. Der Chow-Chow ist nahe verwandt mit den Hunden der grönländischen Eskimos, mit den russischen Laikas sowie den in Schweden vorkommenden Lappen- und Elchhunden. Es gibt auch einen kurzhaarigen chinesischen Chow-Chow, der eine Ähnlichkeit mit

den japanischen Kurzhaar-Spitzen hat. Ob der mit der alten Plastik aus Luoyang gemeint ist?
Der Chow-Chow wird bei der Jagd zum Aufscheuchen von Vögeln und Kleinwild eingesetzt, aber auch als Wächter im Tempel.

Abreibung aus der Yuan-Dynastie.

Die Chinesen mästeten Hunde auch wegen des Fells und des Fleisches. Das ist auch heute noch üblich. Hundefleisch soll sehr schmackhaft sein, wobei die jungen schwarzen Chow-Chows, die noch keine neun Monate alt sind, als besondere Delikatesse gelten. In vielen Gegenden Chinas gibt es Restaurants, in denen man sich auf Hundefleisch spezialisiert hat, und je weiter man nach Süden kommt, um so populärer ist dieses Fleisch. Vor dem Essen werden dem Gast die im Käfig herumspringenden Hunde gezeigt wie hierzulande im Fischrestaurant die lebenden Forellen, und man wählt sich das »schmackhafteste« Tier aus, das nun nach allen Regeln der Kunst zubereitet wird.
Die Pekinesen, die ebenfalls chinesischen Ursprungs sind und schon eine lange Geschichte hinter sich haben, hat man nie verspeist. Sie dienten als Gesellschaftshunde im Palast, geliebt von den Damen des kaiserlichen Hofes, die der Muße pflegten und die Tierchen in den weiten Ärmeln ihrer Gewänder spazierentrugen. Besonders vernarrt in diese Hunde war die exzentrische Kaiserinwitwe Cixi, die China Ende des 19. Jahrhunderts regierte. In ihrem Palast wimmelte es von Pekinesen aller denkbaren Schattierungen, und die Hofmaler waren ständig damit beschäftigt, ihre Lieblinge zu porträtieren.
Nach der Verwüstung Beijings und des Sommerpalastes durch die Europäer im Jahr 1860 wurden im Gepäck mit der übrigen Beute einige dieser Hunde nach Europa gebracht, und die Rasse breitete sich rasch über die ganze Welt aus.
Im heutigen China sieht man kaum Hunde, jedenfalls nicht in den Städten. Im Zuge der sanitären Kampagnen, die unmittelbar nach der Revolution durchgeführt wurden, fing man alle herumstreunenden Hunde und tötete sie. Wegen der angespannten Versorgungslage wurden dann nach und nach auch die normalen Haushunde verboten. Nach dem jahrzehntelangen Krieg sollten Nahrungsmittel nicht als Hundefutter verkommen. Es überlebten nur solche

Hunde, die wirklich gebraucht wurden, zum Beispiel als Wachhunde.

Ich erinnere mich an Neujahr 1961, als ich zum erstenmal in Shanghai war. In den Chinesen-Vierteln wurde eine kleine Tierausstellung veranstaltet. Die mit Netzen bespannten Käfige standen in dichten Reihen, und an einem war das Zeichen für Hund angebracht. Vor diesem Käfig drängten sich die Kinder. Seit der Revolution waren zehn Jahre vergangen, und keines von ihnen hatte jemals einen Hund gesehen.

Mit dem allgemeinen Ansteigen des Lebensstandards kamen die Hunde wieder in Mode. Aber seit 1981 sind sie erneut in den Städten verboten, vor allem aus hygienischen Gründen.

Die klassische, chinesische Promenaden-mischung. Schmutziggelbes Fell, aufgesellte Ohren und der kräftige, geringelte Schwanz.

Hund und Mund: *bellen, schelten.* Auch wenn einige europäisch eingestellte Familien in den Küstenstädten im späten 19. Jahrhundert damit begannen, sich Haushunde zu halten, wurde der Hund in China nie, wie hierzulande, als Mitglied der Familie betrachtet. Wie früher bei uns auf den Bauernhöfen bestand die einzige Aufgabe des Hundes darin, das Haus zu bewachen und vor Einbrechern zu schützen. Je wachsamer und aggressiver der Hund war, um so besser erfüllte er seine Aufgabe. Schon Marco Polo berichtet von den respekteinflößenden chinesischen Hunden, und aus anderen Reiseberichten erfahren wir, wie man aufgrund des anhaltenden Hundegebells eine Stadt selbst im Dunkel der Nacht schon von weitem ausmachen konnte – eine unsichtbare Geräuschglocke stand über ihren Dächern und Mauern.

Hund und zwei Mäuler: *heulen, weinen, jammern.*

Hund und Nase: *stinken, übel riechen.* Merkt der Hund mit seinem empfindlichen Geruchssinn, daß etwas stinkt? Oder ist es der Hund, der übel riecht? Die Mehrzahl der chinesischen Hunde waren magere, herumstreunende, halbwilde Köter, die nie gebadet wurden.

bellen, schelten

heulen, jammern ...

stinken, übel riechen

Räudige und heruntergekommene Tiere, feig und frech zugleich, haben sie sich auf den Straßen herumgetrieben und sich im Staub gewälzt, um die Läuse loszuwerden. Wölfisch, übelriechend, bedrohlich für Leib und Leben.

Hund und Mann: *sich für besiegt erklären, aufgeben, zu Boden geschlagen.* Diese Bedeutungen des Zeichens geben etwas von der chinesischen Einstellung zum Hund wieder.

sich fügen ...

Aufgeben und *Himmel*, auch in der Bedeutung *Tag* und *Wetter* ist die Bezeichnung für die Zeit von Ende Juli bis Mitte August, wenn die Hitze so anstrengend ist, daß man aufgeben möchte. Es sind die »Hundstage«.

Wetter-zum-Aufge-
ben, »Hundstage«

Hund und vier Münder: *Gefäß, Gegenstand, Gerät, Kapazität.* Das scheint ein unverständliches Bilderrätsel zu sein, aber vielleicht gibt es doch mögliche Erklärungen. Seit der Jungsteinzeit bewahren die Chinesen ihre Nahrungsmittel in großen Tonkrügen auf. Hält da zwischen den Öffnungen – den Mündern – der Hund Wache?

Gefäß,
Gebrauchsgerät ...

Oder bewacht er die metertiefen Keller unter den Häusern, wo man Getreide und anderes wertvolles Eigentum aufbewahrte, zum Beispiel die für die Ahnenopfer benutzten Gefäße? Keller dieser Art wurden in großer Zahl im Steinzeitdorf Banpo und in Anyang gefunden, und diese Methode der Aufbewahrung hat sich bis heute erhalten. Die luftdichte Lagerung sei für das Getreide sehr günstig, schreibt die Landwirtschaftsexpertin Francesca Bray. Das gelte vor allem für Hirse. Die Vorratsgrube wird mit dem Getreide gefüllt und mit einem Deckel weitgehend luftdicht verschlossen. Das Kohlendioxid, das sich bei der Lagerung des Getreides bildet, tötet jegliche Insekten und Larven. Es ist das Prinzip unserer Silos.

Gewöhnliche nordchinesische Hausschweine (zwei im Trog).

Das Zeichen für **Schwein** sieht auf den ersten Blick seltsam aus, bis man es dreht, und schon steht das Schwein da, frisch und munter wie ein Hund, ein schwarzer, zottiger Herumtreiber, seit Urzeiten geschätzt wegen seines saftigen Fleisches und des fruchtbaren Düngers.

Bei den Chinesen war das Schwein seit eh und je das am meisten geschätzte Haustier. In seiner anspruchslosen Art frißt es alles, was es an Körnern, Obst oder Haushaltsabfällen findet – ja selbst der Kot anderer Tiere oder des Menschen ist ihm nicht zuwider, wenn es nichts Besseres gibt; alles wird verwendet, und daraus entsteht das wohlschmeckende Fleisch.

Und obendrein produziert der kleine Wohltäter den herrlichen Dünger für den Ackerbau. Ein Schwein ist eine richtige kleine Düngerfabrik, hat Mao einmal gesagt. Pro Jahr liefert ein Schwein immerhin eine Tonne Dünger bester Qualität. Ohne diesen unschätzbaren Beitrag wäre die chinesische Landwirtschaft nicht lebensfähig.

Schwein

Und alles am Schwein ist verwertbar: die Borsten für Bürsten, die Eingeweide für Würste, die Haut für Kleister, die Knochen für Asche (ausgezeichnetes Düngemittel), das Blut als Grundierungsmittel für Holz und zum Imprägnieren von Fischernetzen.

Und erst das Fleisch! In dünnen Streifen mit Bambus, Zwiebeln oder getrockneten, in warmem Wasser aufgeweichten Pilzen kurzgebraten, dazu ein Eßlöffel Soja, ein Eßlöffel goldener Reiswein und ein wenig Ingwer – mehr braucht es nicht!

Haben Chinesen die Wahl, entscheiden sie sich für Schweinefleisch. Es rangiert weit vor Rindfleisch, das als hart und zäh gilt und auch vor Hühnerfleisch, das zwar leicht bekömmlich ist und gut schmeckt, aber ohne Saft und Kraft ist.

Die Fleischqualität hängt ganz von den Lebensbedingungen des Schweines ab, sagt man in China, und es ist deshalb kein Wunder, daß die Schweine gut gehalten werden. Auch wenn sie eingezäunt gehalten werden, führen sie sozusagen ein gepflegtes Leben. Man kann in einen Schweinestall mit Hunderten von Tieren gehen, es sieht dort ebenso appetitlich aus wie in einem gut geführten Stall mit edlen Zuchtpferden.

Und dazu der wertvolle Dünger. Wenn so viele Menschen über so lange Zeit am selben Ort leben, müssen sie sehr genau darauf achten, daß die Erde ihre rechte Nahrung bekommt. Das Wasser der Flüsse und der mitgeführte Schlamm schaffen die Voraussetzungen für die Fruchtbarkeit des Bodens, und der gesamte Abfall aus Landwirtschaft und Haushalt – Salatblätter, Kartoffelschalen und Spülwasser – kehrt, oft auf dem Weg durch das Schwein, in den Boden zurück, dazu die Exkremente von Tier und Mensch.

Besonders die menschlichen Fäkalien gelten als wertvolles Düngemittel. Alles wird sorgfältig gesammelt und kompostiert. In den Dörfern ist das kein Problem, da sind die Toiletten öffentlich. Aber während der sechziger Jahre beispielsweise, als es Schwierigkeiten mit der Lebensmittelversorgung gab und die Bauern sich mehr um ihre privaten Parzellen als um die öffentlichen Felder kümmerten, wurde von den Behörden eine Kampagne gegen den Egoismus gestartet. Denk nicht nur an deinen eigenen Vorteil, denk kollektiv! Benutze die öffentlichen Toiletten!

In den Städten sammelte man die Jauche mit Tankfahrzeugen und Tankbooten und brachte sie zu den Jauchegruben aufs Land. Bis noch vor einigen Jahren fuhren jeden Morgen die knarrenden Pferdekarren durch die Straßen Beijings. »Honigtöpfe« wurden sie genannt. Ich erinnere mich an den typischen Ruf des Kutschers und an das Geräusch eilig geöffneter Tore, wenn die Leute vergessen hatten, ihren Kübel auf die Straße zu stellen. Und nie werde ich die Holzkübel vor den Häusern in Suzhou vergessen. Glänzendrot oder kastanienfarben lackiert bilden sie einen schönen Kontrast zu den moosgrünen Hauswänden. Aber demjenigen, der Tag für Tag am Straßenrand die Kübel säubern muß, werden moderne Mietshäuser mit Wasserklosetts wohl geradezu paradiesisch vorkommen.

Schwein. Scherenschnitt aus Huangling südlich von Yan'an.

Die älteste bekannte Abbildung eines chinesischen Schafes befindet sich auf einer etwa sechstausend Jahre alten Tonscherbe. Man erkennt deutlich die kräftigen Hörner und die Augen, die den Betrachter durch die Jahrtausende unverwandt anblicken.

Es besteht eine große Ähnlichkeit zwischen dieser Abbildung und den späteren Schriftzeichen für **Schaf**, die nur halb so alt sind. Einige Zeichen sind noch deutliche Bilder, andere sind bereits stilisierter, die betonten Augen des Schafes wurden auf einen geraden Strich reduziert.

Die Menschen, die auf diese Weise Bilderschrift benutzten, waren durchaus in der Lage, ein Schaf naturalistisch abzubilden, wenn sie das gewollt hätten. Einige der eindrucksvollsten Darstellungen von Schafen in der chinesischen Kunst sind auf einem großen Bronzegefäß im Historischen Museum von Beijing zu bewundern. Sie sind ungefähr zur gleichen Zeit wie die Inschriften auf den Orakelknochen entstanden. Vier kräftig ausgebildete Schafsköpfe springen wie Galionsfiguren am Bauch des Gefäßes vor. Dieselben charakteristischen Züge wie auf der Tonscherbe: Hörner, ein hoher Nasenrücken und weit auseinanderstehende Augen.

Bronzegefäß aus dem Historischen Museum in Beijing. Shang-Zeit.

Schaf

Aus der Shang-Zeit sind uns viele lebendige und naturgetreue Darstellungen von Tieren und Menschen erhalten. Daß das Schriftzeichen eher kantig wirkt, hat also nichts mit Unfähigkeit zu tun, die Wirklichkeit adäquat abzubilden. Vermutlich hatte das Zeichen zu dieser Zeit bereits eine lange Geschichte hinter sich und das Stadium des Piktogramms bereits überwunden. Aber wie diese Entwicklung vor sich gegangen ist, darüber wissen wir bis jetzt kaum etwas.

schön

Das Zeichen für Schaf ist Teil mehrerer zusammengesetzter Zeichen mit positiver Bedeutung. Eines davon ist das Zeichen für *schön*, das aus »Schaf« und »groß« besteht. Auf den Orakelknochen und Bronzen scheint das Zeichen einen Mann zu zeigen, der Widderhörner auf dem Kopf trägt – wie sie die Priester und Schamanen bei Opferzeremonien und Ritualen benutzten. Man könnte sich natürlich auch vorstellen, daß »groß« sein eine Bestimmung des Schafes ist: ein großes Schaf, dick und mit viel Wolle – ein schöner Anblick.

Lamm

Schaf und Feuer bilden zusammen das Zeichen für *Lamm*. Das Tier, dessen zartes Fleisch man mit Vorliebe brät?

»geng«, chinesisches Eintopfgericht

Verbindet man die Zeichen für schön und für Lamm, erhält man den Namen einer Fleischsuppe oder eines Eintopfes: »geng«. Er wird in vielen Schriften aus der Zeit um 500 v. Chr. erwähnt. Man kochte das Fleisch in einer Brühe aus Salz, Weinessig, Gewürzen und etwas Gemüse, meist Zwiebeln oder Kohl – eine Art chinesisches Irish Stew. Die Konstruktion des Zeichens deutet an, daß dieser Eintopf häufig mit Schaffleisch zubereitet wurde. Diese Suppe soll in allen Schichten der Bevölkerung gegessen worden sein, heißt es, vom Prinzen bis zum einfachen Volk; sie war jahrtausendelang ein beliebtes Gericht.

Ansonsten aber war dem Schaf nur der zweite Platz vorbehalten.

Wohl werden bis heute Schafe geopfert – doch als wichtigstes Opfertier galt immer der Stier.

Wohl wurden zu allen Zeiten Schafe gegessen – aber nie mit demselben Genuß wie Schweine.

Wohl hat man immer Schafe geschoren – aber die Chinesen bevorzugen Kleidung aus Baumwolle, Hanf oder Seide, obwohl es kaum eine feinere Wolle gibt als die von chinesischen Schafen. Als der Pariser Modeschöpfer Pierre Cardin in den siebziger Jahren Beijing besuchte, war er begeistert von der hervorragenden Qualität der chinesischen Kaschmirwolle und traf sofort eine entsprechende Handelsvereinbarung.

Die weißen, dickschwänzigen Wolltiere wurden immer eingezäunt in Hausnähe gehalten, nie hat man sie irgendwo in der Wildnis weiden lassen. China hat eine lange Grenze mit der Mongolei, einem Land, in dem Schafzucht die Existenzgrundlage war und die Menschen jahrhundertelang ausschließlich von Schaffleisch und Pferdemilch lebten. Man pflegte dort das Schaf am Stück zu garen, und jeder schnitt sich mit einem scharfen Messer ein Stück davon ab – eine Eßkultur, die nicht das geringste mit der chinesischen zu tun hat. Das alte Wort für Mongole/Tatar bedeutet auch einfältig, rücksichtslos und verrückt. Wenn das keine deutliche Sprache spricht!

In den Wirtshäusern der Mongolei werden noch immer viele Gerichte mit Schaffleisch angeboten, und je mehr weiße Fettstücke, desto besser. Ein deftiges Frühstück für jemanden, der das nicht gewohnt ist.

Im 12. Jahrhundert eroberten die Mongolen China und bauten an der Stelle des heutigen Beijing eine Hauptstadt. Während ihrer knapp hundertjährigen Herrschaft verbreiteten sich einige einfache Schaffleischgerichte über ganz Nordchina. Inwieweit aber die Vorliebe für Schaffleisch auf die Mongolenherrschaft zurückgeht, darüber streiten sich die Forscher.

Tatsache ist, daß man in Nordchina bedeutend mehr Lammfleisch ißt als im Süden. Ein Gericht allerdings wird nicht nur im ganzen Land, sondern auch international geschätzt, der »mongolische Feuertopf« oder »Dschingis-Khan«-Topf, wie ihn die Touristen nennen. Es handelt sich dabei um eine Art von Fleischeintopf oder Fleischfondue, bei dem jeder Gast sein in dünne Scheiben geschnittenes Lammfleisch in einer leichten Bouillon zusammen mit Zwiebeln und Gemüsen selbst gart. Dazu ißt man Fladenbrot und eine wunderbare, gewürzte Soße. Ein veredeltes »geng« von heute!

Hunde, Schweine und Schafe waren die ersten Haustiere in China. Das weiß man unter anderem aus den vielen Knochen, die man in den Abfallhaufen bei den ältesten Siedlungen gefunden hat. Rinder verschiedener Arten kamen erst später. Während der Shang-Zeit dienten Stiere häufig als Opfertiere. Eingegraben in großen Opfergruben oder unter den Säulen der Ahnentempel, hatten sie eine magische Bedeutung. In ihre Schulterblätter ritzte man Fragen an die Geister der Ahnen, um in wichtigen Angelegenheiten wie Krieg, Jagd und Ernte Auskunft und Rat zu erhalten.

Es müssen dafür unglaublich große Herden zur Verfügung gestanden haben. Inschriften auf Orakelknochen berichten nicht selten von Opfern mit mehreren hundert Stieren, in einem Fall schlachtete man für eine einzige Zeremonie tausend Stiere.

Rindfleisch scheint vor allem in Verbindung mit solchen Zeremonien gegessen worden zu sein, es war nie Alltagskost wie das Fleisch der anderen Haustiere. Ein Teil des Fleisches war für die Vorfahren bestimmt, der Rest für den Herrscher und seinen Hofstaat.

Die Bronzegefäße, die man bei den Opferzeremonien verwendete, sind oft mit Stierabbildungen verziert. Diese beiden stammen von einem großen, dreibeinigen Tiegel aus der Shang-Zeit, in dem man das Opferfleisch kochte.

Ein kleiner mürrisch dreinblickender Stier ziert ein Bronzegefäß aus den Anfängen der Zhou-Zeit. Die Form der Hörner stimmt ziemlich genau mit der Form überein, die man an bestimmten Wohnplätzen der Jungsteinzeit und bei Stierskulpturen aus dem Königreich Dian in Yunnan zu Beginn der Han-Dynastie gefunden hat.

Einer von vier Stierköpfen an einem großen, bronzenen Weingefäß aus der späten Shang-Dynastie. Kunstmuseum in Shanghai.

Das Zeichen für **Stier** weist in seinen ältesten Formen eine große Ähnlichkeit mit den eben erwähnten Darstellungen auf. Das ist nicht verwunderlich, schließlich stammen sie aus derselben Zeit und wurden zu denselben Anlässen, bei Opfern und religiösen Zeremonien, verwendet.

In der Form, die das Zeichen später erhielt, ist der deutliche U-Bogen zwar verschwunden, aber der hohe Nasenrücken und die horizontale Linie der Ohren sind erhalten geblieben. Die traditionelle Erklärung, das Zeichen zeige einen Stier von oben mit Kopf, Hörnern, den zwei Vorderbeinen und dem Schwanz, leuchtet mir nicht ein.

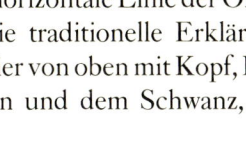

Stier/Ochse

Die Menschen der Shang-Zeit dekorierten ihre Häuser mit Tierschädeln, ein Ausdruck für die Bedeutung, die die Tiere in ihrem Leben hatten. Bestimmte Minoritätenvölker im südwestlichen China pflegen diesen Brauch noch heute. Sie befestigen Stierköpfe als Zeichen von Reichtum und Macht an den Häusergiebeln, genau wie im Westen Grafen und Barone Köpfe von Hirschen oder Elchen aufhängen und indische Maharadschas ihre Paläste mit Tigerköpfen schmücken. Die Urzeit ist nicht so weit entfernt, wie wir manchmal glauben.

In erster Linie bestand die Aufgabe der Ochsen aber darin, beim Ackerbau zu helfen. Bis vor einigen Jahren glaubte man, die Chinesen hätten erst 500 v. Chr. begonnen, den Pflug zu benutzen. Nachdem aber archäologische Funde dreieckige Steinstücke zutage gefördert haben, mußte man den Zeitpunkt um etwa tausend Jahre vorverlegen, und vieles deutet darauf hin, daß von Ochsen gezogene Pflüge bereits in der Shang-Dynastie verwendet wurden.

Ein großer Teil der Arbeit auf den Äckern wurde von Ochsen und Wasserbüffeln – oder »Wasserochsen«, wie sie auf chinesisch genannt werden – ausgeführt, und das ist noch heute so. Sie ziehen Pflüge, Eggen und einfache Dreschmaschinen, und wenn es darauf an-

kommt, entwickeln sie, wie Landwirtschaftsexperten bestätigen, genausoviel Kraft wie ein kleiner Traktor. Ein klarer Vorteil der Zugochsen ist, daß sie weder Benzin noch Ersatzteile aus der Stadt benötigen, sondern mit den preiswerten und auf dem Lande vorhandenen Produkten wie Maisstengeln und anderen groben Pflanzenfasern zufrieden sind und außerdem einen hervorragenden Dünger produzieren. Doch unerbittlich halten nun auch die richtigen Traktoren ihren Einzug, und die Tage der Ochsen und Büffel sind gezählt. Das war vor hundert Jahren anders. Als das starke Anwachsen der Bevölkerung und die vielen Kriege die Versorgung Chinas gefährdeten, wurde auf Befehl des Kaisers verboten, Ochsen zu schlachten. Wer das Verbot mißachtete, wurde mit hundert Stockschlägen bestraft und mußte zwei Monate lang ein »kang« tragen, einen großen Halskragen aus Holz.

Das Verbot zu mißachten war also keineswegs verlockend. Nach einem langen Arbeitsleben vor Pflug und Wagen war das Fleisch des Ochsen zäh und trocken geworden und kulinarisch kaum mehr interessant. In chinesischen Kochbüchern findet man selbst heute nur wenige Rezepte für Ochsenfleisch.

Das hat auch religiöse Gründe. Die Taoisten betrachteten den Ochsen als Sinnbild geistiger Stärke, und

Laotse auf dem Weg ins Paradies.

nach ihrer Vorstellung hat Laotse diese Welt auf einem Ochsen reitend in Richtung Paradies verlassen. Die Buddhisten wiederum glaubten an die Seelenwanderung und enthielten sich aus diesem Grund jeden Fleischgenusses. Außerdem galten der Ochse und besonders die Kuh als ein Symbol für die Erde und waren auch deshalb tabu.

In Zusammensetzungen tritt das Zeichen Ochse/Stier meist in einer dieser beiden Formen auf.

牧

Hirte, Schäfer

Ochse und schlagen – das spätere Zeichen zeigt, wie wir bereits gesehen haben, eine Hand mit einem Stock – bedeutet *Hirte, weiden/hüten.*

ankündigen ...

Ochse und Mund: *bekanntgeben, ankündigen.*
»Beim Ahnentempel etwas Wichtiges mit einem Fleischopfer ankündigen«, schreibt Karlgren. Die Erklärung wirkt weit hergeholt, trifft aber die Sache doch besser als die traditionelle Erklärung: »Mit dem Mund machen, was der Ochse mit seinen Hörnern tut«, d.h. angreifen, anklagen, in übertragener Bedeutung »mitteilen«.
Wessen Mund ist das nun, der da etwas ausruft oder mitteilt? Man könnte an das Brüllen der Stiere denken, die in Erwartung ihres Schicksals zusammengedrängt vor dem Tempel stehen. Dieses Brüllen »kündigte an«, daß eine Opferung bevorstand.

Zwei kleine Pferdchen aus Jade, gefunden im Grab der Fu Hao in Anyang. Shang-Dynastie.

Das Zeichen ist jetzt Teil von zusammengesetzten Wörtern mit so prosaischer Bedeutung wie einen *Vortrag halten* und *informieren*.

Die Chinesen waren nie ein Reitervolk wie ihre Nachbarn in den Steppen des Nordens und des Westens. Sie besaßen zwar seit der Frühzeit Pferde, doch wurden sie nicht vor Pflug und Wagen gespannt – dafür hatte man die Ochsen und Wasserbüffel. Pferde wurden auch nicht als Lasttiere benutzt – dazu hatte man Esel, Maulesel und Kamele. Und als Beförderungsmittel für Menschen waren Boote, Sänften und Karren viel gebräuchlicher als Pferde.

Während der ersten Dynastien war es die vornehmste Aufgabe der chinesischen Pferde, die Jagd- und Streitwagen der Herrscher zu ziehen, und so wurden die Pferde zusammen mit ihrem Herrn begraben, um auch im Jenseits verfügbar zu sein. Pferde wurden bei bestimmten religiösen Zeremonien eingesetzt, aber nie in vergleichbarem Ausmaß wie die Stiere, und ihr Fleisch wurde nicht gegessen. Dieses Tabu ist offenbar später aufgehoben worden, doch blieb das Pferdefleisch in der chinesischen Küche immer eine Ausnahme. Überhaupt sind richtige Pferde in China eher eine Seltenheit.

Die Pferde der Frühzeit waren klein. Sie hatten große Köpfe und kurze Beine, die Mähne stand wie eine Bürste nach oben, und der lange Schweif endete in einem Haarbüschel.

Sie erinnern sehr an die wilden Przewalski-Pferde, von denen noch einzelne Exemplare in der Provinz Xinjiang an der Grenze zur Mongolei vorkommen. Diese Pferderasse wurde, so nimmt man in Fachkreisen an, in der Jungsteinzeit gezähmt.

Das Zeichen für **Pferd** hat bis zu seiner heutigen Form eine lange Entwicklung durchgemacht. Verfolgt man sie aber Schritt für Schritt von der einfachen Zeichnung bis zum heutigen Schriftzeichen, sieht alles ganz einleuchtend aus.

Die unten abgebildete Pferdezeichnung befindet sich auf einer sogenannten »Dolchaxt«, ca. 1000 v. Chr. Man kann gut erkennen, wie die Pferde damals ausgesehen haben, mit ihrem großen Kopf und den kurzen Beinen.

Hier sind einige Orakelknochenzeichen für Pferd, links die noch sehr naturalistischen Abbilder mit großem Kopf, Bürstenmähne und Schweif. Die rechten Zeichen sind bereits stark vereinfacht.

Diese Bronzezeichen sind etwas jünger als die Orakelknochenzeichen und weitgehend stilisiert. Die ersten lassen noch gewisse Details wie Maul und Auge erkennen, die mit der Zeit verschwinden. Wer aber diese älteren Formen nie gesehen hat, kann unmöglich verstehen, warum die Striche, aus denen das Zeichen besteht, »Pferd« bedeuten sollen.

Das Zeichen, das wir unten auf der Seite sehen, ist Teil einer langen Inschrift auf einer Steintrommel, die zu den am meisten beachteten und beschriebenen frühzeitlichen Funden in der Geschichte Chinas gehört. Die Trommel wurde zusammen mit neun ähnlichen Trommeln aus der Tang-Dynastie im Wei-Tal westlich von Xi'an gefunden. Einige Forscher haben die Inschrift auf das Jahr 771 v. Chr. datiert, andere auf 422 v. Chr. Heute ist man allgemein der Auffassung, daß die Inschrift vom Ende der Zhou-Dynastie stammt. Das Gebiet wurde damals von den Qin regiert, die im Jahr 221 v. Chr. China vereinigten. Die Inschrift, in der unter anderem die Jagdausflüge des Qin-Herrschers und seine Pferde und Wagen besungen werden, ist mit außergewöhnlich kräftigen Zeichen geschrieben. Als der Erste Kaiser nach seiner Machtübernahme die Zeichen vereinheitlichen ließ, wurde dieses Zeichen Vorbild für die sogenannte kleine Siegelschrift, aus der sich die fast zweitausend Jahre bestehende Normalschrift entwickelte.

Pferd

Mit seinen zehn Strichen war das Zeichen etwas umständlich zu schreiben. Man begann deshalb bald im privaten Schriftgebrauch, es zu vereinfachen. Von diesen Handschriften ausgehend, konstruierte man in den fünfziger Jahren ein neues Zeichen. Von dem kleinen, kräftigen Pferd auf den Orakelknochen sind nur ein paar zufällige Striche übriggeblieben, die der Phantasie keinerlei Stütze mehr bieten.

Das vereinfachte Zeichen für Pferd.

Im Zoo von Beijing steht ein Prze-
walski-Pferd mit gesenktem Kopf.
Vielleicht träumt es von den weiten
Grassteppen in Xinjiang im Nordwesten Chinas, wo ein paar Art-
genossen noch in Freiheit leben,
die letzten Nachkommen des
chinesischen Urpferdes.

Horn

Fell, Haut, Leder

Horn. Wir sehen ein breites Horn mit deutlichen Rillen. Das Zeichen wird auch auf Gegenstände übertragen, deren Form an ein Horn erinnert, wie z.B. *Spitze* oder *Landzunge*. Man findet es wieder in der chinesischen Bezeichnung für das Kap Hoorn.

In den unten abgebildeten Orakelknochenzeichen erkennen wir den Ochsen und zwei Hände, die ein Horn umfassen.

Fell, Haut, Leder ist die Darstellung einer abgezogenen Tierhaut, von oben gesehen: Die Beine sind gespreizt, oben erkennt man den Kopf mit den Hörnern. Das Zeichen bedeutet auch *häuten, wegnehmen, ändern* und *Revolution* – der bittere Augenblick, in dem der Herrscher das Mandat des Himmels verliert und seiner Macht entkleidet wird.

aufschneiden, teilen ...

Die Hände werden später durch das Zeichen für Messer ersetzt, eine Veränderung, die naheliegt, wenn man die Bedeutung des Zeichens bedenkt: *aufschneiden, teilen, lösen.* Das Zeichen ist Teil von mehreren zusammengesetzten Wörtern, die mit dem Überwinden von Schwierigkeiten und Unterdrückung zu tun haben – das bekannteste von ihnen ist Befreiung, die chinesische Bezeichnung für die Revolution von 1949. Das Zeichen gehört auch zu Wörtern mit intellektueller Bedeutung wie *Probleme lösen, erklären, verstehen* und *einsehen*, das Ergebnis eines Prozesses also, bei dem man sich sozusagen von seinen Gedanken »befreit«.

Wagen, Wege und Boote

Die einzigen Wagen, die es in der chinesischen Frühzeit gab, waren die Jagd- und Streitwagen der Herrscher, leichte und elegante Fahrzeuge. Die beiden hohen Räder waren durch eine Achse verbunden, auf der in der Mitte ein viereckiger Wagenkorb befestigt war, mit Platz für drei Männer – ein Wagenlenker, ein Bogenschütze und ein Krieger mit Dolchaxt. In der Shang-Zeit wurden gewöhnlich nur zwei Pferde vor den Wagen gespannt, später waren es vier und manchmal sechs.

Nach dem Tod des Herrschers wanderten mit dem Wagen auch der Wagenlenker und die Pferde ins Grab. In Anyang hat man viele solcher Wagen gefunden, und deshalb wissen wir genau, wie sie aussahen.

Ein Exemplar befindet sich in einem einfachen Haus neben der archäologischen Forschungsstation in Anyang. Beim Eintreten in das Haus schlägt einem der Geruch von feuchter Erde entgegen, und außer der feuchten Erde gibt es nichts, denn das Holz ist längst vermodert. Aber ehe es verschwand, hinterließ es Abdrücke in der feinkörnigen Erde.

Abdrücke ist vielleicht nicht ganz richtig.

Die Erde wurde im Laufe der Jahrhunderte um den Wagen herum zusammengedrückt und wurde allmählich genauso hart wie die Felsen im Lößgebiet. Als nun die Holzteile des Wagens und der geflochtene Korb vermoderten, entstand ein Hohlraum – und damit eine feste Form aus Erde. Mit Hilfe dieser Form hat man heute einen Abguß gemacht, der die Holzkonstruktion und den Korb, aus dem der Wagen einst bestand, in allen Einzelheiten wiedergibt.

Die Ähnlichkeit der vielen Zeichen für Wagen mit einer Konstruktionszeichnung aus der Shang- und Zhou-Zeit ist verblüffend. Da ist alles vorhanden: Räder, Wagenkorb, Achse und Deichsel, ja sogar das V-förmige Kumtgeschirr für die Pferde.

Streitwagen in Anyang, Shang-Zeit, und Rekonstruktionszeichnung eines ähnlichen Wagens.

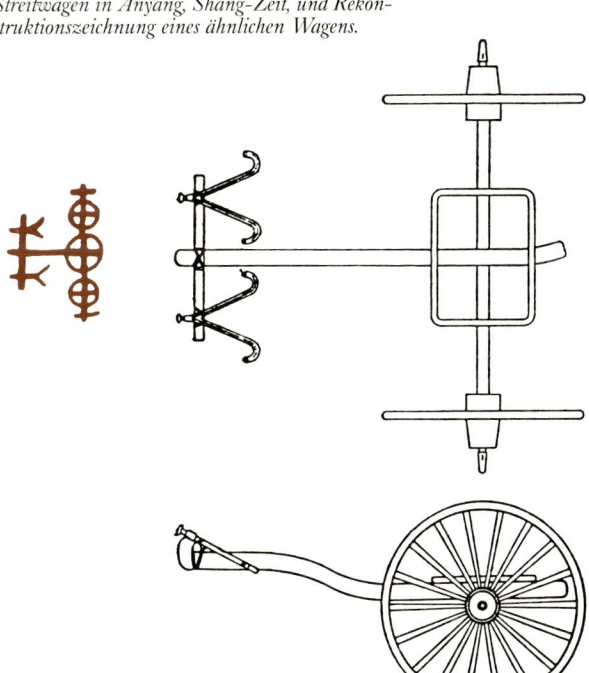

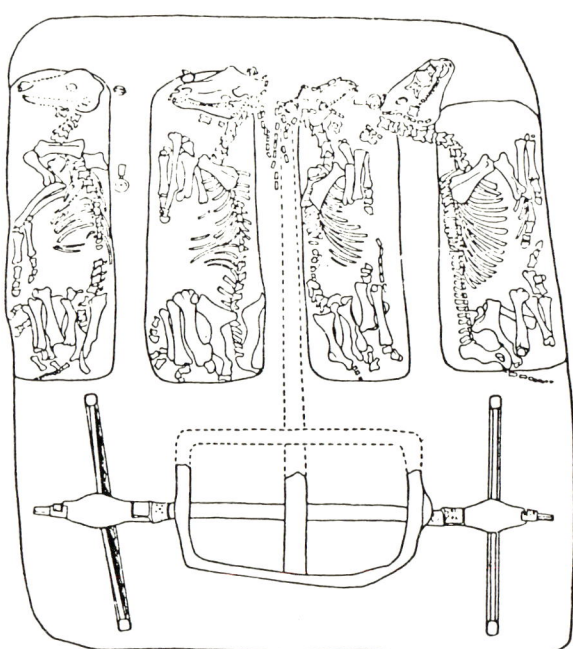

Grab mit Wagen und vier Pferden. Anfang Zhou-Dynastie.

Aus der Rekonstruktion ist ersichtlich, daß die beiden inneren Pferde mit einem festen Kumtgeschirr an der Deichsel angeschirrt waren. Die äußeren Pferde konnten sich bedeutend freier bewegen. Sie waren mit langen Leinen an die Wagenachse gebunden und hatten eine Leine um die Brust gelegt, womit sie den Wagen zogen. Daraus entwickelte sich zwischen 300 und 500 v. Chr. das Kumt, ein Halskragen aus Holz, mit dem die Zugkraft des Pferdes voll ausgenutzt werden konnte. Je ein Zügel verbindet das äußere Pferd mit dem Deichselpferd.

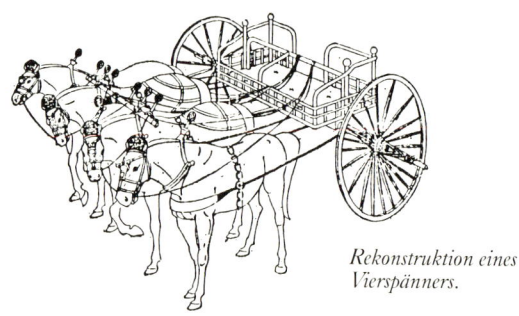

Rekonstruktion eines Vierspänners.

Bronzezeichen für Wagen. Anfang Zhou-Dynastie.

Die Esel und Maultiere, die Gemüse, Bauholz und Ziegel zwischen den Dörfern und Städten transportieren, werden bis heute nach dem gleichen Prinzip angeschirrt. Fest an die Deichsel gebunden, plagen sich unermüdlich die Esel, und vor ihnen trottet am langen Zügel ein Maultier. Wer zum erstenmal so ein Fahrzeug sieht, traut seinen Augen nicht, so seltsam wirkt diese Zusammenstellung, aber sie hat ihre Vorteile: Mit dem Maultier steuert der Kutscher den Wagen und veranlaßt gleichzeitig die Esel zu schnellerer Gangart.

Wagen

Das Zeichen für **Wagen** kommt sowohl auf den Orakelknochen wie auf den Bronzen sehr häufig vor. Die Jagd und der Krieg gehörten zu den wichtigsten Ereignissen im Staatsleben, und man bedurfte ständig des Rates der Ahnen, wie man handeln sollte.

Es scheint in erster Linie das Rad gewesen zu sein, das die frühen Zeichenschöpfer interessiert hat, und das ist leicht verständlich. In der Bronzezeit muß es für die Bewohner eines kleinen Dorfes ein überwältigender Anblick gewesen sein, wenn eine Division königlicher Streitwagen anläßlich einer kriegerischen Aktion gegen den Feind im Norden oder im Westen auf hohen Rädern herandonnerte.

Die Inschriften auf den Orakelknochen berichten von Armeen mit einer Stärke von bis zu fünftausend Mann unter der Regierung von König Wu Ding, 1300 v. Chr. In einem Fall nahm man 30 000 Gefangene, die sich gut für Opferzeremonien eigneten. Solche Zeremonien wurden zu Ehren der Ahnen abgehalten oder anläßlich des Begräbnisses eines Herrschers oder der Einweihung eines Palastes – einmal wurden 600, ein anderes Mal 800 Menschen dafür geopfert.

Es gibt prächtige Bilder von Wagen, die in rasender Fahrt auf ihr Ziel zusteuern. Die Speichen surren, und wenn wir auch die drei jagenden oder kämpfenden Krieger nicht sehen, ist doch der Wagenkorb deutlich zu erkennen, hinten offen, damit sie leicht aus- und einsteigen konnten, wenn der Nahkampf begann oder der Hirsch vom Pfeil getroffen am Boden lag.

Gegen Ende der Zhou-Zeit übernahm die Armbrust die Rolle der wirkungsvollsten Waffe, und die Bogenschützen verschwanden allmählich. Weil man zum Spannen der Armbrust eine feste Unterlage benötigte, verlor auch der Streitwagen seine militärische Bedeutung und wurde zum gewöhnlichen Fahrzeug, mit dem man Menschen und Waren beförderte.

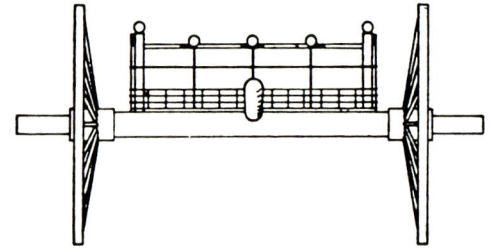

Pferdekarren in der Ebene von Beijing während des Bürgerkrieges 1946-1949.

Für das Rad erfand man damals eine neue, geniale Konstruktion: Man stellte die Speichen nicht mehr senkrecht zur Felge, sondern richtete sie nach innen auf die Achse aus. Damit erreichte man eine höhere Stabilität des Rades, was von großem Vorteil bei der Beförderung von großen Lasten auf unebenen Wegen war.

Diese Art der Radkonstruktion wurde dann in China allgemein üblich. In Europa kam es erst fast zweitausend Jahre später zur Verwendung solcher Räder.

An die Stelle der einfachen Deichsel trat mit der Zeit die Gabeldeichsel. Diese Entwicklung war aber mit Beginn unserer Zeitrechnung abgeschlossen, und die Wagen, die heutzutage in den chinesischen Dörfern verkehren, sehen im Grunde genauso aus wie vor zweitausend Jahren, mit Ausnahme der Gummiräder, die wesentlich leiser dahinrollen.

Die menschliche Muskelkraft galt von alters her als Chinas wichtigstes Kapital (der »Reismotor«), und noch in den siebziger Jahren war es durchaus üblich, daß Pflüge oder Wagen von Menschen gezogen wurden. Als ich an einem Sommertag im Jahre 1962 in Beijing auf den Bus wartete, kam dieser Wagen (Bild) vorbei.

In den Städten sieht man solche »Menschengespanne« heute kaum noch, doch draußen auf dem Lande werden die Wagen auf dem Weg zum Markt oder zu kleinen Fabriken oft von Menschen gezogen, auffallend oft von Frauen.

»Menschengespann« in Beijing, 1962.

Besonders originell ist das Zeichen für *poltern, dröhnen*. Es besteht aus drei Zeichen für Wagen, und man kann sich ohne weiteres vorstellen, wie aufreibend das ständige Gepolter der Wagen für die Bewohner von Handelsstädten gewesen sein muß oder auch für diejenigen, die lange Reisen unternahmen.

poltern, dröhnen

Einem der Han-Kaiser ging der Wagenlärm so auf die Nerven, daß er die Räder abmontieren und den Wagen von seinen Dienern tragen ließ. Damit war der Tragsessel erfunden, den man noch bis in die vierziger Jahre unseres Jahrhunderts verwendete. Wenn reiche Chinesen oder Ausländer den heiligen Berg Taishan besteigen wollten, ließen sie sich gerne in einer Sänfte tragen. In meinem alten Reiseführer aus dem Jahre 1924 werden sechs Stunden für den Aufstieg und drei für den Abstieg angegeben. »Tragsessel vorhanden, $ 3«.

Zum Vergleich: Eine Übernachtung im örtlichen Hotel von Tai'an am Fuße des Berges kostete damals $ 6 im Einzelzimmer und $ 10 im Doppelzimmer.

In den Städten verwendete man auf ebenem Untergrund die *Rikscha*, einen leichten, zweirädrigen Wagen, der von einem Menschen gezogen wird. Auf chinesisch heißt die Rikscha »Menschen-Kraft-Wagen«, und sie wird dementsprechend durch drei Zeichen wiedergegeben:

人 力 車   Rikscha

Es wird behauptet, die Rikscha sei eine japanische Erfindung, die sich seit 1870 in Asien ausgebreitet habe. Joseph Needham vertritt dagegen die Meinung, die Rikscha sei ein später Ableger der Wagen aus der Bronzezeit. Es deutet nämlich vieles darauf hin, daß in der Frühzeit Menschen und nicht Pferde den Wagen des Herrschers zogen. Es gibt ein Zeichen, das zwei vor einen Wagen gespannte Männer zeigt. Es hat zwei Bedeutungen: *Handkarren* und *kaiserlicher Wagen*.

In Hongkong ist es ein Vergnügen für die Touristen, sich in der Rikscha von einem Kuli (was eigentlich

Detail eines Grabreliefs. Han-Dynastie.

Handkarren, kaiserlicher Wagen

»verbitterte Kraft« bedeutet) herumkutschieren zu lassen, und in vielen Gegenden Asiens, wie beispielsweise in der alten Kolonialstadt Kalkutta, ist die Riksha noch immer das einfache Taxi für die Mittelklasse, das Gegenstück zur Fahrradriksha in China. Sie ist ein praktisches und angenehmes Beförderungsmittel; bequem in den Wagenkorb zurückgelehnt, kann der Fahrgast das Leben genießen, während dem Fahrer der Schweiß aus allen Poren dringt.

Für die Mehrzahl der Chinesen war weder die Riksha noch ein anderes Beförderungsmittel von Bedeutung. Man pflegte nicht zu verreisen, und war es doch notwendig, ging man zu Fuß. Einziges Beförderungsmittel für Waren und Menschen war die einrädrige chinesische »Schubkarre«, die allerdings häufig gezogen wurde. Sie stammt aus der Han-Zeit und ist bis heute in praktisch unveränderter Form wichtigstes Hilfsmittel der Bauern und Bauarbeiter. Im Notfall ist die Karre auch für den Personentransport geeignet.

Die bisher älteste bekannte Darstellung dieser Schubkarre befindet sich auf einem Grabrelief aus der Han-Dynastie und dürfte kurz vor Beginn unserer Zeitrechnung entstanden sein. Aus den folgenden Jahrhunderten gibt es viele ähnliche Darstellungen, z.B. aus den Gräbern in Sichuan.

Die chinesische Schubkarre ist genialerweise so konstruiert, daß das Hauptgewicht genau auf dem verhältnismäßig großen Rad liegt. Deshalb ist die Karre selbst bei großer Belastung leichter zu handhaben als unsere Schubkarre, die das Rad ganz vorn hat, und eine Person ist durchaus stark genug, fünf bis sechs Chinesen in dem Wagen zu ziehen.

Die Riksha der Kaiserinwitwe Cixi, Ende 19. Jh.

Schubkarre, oben: Grabrelief aus der Han-Zeit; unten: moderne Variante auf einer Dorfstraße in Shandong.

Paul Petter und Anna Waldenström in China 1907.

Im Frühjahr 1907 unternahmen Paul Petter Waldenström, langjähriger Leiter des Schwedischen Missions-
bundes, und seine Frau Anna eine Rundreise durch
Zentralchina, um festzustellen, welche Erfolge ihre
Organisation seit 1890 zu verzeichnen hatte. In seinem
Buch *Till Kina* (Nach China), einer Sammlung lebendiger Reiseberichte, schildert Waldenström nicht nur
das Leben der schwedischen Missionare, sondern auch
das chinesische Leben im allgemeinen. Auf dem Vor-
satzblatt sehen wir die Reisenden in je einer Rikscha.
Sie machen einen ganz zufriedenen Eindruck, aber
Waldenström berichtet:

>»Meine Frau hatte sich fest vorgenommen, sich nie
>von Menschen ziehen zu lassen. Doch bereits in
>Hongkong mußte sie aufsitzen. Wir wurden von
>Rikschas geradezu umschwärmt, und unser Weg
>war so lang, daß wir fahren mußten. Sie begann zu

weinen, aber es half nichts. Und die Gewohnheit
brachte es mit sich, daß sie es bald, genauso wie ich,
recht angenehm fand. Ja, wenn uns die Chinesen so
gerne fahren, warum sollen wir uns weigern aufzu-
sitzen?
Ein anderes Beförderungsmittel ist die Schubkarre,
ein plumpes Gefährt mit einem Rad. Auf jeder Seite
des Rades befindet sich ein Schutz, und so können
auf beiden Seiten Leute gegen den Schutz gelehnt
sitzen, ohne von dem Rad verletzt zu werden ... Die
Schubkarre ist das billigste Fortbewegungsmittel.
Auf dem Lande, wo es keine Straßen gibt, ist sie
auch das einzige Fahrzeug zum Transport von
Menschen und Waren. Aber wenn man so reist,
darf man es nicht eilig haben. Und eilig haben es die
Chinesen nie.«

Bereits um die Mitte des 19. Jahrhunderts wurden neue Verkehrsmittel in China eingeführt. Die meisten ließen sich sprachlich gut einordnen, die Eisenbahn nannte man »Feuerwagen«, das Automobil »Dampfwagen«. Das ist nicht weiter verwunderlich, wenn man sich vorstellt, welchen Eindruck diese dampfenden und funkensprühenden Fahrzeuge, in denen das Feuer loderte, auf die Chinesen machten. Das Fahrrad, das nur die Kraft des Benutzers braucht, wird »selbstgehender Wagen« genannt.

Das Zeichen für Wagen bedeutet auch *Maschine*. Aber das hat nichts mit den ausländischen Neuerungen zu tun, sondern mit den Verhältnissen auf dem Land, wo die Bebauung der Felder seit langer Zeit von künstlicher Bewässerung abhängig war. Das war eine schwere Arbeit, und als das Wagenrad auch, von einer Maschine angetrieben, zur Bewässerung der Felder benutzt werden konnte, bedeutete das einen großen Fortschritt. Das Rad kam auch in Mühlen, bei Blasebälgen und in Spinnmaschinen zum Einsatz. Das führte dazu, daß das Zeichen für Wagen in vielen Namen von Maschinen vorkommt, die entweder mit Bewässerung zu tun haben oder auf dem rotierenden Prinzip des Rades beruhen, wie *Mühle*, *Spinnmaschine*, *Drehbank* und *Fräse*.

Jeder Reisende, der mit der Transsibirischen Eisenbahn nach China kommt, erlebt an der Grenze eine spannende, mehrstündige Prozedur. Dort wird nämlich der ganze Zug von der sowjetischen Breitspur auf die chinesische Normalspur umgerüstet. Ein Waggon nach dem anderen wird von gewaltigen Wagenhebern angehoben, damit neue Räder montiert werden können. In solchen Augenblicken wird einem bewußt, wie sehr wir in unserer Kommunikation von gemeinsamen Normen abhängig sind, und man erinnert sich an die Bedeutung der Vereinheitlichung von Maßen und Gewichten durch Bismarck im Jahre 1870, als aus den Kleinstaaten ein Deutsches Reich werden sollte.

Reparaturwerkstatt für Fahrräder in Beijing mit dem Zeichen für Wagen auf dem Dach. 1985.

Mehrere Mühlen werden von einem großen Wasserrad angetrieben. Aus einem Buch über Landwirtschaft von Xu Guangqi aus dem Jahr 1639.

Wagen auf dem Weg durch eine Lößschlucht in der Nähe von Kaifeng. 1907.

auch er alle Völker, die sich außerhalb des von ihm kontrollierten Gebietes befanden, als Barbaren, die es galt, dem Qin-Reich einzugliedern. Zum erstenmal in der Geschichte näherte sich China damals seinen heutigen Grenzen. Es ist nur folgerichtig, daß der Name »China« von Qin abgeleitet ist, dem Namen des ersten Kaiserreiches.

Die Spurbreite der Wagen, die Qin Shi Huangdi einführte, blieb in dem von ihm seinerzeit beherrschten Gebiet bis in unser Jahrhundert hinein erhalten. Ferdinand Freiherr von Richthofen, der 1868-1872 eine Forschungsreise durch China unternahm, berichtet in seinem Tagebuch, daß Shaanxi, Shanxi und große Teile des nordwestlichen China ihre eigene Spurweite hatten, die 20 Zentimeter breiter war als in den östlichen Provinzen. So mußten an den »Grenzen« die Achsen ausgewechselt werden, genau wie heute bei der Transsibirischen Eisenbahn.

In China führte man während der Regierungszeit von Qin Shi Huangdi, um 200 v. Chr., als China zum erstenmal geeint wurde, einheitliche Maße und Gewichte sowie ein Münzsystem ein. Damals wurde auch festgelegt, wie breit die Wagenspur sein sollte. Das war eine wichtige Reform. Die Erde war aus weichem Löß, und die Räder gruben tiefe Rinnen in einen solchen Untergrund. Unterschiedliche Spurbreiten hätten den Weg zerstört und schwer befahrbar gemacht.

Zweck der Reform war aber vor allem eine effektivere Kontrolle des Landes. Auf guten Straßen kamen die kaiserlichen Truppen schneller vorwärts, und das war für ein neu gegründetes Reich von großer Bedeutung. Der Kaiser ließ deshalb ein weitverzweigtes Wegenetz anlegen, um seine Truppen wirkungsvoll gegen die »Barbaren« einzusetzen. Wie die Griechen empfand

Manzhouli, Grenzstation zwischen China und der Sowjetunion, 1984.

Das Zeichen für **Straße/Weg** auf den Orakelknochen und den Bronzen zeigt deutlich wie auf einem Stadtplan eine Straßenkreuzung. Es bedeutet außerdem *einkaufen, machen, reisen* und *kompetent.*

Und was Reisen, Wege und Straßen betrifft, kann man den Chinesen eine gewisse Kompetenz nicht absprechen. Die lange Karawanenverbindung zwischen China und dem Mittelmeer, die v. Richthofen Seidenstraße genannt hat, ist allgemein bekannt. Weniger bekannt ist, daß China das erste Straßennetz der Welt für den alltäglichen Verkehr entwickelte, lange vor den Persern und Römern und zweitausend Jahre vor den Inka, die für ihre Straßenbauten so berühmt waren.

Bereits in der Shang-Zeit wurden die Straßen von einem eigens dafür ernannten Beamten kontrolliert, und in der Zhou-Zeit war der Verkehr so dicht geworden, daß man für besonders belastete Straßenkreuzungen Verkehrsregeln einführte. Systematisch, wie die Chinesen schon immer waren, teilten sie die Wege in fünf Kategorien ein: Fußwege für Menschen und Lasttiere, Wege für Handkarren, Straßen, auf denen zwei Fahrzeuge aneinander vorbeifahren konnten, und Hauptstraßen, auf denen drei Fahrzeuge nebeneinander Platz fanden.

Im heutigen China muß nicht nur der Wagenverkehr geregelt werden. Inzwischen werden die neureichen Bauern in den Dörfern zum Problem, die mit ihren Traktoren, die ganze Familie auf der Ladefläche, durch die Gegend rasen. Ansonsten benutzt das Volk der Chinesen das Fahrrad, und allein auf der Chang'an, der langen, von Ost nach West verlaufenden Hauptstraße in Beijing, fahren täglich 100 000 Radfahrer, von denen viele ein erstaunlich eigenwilliges Verhältnis zu den Verkehrsregeln haben.

Wir wissen nicht genau, wie der Warentransport in alter Zeit vor sich gegangen ist, nach den Inschriften

Weg/Straße

auf den Orakelknochen muß es aber intensive Handelsaktivitäten gegeben haben.

Ein Großteil davon umfaßte vermutlich die jährlichen Abgaben und Steuern, die in die Hauptstadt gebracht wurden, aber es bestand auch ein Warenaustausch zwischen den Provinzstädten. Etwa tausend Orte aus dieser Zeit sind namentlich bekannt, und viele von ihnen sind noch heute auf der Landkarte zu finden.

Der Beruf des Händlers muß ein hohes Ansehen gehabt haben. Die Kaufleute von Shanxi, das zum Shang-Reich gehörte, kontrollierten einen wichtigen Teil des Handels auf der Seidenstraße. Und bis heute bedeutet *Kaufmann* auch *Einwohner des Staates Shang.*

Wege und Straßen machten nur einen kleinen Teil des Verkehrsnetzes aus. Ein wesentlicher Teil der Transporte wurde auf dem Wasser abgewickelt. Das Shang-Reich war von zahlreichen Flüssen durchzogen, auf denen ein geschäftiges Treiben herrschte.

In Gebirgsgegenden sind die Flußbetten steinig, die Strömung ist reißend, und die Wassertiefe ändert sich häufig. Man hat aus diesen Gründen jahrtausendelang Flöße verwendet, die so gut wie keinen Tiefgang haben und leicht flußaufwärts gezogen werden können. Die Flöße in der Bronzezeit bestanden höchstwahrscheinlich aus Bambus – wie viele Flöße im heutigen China. Es gibt kaum ein Material, das so leicht und dabei so stabil ist wie Bambus. Hinzu kommt, daß die dicken Bambusstämme durch Knoten gegliedert sind und jeder Abschnitt einen Hohlraum bildet. So wird das Floß von zahllosen Hohlräumen getragen, und seine Schwimmfähigkeit wird kaum beeinträchtigt, wenn einzelne Hohlräume durch spitze Steine verletzt werden.

Flöße aus Bambus sind leicht und stabil und haben eine große Tragfähigkeit. Die Flöße auf dem Fluß Ya in Sichuan beispielsweise sind über 30 Meter lang und können mit einer Last von bis zu sieben Tonnen beladen werden. Dabei sinken sie nicht mehr als zehn Zentimeter tief.

Auf den chinesischen Flüssen verkehren viele verschiedene Floßtypen, in einigen Dingen aber sind alle gleich: Die Bambusrohre werden von Querbalken zusammengehalten, und die Bambusspitzen zeigen nach vorn und sind nach oben gebogen – Bambus ist über dem Feuer leicht formbar –, wodurch das Floß besser gleitet.

Normalerweise werden die Flüsse besser schiffbar, je mehr sie in die Ebene kommen, doch haben sie keine große Tiefe, und Sand und Kies, die der Fluß mit sich führt, bilden ständige Sandbänke. Die Boote dürfen daher nur wenig Tiefgang haben, sie müssen mehr *auf* dem Wasser als *im* Wasser liegen.

So erklärt sich der flache, vorn und hinten leicht nach oben gebogene Rumpf der Boote. Die Funktion des Kiels übernimmt ein kräftiges Ruder. Stabile Querwände unterteilen das Boot. Eine solche Konstruktion gibt es sonst nirgends auf der Welt.

Auffällig ist, daß die ältesten Zeichen für **Boot** sowohl auf das Floß wie auf die kahnförmigen Boote zutreffen: stumpfer Bug und stumpfes Heck sowie Querwände bzw. Querbalken.

Einige Forscher sind der Meinung, daß die Konstruktion der chinesischen Flußkähne auf das Bambusfloß

zurückgeht. Aber im Grunde könnte man bis zum Bambusrohr zurückgehen. Spaltet man es der Länge nach und legt eine Hälfte ins Wasser, hat man die charakteristische Bootsform bereits vor sich, wie Needham gezeigt hat.

Boot/Kahn/Schiff

Boote auf einem der Kanäle von Suzhou.

Niemand weiß, seit wann es die Sampans, die kleinen Flußkähne, und die hochseetüchtigen Dschunken gibt. Chinesische Forscher behaupten, beide stammten aus der späten Zhou-Zeit. Und doch wirken diese Schiffe wie Relikte aus der Frühzeit, besonders die Dschunken! Mit ihrem klobigen Rumpf und ihren schweren, dunklen Segeln sehen sie aus wie seltsame Insekten, wie Motten oder Schmetterlinge, wenn sie in den Küstenhäfen zwischen den modernen Schiffen aus Eisen und Stahl aufkreuzen.

Dschunken im Hafen vom Xiamen, 1982.

Aber die klobige Form täuscht, die Schiffe sind alles andere als plump. Die Dschunke gehört zu den leistungsfähigsten Schiffstypen, die je gebaut wurden. Ihre einzigartige Stabilität, ihre Schnelligkeit, ihre Tragfähigkeit und ihre erstaunlichen Möglichkeiten, in Gezeiten und Strömungen ebensogut manövrierbar zu sein wie zwischen den Sandbänken in seichten Flußmündungen, werden von Schiffsexperten als einmalig gepriesen. Noch dazu nutzen die Dschunken die Windkraft besser aus als jedes andere Segelschiff.

Schiffe dieses Typs scheinen bereits um das Jahr 200 n. Chr. Indien erreicht zu haben, und ab 800 n. Chr. bis zum Ende des Mittelalters verkehrten auf dem Indischen Ozean fast ebenso viele chinesische wie indische oder arabische Schiffe. Chinesische Handelsschiffe liefen regelmäßig Südostasien, Indien, Ceylon, den Persischen Golf, das Rote Meer und die afrikanische Ostküste an. Zur Navigation benutzten sie ab 1100 n. Chr. den Kompaß, neben den wasserdichten Hohlräumen oder Schotten die bedeutendste nautische Erfindung der Chinesen.

Die arabische Welt war einer der größten Märkte Chinas für Porzellan und Seide. Die Chinesen ihrerseits erwarben so begehrte Waren wie Elfenbein, Perlen und Weihrauch. Bei Ausgrabungen an der afrikanischen Küste von Somalia bis Moçambique hat man in den vergangenen Jahrzehnten überraschend große Funde an chinesischem Porzellan und chinesischen Münzen gemacht, die ältesten stammten aus dem 7. Jahrhundert, die Mehrzahl aus dem 12. Jahrhundert und später.

Doch die Fahrten dienten nicht ausschließlich dem Handel. Berühmt sind die sieben Reisen des Eunuchen Zheng He zwischen 1407 und 1433, der im Auftrag des Kaisers 37 asiatische Länder besuchte, mit deren Herrschern Kontakt aufnahm und Geschenke überreichte.

Das war eine Art diplomatischer Goodwill-Fahrten, die vor allem das Ansehen des chinesischen Kaisers stärken und die Handelsverbindungen fördern sollten. Zheng He reiste in Begleitung von wissenschaftlich gebildeten Männern, die zoologische, anthropologische und kartographische Informationen über die Länder sammelten und wertvolle, exotische Gegenstände mitnahmen. Die fremden Herrscher waren offensichtlich vom Besuch der chinesischen Flotte beeindruckt. Die Forschungsreise von 1405-1407, die ins Königreich Champa (das heutige Vietnam) und von dort über Java, Sumatra, Malakka, Ceylon nach Calicut in Südindien führte, wohin die Portugiesen etwa ein Jahrhundert später gelangten, zählte mehr als 300 Dschunken mit einer Gesamtbesatzung von 27 000 Mann. Das Flaggschiff des chinesischen Gesandten, eine Dschunke mit flachem Rumpf, maß 147 Meter in der Länge und 60 Meter in der Breite.

In unseren Schulbüchern werden die großen Entdeckungsfahrten der Portugiesen und Spanier gepriesen. Doch in erster Linie bestand das Ziel dieser Expeditionen nicht darin, eine Welt, die außerhalb des eigenen Horizonts lag, zu entdecken, es ging vielmehr um die Gewinnung von Land und Rohstoffen sowie um die Bekehrung der Heiden. Die Berichte über das Verhalten der Portugiesen bei der Erforschung der afrikanischen Ostküste zeugen von brutaler Barbarei. Nachdem sie im Jahre 1498 endlich das Kap der Guten Hoffnung umschifft und mit arabischer Hilfe Indien erreicht hatten, trafen sie überall auf Völker, die sowohl reicher und friedlicher wie auch besser geordnet waren als ihr eigenes Land und Volk. Und die Schiffe, die auf dem Indischen Ozean kreuzten, erwiesen sich mit ihrer langen Tradition als bedeutend fortschrittlicher als ihre eigenen. Über die Waren und Geschenke, die sie mitbrachten, lachte man in Asien, und daran änderte sich nichts bis zum Beginn des 19. Jahrhunderts, als die Engländer begannen, mit Opium zu »zahlen«. Da blieb ihnen das Lachen im Halse stecken. Die asiatischen Völker waren nur an Gold und Silber interessiert, alles andere hatten sie selbst. Als von chinesischer Seite der Opiumhandel unterbunden wurde, griffen die Europäer zu den Waffen, um sich mit Gewalt zu holen, was sie haben wollten.

Hochseetüchtige Dschunke. Aus einem chinesischen Werk von 1757.

Die Fahrten der Chinesen waren anderer Art, sie waren, wie es Joseph Needham ausdrückt, »eine höfliche, aber systematische Inspektionsrunde durch die bekannte Welt«. Natürlich trieben sie Handel und forderten von den Herrschern Tribut. Aber sie gründeten keine Handelsniederlassungen, bauten keine Festungen, nahmen keine Sklaven und besetzten kein Land. Sie respektierten den Glauben der besuchten Völker und brachten aus natürlicher Höflichkeit den jeweiligen fremden Göttern Opfer dar. Sie führten Waren mit sich, die sonst niemand anzubieten hatte, und suchten exotische Dinge, die es in China nicht gab – eigenartige Tiere, seltsame Steine und heilende Kräuter. Sie reisten als Botschafter des mächtigen Kaiserreichs China und waren so überzeugt von der Überlegenheit ihrer Kultur, daß sie friedlich und höflich auftreten konnten.

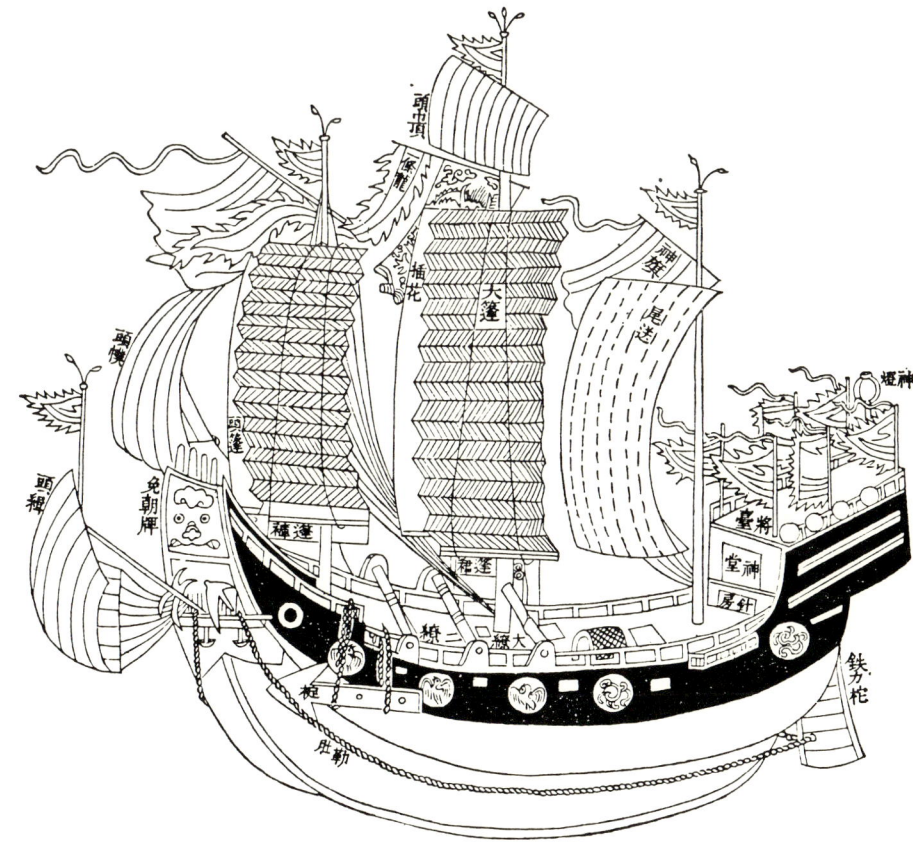

安全航行
禁止抢档

集中思想
谨慎驾驶

Boote unterwegs zum Großen Kanal. Suzhou.

In China wird der Warentransport, auch im Landesinneren, bis heute zum großen Teil auf dem Wasser abgewickelt. Im Yangzi-Delta und in der Lößebene ist der Wasserweg fast genauso wichtig wie der Landweg. Lautlos gleiten Segelboote zwischen den Reis- und Gemüsefeldern dahin, man hört nur den Wind in den dicken Tauen und das Gluckern des Wassers am Steuerruder. Ein surrealistisches Erlebnis für den, der mit Warentransport die Vorstellung von Abgasen und lärmenden Lkw verbindet.

Auf den Kanälen der kleinen Städte werden die Boote durch Wriggen mit einem langen Riemen am Heck vorwärts bewegt. Ein Beispiel dafür ist Suzhou, das schönste Städtchen, das ich gesehen habe, mit seinen niedrigen, weiß gekalkten Häusern und steinernen Bogenbrücken; grüne Goldfischteiche und Pavillons zieren die von Mauern eingefaßten Gärten. Die Kanäle sind so schön, daß Canaletto bei ihrem Anblick womöglich das traurige Gefühl beschlichen hätte, sein Leben in Venedig vertan zu haben.

Unmittelbar bei Suzhou führt der Große Kanal vorbei, die längste künstliche Wasserstraße der Welt und in ihrer Art ebenso faszinierend wie die Große Mauer. Wie eine riesige Pulsader zieht sich der Kanal über 1780 Kilometer und durchquert dabei die Provinzen mit der intensivsten Landwirtschaft; er verbindet den Süden mit dem Norden und ist mehr als zehnmal so lang wie der Suezkanal, mehr als zwanzigmal so lang wie der Panamakanal. Der Kanal beginnt in Hangzhou, der Hauptstadt der Song-Dynastie, einer Stadt, die genauso lebendig wirkt wie Suzhou.

上 有 天 堂

Im Himmel gibt es das Paradies.

下 有 蘇 杭

Auf der Erde gibt es Suzhou und Hangzhou.

Das erste Stück des Kanals wurde bereits 500 v. Chr. während der Zhou-Dynastie gebaut. Gegen Ende des 13. Jahrhunderts, als die Mongolen China eroberten und die Hauptstadt nach Norden, an die Stelle des heutigen Beijing, verlegten, das ihrem Heimatland näher lag, wurde der Kanal bis dorthin verlängert. Auf unzähligen Sampans und Dschunken transportierte man auf dieser Wasserstraße Getreide und Reis aus den reichen südlichen Provinzen, Porzellan aus Jingdezhen, Seide und Sandelholzfächer aus Suzhou, und nicht zu vergessen den goldgelben Reiswein aus Shaoxing!

Um die Mitte des 19. Jahrhunderts verschlammte der nördliche Teil des Kanals im Gebiet um den Gelben Fluß, als dieser sein Flußbett veränderte, und mit dem Bau des neuen Schienenwegs, auf dem bald darauf die Güter rollten, verfiel der Kanal. Erst in den sechziger Jahren wurde er wieder schiffbar gemacht. Einige hunderttausend Menschen wurden eingesetzt, und in geflochtenen Körben und Schubkarren entfernten sie den Schlamm und reparierten Deiche und Schleusen.

Im Laufe der achtziger Jahre erhielt der Kanal eine neue, wichtige Aufgabe im Zusammenhang mit dem Plan, einen Teil des Yangzi-Flusses nach Norden abzuleiten – zu den trockenen Ebenen der Hebei-Provinz, wo auch Beijing liegt. Vierzehn große Pumpstationen und elf neue Schleusen sind im Bau. Auf lange Sicht werden hier zwischen den Feldern Schiffe mit 2000 BRT verkehren. Und das ehemals trockene Gebiet wird das ganze Jahr über bewässert sein.

Boote. Illustration aus dem Senfkorngarten, Handbuch für Maler, Ende 17. Jh.

entgegennehmen

Empfangen, nehmen, ertragen. Zwei Hände, die von zwei Seiten nach einem Boot greifen. Oder greifen sie nach den mitgebrachten Waren? Sowohl auf den Orakelknochen wie auf den Bronzen ist das Boot deutlich erkennbar, im Zuge der Zeichenreform unter dem Ersten Kaiser wird es zu einem einzelnen Strich zwischen den Händen.

Boot mit zwei Masten und melanesischen Sprietsegeln.

Nicht nur Boote und Schiffe, auch Flöße und manchmal sogar Handkarren waren mit Segeln ausgerüstet, um die starken und anhaltenden Monsunwinde, die in China regelmäßig auftreten, auszunutzen.

Die ältesten Zeichen für **Segel** zeigen, laut Needham, ein einfaches Zweimast-Sprietsegel, wie es sie heute nur noch auf Melanesien gibt, vielleicht ein Relikt aus den jahrhundertelangen Kontakten Chinas mit Südostasien und den Inseln im Pazifischen Ozean.

Um das Zeichen zu verdeutlichen, ergänzte man es schon früh mit dem Zeichen für *Deckel/Leinwand*, das angeblich ein hängendes Stück Stoff darstellt, und in dieser Form wird das Zeichen heute verwendet. Die ältesten Segel waren, den Schriften nach zu urteilen, aus Bambus, geflochtenem Stroh oder ähnlichem Material hergestellt. Stoffsegel galten als Luxus.

Segel

Segel

Tuch, Leinwand

Es gibt viele schöne Zeichen auf den Bronzegefäßen der Shang- und Zhou-Zeit, die die damaligen Boote zeigen, man erkennt Hände, die sie steuern, und Menschen, die damit fahren.

Die Bilder sind deutlich zu erkennen – aber was wollen sie sagen? Wir wissen es nicht. Soviel man bis jetzt herausgefunden hat, gibt es keine moderne Form von diesen Zeichen. Viele davon scheinen Familiennamen, Orte oder Berufe zu bezeichnen, die kurz nach der Schaffung der Zeichen wieder verschwanden.

Trotzdem haben sie eine Menge zu erzählen. Einige Bilder zeigen einen Menschen, der in einem Boot steht. Auf seinen Schultern liegt eine Tragstange, von der auf Schnüre aufgezogene Kaurischnecken in Trauben herabhängen. Der Mann und die Schnecken tauchen in vielen anderen Zeichen ohne Boot auf.

Die Kaurischnecken spielten in den ersten Dynastien die Rolle von Münzen. Sie sind einige Zentimeter lang, haben eine harte, wie Porzellan glänzende Schale und einen runzligen kleinen »Mund«. Sie kommen noch im Stillen Ozean und im Indischen Ozean vor, entlang der chinesischen Küste sind sie heute kaum mehr anzutreffen. Wie es sich damit in der Vorzeit verhielt, ist nicht erforscht. Verglichen mit anderen Schnecken sind Kaurischnecken gar nichts Besonderes, und es ist schwer nachzuvollziehen, warum sie zum ersten allgemeinen Zahlungsmittel der Welt wurden.

Vielleicht hing das einfach damit zusammen, daß die Schnecken im Landesinneren, weit entfernt von der Küste, schwer erhältlich waren. Oder es hat mit ihrer Ähnlichkeit zum weiblichen Geschlechtsorgan zu tun. Das hat ihnen in vielen Teilen der Welt eine magische Bedeutung verliehen. In Afrika glaubt man, Kaurischnecken bringen Glück und schützen Frauen, Kinder, Pferde und sonstiges wertvolles Eigentum vor dem bösen Blick. Die Kaurischnecke ist auch ein Symbol für Fruchtbarkeit, für Geburt und Tod. Vermutlich verbanden die Chinesen der Vorzeit ähnliche Vorstellungen damit. Bilder von Kaurischnecken zieren

Tonkrug aus der Jungsteinzeit, mit Kaurischnecken bemalt.

Kaurischnecke
teuer, wertvoll

vereinfachte Form

häufig Tongefäße aus der Jungsteinzeit, und auch in Gräbern hat man Schneckengehäuse gefunden.

In der Shang-Zeit zierten Kaurischnecken die Helme der Fußsoldaten; Zaumzeug und Maulkörbe der Pferde des Herrschers waren mit zwei Reihen Kaurischnecken geschmückt. Den Verstorbenen gab man oft Tausende von Schnecken mit ins Grab, und einige Schnecken legte man ihnen sicherheitshalber in den Mund oder in die Hand.

Die Orakelknochenzeichen geben die kleine Schnecke ganz naturgetreu wieder. Die Runzeln um den länglichen »Mund« werden nur mit einigen Strichen angedeutet, die Einschnitte oben und unten sind aber berücksichtigt.

Das Aufkommen an natürlichen Kaurischnecken hat offenbar nicht immer die Nachfrage decken können. Bereits während der Shang-Zeit fing man deshalb an, Kaurischnecken aus Bronze und aus Knochen herzustellen, die dem natürlichen Vorbild nachgebildet wurden. Nur mit den Runzeln um den »Mund« nahm man es später nicht mehr so genau. Man begnügte sich meist mit dem Einritzen einzelner waagerechter Striche, die in den Bronzezeichen ebenso erscheinen wie in der endgültigen Form des Zeichens für **Kaurischnecke, teuer, wertvoll**.

Gegen Ende der Zhou-Zeit wurde die Kaurischnecke in den fortschrittlichen Landesteilen nicht mehr als allgemeines Zahlungsmittel verwendet, nur im südlichen und südwestlichen China hielten sich die Schnecken. Marco Polo berichtet von seiner Asienreise im 13. Jahrhundert, daß die Einwohner des heutigen Yunnan aus Indien eingeführte Kaurischnecken als Zahlungsmittel und als Schmuck verwendeten. Es gibt Hinweise darauf, daß die Schnecken bis in die Mitte des 17. Jahrhunderts in Umlauf waren.

Zwei Kaurischnecken auf eine Schnur aufgezogen bedeuten *durchbohren, aufziehen*. In der älteren Literatur findet man auch die Bedeutung *eine Schnur mit tausend Münzen.*

Die zugrundegelegte Münzeinheit bestand in der Shang-Zeit aus zwei miteinander verknoteten Schnüren mit je zehn oder zwanzig Kaurischnecken.

Eine Hand, die nach einer prachtvollen Kaurischnecke greift: *erlangen, erwerben, gewinnen*. Das Zeichen bedeutet auch *müssen, sollen* – eine Anspielung auf die verzweifelte Situation, die jeder kennt, der aus irgendeinem Grund versuchen »mußte«, Geld zu »bekommen«.

Aus einem nicht bekannten Grund wurde die traditionelle Form des Zeichens durch den linken Teil des Zeichens für Weg/Straße erweitert (was heißen könnte, einen Schritt mit dem linken Fuß machen), ohne daß sich dadurch die Bedeutung geändert hätte.

Eine Kaurischnecke und zwei Hände: *heranschaffen, besorgen, Gerät/Werkzeug.*

貫
durchbohren, aufziehen

得
sich beschaffen ...

具
herbeischaffen ...

Das Zeichen für Kaurischnecke ist außerdem in einer Menge von Zeichen enthalten, die mit Handel, Wert oder Vermögen zu tun haben. Aber das Zahlungsmittel veränderte sich. Bereits um 1000 v. Chr. goß man Münzen aus Bronze – natürlich in Form der Kaurischnecke –, später verwendete man die Form des Spatens und des Messers, kleine Kopien der begehrten Metallgerätschaften.

Um das Jahr 300 v. Chr. begann man im Staate Qin mit der Herstellung runder Münzen. In der Mitte hatten sie ein viereckiges Loch, damit man sie, wie früher die Kaurischnecken, auf eine Schnur aufziehen konnte. Die viereckige Form des Loches hat entweder mit dem Herstellungsprozeß zu tun, oder sie spiegelt die chinesische Weltanschauung, wonach der Himmel rund und die Erde viereckig ist. Die Ansichten der Forscher gehen hier auseinander.

Die Münze aber setzte sich durch. Als der Herrscher von Qin im Jahre 221 v. Chr. die Nachbarstaaten unterworfen und sich zum Ersten Kaiser ausgerufen hatte, wurden die runden Münzen im ganzen Reich akzeptiert. Von kleinen Veränderungen abgesehen, blieben die chinesischen Münzen 2100 Jahre lang dieselben, bis 1911 der letzte Kaiser abdankte.

Zu gewissen Zeiten, wenn der Staat Schwierigkeiten hatte, genügend Metall zum Gießen der Münzen zu beschaffen, ging man dazu über, die Münzen auf einem Stück Papier aus der Rinde des Maulbeerbaumes abzubilden. Die Obrigkeit versah das Papier mit einem Siegel und bestätigte damit, daß es genausoviel wert war wie die abgebildeten Münzen. Damit war der erste Geldschein der Welt entstanden – aber auch die Gefahr der Inflation. Deshalb wurde die Gültigkeit des Papiergeldes auf drei Jahre beschränkt.

Diese Entwicklung begann im 8. Jahrhundert, und in den folgenden Jahrhunderten erlangte das Papiergeld große Bedeutung. In der Yuan-Dynastie, als die Mongolen China regierten, war das Papiergeld das einzige offizielle Zahlungsmittel. Aber es gab bisweilen unruhige Zeiten, und das Vertrauen des Volkes in seine Obrigkeit war nicht immer das beste. Als sich um 1450 die Ming-Dynastie weigerte, die Scheine zu ihrem Metallwert einzulösen, wurde das Papiergeld wertlos und verschwand.

Von da an wurden nur noch Kupfermünzen (auf Schnüre aufgezogen) oder Barren aus reinem Silber akzeptiert, deren Gewicht die Bankiers und Kaufleute mit ihren Handwaagen genau prüften, ehe ein Geschäft abgeschlossen wurde.

Neben dem einheimischen Münzgeld spielte fast vierhundert Jahre lang der sogenannte mexikanische Silberdollar eine wichtige Rolle als Zahlungsmittel. Die Chinesen verlangten, wie schon erwähnt, für ihren Export von Seide und anderen besonderen Waren eine Bezahlung in Silber. Die Länder, die keine Silbervorräte besaßen, mußten sich von irgendwoher Silber beschaffen, um überhaupt mit China Handel treiben zu können. Das verhalf Spanien zu einer günstigen Position.

Anfang des 16. Jahrhunderts hatte sich Spanien durch seine Eroberungen in Mittel- und Südamerika den Zugang zu reichen Silbervorräten gesichert. Etwas später wurden auch die Philippinen dem spanischen Kolonialreich einverleibt, und es entstand ein direkter Kontakt zwischen den Ursprungsländern des Silbers und China. Von 1565 bis 1820 flossen 400 Millionen Pesos in Silber nach China, und noch um 1920 war der mexikanische Silberdollar in Beijing, Shanghai und anderen größeren Städten das allgemein übliche Zahlungsmittel.

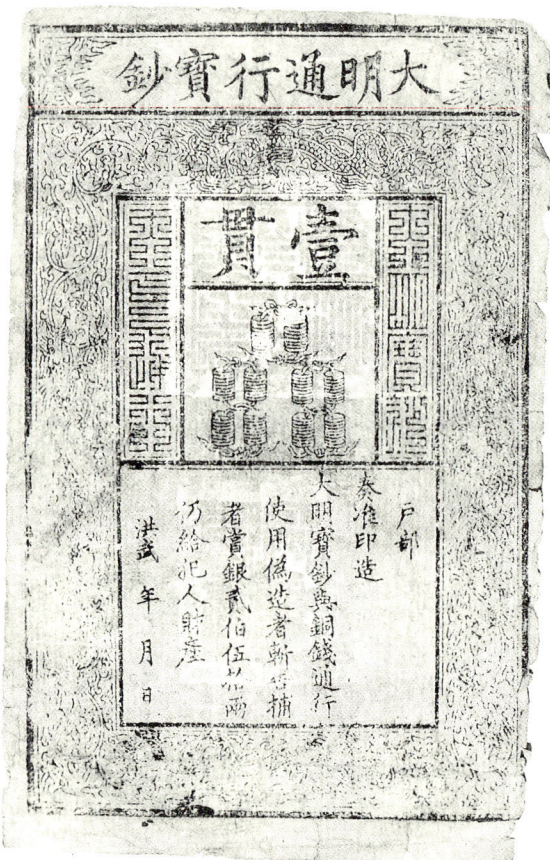

Sogenannte Tongbao-Münze, geprägt im Jahr 621.

In der Mitte dieses Geldscheines aus dem Jahr 1380 sieht man das Bild einer »Schnur« Geld, bestehend aus zehn Einheiten zu je zehn Münzen. Das rote Siegel des Kaisers bürgt für den Wert des Scheines. 34 x 22 cm.

Ackerbau

Fruchtbare Flußlandschaft. »Ein Land, schön wie Brokat, in dem Reis und Fisch im Überfluß gedeihen.« Moderne Malerei im klassischen Stil.

Man betrachte das nebenstehende Bild! Aus der Vogelperspektive überblickt man eine fruchtbare Ebene. Ein Fluß mit Booten, eine Brücke, eine Ansammlung von Häusern. Vor allem aber die rechteckigen Felder, auf denen Reis und anderes Getreide in der feuchtwarmen Luft üppig gedeihen.

Die Felder sind schachbrettartig angeordnet und jeweils von schmalen Erdwällen eingefaßt. Auf den Wällen kann man in den Jahreszeiten, in denen die Felder unter Wasser stehen, trockenen Fußes gehen. Schwere Lasten können darauf problemlos mit dem zu diesem Zweck konstruierten einrädrigen Karren befördert werden.

Die Malerei stammt aus dem Jahr 1972, doch diese Art von Kulturlandschaft ist uralt. So hat China seit Tausenden von Jahren ausgesehen, und diesem Bild entspricht auch das Zeichen für **Acker**, **Feld**.

Schon auf den Orakelknochen trägt das Zeichen seine endgültige Form.
Daneben gab es andere Schreibweisen.

Acker, Feld

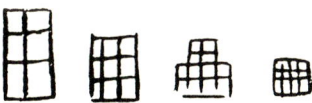

Ein Orakelknochenzeichen zeigt sechs Äcker, genau wie die hier abgebildete Grabbeigabe aus der Han-Dynastie. Die kleine Skulptur zeigt fünf Erwachsene und ein Kind bei der Feldarbeit. Ein Boot liegt, leicht wie eine Nußschale, vertäut im Kanal.

In den ersten Dynastien war es, wie wir gesehen haben, üblich, Menschen und Tiere zu opfern und die Toten zusammen mit Waffen, Schmuck und rituellen Gefäßen, die sie im nächsten Leben brauchen würden, zu bestatten. Dieses Verfahren erwies sich auf die Dauer als zu kostspielig. Zur Zeit der Han-Dynastie fand man deshalb eine praktischere Lösung. Anstelle der wirklichen Gegenstände bekamen die Toten alles Notwendige in Form von kleinen Tonfiguren mit ins Grab – wie beispielsweise das Feld mit Boot –, und weil die Herstellung solcher Tongegenstände einfach und billig war, konnte man den Toten um so mehr davon mitgeben.

Man mußte sich auch nicht mehr auf Gegenstände beschränken, die von ihrer natürlichen Größe her im Grab Platz fanden. Man konnte Skulpturen von allem, was nach den Maßstäben der Gesellschaft für ein menschenwürdiges Leben benötigt wurde, mitgeben: Wohnhäuser, Abtritte, Brunnen, Mühlen, Öfen, Getreidespeicher, Wagen, Boote und Wachtürme zum Schutz der Bediensteten, Akrobaten, Musiker, Pferde, Hunde, Schweine, Enten und Hühner, kurzum alles, was zum großen Haus gehörte.

Viele der Grabfiguren wurden mit Hilfe von Formen hergestellt, und auch die Handproduktion ging rasch vonstatten. Die sorgfältige und lebendige Darstellung der Figuren vermittelt einen recht genauen Eindruck davon, wie sich das Leben damals abgespielt haben dürfte. Schließlich sollten die Figuren im Jenseits wieder lebendig werden und die gleichen Verhältnisse wie im Diesseits garantieren.

Da uns die Grabfiguren einen so ausgezeichneten Einblick in das Alltagsleben in früheren Jahrhunderten geben, helfen sie uns auch, viele Zeichen besser zu verstehen, obwohl die Zeichen vermutlich mehr als tausend Jahre früher entstanden sind.

Vieles, was beispielsweise typisch ist für die Architektur der Shang-Zeit, begegnet uns noch in den Grabbeigaben der Han-Zeit, und manches hat bis heute überlebt.

An den Wänden der Gräber finden sich Darstellungen mythischer Ereignisse, die die Herkunft des Geschlechts bezeugen, oder Reliefs von prachtvollen Prozessionen und Zeremonien, die zu Ehren des Herrschers oder des Staates veranstaltet wurden. Die in Stein oder Ziegel gearbeiteten Reliefs erzählen eine Menge über das Leben in der Han-Zeit. Wir werden darauf später zurückkommen.

Das Zeichen für Acker/Feld ist allerdings gar nicht so klar und eindeutig, wie es auf den ersten Blick scheint. Einige Fachleute behaupten, die Linien des Zeichens zeigten nicht Erdwälle, sondern Entwässerungsgräben, mit denen nach dem Vorbild des Großen Yu überflüssiges Wasser abgeleitet wurde. Andere sehen darin Kanäle für eine künstliche Bewässerung, obwohl es keine Beweise gibt, daß man bereits in der Shang-Dynastie, als das Zeichen entstand, schon solche Maßnahmen durchführte.

Wieder andere weisen darauf hin, daß das Zeichen für Acker/Feld in älteren Texten auch *jagen* bedeutet, und diese Bedeutung müsse entwicklungsgeschichtlich die ältere sein – die Jagd ging bekanntlich dem Ackerbau voraus. Demnach zeige das Zeichen die Aufteilung eines Jagdgebietes, und erst später fing man an, dieses Land zu bebauen.

Das Zeichen für Acker kommt in vielen Zusammensetzungen vor, zum Beispiel in *Grenze*, auf den Orakelknochen stehen dafür zwei Zeichen für Acker, manchmal ergänzt durch das Zeichen für »Bogen«.

Grenze

Auf den Bronzen erscheint dasselbe Bild, allerdings mit horizontalen Strichen, die die Felder voneinander trennen und den Begriff der Grenze unterstreichen.

Gegen Ende der Zhou-Zeit kommt, wie ich gleich ausführen werde, das Zeichen für »Erde« dazu. Das scheint ein bißchen viel auf einmal, auch wenn die Zusammenfügung klar ist. Daß das Zeichen für Acker auch in der Bedeutung »jagen« verwendet wird, erklärt den Bogen. Gejagt wurde oft in Steppengebieten, weit von jeder Behausung entfernt, und man benutzte dazu vor allem den Bogen. Als die Menschen begannen, Ackerbau zu betreiben, schützten sie die Saat mit dem Bogen vor einfallenden Tieren und plündernden Nomaden, und sie benutzten ihn auch zum Vermessen der Felder. Eine Bogenlänge entspricht 1,65 Meter.

ein Morgen Land

Das Feld ist auch Bestandteil des Zeichens »mu«, *Morgen Land*, die Maßeinheit, die allgemein zur Berechnung des fruchtbaren Landes üblich war. Das Maß hat sich verändert und entspricht jetzt 0,0667 Hektar, der Größe von zwei Tennisplätzen. Den rechten Teil des Zeichens, den man nie zufriedenstellend erklären konnte, hat man im heutigen Zeichen weggelassen.

Die Erdwälle, die gleichangelegten Felder, die schnurgerade gepflanzte Saat, all das zu pflegen erfordert eine Menge Arbeit. Offenbar war es vor allem eine Aufgabe der Männer, wenn man dem Zeichen für *Mann, männlich* glauben darf, das aus den Zeichen für Acker und Kraft zusammengesetzt ist.

Mann, männlich

Zwei Jahrtausende lang war man der Meinung, das Zeichen **Kraft** zeige einen Oberarm – ein uraltes Symbol für Stärke –, aber diese Erklärung ist inzwischen fraglich geworden. Viele neu gefundene Zeichen, ergänzt durch archäologische Funde und ethnologische Erkenntnisse, deuten eher darauf hin, daß das Zeichen auf ein landwirtschaftliches Gerät zurückgeht. Bei den Minoritätenvölkern der Zhuang, Tong, Yao, Luoba und anderen, die im Südwesten Chinas leben, sind bis heute primitive Anbaumethoden üblich, wie etwa das Roden durch Abbrennen, und sie verwenden altertümliche Geräte wie den Fuß- oder Tretpflug, der sonst nirgends mehr anzutreffen ist.

Dieser Fußpflug besteht aus einem geschwungenen Holzteil, das mit einem Querholz verbunden ist. Man stemmt den Fuß gegen dieses Querholz und schiebt den Pflug vorwärts. Die Erde wird zwar bei dieser Methode nicht umgewendet, aber man erhält eine Furche für die Saat.
Die Bauern der Vorzeit fanden in der Gegend um den Gelben Fluß eine leichte, feinkörnige Erde vor, der Lehmgehalt war unbedeutend, und nach den ältesten Zeichen zu schließen, könnten sie einen Pflug der eben beschriebenen Art verwendet haben.

Kraft

Steinrelief aus der Han-Zeit. Es zeigt Shen Nong, den mythischen Urvater des chinesischen Ackerbaus. Er benutzt ein Gerät, das dem Zeichen für Grabstock ähnelt.

Ein weiteres altertümliches Gerät, das ebenfalls bei den Minoritätenvölkern erhalten geblieben ist, ist der Grabstock, ein gerader Stock, nach unten etwas breiter werdend und wie der Fußpflug mit einem Querholz versehen, um die Stockspitze in die Erde stoßen zu können.

Solche Grabstöcke sind noch bei den Indianern in Peru und Bolivien in Gebrauch und werden dort Taclla genannt.

In einigen Zeichen aus der Shang-Zeit stoßen wir auf ein ähnliches Grabwerkzeug, allerdings mit zwei Spitzen. Das Querholz ist bei einigen deutlich zu erkennen. Wir sehen außerdem ein Paar Hände, die den Schaft umfassen, und der Fuß, der das Gerät in den Boden treiben soll, ist besonders deutlich, einschließlich der abgespreizten großen Zehe!

Das Zeichen wird gewöhnlich mit **Pflug** übersetzt. In diesem Fall wäre es sicher korrekter, von **Grabstock** zu sprechen.

Pflug, Grabstock

Das Zeichen für **Erde** wartet noch auf eine Erklärung. Wir wissen zwar, wie es zu den verschiedenen Zeiten ausgesehen hat, welches Bild aber dahintersteckt, ist unklar. Einige Gelehrte sehen darin eine Pflanze, die aus dem Boden sprießt – eine einfache und natürliche Erklärung. Andere meinen, es handle sich um einen Erdhügel, etwa in der Art der Grabhügel, wie sie noch heute in der Nähe der Dörfer zu finden sind. Die kleinen Striche, die über einigen der Orakelknochenzeichen schweben, werden als vom Wind aufgewirbelte Erde gedeutet.

Für Karlgren hat das Zeichen eine eindeutig phallische Form. Wir hätten demnach das Bild eines erigierten, männlichen Gliedes vor uns, ein Symbol der Fruchtbarkeit. Diese Ansicht ist weit verbreitet. Betrachtet man jedoch die Form des Zeichens auf den Orakelknochen, scheint die Deutung wenig überzeugend. Das Zeichen zeigt einen aufrecht stehenden Gegenstand, das ist alles.

Die Bronzezeichen sind genausoschwer zu deuten.

Das ändert aber nichts an der Wichtigkeit des Zeichens. Von den gut hundert zusammengesetzten Zeichen, in den – laut Grammata Serica – *Erde* enthalten ist, beziehen sich 90% auf anpflanzen oder bauen. Es gibt eine Handvoll Begriffe, die sich direkt auf die Feldarbeit beziehen, z.B. *säen*, *pflügen*, *pflanzen*, *häufeln*, *trockenlegen*, *ebnen* und *Gräben zuschütten*. Die übrigen Begriffe sind Zeichen für *Haus*, *Straße*, *Terrasse*, *Erdkeller*, *Markt* und *Friedhof* oder Zeichen für *Schutzwall*, *Mauer* und *Graben*, Einrichtungen, die gleichzeitig Schutz vor dem Fluß gewährten und erlaubten, sein Wasser zu nutzen. Es gibt auch einige Zeichen, die *zerstören*, *vernichten* bedeuten, ein Hinweis auf die Si-

syphosarbeit, die die Bauern bei ihrem Kampf ums Dasein leisteten.

Zwei Menschen auf der Erde: *sitzen*.

sitzen   Dorf, Wohnsitz/Heimat

Feld und Erde zusammen bedeuten *Dorf, Wohnsitz/Heimat*. In den ersten Dynastien bildeten fünfundzwanzig Familien jeweils ein Dorf, aber im Zuge des Bevölkerungswachstums wurden daraus allmählich hundert.

Damit blieb der einzelnen Familie immer weniger Boden zur Bewirtschaftung, was zu einer zunehmend intensiveren Nutzung der vorhandenen Ackerflächen führte. Nach den Berechnungen der FAO, der für Ernährung und Landwirtschaft zuständigen Organisation in der UNO, versorgte China mit 7% der weltweit verfügbaren Anbaufläche 22% der Weltbevölkerung. Zum Vergleich: Indien hat zweieinhalbmal soviel fruchtbaren Boden pro Einwohner wie China. Das Zeichen für *Dorf, Wohnsitz* wird auch als Längenmaß benutzt und entspricht *einem halben Kilometer*. Nach der Schriftreform von 1958 heißt das Zeichen außerdem *in, innen, darin*.

Das Wasser der Flüsse ist die Grundvoraussetzung für jede Bodenbewirtschaftung in China. Dazu kommt der unverzichtbare Regen. Die Regenfälle wiederum sind abhängig von den meteorologischen Bedingungen in Sibirien und Zentralasien. Durch die strenge Kälte bildet sich dort im Winter eine gewaltige Hochdruckzone, und eisige Winde wehen südwärts zum Stillen Ozean. Sie überqueren die Wüste Gobi und ziehen dann über China hinweg, wo sie als zerstörerische Sandstürme auftreten, die keinerlei Feuchtigkeit mitbringen. Deshalb ist es in China fast den ganzen Winter über trocken, besonders im Norden. Gelber Staub wirbelt auf. Die Haut wird rauh. Die Menschen räuspern sich und spucken.

Im Mai ändert sich das Wetter. Sibirien und Zentralasien erwärmen sich, es entsteht ein Tiefdruckgebiet, und aus Süden und Südosten kommen die Meereswinde. Sie bringen prallgefüllte Regenwolken mit, die das kostbare Naß auf die Felder bringen und Flüsse und Teiche füllen.

Im nördlichen China ist der Sommerregen ziemlich unberechenbar, und je weniger Niederschläge fallen, desto schlechter für die Ernte. In anderen Gegenden kann man – mit Hilfe des Zeitplans der Monsunwinde – zum Teil auf die Woche oder den Tag genau sagen, wann der Regen kommt.

In manchen Jahren regnet es in Nordchina überhaupt nicht. Dann bleiben die Flüsse trocken, die Erde wird steinhart und rissig. Die Sonne brennt erbarmungslos vom Himmel und vernichtet die Saat. Man leitet Wasser in die Flußbetten und versucht, wenigstens einen Teil der Felder zu retten.

Im folgenden Jahr kann es vorkommen, daß es in Strömen regnet. Das Wasser schießt von den Bergen, und die Flüsse treten über ihre Ufer. Plötzlich hört der Regen auf, und zurück bleiben ausgewaschene Wassergräben, eingestürzte Terrassen und Äcker, deren Böden fortgespült sind. Und der Fluß hat sich ein völlig neues Bett gesucht.

Früher konnten solche Wetterverhältnisse ganze Provinzen ruinieren und Millionen von Menschen zwingen, ihre Häuser zu verlassen und ihre Kinder zu verkaufen. Sie flehten den Himmel an und die Berge, an denen sich die Wolken zusammenballten, sie führten Regentänze auf mit Weidenruten in den Händen. Erst in den fünfziger Jahren baute man riesige Bewässerungsanlagen – Kanäle, Seen und Staubecken, die das Schlimmste verhindern helfen. Wenn aber der Regen ganz ausbleibt, können sie auch nichts ausrichten.

Das Zeichen für **Regen** ist das Bild einer Wolke. Prall gefüllt mit dem ersehnten Naß, hängt sie am Himmel. Doch wie bringt man sie dazu, ihre kostbare Last auf die trockenen Felder fallen zu lassen? Man muß geduldig sein!

Wie das Beispiel Nordchinas zeigt, wo 90% des Sommerregens in kürzester Zeit und oft mit Unwettern und Gewittern verbunden fallen, müssen die Wolken nicht immer ein Segen sein.

Ein unendliches Netz von Kanälen führt das Wasser zu den Feldern. Auf den Erdwällen gelangt man trockenen Fußes zu den einzelnen Parzellen.

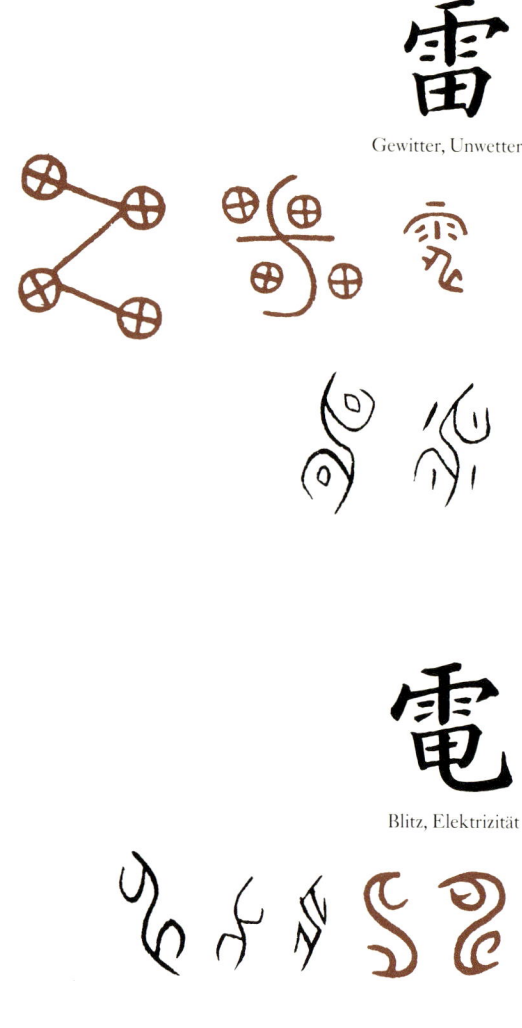

雷
Gewitter, Unwetter

電
Blitz, Elektrizität

电
Vereinfachtes Zeichen
für Blitz, Elektrizität.

Das Zeichen für *Gewitter*, *Unwetter* zeigt eine Regenwolke über einem Feld, eine klare Aussage. Geht man jedoch zu älteren Formen des Zeichens zurück, erscheint das Bild komplizierter. In der ersten vereinheitlichten Form aus dem Jahr 200 v. Chr. befinden sich unter der Regenwolke drei Felder, im Bronzezeichen sind es vier. Dafür fehlt in den meisten Fällen jegliches Zeichen für Regen. Statt dessen sieht man eine lange, kräftige Linie zwischen den Feldern.

In den Orakelknochenzeichen dominiert gerade diese Linie. Sie ist von dünnen Strichen und Ringen umgeben, wahrscheinlich um die zuckenden Blitze und den Donner zu bezeichnen.

Einem ähnlichen Bild begegnen wir in dem Bronzezeichen für *Blitz*, *Elektrizität*. Der untere Teil des Zeichens bedeutet *ausstrecken*, *wiederholen*, *immer wieder*, *sich ausbreiten*, in manchen Schriften auch *ehrfurchtgebietend*. Nach alter Auffassung zeigt es einen Blitz. Trifft diese Deutung zu, werden die unterschiedlichen Bedeutungen sofort verständlicher. Denn ehrfurchtgebietend ist ein über den Himmel zuckender Blitz ganz sicher.

Gewitter aber wurden, besonders wenn sie unüblich für die Jahreszeit waren, noch in anderer Weise gedeutet. Man betrachtete sie, ebenso wie Überschwemmungen, Erdbeben und andere Naturkatastrophen, als Zeichen, daß der Himmel mit der Art, wie der Herrscher/Kaiser das Land regierte, unzufrieden war. Gewitter kündigten, so glaubte man, wichtige politische Veränderungen an – Rebellion, Bürgerkrieg oder gar den Niedergang der herrschenden Dynastie.

Das große Erdbeben 1975 in Tangshan, bei dem nach offiziellen Angaben 242 000 Menschen ums Leben kamen (nach inoffiziellen Angaben mehr als doppelt so viele) und 800 000 obdachlos wurden, war für traditionell denkende Chinesen ein Omen, daß eine Änderung des Regimes bevorstand. Bereits ein Jahr später starb Mao Zedong, und Deng Xiaoping schlug einen Kurs ein, der entschlossen alles verwarf, was ein Menschenalter lang als richtig gegolten hatte. Da braucht man sich nicht zu wundern, wenn sich die Menschen in ihren abergläubischen Vorstellungen bestätigt fühlen.

Das älteste Zeichen für *plötzlich* besteht aus »Regen« und dreimal »Vogel«. Eine merkwürdige Kombination, bis man sich die Szene vor Augen führt. Wolken ziehen auf, und plötzlich, völlig überraschend, beginnt es zu regnen. Eine Schar Vögel steigt auf wie eine Wolke aus flatternden Flügeln und zieht davon ... Von den drei Vögeln ist nur noch einer übriggeblieben, aber das Bild finde ich doch sehr treffend.

plötzlich

Wolke . Der untere Teil des Zeichens ist der ursprüngliche. Wir sehen zwei lange Wolkenbänke und ein losgelöstes Wölkchen, das der Wind behutsam forttreibt.

Um die Bedeutung des Zeichens klarer zu machen, ergänzte man es bereits zur Zhou-Zeit durch »Regen«, und in dieser Form hat das Zeichen die folgenden zweitausend Jahre bestanden. Als man in den fünfziger Jahren die Schrift vereinfachte, kam das alte, einfache Wolkenbild wieder zu Ehren.

»Wolke und Regen« ist ein alter poetischer Ausdruck für *Beischlaf.* Ohne Regen gab es in früheren Zeiten in Nordchina keine Ernte. Regen und Fruchtbarkeit gehörten deshalb zusammen. Die sich entladende Wolke befruchtet die Erde.

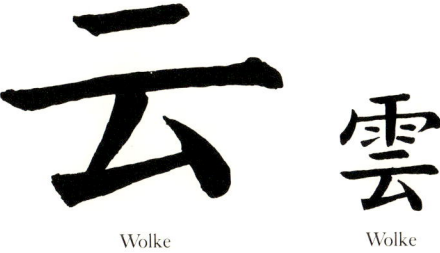

Wolke   Wolke

雲 雨

Die Zusammensetzung des Zeichens beruht angeblich auf einer Legende: Prinz Chu – oder vielleicht war es sogar der König selbst – besuchte den Berg Wu. Dabei verlor er seine Jagdgefährten, wurde müde und legte sich schlafen. Im Traum erschien ihm die Königin des Berges, und sie verbrachten gemeinsam die Nacht. Beim Abschied fragte er sie, wann und wo er sie wiedersehen könne. »Des Morgens bin ich in den Wolken, des Abends im Regen«, antwortete sie feenhaft und verschwand.

In dem Zeichen für **Luft**, **Dampf**, **Gas** sehen wir drei langgezogene Wolken, die sich vom Himmel abheben. Man sagt, das seien die »Dämpfe« aus feuchter Luft, die vom Boden aufsteigen und Wolken bilden. Das Bild des Sommerhimmels in Nordchina ist für mich eine schöne Erklärung. Ab Anfang Juni ist der Himmel zwei bis drei Monate lang tagsüber mit einem weißen, gleichmäßig dichten Dunstschleier überzogen, der mit seiner Eintönigkeit das Auge ermüdet. Morgens und abends zieht sich die Luftfeuchtigkeit zu Wolken zusammen, die sich hoch am Himmel als dünne, parallele Schichten zeigen. Einer anderen Erklärung zufolge zeigt das Zeichen das Bild von »Dämpfen«, die aus einem Kessel mit siedenden Getreidekörnern aufsteigen. Das Zeichen ist Teil vieler zusammengesetzter Wörter, wie *Wetter* und *Atmosphäre*, und es spielt in der chinesischen Philosophie und Medizin eine außerordentlich wichtige Rolle. Es drückt das Vitale, Lebendige aus, ein den Kosmos durchwaltendes **ordnendes Prinzip**, das Geist und Seele des Menschen mit der Natur in Einklang bringt.

Luft, Dampf, Gas,
ordnendes Prinzip

Auf diesem von Erdwällen eingefaßten Feld in einem
Flußbett sind die Menschen gerade mit Reispflanzen
beschäftigt. Wir sehen die zarten Keimlinge, die bü-
schelweise aus dem Wasser ragen. Das Bild ist dem
berühmtem Werk über landwirtschaftliche Techniken von Xu Guangqi entnommen, erstmals erschienen
im Jahr 1639.

Das Bild entstand in den Wirren der ausgehenden
Ming-Dynastie, als es den Bauern schlechter ging als
je zuvor. Die wirtschaftlichen Verhältnisse im Land
waren katastrophal. Ständige Bürgerkriege verwüste-
ten Dörfer und Städte. Aufstände der Bauern und
Naturkatastrophen lösten einander ab. Einige Gebiete
im südlichen China waren so dicht besiedelt, daß die
geringste Mißernte eine Hungersnot zur Folge hatte.
Weiter im Norden lagen ganze Provinzen verlassen da,
niemand bebaute die Felder, unter anderem aus Mangel an Wasser.

Mit seinem Buch – einer Zusammenfassung der etwa
300 Werke, die zum Thema Landwirtschaft bis dahin
in China erschienen waren – wollte Xu zeigen, daß mit
besseren Geräten, besserem Saatgut, neuen Pflanzen,
wie Süßkartoffel, Mais und Baumwolle, und durch eine
intensivere Ausnutzung der Anbauflächen der Ertrag
sich bedeutend erhöhen ließe. Und sollte es trotzdem
zu einer Mißernte kommen, gebe es Auswege. Etwa
ein Drittel des Buches behandelt – mit Illustrationen –
mehr als 400 wilde, eßbare Gewächse, mit denen der
Mensch überleben kann.

Mit dem Bild des von Erdwällen eingefaßten Feldes
wollte Xu zeigen, wie praktisch es ist, ein breites Flußbett während der Perioden, in denen der Fluß nur ein
sanftes Rinnsal ist, für den Anbau zu nutzen. Man
müsse nur entsprechend hohe und stabile Wälle auf-
schütten, dann könne das Flußwasser nur schwer eindringen. Und sollte das trotzdem geschehen, sei es kein
Problem, das Wasser mit Hilfe einer Kettenpumpe
wieder »wegzustrampeln«. Heutige Bauern würden zu-
stimmend nicken. Genauso nutzen sie die fruchtbare,
sandige Erde der Flußbetten. Aber sie brauchen das
Wasser nicht mehr mit eigener Kraft »wegzustram-

*Aus dem Buch über landwirtschaftliche Techniken
von Xu Guangqi, 1639.*

Gras (klassische, heute nicht mehr gebräuchliche Form)

peln«, seit einigen Jahren nehmen ihnen von Dieselmotoren angetriebene Pumpen diese schwere Arbeit ab. Die Bauern der Vorzeit hatten weder Ketten- noch Dieselpumpen. Aber das sprießende Pflänzchen hätten sie sofort erkannt, dieses Zeichen, das **Gras, Pflanze, Gewürz** bedeutet.

Auf den Orakelknochen steht das Pflänzchen allein – einige dünne Spitzen treiben aus der Erde –, gegen Ende der Zhou-Zeit wird die Verdoppelung des Zeichens üblich. Die Form entwickelte sich weiter und sah bald aus wie zwei Kreuze, die man 1950 noch weiter vereinfachte.

Das Zeichen ist Teil zahlreicher Zusammensetzungen, die mit Pflanzenwuchs und Vegetation zu tun haben. In der Grammata Serica sind etwa ein Viertel davon Namen der verschiedenen Arten von *Gras, Schilf* und *Riedgräsern, die man für die Herstellung von Matten,* für *Bürsten, Körbe* und zum *Dachdecken* verwendet. Ein zweites Viertel hat mit dem Anbau zu tun: *neue Felder roden, anpflanzen, zudecken, Unkraut jäten, säen, mähen.* Die restlichen Zeichen beziehen sich auf Namen von Gemüsen wie *Zwiebel, Knoblauch* und *Hülsenfrüchte* oder auf Blumen wie *Malve, Beifuß, Chrysantheme* und eine Menge *Wasser- und Klettergewächse.* Es kommt auch vor in dem Zeichen für *fertigmachen, besichtigen* – da sieht man sie vor sich, die müden Bauern, wie sie auf ihre Hacke gestützt das Ergebnis einer Tagesarbeit auf dem Feld betrachten, auf dem die *Keimlinge* gedeihen.

Keimling, junger Sproß

Drei Pflanzen zusammen bilden das allgemeine Zeichen für *Kraut, Pflanze.*

Kraut, Pflanze

Die inzwischen vereinfachte Form hat bekannte Vorbilder.

Eine Hand und zwei Pflanzen: *Gras zum Verbrennen oder Futtergras.*

Gras zum Verbrennen oder Futtergras

Das Zeichen für *weglaufen, es eilig haben,* ist in seiner heutigen Form nicht mehr besonders eindrucksvoll, verglichen mit dem Bronzezeichen: Da rennt ein Mensch mit angewinkelten Armen über das Gras.

weglaufen, es eilig haben

Auf dem Bild mit den Gemüsebeeten wachsen die verschiedensten Pflanzen im Schutz des Zaunes und der hohen Bäume. Einige Gemüse sind schon recht groß, andere gerade erst gekeimt. In unmittelbarer Nähe fließt ein Fluß. Man spürt den warmen, intensiven Duft, der von den Feldern aufsteigt.

In dem Bronzezeichen für *Gemüsebeet* erkennt man deutlich die eingefriedeten Beete und die sprießende Pflanze. Ohne diese Vergleichsmöglichkeit wäre das heutige Zeichen schwer verständlich.

Wahrscheinlich wird nirgends auf der Welt der Boden so intensiv genutzt wie in China. Auch das kleinste Stück Land, und sei es auch nur einige Quadratmeter groß, wird bebaut. Die Pflanzen werden gehegt wie im Gärtchen eines Reihenhauses. Jede erhält ihre individuelle Pflege. Man häufelt und hackt und bindet hoch und deckt ab, und jede Pflanze erhält ihre tägliche Schöpfkelle Düngerwasser, gerade soviel, wie ihr guttut.

Oft wird der Boden für verschiedene Kulturen gleichzeitig genutzt. Während die Baumwollsträucher wachsen, gedeihen zwischen den Reihen Kohl oder Zwiebeln, die rascher geerntet werden können, und zwischen die Hirsepflänzchen setzt man Bohnen, die fertig sind, ehe die Hirse die Fläche ganz für sich braucht.

In Nordchina sind im Winterhalbjahr die Nächte kalt, und oft herrscht Frost. Das ist kein Hindernis, weiterhin frisches Gemüse zu ziehen. Über den Beeten hat man ein Bambusgerüst errichtet, und jeden Abend wird das Gerüst mit Schilfmatten zugehängt, die man am nächsten Morgen, sobald die Sonne wärmt, wieder entfernt. Bläst der kalte Nordwind, werden die Schilfmatten zur Hälfte geöffnet, so daß die Pflanzen windgeschützt sind und trotzdem genügend Sonne bekommen. Mit Hilfe solcher einfachen »Gewächshäuser« zieht man den ganzen Winter über Mangold, verschiedene Spinatsorten und anderes Gemüse. Ein Großteil

Aus dem Buch über landwirtschaftliche Techniken von Xu Guangqi.

Garten

Ziehkarren mit Kohl und Gemüse. Anyang.

des Gemüsebedarfs der Millionenstadt Beijing wird auf diese Weise gedeckt. Die Anbaumethode ist über tausend Jahre alt.

Gemüse aller Art – besonders Kohl, Zwiebeln, Bohnen und schnellwachsende Blattgemüse – gehört ja neben dem Getreide zu den wichtigsten Bestandteilen der chinesischen Küche. Gemüse enthält reichlich Vitamine und Mineralien, besonders Eisen, und die sparsame Verwendung von Fett bei der Zubereitung hat dazu geführt, daß die Chinesen lange Zeit besser und gesünder lebten als die meisten anderen Völker der Welt. Die Armen in China hätten sich besser ernährt als die Reichen in Europa vor Einführung der Tiefkühlkost und des eingeflogenen Frischgemüses, behaupten die Ernährungswissenschaftler. Das gilt zumindest für die Jahre, in denen es keine Mißernten und Überschwem-

mungen gab. Eine Untersuchung der chinesischen Ernährungsgewohnheiten aus dem Jahre 1930 zeigt, daß die Bauern 90% ihres Kalorienbedarfs durch den Verzehr verschiedener Getreidesorten deckten, dazu kamen 1% tierische Produkte, der Rest entfiel auf Wurzel- und Blattgemüse.

Daran hat sich im großen und ganzen nichts geändert. Zwar bestehen große regionale Unterschiede zwischen Stadt und Land sowie zwischen den Gesellschaftsschichten, aber Getreide und Gemüse sind nach wie vor die wichtigsten Nahrungsmittel der Chinesen.

Allerdings ist ein allmählicher Umschwung zu beobachten. Der Getreideverbrauch sinkt, und der Fleischverbrauch nimmt zu, vor allem der Verzehr des geliebten Schweinefleisches. Das Gemüse behauptet aber nach wie vor seinen Platz.

Dieses Zeichen bedeutet **Brunnen**. In der Vorzeit wurde es auch verwendet für *die Felder, die zu einem bestimmten Dorf gehören.* Das Zeichen hat kaum Änderungen erfahren. Aber welches Bild steckt dahinter? Dafür gibt es zahlreiche Erklärungsversuche.

»Ein Brunnen mit Dach und Zaun«, steht im Shuowen, denn so sahen die Brunnen um das Jahr 100 v. Chr. aus, wie wir unter anderem durch die Grabbeigaben aus der Han-Zeit wissen.

Karlgren und andere hielten es für eine Darstellung des Brunnenrandes, aber diese Deutung entbehrt jeder realistischen Grundlage. Alle archäologischen Funde, die bisher gemacht wurden, zeigen eindeutig, daß die Brunnen der Vorzeit rund waren. Der am besten erhaltene Brunnen, er stammt aus der Zhou-Zeit, war sogar mit fünfzig Zentimeter hohen Keramikringen eingefaßt. Kein Brunnen hatte eine Form, die das Zeichen erklären könnte.

Im Jahr 1985 wurden endlich die Ergebnisse der Ausgrabungen veröffentlicht, die zehn Jahre zuvor in der Nähe der Stadt Gaocheng stattgefunden hatten. Unter den vielen seltsamen Funden sind auch zwei Brunnen, die zu den bisher ältesten in China zählen. Nach der Radio-C^{14}-Methode datiert, stammen sie aus der Zeit um 1300 v. Chr. und sind damit so alt wie die Orakelknochenzeichen.

Meiner Meinung nach kann ihre Konstruktion das Zeichen für Brunnen erklären. Alle anderen Brunnen aus dem Gaocheng-Fund sind, wie üblich, rund, aber – und das ist das Interessante – an ihrem untersten Ende befindet sich ein viereckiger Rahmen aus vier oder fünf übereinandergelegten Holzstöcken. Dieses Bild stimmt völlig mit dem Zeichen für Brunnen überein.

Aber wozu dieser Holzrahmen?

Man erinnere sich, was geschieht, wenn man am Sandstrand ein Loch gräbt. Zuerst ist der Sand trocken und fein, aber je tiefer man kommt, um so feuchter wird er.

Brunnen

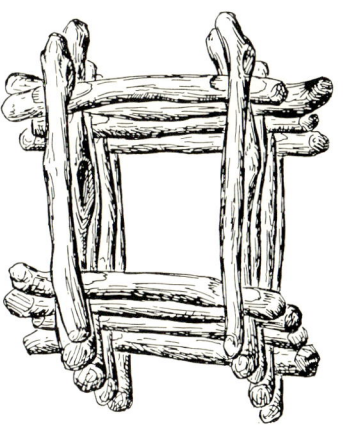

Rekonstruktion eines Brunnens 1300 v. Chr. Am untersten Ende des Brunnens ein Holzrahmen.

In Falsterbo an der Ostsee, wo ich in meiner Kindheit die Sommer verbrachte, pflegten wir am Strand Sandburgen mit Wällen und Gräben zu bauen. Unser Problem war immer, daß, wenn wir tiefer gruben, seitlich das Wasser einströmte und unser Werk zum Einsturz brachte.

Die chinesischen Brunnenbauer der Vorzeit hatten beim Graben in der weichen Lößerde mit einem ähnlichen Problem zu kämpfen. Waren sie endlich bis zum Grundwasser vorgedrungen, wurden die Brunnenwände von hervorquellendem Wasser untergraben. Um das zu verhindern, stabilisierte man den unteren Brunnenschacht mit dem erwähnten Holzrahmen, und das strömende Wasser konnte keinen größeren Schaden mehr anrichten.

Oberhalb des Grundwasserniveaus besteht das Problem nicht mehr, stehendes Wasser gefährdet die Brunnenwände nicht. Je weiter man nach oben kommt – zum Brunnenauge –, um so breiter kann das Loch sein. Diese Form haben auch die Brunnen aus Gaocheng, wie aus Konstruktionszeichnungen klar hervorgeht.

Das Bild des Holzrahmens am Grunde des Brunnens dürfte seinerzeit jedem vertraut gewesen sein. Wasserholen ist eine tagtägliche Beschäftigung, und jeder wird einmal, über den Brunnenrand gebeugt, beobachtet haben, wie sich sein Gefäß mit Wasser füllt. Über der Wasseroberfläche schwirren einige Insekten, darunter erkennt man schwach den Holzrahmen. Dann ist der Krug gefüllt, und man zieht ihn wieder herauf.

Einer der Brunnen mißt fast drei Meter im Durchmesser und ist fünf Meter tief. Auf seinem Grund fand man außer dem Holzrahmen Reste von einem Dutzend Tongefäßen, die einst beim Wasserholen in die Tiefe gestürzt sein dürften, daneben kleine Gegenstände aus Knochen, wie Löffel und Haarstäbchen, die man leicht verliert, wenn man sich zu sehr über den Brunnenrand beugt.

Auf einigen der Bronzezeichen für Brunnen sieht man in der Mitte einen Punkt. Es sei der Eimer, mit dessen Hilfe man das Wasser aus dem Brunnen holte, behaupteten einige chinesische Forscher, lange bevor man die Gaocheng-Brunnen fand. Unter Berücksichtigung der neuen Funde scheint die Erklärung überzeugend.

Rahmt man das Zeichen für Brunnen ein, ergibt sich eine große Übereinstimmung mit einigen der alten Zeichen für Feld.

Zeigt das Zeichen ein Feld mit einem Brunnen in der Mitte? Diese Überlegung wird von einigen Forschern mit Hinweis auf die klassischen Schriften vorgebracht.

Der Philosoph Mencius (374-289 v. Chr.) beschreibt ein Landverteilungssystem, das zu Beginn der Zhou-Zeit angewandt wurde. Jedes Stück Land war genau in neun gleiche Teile aufgeteilt. Es wurde von acht Familien bebaut, wobei jede Familie das Recht hatte, ein Feld für den eigenen Bedarf zu nutzen. Das neunte Feld in der Mitte wurde zugunsten des Fürsten als eine Art Steuerabgabe bewirtschaftet. Als die Bevölkerung zunahm, machte man neues Land urbar und verteilte es auf gleiche Weise.
Diese Art der Landaufteilung wird wegen ihrer Ähnlichkeit mit dem Zeichen Brunnen das »Brunnenfeldsystem« genannt.
Man hört davon in Liedern und Gedichten aus dem 8. Jahrhundert v. Chr., aber ob dieses System von Mencius wirklich existiert hat, gehört zu den meistdiskutierten Fragen der chinesischen Geschichte. Soll man hier einfach von einem schönen Ideal sprechen, oder handelte es sich wirklich um ein System gerechter Landverteilung?
Für Mencius sei es vermutlich vor allem ein Traum von einer gerechten Gesellschaft gewesen, in der jeder sein gesichertes Auskommen hätte, sagt man. Und

dann habe er versucht, diese Utopie seinen Zeitgenossen ständig vor Augen zu halten, bis sie einmal Wirklichkeit würde.

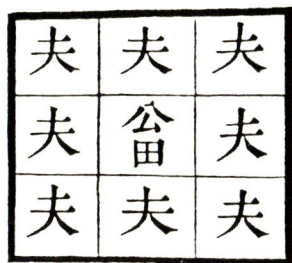

In Xu Guangqis Werk über landwirtschaftliche Techniken aus dem Jahre 1639 wird das System so dargestellt: acht *Männer*, in der Mitte das *allgemeine* Feld des Fürsten.
Als Mencius im 3. Jahrhundert v. Chr. seine Vorstellung von der Landverteilung aufschrieb, war das System bereits überholt. Das Ackerland ging mehr und mehr in privates Eigentum über. Eisenpflüge und eine bessere Methode der Düngung führten zu einer Produktionssteigerung. Die Herrscher hatten ein Interesse, das »private« Land zugunsten des »allgemeinen« zu vermindern. Die daraus folgenden höheren Abgaben konnten beispielsweise zum Bau von Bewässerungsanlagen und Straßen benutzt werden, wodurch die Macht der Fürsten und ihre Möglichkeiten, das Land zu kontrollieren, weiter zunahmen.
Dieser Machtzuwachs der Herrscher hatte für das Volk schlimme Folgen. In einem Gespräch mit dem Fürsten Hui aus Liang sagte Mencius:

»Wenn aber Hunde und Schweine den Menschen das Brot wegfressen, ohne daß man daran denkt, dem Einhalt zu tun, wenn auf den Landstraßen Leute Hungers sterben, ohne daß man daran denkt, ihnen aufzuhelfen, und man dann noch angesichts des Aussterbens der Bevölkerung sagt: nicht ich bin schuld daran, sondern das schlechte Jahr, so ist das gerade so, als wenn einer einen Menschen totsticht und sagt: nicht ich hab' es getan, sondern das Schwert. Wenn Ihr, o König, nicht mehr die Schuld sucht bei schlechten Jahren, so wird das Volk des ganzen Reichs Euch zuströmen.«

Für Mencius bestand die vornehmste Aufgabe des Herrschers darin, für das Wohlergehen des Volkes zu sorgen. Erfüllte er diese Aufgabe nicht, hatte das Volk das Recht zu rebellieren. Jeder Mensch müsse so viel haben, daß er ein erträgliches Leben führen könne. Sei das nicht gegeben, so Mencius, bestehe die Gefahr, daß die Gesellschaft sich auflöse und alle möglichen Verbrechen begangen würden. Die Grundvoraussetzung für eine gute Gesellschaft sei eine gerechte Verteilung des fruchtbaren Landes. Doch sei das erst der Anfang, als nächstes müsse jeder eine Ausbildung erhalten. Der Mensch ist von Natur aus gut. Was er braucht, ist Aufklärung.

Die tatsächliche politische Entwicklung stand jedoch nicht auf der Seite des Mencius, jedenfalls nicht zu Beginn. Im Jahr 221 v. Chr. unterwarf der Herrscher von Qin alle Fürstentümer um den Gelben Fluß und ernannte sich selbst zum Ersten Kaiser. Er startete ein einzigartiges Projekt zum Ausbau von Kanälen und Straßen, das ganze Volk wurde mobilisiert, um seine Macht und die des Qin-Reiches zu vergrößern.

Aber der Gedanke einer gerechten Verteilung von Grund und Boden lebte weiter, und alle Reformer der folgenden Jahrhunderte beriefen sich auf Mencius, wenn es darum ging, die Mißwirtschaft der Regierung anzuprangern oder ihre eigene Bodenreform zu rechtfertigen. Jeder, der Mao Zedong gelesen hat, kennt auch die jahrtausendealten Prinzipien des Mencius:

»Es ist richtig, zu rebellieren.«

»Am wichtigsten ist das Wohlergehen der Massen.«

Vielleicht hat es auch das alte Brunnenfeldsystem, wie es Mencius als Ideal für seine Zeit erdachte, in Nordchina wirklich gegeben – so merkwürdig das scheinen mag. Die Äcker und Felder in den Gebieten, die einst von den Shang- und Zhou-Dynastien beherrscht wurden, sind von einer einzigartig klaren Form. Ihre Abmessungen sind durchweg verblüffend einheitlich, und sie verlaufen genau und regelmäßig in Nord-Süd-Richtung.

Unter Hinweis auf 300 sehr detaillierte topographische Karten, die vor kurzem zugänglich wurden, behauptet der englische Wissenschaftler F. Leeming, die Art der Aufteilung des Bodens gehe auf ein sogenanntes Gleiche-Felder-System zurück, wie es vom 4. Jahrhundert bis zur Mitte der Tang-Dynastie bestand.

Ein solches System ist sicher nicht über Nacht eingeführt worden. Das Land war bereits dicht bevölkert. Man mußte von der vorhandenen Organisationsstruktur ausgehen, und die bestand – wenn man den von Leeming vorgelegten Angaben glauben darf – in dem einst von Mencius beschriebenen, aber meist als Utopie abgetanen Brunnen-Feld-System.

In den dreißiger Jahren unseres Jahrhunderts waren die Felder im Wei-Tal um Xianyang, der einstigen Hauptstadt des Qin-Reiches, im allgemeinen 332 Meter breit. Das entspräche, vorausgesetzt, Leemings Theorie stimmt, der Breite von drei »Brunnenfeldern«. Dasselbe Maß galt auch für Shanxi, Henan und Shandong; und einem historischen Werk aus der Han-Zeit ist zu entnehmen, daß die Seiten der rechteckigen Felder, die jeder Familie im »Brunnenfeldsystem« zugeteilt waren, ebenfalls dieses Maß hatten.

Aber die Bevölkerung nahm ständig zu. Die einzelne Familie besaß immer weniger Land; Flächen, die einmal hundert Familien versorgt hatten, mußten plötzlich für fünfhundert Familien ausreichen. Um dieser Situation gerecht zu werden, so Leeming, verzichtete man auf die Einteilung in Ost-West-Richtung und behielt nur die Nord-Süd-Richtung bei. Wollten die Behörden den Bodenbesitz regeln, gingen sie einfach von einer bestimmten Breite aus und teilten dann die vorhandene Fläche auf.

Die Einkünfte aus der Landwirtschaft haben in der ganzen Geschichte Chinas den Löwenanteil der staatlichen Einnahmen bestritten. Dieses Bild hat sich erst in den letzten Jahrzehnten gewandelt, aber noch heute liefern die Bauern eine bestimmte, festgesetzte Menge an Getreide (und anderen Rohprodukten) an die Gemeinschaft ab.

In den ersten Dynastien übten die Herrscher eine sehr direkte Kontrolle über die Produktion aus, die Beamten überwachten persönlich die Arbeit auf den Feldern. Das Zeichen für **Beamter**, **Minister** zeigt ein großes, wachsames Auge. Der Große Bruder sieht dich!

Aber auch ein Minister ist ein Untertan, ist *Diener* seines Herrn. »Ein sich verneigendes Auge«, pflegte Karlgren zu sagen, »das Auge – pars pro toto – Bild eines sich tief verbeugenden Menschen«. Und er macht uns darauf aufmerksam, daß das lateinische Wort Minister auch Diener bedeutet.

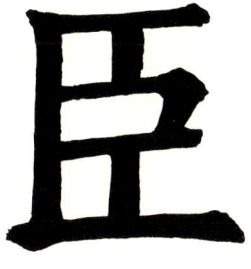

Beamter, Minister

Felder. Bewässerungskanäle. Brunnen. Lange Zeit ist der Mensch ohne solche raffinierten Systeme ausgekommen. Er war Jäger und Sammler und nahm sich von dem, was die Natur im Überfluß bot. Dazu gehörten nicht zuletzt die wilden Pflanzen.

Für die Menschen, die in grauer Vorzeit im heutigen Zentral- und Ostchina lebten, müssen die natürlichen Bedingungen recht gut gewesen sein. Was den Reichtum an Pflanzen betrifft, gehören diese Landstriche zu den gesegnetsten der Erde. Ein ungewöhnlich großer Teil der Pflanzenwelt hat das Tertiär und die verschiedenen Eiszeiten überlebt. Während es in Europa nur etwa 5000 Pflanzenarten gibt, sind es in China über 30 000.

Wahrscheinlich besteht ein Zusammenhang zwischen diesem Reichtum an Pflanzen und der Entstehung der Landwirtschaft in China. Wie es allerdings dazu kam, daß die Menschen seßhaft wurden und ihre Nahrung selbst anbauten, darüber ist bislang wenig bekannt. Es

muß vor etwa 7000 bis 8000 Jahren geschehen sein, soweit man sich auf die jüngsten archäologischen Funde und die Radio-C^{14}-Methode verlassen kann.

Verschiedene chinesische Legenden erklären diesen wichtigen Wandel auf ihre Art. Schlüsselfigur ist meist der mythische Kaiser Shen Nong. Während seiner Regierungszeit, die um 2800 v. Chr. gewesen sein soll, hatte sich die Bevölkerung so stark vermehrt, daß die Versorgung durch Sammeln und Jagen nicht mehr ausreichte. Da baute Shen Nong einen Pflug, und als Hirsekörner vom Himmel fielen, sammelte er sie und lehrte die Menschen, den Boden zu bearbeiten.

Mythen sind natürlich keine historischen Fakten. Trotzdem beinhalten sie einen wahren Kern, in Symbole gekleidet, weisen sie auf Ereignisse hin, die älter sind als die geschriebene Geschichte. Und wer weiß ... angesichts der Geschwindigkeit, mit der man zur Zeit die chinesische Geschichte zu erhellen sucht, wird möglicherweise eines Tages Shen Nong als der erkannt werden, der als erster im Wei-Tal die gelbe Erde umpflügte.

Interessanterweise ist Shen Nong nicht nur der legendäre Vater des chinesischen Ackerbaus, sondern auch Vater der chinesischen Heilmittelkunst. Er vermochte angeblich Hunderte von Gräsern und Kräutern zu unterscheiden und wußte, welche Krankheiten damit heilbar waren.

Der Sage nach soll er eine Liste von 365 Heilkräutern zusammengestellt haben, Grundlage des ersten bekannten Buches über Heilkräuter, das um das Jahr 100 erschien und zahlreiche Nachfolger hatte. Am berühmtesten ist Li Shizhens gewaltiges Werk »Ben cao gang mu« (Abriß der Arzneimittelkunde), das erstmals 1552–1578 herauskam und seitdem, bis 1981, immer wieder aufgelegt wurde. Das Buch behandelt 1893 wichtige Substanzen, vorwiegend aus Kräutern, sowie 8160 Rezepte. Es ist nach wie vor als Lehrbuch für angehende Mediziner in Gebrauch.

Für einen Europäer, dem die Kräuterkunde nicht so vertraut ist, kann die Besichtigung eines chinesischen Kräutergartens ein besonderes Erlebnis sein. Ich werde nie die Beete hinter dem Krankenhaus der Befreiungsarmee in Shijiazhuang in Nordchina vergessen. Die Ärztin mit Schirmmütze und rotem Stern – es war 1976 – führte uns herum und erklärte einige der 700 Kräuter und ihre Wirkungen. Dort gab es Liebstöckel, Pfefferminze, Zitronenmelisse und Senf, bei uns vor allem als Gewürze bekannt, für die Chinesen alte Heilkräuter. Außerdem wuchsen dort zahlreiche Ziergewächse, wie ich sie auch in meinem Garten habe: Forsythie, Geißblatt, Blauer Eisenhut, Glockenblume, Königskerze, Schafgarbe, ja sogar Unkraut wie der Wegerich, gegen den ich ständig zu kämpfen habe.

»Ich habe einige dieser Pflanzen in meinem Garten«, sagte ich erstaunt.

»Das wundert mich«, antwortete sie nachsichtig. »Das sind Heilkräuter, die hat man nicht im Garten.«

Als ich wieder in Schweden war, überprüfte ich meine Pflanzen anhand des in Shanghai erworbenen Heilkräuterlexikons. Und es war, wie ich vermutete. Ein Großteil unserer Ziergewächse und Unkräuter werden in China zu medizinischen Zwecken verwendet. Kann ich wirklich die pulverisierten Samenkapseln der Forsythie nehmen, wenn ich hohes Fieber habe? Soll ich wirklich anfangen, für den Winter Huflattich zu sammeln, falls meine Kinder Husten bekommen? Ein Freund von mir ist Apotheker. Er lachte: »Über die Forsythie weiß ich nichts. Aber Huflattich oder Tussilago ist in vielen Hustensäften enthalten.«

In China ist die Kräuterkunde nach wie vor lebendig, und die Schulkinder lernen die wichtigsten Heilkräuter der Gegend, in der sie wohnen. Im Herbst 1978, als ich einige Wochen in Dayudao, einem kleinen Fischerdorf auf der Halbinsel Shandong, verbrachte, habe ich es selbst miterlebt. Eines Tages sollte die Klasse 6b auf den Berg hinter dem Dorf gehen, um Heilkräuter zu sammeln. Ich schloß mich an. Mit von der Partie war auch einer der Ärzte des Dorfes, er sammelte wie die Kinder, und nach getaner Arbeit nahm er teil am anschließenden Picknick und Singen.

Die Pflanzen wurden später bei den Barfußärzten der Krankenstation abgeliefert, dort wurden sie gesäubert und getrocknet. Die Kräuter wirken entzündungshemmend und werden bei Erkrankungen der Luftröhre und der Lungen verwendet. Eine der drei Pflanzen war außerdem ein Mittel gegen Durchfall.

Ich habe danach mehrere chinesische Krankenhäuser besucht, wo man seit den sechziger Jahren die chemische Zusammensetzung der traditionellen Kräuter erforscht und die Wirkung mit den bei uns üblichen Präparaten vergleicht. Viele der Kräuterarzneien haben sich als ebenso wirksam erwiesen, wenn sie auch langsamer heilen, dafür sind die Nebenwirkungen geringer.

Bei ernsten Erkrankungen kombiniert man gewöhnlich die chinesische Kräutermedizin mit den bei uns üblichen Mitteln wie Penicillin oder Streptomycin. Diese »westlichen« Antibiotika werden in einer Arzneimittelfabrik hergestellt, die in Shijiazhuang liegt, nicht weit von dem Krankenhaus mit seinem Kräutergarten. Diese Fabrik gehört zu den größten in Asien und versorgt neben China auch die Nachbarländer mit hochwertigem Penicillin zu günstigem Preis. Man kann über die Chinesen sagen, was man will, pragmatisch sind sie jedenfalls.

Jahrtausendelang war Chinas Pflanzenwelt allerdings nicht in erster Linie eine Apotheke, sondern eine Speisekammer. In Notzeiten, wenn Trockenheit oder Überschwemmungen die Ernte vernichtet hatten, wurden die Menschen wieder zu Sammlern. Ihr Wissen um die wilden Pflanzen erwies sich als lebensnotwendig.
Wir sind schon früher auf das Zeichen *Gewürz, Pflanze* gestoßen. Das nebenstehende Zeichen zeigt ein Pflänzchen, vielleicht eines der vielen eßbaren Gräser, die im Norden und Nordwesten Chinas wachsen, oder eines der vielen wildwachsenden Gemüse. Der waagerechte Strich soll für die Erde, den Boden stehen.
Fast identisch mit dem Orakelknochenzeichen sind die Bronzezeichen, teilweise noch durch Blätter ergänzt, die später zu einem Strich wurden.
Wir sind nicht weit entfernt von der Standardform für das Zeichen **frisch** (wie Gemüse und Gras), **roh, produzieren, gebären, leben, Leben.**

frisch, roh ...

Dieses Zeichen bedeutet **Zwiebel** und bezieht sich vor allem auf die leicht nach Knoblauch riechende chinesische »Graszwiebel«, Allium odorum oder Allium tuberosum, eine wichtige Zutat der nordchinesischen Küche.

Das Zeichen kommt weder auf den Orakelknochen noch auf den Bronzen vor, obwohl die Zwiebel nachweislich seit Urzeiten zur chinesischen Nahrung gehört und im »Buch der Lieder« erwähnt wird, dessen älteste Teile aus der Zhou-Zeit, dem ersten Jahrtausend vor unserer Zeit, stammen.

Das Buch der Lieder, Chinas älteste Sammlung von Gedichten, ist eine Goldgrube für jeden, der sich für das Alltagsleben im frühgeschichtlichen China interessiert. Der erste Teil des Buches besteht aus zarten Liebesgedichten und Volksliedern mit genauen Beschreibungen der Natur und der Bräuche im Rhythmus der Jahreszeiten.

Die Pirole singen, und die Mädchen sammeln in ihren Körben die Blätter des Maulbeerbaums für die Seidenraupen. Man kocht Malven und Bohnen, weicht Hanf ein, ißt Kirschen, trocknet Datteln, erntet Hirse und bereitet Wein. Und wenn der Herbst kommt, und die Hausheuschrecke ihr Winterquartier unter dem Bett bezogen hat, räuchert man die Ratten aus und verklebt das Nordfenster gegen die rauhen Winde.

Gewissenhafte Forscher haben die Gedichte sorgfältig studiert und herausgefunden, daß 46 verschiedene Gemüsearten genannt werden. Sie nehmen an, daß die meisten davon in der Gegend, in der die Gedichte entstanden, wild vorkamen oder zumindest dort ursprünglich wuchsen.

Viele dieser Gemüsearten sind immer noch charakteristische Bestandteile der chinesischen Küche: Bambussprossen, Chinakohl und Zwiebeln, Knoblauch, Brunnenkresse, Lotuswurzeln, Radieschen, Rüben und verschiedene Bohnenarten. Eine reich gefüllte Speisekammer!

Seltsamerweise kommt jedoch keine einzige dieser Pflanzen auf den Orakelknochen vor und nur ein geringer Teil auf den Bronzen. Eine Erklärung könnte sein, daß diese Zeichen unter den Tausenden von Inschriften noch nicht identifiziert wurden. Aber wahrscheinlich ist der Grund ein anderer. Gemüse baute man nicht an, es wuchs überall wild und in solchen Mengen, daß man keinen Gedanken daran verschwendete. Die Bohnen und Radieschen, die die Frauen in den Flußauen sammelten – wie die Frauen am Mittelmeer Löwenzahnblätter für den Salat pflükken –, mit so etwas brauchte man den Himmel nicht zu belästigen.

Die Hirseernte, die Jagd, die militärischen Feldzüge gegen die Nachbarstaaten, das Zahnweh des Herrschers und das Kind, das seine Gemahlin erwartete – würde es ein Sohn werden? –, das waren Fragen, die des Himmels würdig waren. Von ihrer Beantwortung hingen die Macht des Staates und sein Fortbestand ab.

Dieses Zeichen wird gewöhnlich mit **Getreide** übersetzt. Wir denken dabei an die bei uns üblichen Getreidearten: Weizen, Roggen, Hafer, Gerste. Ein Chinese denkt an Hirse und Reis.

Eigentlich sollte man das Zeichen mit **Hirse** übersetzen, denn in der Gegend, in der es entstand, war Hirse seit mehreren tausend Jahren die vorherrschende Getreideart, das beweisen die archäologischen Ausgrabungen eindeutig. Und bis heute ist die Hirse das Hauptnahrungsmittel der nordchinesischen Bauern.

Für Hirse gibt es viele Zeichen. Sie kommen sowohl auf den Orakelknochen wie auf den Bronzen zahlreich vor und beziehen sich auf die verschiedenen Hirsesorten, die man sammelte oder anbaute, vor allem Setaria italica (italienische Kolbenhirse) und Panicum miliaceum (echte Hirse). Die Vielzahl der Sorten führte bald zu einer Verwirrung der Terminologie, die bis heute besteht; doch das Zeichen, das gewöhnlich mit »Getreide« übersetzt wird, scheint das älteste zu sein. Die Pflanzenkundler sehen am meisten Ähnlichkeit zur wilden Kolbenhirse, die während der Jungsteinzeit in ganz Nordchina vorkam und dort bis heute wild wächst – und als sehr lästiges Unkraut gilt. Dabei ist Hirse ein nahrhaftes Getreide, sie enthält genausoviel Protein wie Weizen, aber wesentlich mehr Phosphor, Magnesium und Kalium sowie einige wichtige B-Vitamine.

Das Zeichen ist deutlich. Der schwere Kolben, der für diese Sorte typisch ist, ist unübersehbar.

Getreide

Setaria italica, Kolbenhirse

Hirse
(Panicum)

Panicum miliaceum,
Rispenhirse.

Panicum miliaceum, die andere verbreitete Hirsesorte, die man seit der Jungsteinzeit in ungebrochener Tradition in China anbaut, besitzt keinen festen Kolben mit Samen, sondern überhängende Rispen.

Das Orakelknochenzeichen kommt der wilden Variante wesentlich näher. Zeigen all die kleinen Striche Samen, die kurz davor sind, zu Boden zu fallen?

Das ist durchaus möglich. Die wildwachsenden Hirsearten reifen sehr ungleichmäßig, und man muß deshalb die Ähren einzeln ernten. Tut man das nicht rechtzeitig, fallen die Samenkörner zu Boden und sind für die Menschen verloren.

Man aß die Hirse gekocht als Suppe oder Grütze, man machte daraus Wein, und wenn man den Ahnen Opfer darbrachte, waren sowohl in den Speisen wie in dem Wein, den man den Geistern der Verstorbenen vorsetzte, Hirse enthalten. Noch in der Song-Dynastie (960–1279) gab es eine Zeremonie, bei der eine besondere Sorte Hirse geopfert wurde. Obwohl Hirse damals nicht mehr als Hauptnahrungsmittel verwendet wurde, baute man sie an, um sie den Ahnen, die ja seit jeher an diese Grütze und diesen Wein gewöhnt waren, opfern zu können.

In Nordchina und in den Dörfern der »klassischen« Gebiete um den Gelben Fluß schätzt man die Hirse wie eh und je, und eine Schale mit Hirsesuppe wird gern am Anfang oder am Ende des Tages genossen. Dazu ißt man gesalzene Garnelen und säuerlichen Weißkohl mit rotem Pfeffer oder eine Beilage, ein »xià fàn«, wie die Chinesen sagen, »damit das Essen besser rutscht«.

Im Laufe der Jahrtausende ist eine unglaubliche Vielfalt an Hirsearten entstanden. Allein auf der Halbinsel Shandong, wo Hirse keine besondere Rolle mehr spielt, sammelte man in den fünfziger und sechziger Jahren 2000 Hirsesorten, die sich auf 600 verschiedene Arten zurückführen ließen.

Es gibt praktisch für jeden Boden und jedes Klima eine eigene Hirseart. Hirse gedeiht erstaunlich gut in Trockenheit und Hitze, aber auch in Sumpfgegenden und an kargen Berghängen. In schwierigen Anbaugebieten wie Shanxi und Shaanxi pflanzen die Bauern meist zwei verschiedene Sorten nebeneinander in der Hoffnung, daß wenigstens eine bis zur Ernte durchkommt.

Hirse und Mund bilden zusammen das Zeichen für *Friede, Harmonie,* der ersehnte Augenblick des Tages, wenn alle Münder gesättigt sind und im Hause Frieden einkehrt. Oder ist es vielleicht der innere Frieden, der sich einstellt, wenn man weiß, daß man genug Vorrat für den Winter hat?

Das Zeichen für *duftend, aromatisch* wird heute mit dem Zeichen für Hirse und einer Art Sonne wiedergegeben. Und die Sonne war, wie schon erwähnt, ursprünglich das Zeichen für süß und zeigt einen Mund, vielleicht mit etwas Feinem auf der Zunge.

Dachten die Erfinder des Zeichens an süßen Hirsebrei, der leise auf dem Herd köchelt und den Raum allmählich mit seinem Duft erfüllt? Oder vielleicht an den aromatischen Wein, den man aus der Hirse gewinnt? Man weiß es leider nicht. Das Zeichen kommt auch oft in Namen für Speisen und Süßigkeiten vor und in kommerziellen Produkten wie Zahnpasta – im Grunde immer dann, wenn der Name angenehme Assoziationen wecken soll. Das Zeichen ist auch in der ersten Silbe des Städtenamens Hongkong enthalten – der »wohlriechende Hafen«.

Detail eines Grabsteins aus der Han-Dynastie. Unten ein Bauer, der mit zwei Ochsen pflügt, darüber eine Reihe Hirsepflanzen. Shaanxi Provinzmuseum, Xi'an.

Friede, Harmonie

duftend, aromatisch

Jahr

Hirse ist auch ein Teil des Zeichens für *Jahr*. Ursprünglich bedeutete dieses Zeichen *Ernte, ernten* und bestand aus einem Mann und Hirse. Das ist inzwischen kaum mehr zu erkennen, dafür sind die alten Zeichen um so deutlicher!

Hirse und Feuer bilden das Zeichen *Herbst*. Logisch, denkt man an das reife, feurig glänzende Getreide im frühen Herbst.

Herbst

Oder hat es etwas mit dem Verbrennen der Stengel nach der Ernte zu tun? Diese Methode, mit der Asche den Boden zu düngen und für die nächste Saat vorzubereiten, wird immer noch angewandt.

Bei einem so deutlichen Zeichen wäre es verlockend, weitere Spekulationen anzustellen. Das führt aber zu nichts, denn der Teil, der jetzt als *Feuer* geschrieben wird, tritt in den ältesten Zeichen in verschiedenen Formen auf, wobei die Bedeutung unsicher ist.

Das Zeichen für Herbst wird auch in der Bedeutung *Ernte, Erntezeit* verwendet. Der Herbst begann nach dem alten Kalender am siebten Tag des achten Monats, und damit fing die Ernte an. Sobald die Hirse eingebracht war, säte man den Winterweizen. Dem chinesischen Boden wurde keine Pause gegönnt! Dafür erhielt er jede Art von Naturdünger und den Schlamm der Tümpel und Kanäle; so blieb er stets fruchtbar, vorausgesetzt, es gab genügend Wasser.

Eine Hand, die eine Hirsepflanze umfaßt, bedeutet in den ältesten Schriften *eine Handvoll*. Später bedeutete das Zeichen ein *Hohlmaß für Getreide* und schließlich *ergreifen, packen, halten, aufrechthalten, führen*. Es ist u.a. in Ausdrücken zu finden, die mit politischer Macht und Kontrolle zu tun haben.

Man darf nicht vergessen, daß die Bauern jahrhundertelang ihre Steuern in Form von Getreide entrichtet haben. Die Landwirtschaft bildete die Basis der staatlichen Einnahmen. Wer das Getreide »festhalten« konnte, besaß die politische Macht im Lande.

ergreifen, festhalten ...

Das Zeichen für **Weizen** zeigt eine struppige Pflanze. Auf den Orakelknochen und den Bronzen erhielt das Zeichen bereits seine Form, und bei der ersten Vereinheitlichung der Zeichen stutzte man nur die Striche. Dann geschah zweitausend Jahre nichts.

Im Jahr 1958 wurde eine vereinfachte Form eingeführt. Man spart sich nun jedesmal, wenn man *Weizen* schreibt, vier Striche. Doch diese Vereinfachung ist fragwürdig – man hat dadurch den Kontakt zu all den Generationen verloren, die 3500 Jahre in China gelebt und geschrieben haben. Ist das vier eingesparte Striche wert?

Weizen

kleiner Weizen = Weizen

großer Weizen = Gerste

Vereinfachte Form für Weizen.

Weizen wird heute im allgemeinen *kleiner Weizen* genannt im Unterschied zur Gerste, die man als *großer Weizen* bezeichnet. Beides sind Wintergetreide und passen deshalb ausgezeichnet zu den traditionellen chinesischen Getreiden Hirse und Reis, die im Sommer angebaut werden. Das führte frühzeitig zu einer sehr effektiven Wechselwirkung, vorteilhaft sowohl für den Boden wie für die Versorgung der Menschen.

Der Weizen hat in China lange ein Schattendasein geführt. Zwar wuchs dieses Getreide seit vorgeschichtlicher Zeit – eingeführt aus dem Mittleren Osten –, wurde aber jahrtausendelang als Armenspeise betrachtet, der Hirse und dem Reis weit unterlegen. Man hielt ihn für zu grob. »Natürlich kann man damit den Hunger stillen«, steht wenig begeistert in einem Buch aus der Han-Dynastie. Als die Hungersnot im Jahr 194 die Preise in die Höhe trieb, war Hirse zweieinhalbmal so teuer wie Weizen, obwohl die Vorräte an Hirse größer waren. Aber die Leute wollten Hirse und keinen Weizen. Das änderte sich erst mit dem Einsatz besserer Mühlen aus Stein, die den Weizen feiner mahlten. Vorher konnte Weizen nur als ganzes Korn oder als Grütze gekocht werden, nun hatte man die Möglichkeit, viele andere wohlschmeckende Gerichte damit zu bereiten.

Zu dieser Zeit reichte das Herrschaftsgebiet der Han so weit nach Westen, daß es die östlichsten Provinzen des Römischen Reiches berührte. Der Handel auf der Seidenstraße zwischen Ost und West erlebte seine erste Blüte. Vielleicht geschah es irgendwo auf den Hochebenen im alten Ursprungsland des Weizens, daß die Chinesen lernten, aus Weizenmehl und Wasser einen dünnen Teig zu machen und daraus huntun, baozi und jiaozi, diese wunderbaren kleinen, mit Fleisch und Zwiebeln gefüllten Teigbällchen zu formen, die in unseren Kochbüchern manchmal als »chinesische Ravioli« auftauchen.

Vielleicht lernten sie es von den Karawanenführern Zentralasiens, die aus den Wüsten hinunter in die dichtbesiedelten Ebenen Chinas kamen und auf dem Lagerplatz vor den Stadttoren ihre heimischen Gerichte zubereiteten. Überall in Asien macht man diese Bällchen, rund oder halbmondförmig. Aber nirgends sind sie so verführerisch schmackhaft und abwechslungsreich wie in China. Mit diesem Gericht begann ein neues Kapitel in der kulinarischen Geschichte Chinas.

Die normale Version enthält eine gewürzte Füllung aus Fleisch und Zwiebeln. In den Küstenprovinzen nimmt man statt dessen gern Garnelen oder Krabben. Ganz besonders gut ist eine Füllung aus Fleisch und Garnelen, so seltsam diese Mischung auch scheinen mag. Man ißt die Teigbeutelchen gedämpft oder gekocht, in der Suppe oder mit Sojasoße, Weinessig und einer Prise Zucker. Bleibt etwas übrig, brät man es am nächsten Tag in der Pfanne. Und das schmeckt fast noch besser.

Es gibt auch süße Varianten, gefüllt mit einer Masse aus roten Bohnen oder Datteln.

Bestimmte Restaurants haben sich auf derartige »Teigbeutelchen« spezialisiert, und in Nordchina ist es üblich, in geselliger Runde gemeinsam jiaozi zu machen. Das ist nicht weiter schwierig, aber ziemlich zeitaufwendig und deshalb ein idealer Anfang für ein feines Essen im Kreise guter Freunde. Man bekommt den richtigen Hunger!

Aus dünnem Weizenteig bereitet man auch die fritierten Frühlingsrollen, außerdem dünnes Fladenbrot mit Sesam, Zwiebeln und Pfeffer. Und mantou! Gedämpfte, ungesüßte und nicht gesalzene Weizenknödel, etwas größer als Tischtennisbälle, die man anstelle von Reis als Beilage ißt. Beim erstenmal schmecken sie eher »fade«, wenn man knusprig braune Brötchen gewöhnt ist, doch später möchte man sie nicht mehr missen, denn diese neutralen Knödel stellen eine perfekte Ergänzung dar zu den verschiedenen Geschmacksrichtungen und Gewürzen der Gerichte.

Der größte Teil des Weizenmehls geht in die Produktion von Spaghetti, die in Nordchina den gleichen zentralen Stellenwert innerhalb einer Mahlzeit haben wie im Süden der Reis. Es gibt Spaghetti in vielen verschiedenen Formen und Geschmacksrichtungen, und man bereitet sie auf mehrere für uns ungewohnte Arten zu: gekocht in einer leichten Hühnersuppe oder geröstet, serviert mit einer Soße aus Hühnerfleisch, Sellerie und Pilzen, oder aus Schweinefleisch, Nier-

chen und Pilzen oder ... Den Möglichkeiten sind kaum Grenzen gesetzt.

Aufgrund ihrer Länge sind die Spaghetti eines von vielen Symbolen für ein langes Leben, im alten China ein erstrebenswertes Ziel. Als Mao Zedong achtzig wurde, war ich gerade in Shanghai, wo Spaghetti weniger üblich sind als weiter im Norden. Ich fragte einen guten Freund, ob offizielle Feiern stattfinden würden. Nein, es würde nicht gefeiert, der Vorsitzende habe sich jegliche Gratulation verboten. Aber, grinste mein Freund, wir werden heute auf jeden Fall ihm zu Ehren Spaghetti zu Mittag essen!

Früher nahm man für all diese Gerichte Vollkornmehl. Inzwischen befindet sich das bei uns übliche Weißmehl im Vormarsch. Es sieht schöner aus, und das Essen wird heller. Dafür verliert es an Geschmack und an Nährwert.

Unsere Art von Brot gab es in China früher nur in Kreisen, die spezielle Verbindungen mit dem Ausland pflegten. Inzwischen können hungrige Spaziergänger, die in den Parks Tempel und Steingärten besuchen, an den Imbißständen Brot kaufen. Es wird wie eine Leckerei angeboten, und man ißt es wie Chips und Popcorn direkt aus der Tüte. Auch Lokale, in denen die bekannten Hamburger verkauft werden, gibt es bereits, das Brot dafür wird in amerikanischer Lizenz gebacken.

Das Ansehen des Weizens steigt täglich. Dabei ist dieses Getreide bedeutend arbeitsintensiver als Hirse, es ist anfälliger für Insekten und Krankheiten und ist bei gleicher Anbaufläche weniger ergiebig und schwieriger zu lagern. Weizen benötigt auch mehr Dünger – und Dünger hatten die chinesischen Bauern nie sehr viel, da sie kein Vieh hielten. Man greift also auch in immer größerem Ausmaß zu Kunstdünger und chemischer Schädlingsbekämpfung. Der Weizen wird sich leider bald durchgesetzt haben.

Das Zeichen für **Reis** ist von auffallender Klarheit.
Aber was sehen wir darin?
Ein Bild, meint Karlgren lakonisch.
Natürlich. Aber von was?
Ein Saatkorn, meint das Shuowen-Lexikon. Hirse.

Vier Reishaufen auf einem Dreschplatz, meint ein anderes Zeichenbuch und verweist auf die Form des Zeichens auf bestimmten Orakelknochen.

Wohl kaum, sagen andere und ziehen andere Orakelknochenzeichen heran. Natürlich handle es sich um die Ähre der Reispflanze. Die horizontalen Linien bezeichneten den Halm, die Punkte seien die Reiskörner.

Völlig falsch, meinen wieder andere. Die horizontale Linie bezeichne den Dreschflegel.

Es wimmelt von Erklärungen, aber keine ist wirklich überzeugend. Dabei spiegelt das Zeichen offensichtlich etwas ganz Konkretes. Es wurde immer mit »Reis« übersetzt, hat aber auch die Bedeutung *Samen.* Im großen Nachschlagewerk Cihai steht zu lesen: Samen einer Getreideart oder einer anderen Pflanze. Wird die Schale entfernt, ist er hell.

großes Samenkorn   kleines Samenkorn
= Reis   = Hirse

Reis wird umgangssprachlich oft als »großes Samenkorn« bezeichnet, während man Hirse »kleines Samenkorn« nennt, und Hirsesamen sind ja sehr klein. In übertragener Bedeutung wird das Zeichen *Reis* auch für kleine, samenähnliche Dinge wie Erdnüsse und getrocknete Garnelen verwendet. »Garnelensame«. Ein schönes Bild. Getrocknet sind diese Meeresbewohner nicht größer als ein Reiskorn. Und dabei schmecken sie so gut!
Die meisten Ausländer aus dem Westen glauben, der Reis sei in China das Hauptnahrungsmittel. Aber das trifft nicht zu. Bereits seit der Jungsteinzeit bestehen zwei grundsätzlich verschiedene Anbautraditionen: nördlich des Yangzi hauptsächlich Hirse und Weizen, südlich davon Reis.
Dafür gibt es eine natürliche Erklärung. Hirse und Weizen vertragen ein rauhes Klima und die Unregelmäßigkeiten, die eine natürliche Wasserversorgung durch Flüsse und Niederschläge mit sich bringt. Der Reis ist bedeutend anspruchsvoller, er braucht Wärme und reichlich Wasser. Mit Ausnahme des Bergreises gedeiht Reis nur auf regelmäßig überschwemmten Böden, durch die Gezeiten oder durch künstliche Bewässerung herbeigeführt. Solche Bedingungen herrschen nur in Tallagen und in den Sumpf- und Deltagebieten Südchinas.

Den Funden nach wuchs in der Vorzeit auch in der Gegend um den Gelben Fluß Reis, damals war das Klima dort wärmer und feuchter, archäologische Funde deuten darauf hin.

Glaubt man den Nachschlagewerken, stammt der Reis aus Indien, wo dieses Getreide seit 3000 v. Chr. bekannt ist. Inzwischen hat man aber in China viele archäologische Entdeckungen gemacht, die diese Auffassung ins Wanken bringen. Nach der Radio-C^{14}-Methode ist jedenfalls bewiesen, daß die Bauern in den Sümpfen des Yangzi-Deltas bereits seit 5000 v. Chr. Reis in größeren Mengen anbauen. Als man 1976 das Steinzeitdorf Hemudu ausgrub, fand man überall Hinweise auf Reis. Die Abfallhaufen waren voller Körner, Spelzen, Stengel und Blätter. Und daß es sich um gezielten Anbau handelte, zeigen die vielen Hacken und Gerätschaften, die man fand.

Diese Reisfunde sind zur Zeit die ältesten, und auch wenn der Reis nicht aus China stammen sollte – es gibt Forscher, die das behaupten –, weiß man, daß die Menschen in den Dörfern um den Yangzi bereits in frühester Zeit Reis anbauten, ebenso wie man am Gelben Fluß Hirse anpflanzte.

Reis ist eigentlich eine Sumpfpflanze. Aber eine der 7000 Reissorten, der Bergreis, hat sich anderen Bedingungen angepaßt und kommt mit weniger Wasser und kargerem Boden aus. Diese als Trockenreis bezeichnete Sorte reift bedeutend schneller als der Sumpf- oder Naßreis, ist aber geschmacklich nicht ganz so gut.

Der Bergreis gelangte 1027 während einer langen Trockenperiode in die Provinz Fujian an der Südküste. Das Volk hungerte, und der Kaiser, der nicht mehr die gewohnten Getreidemengen erhielt, ließ versuchsweise Saatgut des Bergreises aus dem Königreich Tschampa (das heutige Vietnam) verteilen.

Die neue Reissorte verbreitete sich rasch über ganz Südchina, und bereits einige Jahrhunderte später hatte sich das Bergland südlich des Yangzi in Terrassen verwandelt, auf denen man in der feuchten Luft den Reis reifen ließ – eines der klassischen Bilder von China.

Der Naßreis braucht nach dem Umpflanzen 150 Tage, bis er Ähren bildet. Der Trockenreis braucht nur 50 bis 100 Tage. Im Laufe der Zeit entwickelten die Bauern weitere, den örtlichen Verhältnissen entsprechende Sorten, und um die Mitte des 19. Jahrhunderts waren aus 50 bis 100 Tagen 30 geworden. Damit waren mindestens zwei Ernten jährlich zu erzielen, im äußersten Süden sogar drei. Und dazwischen war sogar noch eine Gemüseernte möglich.

Damit wendete sich die Versorgungslage grundsätzlich zum Besseren. Auch wenn eine Ernte mißlang, bestand noch im gleichen Jahr eine zweite Chance. Die Bevölkerung nahm kräftig zu. Der Schwerpunkt des Landes verlagerte sich weiter nach Süden. Daran ändert auch die Tatsache nichts, daß China seit dem 13. Jahrhundert, mit einigen kurzen Unterbrechungen, von Beijing aus regiert wurde. Die Hauptwirtschaftskraft lag im Süden. Bei dieser Veränderung spielte der Reis eine wichtige Rolle.

Luffa cylindrica,
»Badeschwammgurke«

Cucumis melo,
Honigmelone

Melone, Kürbis, Flaschenkürbis

In unseren Botanikführern steht, man habe Kürbisse, Flaschenkürbisse, Gurken und Melonen zu Beginn unserer Zeitrechnung nach China eingeführt. Dieser Zeitpunkt ist nicht mehr korrekt. Archäologische Funde aus den siebziger Jahren beweisen, daß diese Gemüse schon viel länger in China vorkommen.

Im Steinzeitdorf Hemudu (5000 Jahre v. Chr.!) hat man Kürbiskerne gefunden. Viele der im Dorf gefundenen Tongefäße haben die Form von Kalebassen. Aus anderen Funden ergibt sich, daß es um 700 v. Chr. in Shaanxi Melonen gab, und diese Frucht wird auch im Buch der Lieder, das aus der gleichen Zeit stammt, erwähnt. Bei Ausgrabungen in Qian-shan-yang, die nach der Radio-C^{14}-Methode auf 2750 v. Chr. datiert wurden, stieß man auch auf Melonenreste. Die Datierung ist allerdings umstritten.

Es gibt also die Gurkengewächse (Cucurbitaceae) in China offenbar schon viel länger, was auch das Bronzezeichen beweist – es zeigt klar und deutlich eine Kürbispflanze.

Auf den Orakelknochen kommen diese Gewächse dagegen nicht vor. So erfrischend eine Melone an heißen Sommertagen auch ist, für den Fortbestand des Staates hat sie wohl doch nur eine geringe Bedeutung – wegen ihrer Aussaat und Ernte brauchte man nicht den Himmel zu konsultieren.

Das Zeichen für **Melone**, **Kürbis**, **Flaschenkürbis** ist Teil der Namen für all die Gewächse, die zur Familie der Cucurbitaceae gehören.

Melonen, Kürbisse und Gurken gehören zu den beliebtesten Gemüsen bzw. Früchten Chinas. Jeder, der die Möglichkeit dazu hat, zieht hinter dem Haus ein paar Melonen. Bei einigen meiner Freunde in Beijing überwuchern die Gurkengewächse im Sommer nicht nur die Hauswand, sondern sogar einen Teil des Daches. Die großen Blätter werden dann zu einem grünen Schirm, der in der Sommerhitze angenehm Schatten spendet. Und die Melonen! Wenn man auf sie klopft, klingen sie wie Glocken.

Wein und Krüge

Seit Urzeiten hat man in China Wein hergestellt. Die Gedichte und Lieder der Zhou-Zeit preisen in verlockender Weise die verschiedensten Weinsorten, und aus den Inschriften auf den Orakelknochen geht hervor, daß Wein zur Shang-Zeit eine wichtige Rolle spielte, besonders bei den Opferfesten zu Ehren der Ahnen. Es gibt hier nur wenige Zeichen, die sich so oft wiederholen wie das Zeichen für *Wein, Branntwein*.

Die Chinesen unterscheiden nicht wie wir zwischen »Wein« mit niedrigem und »Branntwein« mit hohem Alkoholgehalt. Sie verwenden für alle alkoholischen Getränke ein und denselben Begriff. Mehrere tausend Jahre lang war Wein der einzige Alkohol, der hergestellt wurde. Als Ausgangsprodukt verwendete man Hirse, Beeren und Obst wie z.B. Pflaumen und Pfirsiche, später kamen Weizen und Reis hinzu. Das Destillieren von Wein, das zu einem höheren Alkoholgehalt führte, wurde vermutlich erst um das Jahr 1000 entwickelt.

Wie die Herstellung von Wein genau vor sich ging, darüber ist wenig bekannt. Wie einem 1985 veröffentlichten Ausgrabungsbericht zu entnehmen ist, gab es in der Shang-Zeit in der Handelsstadt Gaodieng ein fünfzehn Meter langes Gebäude, das offenbar als eine Art Fabrik zur Herstellung von Wein diente. In einem der Gefäße fand man eine grauweiße, vertrocknete Masse, die die Archäologen für Reste eines Gärstoffes halten. Man fand außerdem eine Menge Tongefäße, einige breit und mit großem Fassungsvermögen, geeignet für das erste Stadium der Weinerzeugung, wenn das Getreide oder Obst zum Gären gebracht wird. Andere Gefäße sind schmal und hoch, manche laufen unten spitz zu. Sie sind mit Querbändern oder Borten verziert.

Diese Gefäße und ihre Vorläufer sind das Vorbild des Zeichens für Wein, Branntwein.

Tonkrug aus der Jungsteinzeit.

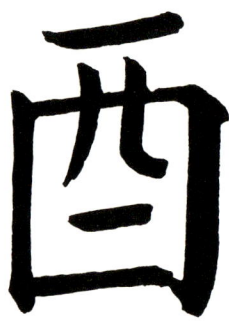

Wein (alte Form)

Dieses Zeichen bedeutet nach dem Lexikon von Mathews **Wein**, *erzeugt aus frisch gereifter Hirse im achten Monat*. Diese Formulierung, verlockend wie die Reklame für einen neuen Aperitif, geht auf das Shuowen-Lexikon zurück. Das Zeichen verwendet man auch für *die Zeit zwischen fünf und sieben Uhr nachmittags*. Es ist nichts anderes als das Bild eines Weingefäßes.

Wein, Branntwein

Um zu dem allgemeinen Begriff *Wein, Branntwein* – »der Menschheit Freude und Unheil«, wie es das Shuowen ausdrückt – zu gelangen, ging man von dem Bild des Weingefäßes aus und ergänzte es durch das Zeichen für Wasser, Flüssigkeit. Als man irgendwann um das Jahr 1000 mit dem Destillieren von Wein und der Herstellung von Branntwein begann, wurden die neuen alkoholischen Getränke dem alten Zeichen zugeordnet.

Aus Trauben hergestellter Wein war in China nie verbreitet. Es gab ihn zwar schon zur Zeit der Tang-Dynastie, aber lediglich in den weit im Westen gelegenen Weinanbaugebieten der Wüsten. Und die gegorene Stutenmilch der Mongolen – so erfrischend sie auch ist – wurde nur im eigenen Land getrunken.

Am bekanntesten unter den chinesischen Weinen ist der gelbe Reiswein, besonders der aus Shaoxing. Dieser Wein ist bernsteinfarben, mild und wohlriechend, man trinkt ihn warm aus winzigen Porzellanschalen, und er geht direkt ins Blut. Reiswein wird seit 2300 Jahren erzeugt und ist weit über die Landesgrenzen hinaus berühmt.

Ohne Reiswein ist ein Fest kein Fest, und bei Hochzeiten und Begräbnissen darf er nicht fehlen, ebensowenig wie bei allen wichtigen Zeremonien in China. Wurde in früheren Zeiten eine Tochter geboren, vergrub man einen Krug Wein und holte ihn erst wieder aus der Erde, wenn die Tochter heiratete. Man kredenzte ihn den Gästen und den Ahnen, und was übrigblieb, nahm die Braut als wertvolle Gabe mit ins neue Haus.

Aber es gibt auch stärkere Getränke, die die Bezeichnung Schnaps verdienen würden. Sie haben einen Alkoholgehalt zwischen 65 und 95 Prozent und können mit Heilkräutern, Früchten oder so exotischen Zusätzen wie Schlangen und Eidechsen angereichert sein. Die stärksten sind bis zu zwölfmal destilliert.

Das Zeichen *einschenken, füllen, Sättigung* hat nichts mit Mund und Acker zu tun, obwohl das heutige Zeichen so aussieht. Genauso wie bei dem Zeichen für Wein handelt es sich um ein Gefäß mit hohem Hals, von der Seite gesehen. Auf den Orakelknochen wird das Zeichen auch für *Glück, Wohlstand* verwendet. Tongefäße und Krüge waren für die Aufbewahrung unentbehrlich, nicht nur für Wein, sondern auch für Getreide. Und wenn sie gefüllt waren, dann hieß das Wohlstand und Vertrauen in die Zukunft!

füllen, Sättigung

Tongefäße aus der Jungsteinzeit.

Um die beiden Bedeutungen nicht zu verwechseln, ergänzte man schon früh das ursprüngliche Bild des Weingefäßes mit dem Zeichen »Weissagung«, »Omen«, wenn man *Glück, Wohlstand* meinte. Das Zeichen soll Stäbchen darstellen, die man benutzte, um Glück oder Unglück vorauszusagen und um ungewöhnliche Naturereignisse, die das Leben der Menschen beeinträchtigen konnten, zu deuten. Würde es eine gute Ernte geben? Mit gefüllten Vorratskrügen? Würden Glück und Wohlstand herrschen, oder waren Katastrophen zu erwarten?

Glück, Wohlstand

Für die Chinesen der späteren Zeit gab es fünf Arten von Glück: langes Leben, Reichtum, Gesundheit, Tugend und einen natürlichen Tod. Anläßlich der Neujahrsfeiern dekorierte man die Türen zur Straße mit Inschriften auf rotem Papier, in denen man den Segen der fünf Arten von Glück für das Haus erbat. Dieser Brauch ist inzwischen fast völlig verschwunden, und die Inschriften, auf die man stößt, haben mehr mit Tradition als mit Religion und Aberglauben zu tun.

Als Dekor von Möbeln, Stoffen und Porzellan taucht das Zeichen für Glück, Wohlstand häufig auf. Oder man begegnet den fünf Offenbarungen des Glücks in Gestalt von fünf Fledermäusen – ein Spiel mit der Sprache, wie es die Chinesen lieben. Das Zeichen für Fledermaus wird nämlich genauso ausgesprochen wie das Zeichen für Glück, Wohlstand.

Kanne, Krug, Kessel

Das nebenstehende Zeichen bedeutet **Kanne**, **Krug**, **Kessel**. In den ersten Dynastien bezog sich das Zeichen auf die Kannen, die man für den gewärmten Wein verwendete. Inzwischen bedeutet es ganz allgemein *Gefäß für warme Getränke*, und man findet es in Wörtern wie *Teekanne* und *Wasserkessel*.

Das Zeichen kommt oft auf den Orakelknochen vor und zeigt massive, große Kannen auf festem Fuß. Einige haben einen schönen Hals mit kleinen Ohren oder Henkeln, die durchaus ihre Berechtigung hatten, denn solche Kannen waren oft einen halben Meter hoch und mit heißer Flüssigkeit gefüllt.

Weinkanne aus gebranntem Ton. Zhou-Zeit.

Diese Kannen und ihr Bezug zu den Zeichen werfen noch einige ungelöste Probleme auf. Eines betrifft den Deckel. Alle Gefäße, die auf den Orakelknochen und den Bronzen abgebildet sind, haben Deckel. Den Gefäßen aber, die aus dieser Zeit gefunden wurden, fehlt meist der Deckel. Die Tonkannen aus der Zhou-Zeit können nicht als repräsentativ angesehen werden, auf welchen Kannen beruht dann aber das Zeichen?

Nun haben Deckel die unangenehme Eigenschaft, zu zerbrechen, und das gilt besonders für solche aus Keramik. Hier geht es aber um die Frage, ob auch die Bronzegefäße üblicherweise einen Deckel hatten – wie die Zeichen vermitteln –, denn in diesem Fall hätte man bei Ausgrabungen viele Exemplare mit Deckel finden müssen, was aber nicht zutrifft. Deckel waren bei diesen Kannen erst in der späten Zhou-Zeit, einige Jahrhunderte nach Bildung des Zeichens üblich, und diese Deckel waren flach.

Gleichzeitig gibt es andere Weinkannen aus der Shang-Zeit, deren Form fast mit den ältesten Zeichen übereinstimmt und die immer Deckel mit einem deutlichen Knauf besitzen. Der einzige Unterschied besteht in dem beweglichen Henkel. Ähnliche Henkel findet man jedoch auch bei den zuvor beschriebenen Weinkannen.

Man betrachte die unten abgebildete Weinkanne aus Bronze! Sie ist einen halben Meter hoch und stammt aus der Mitte der Shang-Zeit. Sie ist auffällig verziert mit Wildtiermasken und Wolkenwirbeln. Die Kanne wurde im Sommer 1982 gefunden, als man nahe der Stadtmauer von Zhengzhou, einer der wichtigsten Städte der Shang-Zeit, eine Fabrik baute. Ist es nicht dieselbe Kanne wie in dem frühen Zeichen für Kanne, Krug?

Aber man schreibt sie so

Weinkanne aus Bronze. Shang-Zeit. Zhengzhou.

Es kommt vor, daß Gefäße, die eigentlich sehr ähnlich sind und auch dieselbe Funktion haben, unterschiedlich bezeichnet werden, während andere Gefäße, die weder im Aussehen noch in der Funktion zusammenhängen, den gleichen Namen tragen.

Die Ursache dafür ist noch nicht gründlich erforscht. Vielleicht handelt es sich nur um einen Irrtum der Gelehrten, die in der Song-Dynastie, ausgehend von unzureichendem archäologischem Material die Bronzegefäße klassifizierten. Die Lösung des Rätsels ist für unsere Zwecke allerdings nicht von entscheidender Bedeutung. Eines Tages wird sicher ein neugieriger Mensch – vielleicht mit Hilfe neuer archäologischer Funde – das Geheimnis lüften.

Bis dahin müssen wir uns mit der Erkenntnis begnügen, daß das heutige Zeichen für »Kanne« ursprünglich das Bild eines Gefäßes war, das man für warmen Wein verwendete, was immer die Kunsthistoriker dazu sagen mögen.

Einige Zeit, nachdem ich dies geschrieben hatte, las ich im Buch der Lieder. Bei einer Verszeile blieb ich hängen, und als ich Karlgrens Übersetzung zu Rate zog, stellte ich zu meiner Verwunderung fest, daß das Zeichen *Kanne* zu Beginn der Zhou-Zeit, als die Gedichte entstanden, *Kürbis, Flaschenkürbis* bedeutete.

Könnte es nicht sein, daß der Flaschenkürbis mit seiner praktischen Form die erste »Kanne« war und der Name bei der Bezeichnung der späteren Ton- und Bronzekannen erhalten blieb?

Beispiele dafür finden sich in jeder Sprache. Eine Stunde in der Schule sind keine 60, sondern nur 45 Minuten; und wer denkt beim Füllfederhalter noch an die Gänsefeder? Die Zeit der Gänsekiele ist vorbei, andere Schreibgeräte wurden entwickelt, aber die alte Bezeichnung hat sich aus praktischen Gründen erhalten. Die Zeichen wurden ursprünglich den in Gebrauch befindlichen Gegenständen nachgebildet. Aber während sich im Laufe der Zeit das Aussehen des Gegenstandes ändert, behält das Zeichen seine Form.

Flaschenkürbisse (Kalebassen) hat man, seit die ersten Menschen seßhaft wurden, zur Aufbewahrung von Nahrungsmitteln benutzt, aber auch zur Herstellung von Rhythmus- und Saiteninstrumenten, Flöten, Schöpfkellen und Käfigen für Heuschrecken. Vor allem dienten sie dazu, Wasser zu holen und frisch zu halten. Obwohl die Flaschenkürbisse zu den Gurkengewächsen gehören, ist ihre Schale hart und dicht. Die Formen sind unterschiedlich, einige haben lange, schmale Hälse, andere sind bauchig und in der Mitte zusammengeschnürt. Sie bieten ein Bild üppiger Fruchtbarkeit – zur Zeit der Ernte sind sie mit Hunderten von Samen gefüllt –, und so spielte der Kürbis nicht zufällig in den Schöpfungsmythen Süd- und Ostasiens eine wichtige Rolle. Einer Legende zufolge stammen die ersten Menschen von einem Kürbis ab. Bei Fruchtbarkeitsriten, wie etwa bei einer Hochzeit, durfte der Kürbis natürlich nicht fehlen.

Weinkanne

Tongefäße in Kalebassenform von Flaschenkürbissen. Jungsteinzeit. Xi'an.

Was aber hat es mit diesem Zeichen auf sich, das ebenfalls **Weinkanne** bedeutet, ohne daß man jemals erklären konnte, warum? Es ist natürlich das Abbild eines Flaschenkürbisses. Ein Vergleich mit den frühen Zeichen läßt daran keinen Zweifel.

Vielleicht war es eine Bezeichnung für Kannen, die für bestimmte Zwecke verwendet wurden oder aus einer bestimmten Gegend stammten? Eine Form von Dialekt?

Viele Gefäße müssen zum Wasserholen verwendet worden sein. Eine interessante Konstruktion, die vermutlich mit den geographischen Verhältnissen am Gelben Fluß zusammenhängt, weist ein Gefäßtyp auf. Banpo und andere Wohnplätze lagen auf hohen Bänken am Flußufer. Dadurch entstand beim Wasserholen das Problem, das an einem langen Seil hängende Gefäß unter Wasser zu bringen. Jeder, der schon einmal von einem Boot aus Wasser geholt hat, kennt diese Schwierigkeiten. Mit den unten abgebildeten Krügen hatte man das Problem gelöst. Durch den tief angebrachten Henkel haben die Krüge Übergewicht, man braucht sie nur aufs Wasser zu legen, sofort nehmen sie Wasser auf. Sind sie voll, kippen sie automatisch in die Senkrechte und können herausgezogen werden.

Vorratsgefäße für eingelegtes Gemüse, Sojabohnensoße usw. von einer Fischerfamilie im Dorf Dayudao in Shandong. 1985.

Tonkrüge aller Art werden in den Dörfern nach wie vor benutzt, vor allem zur Vorratshaltung nach der Ernte. Der Mais hängt gebündelt von der Küchendecke, das Getreide wird in riesigen Vorratsgefäßen beim Eingang aufbewahrt, auf dem Hof steht in meterhohen mit Deckel verschlossenen Krügen die würzige, dunkle Sojabohnensoße, und das war zu allen Zeiten so. Viele Gefäße aus den ersten Dynastien, ja selbst aus der Jungsteinzeit, könnte man im heutigen China in jeder Bauernküche verwenden, ohne daß es auffallen würde. Das Zeichen für **essen, das Essen** zeigt ein stabiles Gefäß mit Fuß und Deckel. Laut Shuowen bedeutet der untere Teil allein *Duft nach Getreide, Fest*, ein Hinweis, der klarer nicht sein kann.

Das Zeichen bedeutet außerdem *Finsternis, Verdunkelung* und gehört zu den Wörtern *Sonnenfinsternis* und *Mondfinsternis*. Das erschien mir unklar, bis ich eines Tages eine Sonnenfinsternis erlebte und sah, wie eindeutig die Metapher ist – der Mond »ißt« tatsächlich die Sonne auf.

essen, das Essen

Urnen im Museum von Banpo, ca. 4000 v. Chr. Sie wurden zur Bestat-
tung von Kindern benutzt, die man gewöhnlich gleich beim Haus be-
grub. Das ist in bestimmten Gegenden heute noch üblich, u.a. im Wei-
Tal, wo Banpo liegt. Vergleicht man die Urnen mit den sechstausend
Jahre jüngeren Gefäßen auf der vorhergehenden Seite, stellt man eine
verblüffende Ähnlichkeit fest.

Zwei Zeichen, die sich in ihren ältesten Formen sehr ähnlich sind, zeigen einen Deckel über einem Mund, *Öffnung, Mündung*.

Schließen, zusammenschließen, zusammenpassen. Das Zeichen ist Teil vieler Begriffe, die mit Zusammenarbeit zu tun haben – in geschäftlichen Dingen oder im sozialen Leben.

Zusammen, gleich, zugleich. Das Zeichen ist im Wort *Kamerad* enthalten – einem, mit dem man oft zusammen ist und mit dem man *gut auskommt*, weil man gleiche Meinungen hat.

Es würde zu weit führen, hier alle Zeichen, die mit den Gefäßen der Vorzeit zu tun haben, zu behandeln. Nur eines, an dem mir viel liegt, will ich noch anführen. Es gehört zu den ältesten Gefäßen und hat eine so einmalige Konstruktion, wie man sie auf der ganzen Welt nicht mehr findet. Das Gefäß wird »li« genannt.

Es steht stabil auf drei hohlen Beinen, die nach unten spitz zulaufen, genau wie die für Wasser und Wein üblichen Kannen. Eine Theorie lautet, dieser Gefäßtyp sei dadurch entstanden, daß man drei der spitz zulaufenden Kannen zusammengestellt habe, damit sie auf dem Herd besser stehen könnten. Das wäre möglich. Jedenfalls handelt es sich um ein Gefäß, das beim Erwärmen den üblichen Gefäßen überlegen ist, weil mehr Oberfläche mit dem Feuer in Berührung kommt. Damit wird das Essen schneller warm, und man braucht weniger Brennmaterial.

Interessant ist aber auch die Form dieser Gefäße. Sofort fällt die Ähnlichkeit mit prallgefüllten Frauenbrüsten auf. Häufig stehen die Brustwarzen deutlich hervor, wie kurz nach dem Stillen. Das ist um so auffälliger, je älter die Gefäße sind.

Diese Ähnlichkeit ist sicher nicht zufällig. In der frühen Gesellschaft hatten die Frauen eine zentrale Stellung inne. Während die Männer kamen und gingen und oft lange Zeit auf der Jagd blieben, bedeuteten die Frauen für das Dorf Stetigkeit und Verläßlichkeit. Sie brachten die Kinder zur Welt, nährten sie und bereiteten das Essen für alle im Clan. Sie kümmerten sich um den Anbau von Feldfrüchten und sammelten Wildkräuter, und, so behauptet die Wissenschaft, sie stellten die Tongefäße für den Alltagsgebrauch und für die Zeremonien und Riten zu Ehren der Mächte des Himmels und der Erde her.

So liegt es eigentlich nahe, daß die Töpferinnen, den weichen Lehm in den Händen und das Kind an der Brust, ihren Gefäßen eine Form gaben, die der weiblichen Brust, diesem Sinnbild für Leben und Genuß, entsprach. Müssen diese Frauen nicht ein starkes Selbstwertgefühl gehabt haben, eine Freude am eigenen Körper, der Leben schenken und Leben erhalten konnte? Hätten sie sonst solche Gefäße formen können?

Es könnten ebensogut Euter von Kühen oder Schafen sein, mag manch einer unwillig einwenden.

Ich glaube das nicht. Milch war nie Bestandteil der chinesischen Küche, dasselbe gilt für Butter und Käse. Man hat nicht gemolken, die Milch in den Eutern war für die Kälber und Lämmer bestimmt, ebenso wie die Milch der Frauen für die Kinder. Und der Mensch steht eindeutig im Mittelpunkt seiner eigenen Welt. Wie die Milch der Frauen die Kinder nährte, so sollte das Essen aus dem dreifüßigen – dreibrüstigen – Gefäß der übrigen Familie Nahrung spenden. Eine sympathische und leichtverständliche Magie.

Obwohl bereits in der Jungsteinzeit gebräuchlich, erreichte dieser »Kochtopf« seine weiteste Verbreitung in der Zeit der Shang-Dynastie. Bei einigen Ausgrabungen zeigen drei Viertel aller Gefäße diese Form. Fast alle sind verrußt und schwarz vom ständigen Gebrauch. Danach scheint die Form rasch an Beliebtheit einge-

büßt zu haben, und zu Beginn unserer Zeitrechnung ist sie völlig verschwunden.

Die Verhältnisse hatten sich gewandelt. Mit dem allmählichen Rückgang der Jagd und der Entwicklung des Ackerbaus übernahmen die Männer mehr und mehr die dazu gehörenden Arbeiten und gleichzeitig die Herrschaft im Dorf. Noch in der Shang-Zeit, heißt es, habe die Frau eine starke Stellung innegehabt. König Wu Ding, der um 1300 v. Chr. regierte, setzte seine drei Frauen als »Feudalherrn« über je ein Gebiet ein. Andere Frauen hatten Stellungen als königliche Beamte, ja sogar als Heerführerinnen bei Feldzügen gegen die Nachbarvölker. Aber im Dorfleben ging die führende Stellung zusehends zurück.

Mit dem Aufkommen der Töpferscheibe, die zwar praktisch, aber schwer in der Handhabung war, übernahmen die Männer auch die Herstellung der Keramiken. Das läßt sich unter anderem an den im Lehm zurückgebliebenen Fingerabdrücken feststellen. Das Kochgeschirr änderte seine Form, der deutliche Bezug

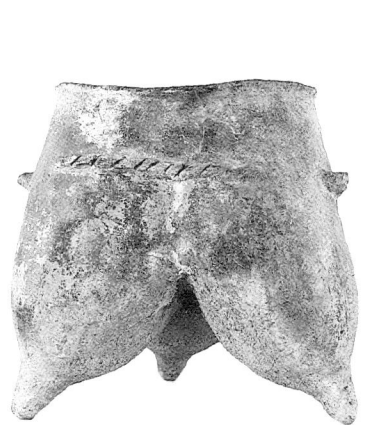
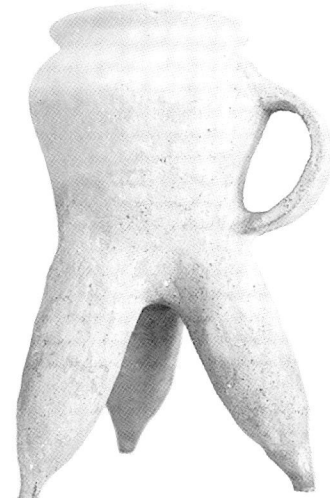
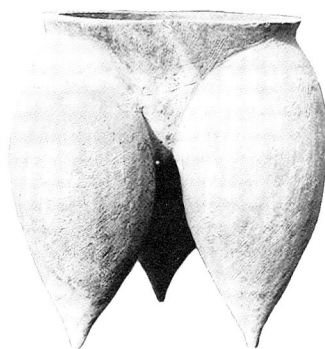

Der »Kochtopf«, genannt »li«, mit seinen drei hohlen Beinen in Form weiblicher Brüste kommt nur in China vor. Die beiden linken Exemplare stammen aus der Jungsteinzeit, das rechte aus der Zeit der Xia-Dynastie, Chinas erster Dynastie.

zu den weiblichen Brüsten verschwand. Es blieben lediglich die hohlen Beine.

Und das Zeichen für **li**? Man kann es sich nicht deutlicher wünschen.

Li muß eines der zweckmäßigsten Gefäße gewesen sein, die man jemals erfand. Oben auf der Öffnung stellte man nämlich einen weiteren Topf mit perforiertem Boden. Die Wärme des Essens, das in den dicken Beinen gekocht wurde, stieg nach oben und dämpfte das im zweiten Topf befindliche Gemüse oder Getreide. So ging nichts verloren, weder Wärme noch Geschmack.

Eine typisch chinesische Erfindung!

Diese Kombination von zwei Kochgeschirren wird als Reiskochtopf oder Dampfkochtopf bezeichnet. Demnach wäre im oberen Teil Reis gar gekocht worden, ähnlich wie wir es gelegentlich tun.

Doch das ist kaum möglich, zum einen war Reis in den Gegenden, in denen dieses Kochgeschirr vorkam, nicht üblich – man aß dort bedeutend mehr Hirse. Zum andern sind sowohl die Reis- wie die Hirsekörner so klein, daß sie durch die Löcher des perforierten Bodens gefallen wären. Als Grundnahrung diente in der Jungsteinzeit und noch während der ersten Dynastien eine kräftige Suppe aus Körnern und Fleisch, die lange gekocht werden mußte, um die richtige Konsistenz zu bekommen. Das sprach natürlich dafür, die Suppe in den runden Beinen zu kochen und die Gemüse im oberen Topf zu dünsten. Diese Deutung wird von einer Inschrift auf einem der Kochgefäße gestützt, das speziell zur Verwendung auf Reisen vorgesehen war, »um darin Suppe aus Reis und Hirse zu kochen«.

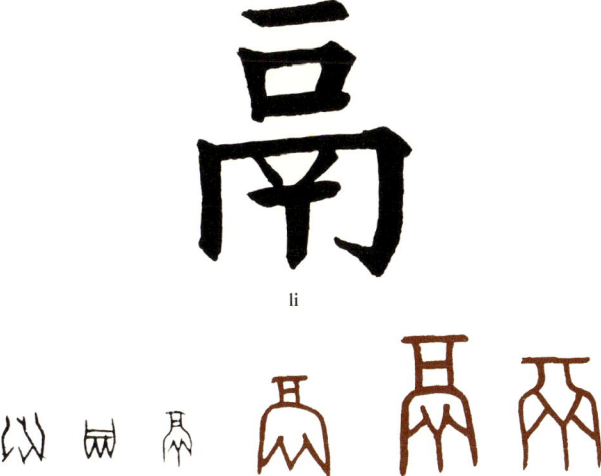

li

Dampfkochtopf aus Buzhaohai in der Nähe von Yangshao. Jungsteinzeit.

ding

In der Shang-Dynastie wurden einige Gefäße des täglichen Gebrauchs in Bronze gegossen, sie waren der Verwendung für die Ahnenopfer vorbehalten. Li blieb auch als Bronzetopf ein gewöhnliches Gefäß. Ein weiteres Gefäß, das ebenso auf die Jungsteinzeit zurückgeht, wird »ding« genannt. Anfangs war es rund und hatte drei Beine, später wurde es eckig, und ein viertes Bein kam hinzu. Und es nahm an Größe und Bedeutung zu. Aus einem Kochtopf für das einfache Volk wurde ein heiliger Opfertiegel und ein Symbol der staatlichen Macht. Der größte runde Tiegel, den man bisher fand, wiegt 226 Kilo. Der größte viereckige wiegt 875 Kilo und ist 1,33 Meter hoch.

Ich möchte hier an die Geschichte der großen Flut erinnern, die zur Entstehung der Xia-Dynastie im Jahre 2205 v. Chr. geführt haben soll. Als es dem Großen Yu damals nach jahrelanger Arbeit gelungen war, das Wasser in einem geregelten Lauf zum Meer abfließen zu lassen, so daß das Land wieder genutzt werden konnte, teilte er es in neun Provinzen ein und ließ als Symbol je einen großen Bronzetiegel gießen. Zusammen repräsentierten »Die neun ding« die Macht des Herrschers und des Staates. Als die Xia-Dynastie nach gut 400 Jahren ihr Himmelsmandat verlor, übergab man die neun kostbaren Gefäße an die nachfolgende Shang-Dynastie, die sie ihrerseits, wie es in historischen Dokumenten belegt ist, an die Zhou-Herrscher weitergab.

Der tiefe, schwere Shang-Topf ganz oben mit seinen spitzen massiven Beinen zeigt anschaulich, wie die ersten ding aussahen. Sie waren einfach und schlicht wie die Bronzezeichen aus dieser Zeit.

Allmählich bekamen die Gefäße ein etwas leichteres Aussehen, und die Beine wurden immer kunstvoll gestaltet. Bei vielen Gefäßen der Zhou-Zeit scheinen tatsächlich die Beine das Wichtigste zu sein, oft haben sie die Form von Vögeln oder anderen Tieren angenommen.

Diese Gefäße sind die Grundlage für das Zeichen **ding**.

Die Tongefäße wurden in der Jungsteinzeit in Erdgruben gebrannt. Die eigentliche Feuerstelle befand sich ein Stück entfernt, etwas unterhalb der Brennstelle, und die Hitze wurde unterirdisch dort hingeleitet. Über dem Ofen befand sich eine Abdeckung, die man wahrscheinlich für jeden Brennvorgang neu baute.

Der östliche Teil des Dorfes Banpo diente dem Brennen der Tongefäße. Man hat sechs verschiedene Öfen gefunden, in einem waren sogar noch Gefäße, die aus irgendeinem Grund nicht mehr gebrannt worden waren.

Im Museum neben der Steinzeitsiedlung wird der Brennofen mit Hilfe des untenstehenden Schaubildes erklärt. In den vorderen Ofen werden gerade zwei Schüsseln gestellt, die gebrannt werden sollen, im zweiten, geschlossenen Ofen ist der Brennvorgang dargestellt. Außerdem wird der Ofen im Längsschnitt gezeigt.

Irdenware, Tongefäße

Öfen dieser Art waren noch bis weit in die Shang-Zeit in Gebrauch, zum Teil bis in die Zhou-Zeit, und die Vermutung liegt nahe, daß das Zeichen **Irdenware, Tongefäße** auf einen solchen Ofen zurückgeht. Der untere Teil des Zeichens wäre dann die Grube oder Öffnung, in die man die zu brennenden Tonwaren stellte. Der obere Teil würde für die Abdeckung stehen. Die Bilder, insbesondere die Bronzezeichen, sind allerdings nicht sehr deutlich.

Rekonstruktion eines Brennofens. Museum in Banpo.

Hanf und Seide

Hier sehen wir zwei Bündel **Hanf**. Es handelt sich um eine Pflanze mit sehr langen, dünnen und zähen Fasern, aus denen man in China seit mindestens 6000 Jahren Seile und Netze hergestellt. Zur Fasergewinnung müssen die Stiele von der äußeren Schicht befreit werden. Dazu läßt man den Hanf entweder nach der Ernte auf dem Feld an Harfen hängen und setzt ihn Wind und Wetter aus, oder man weicht die Stiele ein, um den Auflösungsprozeß zu beschleunigen, und hängt sie danach zum Trocknen auf. Dieser Vorgang könnte in dem Zeichen festgehalten worden sein.

Es gibt verschiedene Sorten von Hanf. Einige werden zwei bis drei Meter hoch; aus ihnen fertigt man nach wie vor Seile, Netze und Säcke, also eher grobes und stark strapazierfähiges Zeug. Vielleicht bedeutet deshalb das Zeichen für Hanf auch **rauh, grob, uneben**. Eine hochwachsende Sorte ist bei uns unter dem lateinischen Namen *Cannabis sativa* bekannt. Man hat daraus in China schon seit Urzeiten Beruhigungsmittel für bestimmte Krankheiten gewonnen, doch zu einem allgemein verbreiteten Rauschmittel wurde es erstaunlicherweise nie.

Die Pflanze gedeiht in sonnigen, trockenen Hochlagen, liebt aber ebenso nährstoffreichen Boden und wurde deshalb auch auf kultivierten Böden heimisch. Die Nomadenstämme im Norden, vor allem ihre Schamanen, wenden den Hanf als Droge an, um sich in Trance zu versetzen, vermutlich haben sie die Pflanze einmal nach Zentralasien und Indien gebracht, wo sie seit langem als Droge benutzt wird.

Das Zeichen für Hanf findet man in den Zeichen für *schmerzstillend, betäubend, abgestumpft* und *apathisch* sowie in den Namen mehrerer wichtiger Heilkräuter wie *Gastrodia elata*, »Himmlischer Hanf«, ein bekanntes Mittel gegen Rheuma, und *Ephedra sinica*, »Ephedrin«, das weltweit gegen Bronchitis und Asthma verwendet wird. Keine dieser Pflanzen gehört zur selben Familie wie der Hanf, aber weil Hanf schon sehr früh zu Heilzwecken benutzt wurde, ordnete man andere Heilkräuter mit ähnlicher Wirkung diesem Namen unter.

天麻
»Himmlischer Hanf«, *Gastrodia elata*

Das Zeichen ist auch Teil von zusammengesetzten Wörtern für Krankheiten mit starkem Hautausschlag, wie beispielsweise Masern und Lepra. Und jemand, der Pocken gehabt hat, wird wegen seiner Narbe »Pockennarbe« genannt.

麻子
Pockennarbe

Hier wird das Zeichen vermutlich in übertragener Bedeutung verwendet – wie sieht jemand aus, dem man eine Handvoll Hanfsamen ins Gesicht geworfen hat? Eine grauenhafte, aber deutliche Vorstellung von einer von Pockennarben entstellten Haut.

Der niedrige, buschige Hanf liefert viele Samen. Früher hat man daraus einen Brei gekocht, in der chinesischen Antike galt Hanf sogar als »Getreide«. Die Samen wurden aber vor allem zur Gewinnung von Öl benutzt. Das könnte erklären, warum das Zeichen für Hanf auch in den anderen wichtigen Ölpflanzen wie *Sesam* und *Flachs* vorkommt, die in späteren Zeiten nach China eingeführt wurden. Botanisch gesehen besteht nämlich keine Gemeinsamkeit mit dem Hanf.

Aus der Faser der männlichen Hanfpflanze kann man einen ausgezeichneten Stoff weben, fest und leicht, im Sommer kühl und schweißaufnehmend.

Hanf gehört zu den Nesselgewächsen, und das leichte Nesseltuch war auch bei uns bekannt. In China verwendet man seit alten Zeiten eine Nesselsorte, die »Chinagras« oder Ramie genannt wird, auf lateinisch heißt sie *Boehmeria nivea*. Sie wird nach wie vor in den südlichen Landesteilen angebaut und ist tatsächlich eine sehr praktische Pflanze. Schneidet man die langen Stengel ab, wachsen rasch neue nach. Wenn man mit dem Wetter Glück hat und der Boden gut ist, kann man drei- bis viermal pro Jahr ernten. Der Stoff, den man aus der Ramie-Faser webt, ist fast genauso schön und angenehm zu tragen wie Seide. Das Zeichen für Hanf ist sowohl in *Nessel* wie in *Ramie* enthalten.

Die Baumwolle, die man heute als typisch chinesisch ansieht, wurde erst in der Yuan-Dynastie angebaut und ersetzte seit dem 17. Jahrhundert den Hanf als wichtigste Faser zur Herstellung von gewöhnlichem Stoff. Bei Begräbnissen trägt man allerdings noch immer Kleider aus ungefärbtem Hanf.

Kaum etwas ist so nutzlos wie ein zerschlissenes Nylonhemd. Zerschlissene Kleidung oder alte Seile und Netze aus Hanf dagegen kann man zu Papier verarbeiten, indem man alles verkleinert und daraus einen Faserbrei kocht. Der Brei wird dann als dünne Schicht auf eine Schilfmatte oder ein engmaschiges Sieb gestrichen und getrocknet. Diese Art, Papier herzustellen, ist typisch chinesisch. Sie zeugt von Sparsamkeit, Findigkeit und einem Sinn fürs Praktische und ist vielleicht Chinas bedeutendster Beitrag zur Kultur. Nichts geht verloren, sondern ersteht in neuer Form. Im Prinzip hat sich an der Papierherstellung nichts geändert, nur erfolgt sie heute industriell in großen Betrieben. Das älteste erhaltene Papier stammt aus dem 1. Jahrhundert v. Chr. Es ist vergilbt, aber auch nach mehr als zweitausend Jahren nicht spröde, obwohl es nur 0,01 Millimeter dick ist.

Papierherstellung in der Han-Zeit. Der flüssige Faserbrei wird auf Rahmen gestrichen und getrocknet bis zum fertigen Blatt Papier. Heutige Zeichnung.

Dieses Papier wurde vorwiegend zur Verpackung wertvoller Gegenstände benutzt. Aber bereits zweihundert Jahre später, im Jahr 105, gelang es dem Minister Cai Lun und seinen tüchtigen Papiermachern im kaiserlichen Palast, ein Papier herzustellen, das so dicht und fest war, daß man mit Tusche und Pinsel darauf schreiben konnte.

Noch lange Zeit blieb Hanf der wichtigste Rohstoff für die Papierherstellung. Während der Tang-Dynastie (618–906) wurden 80 Prozent des Papiers aus Hanf gemacht. Dann traten andere Rohstoffe wie Bambus, die Rinde des Maulbeerbaumes und Reisstroh an seine Stelle.

Sechshundert Jahre lang waren die Chinesen das einzige Volk, das Papier herzustellen wußte. Da besiegten im Sommer 751 die Araber die chinesische Armee am Talas-Fluß in Zentralasien. Es war eine der bedeutendsten Schlachten der Weltgeschichte, denn mit ihr begann der Niedergang der Tang-Dynastie. Die jahrhundertelange Verbindung mit dem Abendland war zerrissen, China blieb hinter seinen natürlichen Schranken aus Wüsten und Gebirgen isoliert.

Einige der chinesischen Kriegsgefangenen, die den Arabern in die Hände fielen, waren Papiermacher. Unter ihrer Leitung entwickelte sich Samarkand zu einem Zentrum der Papierherstellung in der arabischen Welt. Es dauerte tausend Jahre, bis die Technik des Papierherstellens über Asien und Nordafrika 1150 nach Spanien gelangte und sich in den folgenden Jahrhunderten in Europa verbreitete. Ende des 17. Jahrhunderts kam die Technik nach Nordamerika. Heute weiß jedes Kind, was Papier ist; was wäre unsere Kultur ohne diese Erfindung?

Aus Hanf gefertigtes Papier wird im heutigen China wie einstmals nur zu Verpackungszwecken benutzt. Für die verschiedensten Zwecke gibt es spezielles Papier. Von dem berühmtem Xuan-Papier aus Anhui sind 90 verschiedene Sorten zu haben, eine reiche Auswahl nicht nur für Künstler und Buchbinder. Was Papier betrifft, sind die Chinesen Fachleute. Sie wählen ihr Papier, je nach Verwendungszweck, mit derselben Sorgfalt wie ein Franzose den Wein zum Sonntagsmenü. Was nehmen wir? »Tigerfellpapier« oder »Kaltes Gold«?

Das Herstellen von Papier ist eine relativ einfache Prozedur – auch wenn es ganz exklusive Sorten gibt, die erst nach einem Jahr und etwa hundert Arbeitsgängen fertig sind. Wesentlich komplizierter ist das Verweben von Seide. Die Chinesen beherrschen diese Kunst seit der Jungsteinzeit. Der älteste Seidenstoff, den man bisher fand, soll 4700 Jahre alt sein. Man hat jedoch auch Seidenbänder gefunden, die nach der Radio-C^{14}-Methode noch 500 Jahre älter sind.

Die Seidenraupe ist in China heimisch, ebenso wie der Maulbeerbaum, von dessen Blättern sie lebt. Sie führt ein kurzes, aber intensives Leben. Vom Schlüpfen aus dem Ei bis zum Einspinnen in einen Kokon einen Monat später wächst die Raupe um das Dreißigfache und wird zehntausendmal schwerer. Dann bleibt ihr nicht mehr viel Zeit, eine Woche bis zehn Tage, und die Raupe hat sich in einen Schmetterling verwandelt, der aus dem Kokon schlüpft. Es ist ein graues und unansehnliches Tier ohne Mundöffnung, denn es braucht keine Nahrung mehr. Seine einzige Aufgabe im Leben ist die Fortpflanzung, und die muß schnell vonstatten gehen, ehe der Schmetterling nach wenigen Tagen abstirbt.

Die Aufzucht solcher Tiere ist keine Freizeitbeschäf-

tigung. Allein das Pflücken der Blätter zur Ernährung der Raupen ist harte Arbeit, die viele Hände benötigt. Eine Tonne Laub – die Blätter von 30 ausgewachsenen Maulbeerbäumen – ist erforderlich, um fünf bis sechs Kilogramm Seide zu bekommen, wovon nur etwa die Hälfte zur Gewinnung des geschätzten endlosen Fadens geeignet ist.

Die Raupen sind sehr empfindlich, schon der kleinste Wetterumschlag kann eine Katastrophe bedeuten. Und sobald sie sich verpuppt haben, muß sorgfältig überwacht werden, daß keine den Kokon durchbricht, denn dann wird der wertvolle Seidenfaden zerstört.

Der Faden ist ungefähr einen Kilometer lang. Um ihn abhaspeln zu können, taucht man den Kokon in heißes Wasser. Dabei stirbt der Schmetterling, und der Kokon weicht genügend auf, daß man das Ende des Fadens finden und abhaspeln kann. Ein einzelner Faden wäre zu fein, daher faßt man jeweils drei bis acht Kokonfäden zusammen.

Hier einige Zeichen für **Seide** auf Orakelknochen und Bronzen. Eine Erklärung lautet, es handele sich um einen gehaspelten Garnstrang aus Seide, eine andere sieht darin Kokons mit dünnen Seidenfäden.

Seide

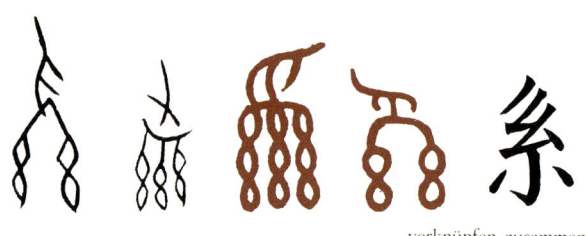

verknüpfen, zusammen-
binden

Kokonfäden werden aufgehaspelt. Seidenspinnerei in Suzhou.

Für die zweite Erklärung spricht meiner Meinung nach sowohl die Form des Zeichens für *verknüpfen, zusammenbinden*, die eher Kokons und Fäden darstellt als einen Haspelstrang, als auch das Bild von dem tatsächlichen Vorgang, wenn die Kokons aus dem heißen Wasser geholt werden, um die feinen Fäden aufzuhaspeln. Im modernen Zeichen wurde die Hand, die die Kokons hält, auf einen einzigen Strich reduziert. Das Zeichen für Seide wird schon auf den Orakelknochen häufig doppelt geschrieben, und so sieht das Zeichen noch heute aus, um *Rohseide* oder *Seidenmaterial* im allgemeinen zu bezeichnen. In Zusammensetzungen wird entweder der linke oder der rechte Teil des Zeichens verwendet.

In der Grammata Serica, Bernhard Karlgrens Lexikon der chinesischen Sprache, wie sie in Seres – dem Seidenland – um 600 v. Chr. gesprochen und geschrieben wurde, finden sich in Verbindung mit Seide fast 200 Zeichen.

Etwa fünfzig davon haben zu tun mit *zusammenbinden, flechten, verknüpfen*, oder *Strick, Seil*. Es finden sich Spezialbegriffe für die Stricke, die man brauchte, um die Haustiere anzubinden oder auf die Weide zu führen, für das Brunnenseil, für die kräftigen Schnüre, die das Fischernetz oben halten, für die Zügel, die Steigbügelriemen und den Schweifriemen des Pferdes. Auch Bogensehnen und Instrumentensaiten gehören in diese Gruppe. Und zwei Zeichen bedeuten *erwürgen, erdrosseln*! Wenn der Kaiser einem seiner Minister nicht mehr vertraute, schickte er ihm diskret ein Päckchen mit einer Seidenschnur, die geeignet war, sich damit zu erhängen – und damit war die Karriere beendet.

Die übrigen Zeichen haben direkt mit Seide oder mit Textilverarbeitung im allgemeinen zu tun, es sind Bezeichnungen von Arbeitsschritten oder Stoffqualitäten, Namen für Kleider oder Zierat.

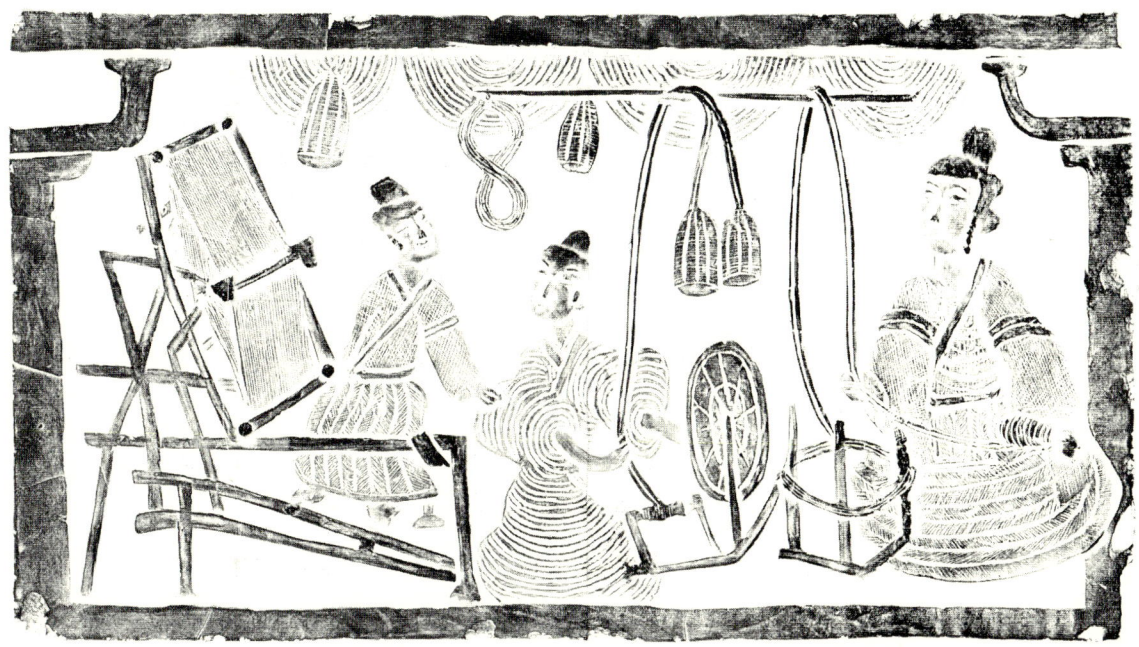

Drei Personen, die weben, spinnen und eine Kette vorbereiten. Über einer Stange an einer Decke ein Strang Garn. Grabdekor aus der Han-Zeit.

Zu allen wesentlichen Schritten der Seidenherstellung – es sind über hundert – gibt es Zeichen, andere wiederum drücken die zeitraubende Arbeit aus. Es kommt zu *Knoten* und *Verhedderungen*, wenn man die *dünnen Fäden*, die hauchfein sind, *aufhaspelt*. Hat man sie *verzwirnt* und auf Spulen gebracht, kommen sie auf den *Schärrahmen* und danach auf den Webstuhl. Für einen Stoff von einem halben Meter Breite und mittlerer *Qualität* benötigt man 3000 Kettfäden, für eine erstklassige Qualität 7000–8000. Natürlich kommt es immer wieder zu *Verwirrungen*, man muß *entwirren* und in *Ordnung bringen*, erst dann kann das eigentliche *Weben* beginnen.

Die Qualität der Seide entscheidet über die Art des *Stoffes*. Schon in der Zhou-Zeit gab es mindestens fünfzehn verschiedene Stoffarten, jede mit eigenem Namen. Meist webte man *einfache*, *ungefärbte*, ziemlich *grobe* Stoffe, manchmal aber auch *gemusterte* mit *verschiedenen Farben*. Daß es Zeichen für gemusterte und

mehrfarbige Stoffe gibt, halten Textilfachleute für bemerkenswert. Es sei ein Beweis, daß die Chinesen der Vorzeit *Webstühle* benutzten, wie sie in Europa erst gegen Ende des Mittelalters, also 2000 Jahre später, üblich wurden.

War das Gewebe, das Ergebnis so mancher Mühe, fertig, mußte man nur den Stoff *abschneiden* und *zusammenrollen*. Dann konnte man ihn bleichen oder mit einer der dreizehn Farben, die zum Zeichen für Seide gehören, beispielsweise *Rot* oder *Grün*, färben.

Man webte auch *Bänder*, *Gürtel* und *Taschentücher* und *nähte Sandalen* und *Taschen*. Man *stickte Borten* für *Kleidersäume* oder *Mützenränder*, und man fertigte *Quasten* aller Art an. Manche wurden vorn an den Schuhen befestigt, andere hängte man sich zur Verzierung an den Hut oder schmückte damit die Pferde. All diese Dinge haben ein eigenes Zeichen, und alle gehören zum Zeichen für Seide.

Trauerzug in Taiwan.

Enkel

Das vereinfachte Zeichen für Enkel.

Wenn jemand starb, zog man weiße Trauerkleidung an, denn in China ist die Farbe der Trauer Weiß, und nicht Schwarz wie bei uns.

Vor vielen Jahren habe ich einen Trauerzug in Taiwan gesehen. Dem Sarg folgte die ganze Verwandtschaft, alle gingen nach vorn gebeugt und trugen weiße Kapuzen. Sie *hielten* sich an einem dicken, weißen *Seil fest* – Kinder und Erwachsene. Damals verstand ich zum erstenmal das Zeichen für *eng verbunden, Reihe, Fortsetzung* und für *Enkel*, dessen Konstruktion mir bis zu diesem Tag unerklärlich war.

Der Seidenfaden enthält einen natürlichen Leim (Sericin), der dem Faden zusätzliche Reißfestigkeit verleiht und das Weben erleichtert. Ein nicht von Sericin befreiter Seidenfaden läßt sich schlecht färben. Wollte man einen mehrfarbigen, gemusterten Stoff weben, mußte man das Garn vorher waschen und färben. Aber dadurch wurde das Weben beträchtlich erschwert, gegenüber dem einfachen Stoff, den man nach dem Weben am Stück färben konnte.

Früher stammten die meisten Farben von Pflanzen, bei einigen, z.B. Gelb, brauchte man Zusätze von Mineralien. Eine beliebte rote Farbe erhielt man aus dem Saft eines Baumes. Die blaue Farbe, die als typisch chinesisch gilt, gewann man aus dem in Nordchina heimischen Indigogewächs, Polygonum tinctorium (Färberknöterich), das zur Art der Hülsenfrüchte gehört. Mit Ausnahme des Indigo verwendet man inzwischen nur noch chemische Farben.

Aus der übriggebliebenen Seide – z.B. Kokons, aus denen die Raupen zu früh schlüpften, oder hoffnungslos verworrenen Fäden – machte man *Watte*, ein Futter für die Winterkleidung. Die Seidenwatte oder Seidenflor, wie man auch sagt, ist ein leichtes, dünnes und anschmiegsames Material, das anderen Materialien, wie z.B. Daunen, überlegen ist. Meine älteste Wintermütze ist mit Seidenflor gefüttert und wärmt wie ein Pelz. Dabei ist sie federleicht.

Der Vorgang zur Gewinnung von Seidenwatte ist einfach. Die Kokons werden gekocht und geklopft, bis eine weiche Masse entsteht, die man wäscht und auf einer dünnen Bambusmatte trocknet. Entfernt man die Watte dann von der Matte, bleibt eine dünne Schicht Seide zurück. Früher benutzte man diese zum Schutz für kostbare Gegenstände, ähnlich wie wir Seidenpapier verwenden, und man versuchte auch, darauf zu schreiben. Auf die billigere Pflanzenfaser zur Herstellung von Papier kam man erst später.

Aber auch auf Seidenstoff schrieb man lange Zeit, und das Zeichen für Seide ist deshalb in dem Zeichen für *Papier* enthalten.

Seide und Seidenstoffe waren für viele Dynastien neben Getreide der einträglichste Rohstoff und spielten bei der Steuererhebung eine wichtige Rolle. Seidenstränge und eine bestimmte Stoffgröße galten deshalb zu bestimmten Zeiten als Zahlungsmittel. Einer Bronzeinschrift aus dem 9. Jahrhundert v.Chr. ist zu entnehmen, daß ein Pferd und ein Strang Seide genausoviel wert waren wie fünf Sklaven.

Auf dem Deckel eines Bronzegefäßes aus der Han-Dynastie sieht man eine Gruppe von Frauen beim Weben. Sie haben den Zeugbaum mit einem Gürtel um den Rücken befestigt und halten die Kettfäden gespannt, indem sie die Füße gegen den Kettbaum stemmen. Diese Rückengurtweberei existiert seit der Steinzeit und ist noch heute bei einigen Minderheiten-

Webende Frauen. Deckel eines Bronzegefäßes aus der Han-Zeit.

völkern in China und bei den Indianern Südamerikas gebräuchlich.

Vermutlich hat so der erste Webstuhl in China ausgesehen. So einfach er aussieht, kann man doch erstaunlich schöne und aufwendige Stoffe darauf weben. Einige der exklusivsten Kimonostoffe Japans werden auf dem sogenannten Ji-bata-Webstuhl, der auf demselben Prinzip beruht, hergestellt.

Kette

Vielleicht stand für das Zeichen *Kette* eine der frühen, einfachen Webstühle Pate. Das Zeichen besteht aus zwei Teilen, links Seide und rechts etwas, das nach dem Shuowen-Lexikon *Wasserader* bedeuten soll, ohne daß dafür ein Beweis aus einer Inschrift oder einem Text beigefügt wäre.

Karlgren meint, daß gerade dieser Teil wahrscheinlich die ursprüngliche Form wiedergibt. Vielleicht, so schreibt er, ist es das Bild eines Webstuhles.

Jeder, der schon einmal gewebt hat, versteht das Bild. Man sieht die Kettfäden wie eine Klaviatur vor sich, und die Hände greifen bereits nach Garnen und Stoffstreifen, um sie einzuschießen.

Die Chinesen fassen die Weberei allerdings anders auf als wir. Für uns ist der Schuß oder Einschlag das Wichtigste. Weben wir in Schweden beispielsweise einen Flickenteppich, ist die Kette grob und billig, wir legen keinen besonderen Wert darauf. Für das Webstück entscheidend sind die Stoffstreifen aus alten Kinderhosen und Sommerkleidern, und auch beim Weben unserer Wandteppiche sind die Schußfäden das Wesentliche.

Nicht so bei den Chinesen. Für Stoffe war im alten China das Grundlegende die Kette. Das ist nicht verwunderlich, denn Seide ist stark und kann um ein Viertel ihrer Länge gedehnt werden, ohne zu reißen. Außerdem ist sie dünn. Man konnte deshalb Ketten aufziehen, die viel länger und dichter waren als unsere, und man konnte dem Stoff ein durchgehendes, reich-

haltiges Muster geben – Möglichkeiten, die bei Wolle oder Leinen undenkbar wären. Eine Kette ist für die Chinesen nicht nur eine einfache Voraussetzung, die der Weber braucht, um seine Geschicklichkeit zu entfalten, die Kette ist das entscheidende Grundmaterial. Von ihr hängt das Aussehen des Webstücks ab – die Muster, geometrischen Figuren, Wolken, Blumen und Vögel.

Dieser anspruchsvollen Weberei entspricht bei uns die Fertigung von Damastdecken aus Leinen – ein historisch später Versuch, in Europa etwas von der Schönheit der chinesischen Seidenstoffe nachzuempfinden.

Bei dieser außergewöhnlichen Bedeutung der Kette für die chinesische Webkunst ist es selbstverständlich, daß das Zeichen für Kette auch Ausdrücke umfaßt wie *hindurchgehen, passieren, erleben, regeln, regelmäßig, beständig*. Wie die Kette im Gewebe verlaufen die *Adern* im Körper, die *Wasseradern* in der Erde und das gewaltige Netz der *Energielinien* um den Erdball.

Genauso selbstverständlich, wie die Frauen beim Weben die Kette mit dem Rücken spannten, beruhte auch das Leben des Menschen in der Gesellschaft auf Regeln, Gesetzen und Bräuchen, die sich im Laufe der Zeit gebildet haben. Sie sind in übertragener Bedeutung die moralische »Kette«, die Zeiten und Generationen durchzieht und unsere Art zu leben und zu denken bestimmt. Deshalb erhielten auch die wichtigsten klassischen Werke die Bezeichnung »Kette«. Die dreizehn bedeutendsten galten über mehr als zweitausend Jahre als *Kanon* oder *Regelsammlung*, wonach man sein Leben auszurichten versuchte. In vieler Hinsicht sind diese Bücher noch die »Ketten« in der chinesischen Gesellschaft.

Das vereinfachte Zeichen
für (Web)-Kette.

Zu Beginn der Han-Zeit, als man in Yunnan die kleine Gruppe der Weberinnen auf dem Bronzedeckel schuf, war der dort verwendete einfache Webstuhl in den höher entwickelten Teilen des Landes seit tausend Jahren abgeschafft. Bereits in der Shang-Zeit webte man in den Städten um den Gelben Fluß Damast mit komplizierten geometrischen Mustern, und schon zu Beginn der Zhou-Zeit wurde Brokat, der anspruchsvollste Stoff der Welt, gewebt.

Aus der Shang-Zeit sind nur wenige Stoffe erhalten, unter anderem ein Stück einfarbiger Damast aus einem Grab in Anyang. Viele Gegenstände wurden aber, ehe man sie in die Gräber legte, in Seide eingewickelt. Die Stoffe selbst sind zwar verrottet, aber die Feuchtigkeit in den Gräbern ließ die Bronzeäxte und die Bronzegefäße korrodieren; dabei bildeten sich deutliche Abdrucke der Stoffe, aus denen der Fachmann erkennen kann, wie der Stoff einmal gewebt war.

Als sich die Han-Dynastie (206 v. Chr.–220 n. Chr.) noch vor Beginn unserer Zeitrechnung nach Zentralasien hinorientierte, spielte die Seide eine wichtige politische Rolle. Um den Einfluß bei den Nomadenvölkern der Steppen und Wüsten zu vergrößern und sie durch diplomatische Verbindungen in ihren Machtbereich zu ziehen, überhäuften die Chinesen sie mit kostbaren Geschenken, vor allem mit Seidenstoffen. Allein im Jahr 1 v. Chr. übergab man 30 000 Rollen Seidenstoff an die Xiongnu, einen Volksstamm, der damals die Steppen im Nordwesten beherrschte.

Chinesische Seide war bereits einige hundert Jahre früher auf verschiedenen Wegen nach Europa gelangt; zu einem geregelten Handel kam es aber erst, als sich das Römische Reich so weit nach Osten ausdehnte, daß es fast die äußersten Vorposten des Han-Reiches in den Wüsten nördlich des Pamirgebirges erreichte. Zu einem direkten Kontakt zwischen den beiden Reichen kam es nie – der Handel lag in den Händen asiatischer und arabischer Kaufleute. Doch seit der Zeit von Kaiser Augustus war Seide allgemein in Gebrauch und galt bei den vornehmen Ständen Roms als wichtiges Statussymbol. Die römischen Importe bestanden fast aus-

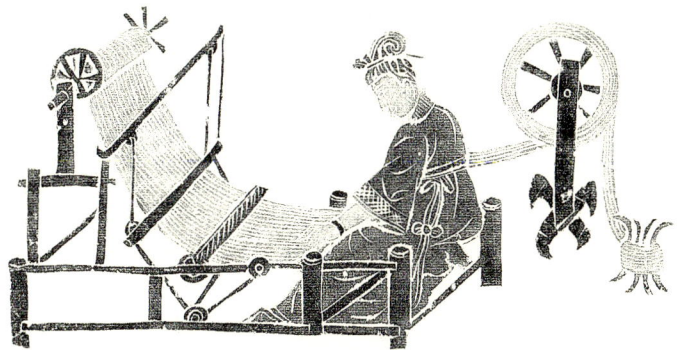

Altertümliche Form eines Webstuhls für Seidenvoile, ein dünnes, schleierartiges Gewebe. Yuan.

schließlich aus Seide, die während der ersten Jahrhunderte der Kaiserzeit in den Städten am östlichen Mittelmeer gefärbt und gewebt wurde, wo die Karawanenwege nach 6000 Kilometern ihren Endpunkt erreichten.

Auch in anderen Teilen des Römischen Weltreiches entwickelte sich die Seidenweberei in großem Stil, unter anderem in Konstantinopel, seit 395 Hauptstadt des Byzantinischen oder Oströmischen Reiches.

Das Hauptproblem bestand im regelmäßigen Nachschub an Seide. Plötzlich aufflammende Konflikte zwischen Rom und dem einen oder anderen Volksstamm Zentralasiens oder auch zwischen China und den Nomadenvölkern konnten den Handel zeitweise zum Erliegen bringen. Dies änderte sich schlagartig im Jahr 552, als man Eier von Seidenschmetterlingen nach Konstantinopel brachte. Wie es ganz genau dazu kam, ist unklar.

Einer besonders phantastisch anmutenden Erklärung nach sollen einige Mönche (oder Kaufleute) die Eier in einem ausgehöhlten Bambusstock geschmuggelt haben. Schwer verständlich erscheint mir allerdings, wie man mit diesen verhältnismäßig wenigen Eiern eine Seidenproduktion aufbauen konnte. Wer in Konstantinopel war mit dem Lebenszyklus der Seidenraupe und den technischen Details in der Handhabung der dünnen Fäden genügend vertraut? Man weiß es nicht. Aber das Experiment gelang. Um das Jahr 1000 hatten auch die Italiener und die Spanier gelernt, Seidenraupen zu züchten und Seide herzustellen. Trotzdem war man in

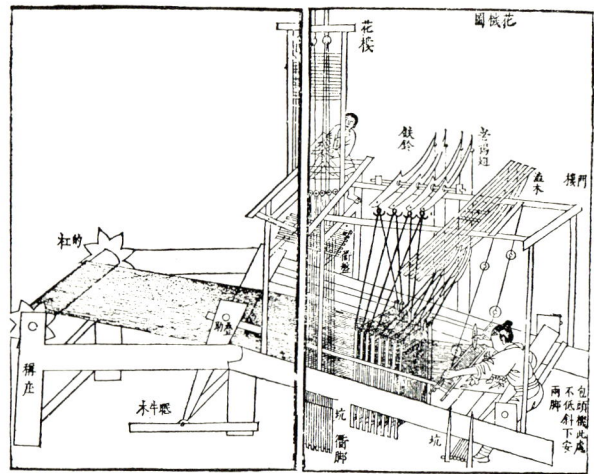

»Zugwebstuhl« aus dem großen Werk Tian Gong Kai Wu, (»Über die Anwendung der Natur«) aus dem Jahr 1637. In diesem Buch wurden landwirtschaftliche und handwerkliche Tätigkeiten zusammengefaßt. Ein Vorläufer von Diderots Enzyklopädie.

In den vierziger Jahren, als Aufruhr und Krieg im Land herrschten, fehlte es an allem, und so webten sich die Soldaten der Roten Armee auf einem einfachen Webstuhl, wie er vermutlich dem Zeichen zugrunde liegt, ihre Stoffsandalen selbst. Dabei benutzten sie keine Seide, wie das Zeichen zeigt, sondern Strohhalme und Hanf. Foto aus Nanniwan in Shaanxi.

Webstuhl
(Bronzeinschrift)

Europa bis zum 15. Jahrhundert auf den Import von Seide aus China angewiesen.

In China webte man zur Han-Zeit auf einem Webstuhl mit zwei Tritten und einem festen, schräggestellten Rahmen (vgl. die Abb. S. 217). Dieser Webstuhl war seinerzeit der modernste der Welt.

Um Brokat zu weben, war ein bedeutend komplizierterer Webstuhl erforderlich, ein sogenannter »Zugwebstuhl«. Ein solcher scheint bereits in der Zhou-Zeit benutzt worden zu sein – den Beweis liefern die Brokate, die aus dieser Zeit erhalten sind –, man weiß aber sehr wenig über sein Aussehen. Die beste Darstellung der klassischen Form eines voll ausgereiften Zugwebstuhles stammt aus dem Jahr 1637. Gezeigt wird ein Webstuhl, der zwei Stockwerke hoch ist und von zwei Personen bedient wird, einer, die das Webschiffchen durch die Kette wirft, und einem »Ziehjungen«, der nach einem bestimmten Musterschema die Kettfäden aushebt.

Der Zugwebstuhl gelangte irgendwann im Spätmittelalter nach Europa und bewirkte dort einen kräftigen Aufschwung in der Seidenproduktion. Im Jahr 1801 zeigt der Franzose J. M. Jacquard, daß man das Hochziehen einzelner Kettfäden statt von einem »Zugburschen« von Folienkarten über Fühlnadeln und Hebemesser steuern konnte. Diese Folienkarte funktionierte wie das Programm in einem Computer. Die Weber griffen diesen Webstuhl und seinen Erfinder heftig an, denn viele verloren durch ihn ihre Arbeit. Doch der Fortschritt ließ sich nicht aufhalten, und heute webt man auch in China die kostbaren Brokate auf Jacquardwebstühlen.

Außerhalb der großen Textilfabriken sind noch viele von den alten Webstühlen in Gebrauch. In Yunnan und Tibet benutzt man nach wie vor die am eigenen Leib befestigten einfachen Webstühle, und bei den Bauern gibt es überall den vom örtlichen Schreiner gezimmerten Webstuhl. Im Winter, wenn die Arbeit auf den Feldern ruht, setzt sich so mancher an seinen Webstuhl. Man webt allerdings keine Kleiderstoffe mehr für die Familien – die kauft man besser beim

Weberin im Dorf Fengxian bei Xi'an. 1982.

Kaufmann an der Ecke –, sondern grobe Baumwollstoffe für Säcke, Beutel, Kissen usw.

Im Jahre 1971 wollte man in Changsha ein neues Krankenhaus bauen. Bei den Baggerarbeiten stieß man auf ein Grab aus der Han-Dynastie. Die Ausgrabungen und ihre archäologische Auswertung brachten eine weltweite Sensation: Luftdicht eingeschlossen in Holzkohle und weißem Lehm hatte der Körper der Fürstin von Tai mit all ihren Grabbeigaben die Zeiten überdauert.

Die Fürstin war nach 2100 Jahren noch so gut erhalten, daß man sie obduzieren konnte. Sie besaß die Blutgruppe A, war zum Zeitpunkt ihres Todes im Jahr 165 v. Chr. leicht verkalkt, hatte Gallenbeschwerden und litt unter Bilharziose sowie den Folgen einer Tuberkulose. Haut und Gewebe waren immer noch elastisch. Als man eine Konservierungsflüssigkeit spritzte, entstanden Schwellungen, die später verschwanden.

Unter all den Kunst- und Gebrauchsgegenständen, die man ihr mitgegeben hatte, sind besonders die Textilien bemerkenswert. Für Archäologen ist es sehr ungewöhnlich, so alte, gut erhaltene Stücke von solcher Qualität zu finden. Neben fünfzehn Seidengewändern, von denen elf mit Seidenwatte gefüttert waren, umfaßt die Grabbeigabe Strümpfe, Schuhe und Handschuhe aus Seide und dazu 46 Rollen Seidenstoffe, in den kunstvollsten Mustern gewebt oder mit ausgefallenen Stickereien versehen. Und alles sah aus, als hätte es nur ein paar Jahre in einer Truhe auf dem Dachboden gelegen! Einige der Stoffe waren verblichen, aber die meisten leuchteten immer noch rot, grün, gelb, blau oder schwarz.

Die Kleidungsstücke haben lange Ärmel und eine breite Borte am Hals und am Vorderteil. Sie sind rechts geschlossen, oft hält eine Schärpe das Gewand zusammen. Obwohl sie einfach aussehen und an Bademäntel erinnern, sind sie von raffiniertem Zuschnitt.

Man kann zwei Modelle unterscheiden; bei dem einen sind die beiden Seiten des Vorderteils gerade, bei dem anderen läuft die linke Seite in einem Zipfel über der rechten Hüfte aus.

Der Fund schien einzigartig, bis 1981 Ziegelarbeiter beim Graben nach Lehm ein Grab entdeckten, das einige Jahrhunderte älter war und angefüllt mit Kleidungsstücken aller Art – wattierte Winterkleidung aus dreifarbigem Brokat und Sommerkleider aus Seidenvoile, von denen eines nur 49 Gramm wiegt.

Sie sind nach einem einheitlichen Schnitt genäht, und bei näherer Betrachtung hat sich an diesem Kleiderschnitt seit Urzeiten nichts geändert. Das beweisen einige kleine Figuren aus der Shang- und Zhou-Zeit. Es sind Kleidungsstücke von der Art, wie sie das Zeichen für **Kleider** andeutet.

Kleidung, Gewand

Eines der Seidengewänder, das der Fürstin von Tai 165 v. Chr. mit ins Grab gegeben wurde, dazu zwei Hofdamen aus Holz. Sie tragen ähnliche Gewänder. Der Schnitt geht aus der Zeichnung hervor.

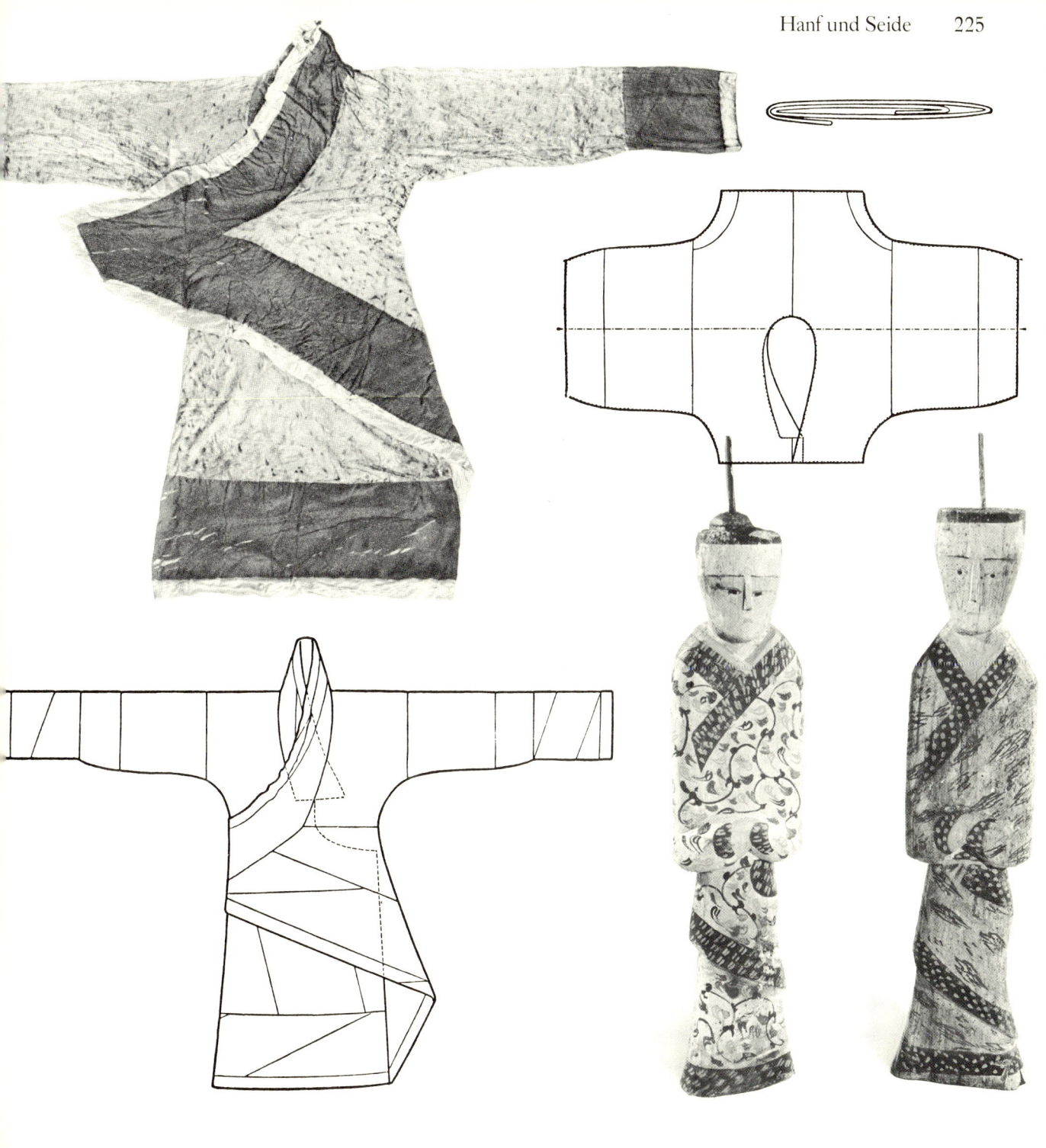

Buddhistischer Mönch aus dem Huayantempel in Datong in einem
Wintergewand. 1985.

Die Grundschnittmuster für Kleidungsstücke haben sich also bei den Chinesen dreitausend Jahre lang nicht verändert. Bei den Bauern reichte das Gewand bis zum Oberschenkel und wurde seit der Han-Zeit durch eine weite Hose ergänzt, die man mit einem Stoffgürtel um den Leib befestigte. So tragen es viele alte chinesische Bauern noch heute. Bei den Beamten und anderen Ständen, die nicht auf den Feldern arbeiten mußten, reichte das Gewand bis zu den Knöcheln. Im Laufe der Zeit wurden die Ärmel länger und weiter. Während der Tang- und Song-Dynastien reichten sie beinahe bis zum Boden.

Als im Jahr 1644 die Mandschuren die Qing-Dynastie gründeten, führten sie ihre Nationaltracht ein. Auch sie bestand in einem gerade geschnittenen, langen Mantel – allerdings mit langen Ärmeln –, der mit vielen kleinen Stoffknöpfen zugeknöpft wurde. Von den Mandschuren stammt das schönste Kleidungsstück der chinesischen Frauen, ein enganliegendes, bis zum Hals geknöpftes Gewand, das bis hinauf zum Oberschenkel geschlitzt ist.

Von der neuen Mode unbeeinflußt blieben die buddhistischen Mönche. Sie tragen ihre weiten, stoffreichen Gewänder bis heute. Ebenso die Japaner. Der Kimono ist nämlich keine japanische Erfindung, sondern eine Nachbildung der Kleidung, wie sie die chinesische Oberschicht zur Tang-Zeit trug. Im 7. Jahrhundert wurde der Kimono in Japan eingeführt. Tausend Jahre später ergänzten die Japanerinnen ihren Kimono durch eine breite Schärpe, den sogenannten »Obi«, während der Herrenkimono seine ursprüngliche Form behielt.

Bambus und Holz

Keine Pflanze begeistert mich so wie der Bambus. Das liegt, glaube ich, an dem Geräusch, das entsteht, wenn der Wind durch die dünnen, trockenen Blätter fährt. Im Sommer klingt es wie das Rieseln einer Quelle oder das Rascheln von Seide, und das Laub spendet einen angenehmen Schatten.

An kalten Wintertagen halten die Blätter den hartnäckigen Nordwind ab. Mit den Bambussträuchern im Rücken kann ich draußen sitzen, das Gesicht der bleichen Sonne im Süden zugewandt. Der Wind erreicht mich nicht. Aber der hohe Pfeifton in den Blättern über mir läßt ahnen, wie kalt es ohne den Schutz des Bambus wäre.

Botanisch gesehen zählt der Bambus zu den merkwürdigsten Pflanzen, die es gibt. Er gehört zur Gattung der Gräser, kann aber innerhalb eines Jahres größer werden als ein Baum. Zur Blüte kommt der Bambus erst nach hundert Jahren, um danach abzusterben. Außerdem ist das Bambusgewächs geduldig, anspruchslos und immer grün und begnügt sich mit dem, was es an Erde, Wasser und Pflege erhält.

Der Bambus ist auch widerstandsfähiger als die meisten anderen Gewächse. Sturm und Regen drücken ihn zu Boden, aber sobald das Unwetter vorüber ist, richtet er sich wieder auf und wächst im gewohnten Rhythmus weiter.

Wie der Bambus soll sich der kluge Mensch den Schwierigkeiten des Lebens gegenüber verhalten, pflegt man in China zu sagen. Sich beugen, sich anpassen, durchaus! Aber nie seine Ideale aufgeben, nie sich brechen lassen. Es kommt die Zeit, da wehen andere Winde.

Der Bambus hat von alters her die chinesischen Künstler fasziniert. Er ist eine Metapher für das menschliche Leben und eignet sich hervorragend, um Gefühle und Gedanken auszudrücken, die anders kaum in ein Bild umzusetzen wären.

Hinzu kommt die Herausforderung, etwas wiederzugeben, das, wie das Bambusgras, Wandel ist. Es verändert sein Aussehen ununterbrochen. Bei Regen und feuchter Luft hängen die Blätter schlaff und schwer

nach unten. Bei ruhigem, trockenem Wetter recken sie sich in die Luft. Im Wind stehen sie gerade und aufrecht von den zu Boden gedrückten Zweigen ab.

Im »Senfkorngarten«, dem Handbuch für Malerei, heißt es, Bambus zu malen sei nicht einfach, wobei die Blätter als besonders schwierig gelten. Man sollte deshalb mit dem Malen warten, bis man sich völlig klar darüber ist, was man darstellen will, jeden Stamm, ja jedes Blatt, muß man vor sich sehen, ehe man beginnt. Setzt man den Pinsel auf das Papier oder den Seidenstoff, soll sich die Hand leicht und dabei kraftvoll und ungezwungen bewegen.

Beim geringsten Zögern wird das Blatt dick und leblos. Kopiert man den Bambus, wie ihn die großen Meister

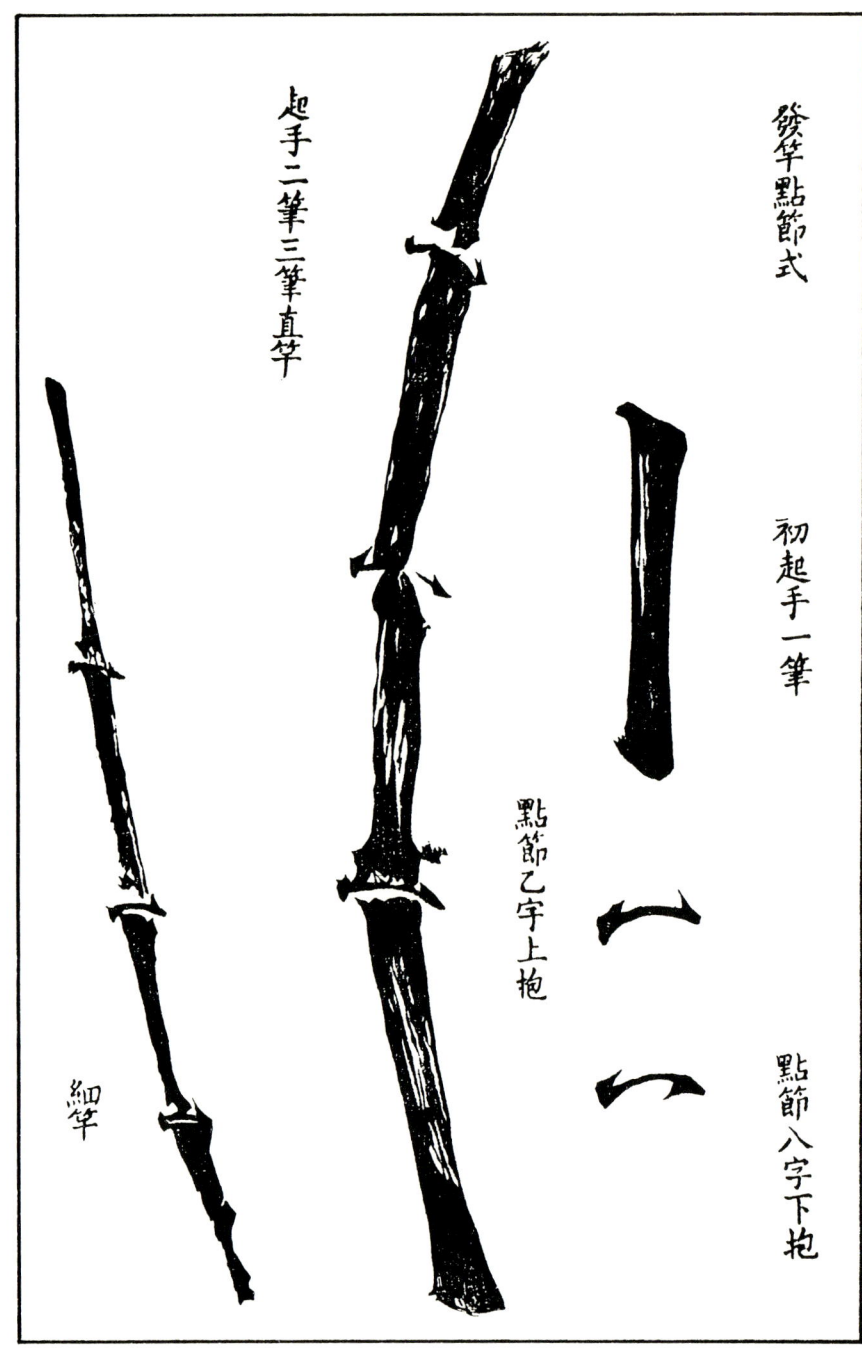

發竿點節式

起手二筆三筆直竿

初起手一筆

點節乙字上抱

點節八字下抱

細竿

Aus dem Handbuch
»Der Senfkorngarten«.
Es wird gezeigt, wie man
Bambusstämme malt;
rechts das Zeichen
für »eins«, aufrecht
gestellt.

Wen Tong und Su Dongpo malten, so könne man viel dabei lernen, schreibt der Verfasser des Handbuches. Schließlich haben die beiden Meister diesem Motiv ihr ganzes Lebenswerk gewidmet. Merkt man allerdings, daß man kein Talent mitbringt, hört man am besten sofort auf. So schwer ist diese Kunst zu erlernen.

Die Kalligraphie, also die Kunst, die chinesischen Zeichen schön zu schreiben, wurde lange Zeit als die vornehmste unter den Künsten des Landes betrachtet. Die Bambusmalerei ist eng damit verwandt. Ob man nun Zeichen malt oder Bambus, es ist der gleiche Strich, die gleiche Pinselführung und die gleiche Tusche.

Das Blatt entsteht durch ein kompliziertes Zusammenspiel von Druck und Bewegung. Der chinesische Pinsel ist äußerst anpassungsfähig. Man kann mit der Spitze einen ganz dünnen Strich zeichnen und durch Verstärkung des Pinseldrucks aus dem Strich ein Blatt entstehen lassen oder durch erneutes Anheben des Pinsels die lange, feine Blattspitze.

Unter den Orakelknochenzeichen ist kein einziges für **Bambus** bekannt und unter den Bronzezeichen nur wenige eigenständige; auf den Bronzen erscheint das Zeichen in vielen Zusammensetzungen. Was sehen wir? Nach der gängigen Erklärung zeigt das Zeichen zwei Zweige mit nach unten hängenden Blättern, nach einer anderen Lesart sind es zwei Blattgruppen mit Einzelblättern. Mich überzeugt die letzte Erklärung mehr, wenn man bedenkt, wie Bambus wächst. Im Frühling, wenn die Stämme – oder genauer die Sprossen – in die Höhe schießen, fehlen anfangs die Blätter. Haben sie dann nach einem Monat ihre maximale Höhe erreicht, brechen drei lanzettförmige Blätter ganz oben an der Spitze hervor, und um die Stengelknoten sprießt ein Kranz von feinen, nach oben gerichteten Zweigen, die ebenfalls an ihren Spitzen eine Gruppe von Blättern treiben. Die dünnen neuen Stengel werden vom Gewicht der Blätter sanft gebogen, und wenn der Wind geht, wiegen sich die Stengel in der Brise. Dieses Bild, so scheint mir, ist in dem Zeichen zu erkennen.

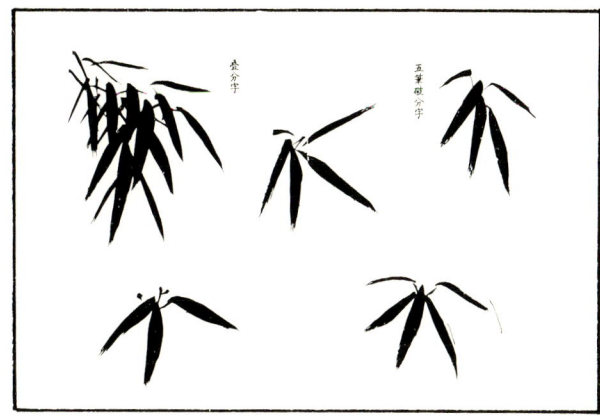

Eine Abbildung im Handbuch für Malerei zeigt Bambusblätter bei schönem Wetter. Sie formen sich zu drei Zeichen: dem für »Mensch«, für »teilen/spalten« und dem für »Stück«.

Mensch   teilen   Stück

   Bambus in zusammengesetzten Zeichen.

Bambus

Bambus ist nicht nur für Künstler, Kalligraphen und Philosophen von Interesse, diese Pflanze ist ein wesentlicher Teil des chinesischen Alltags. Vieles, was uns typisch chinesisch erscheint, hat mit Bambus zu tun. Was wäre ein Bild von China ohne die Bauern mit ihren Bambusstangen über der Schulter, an denen Bambuskörbe schaukeln? Und was wäre die chinesische Küche ohne Bambussprossen?

Oder die chinesischen Hausdächer, deren Enden nach oben gebogen sind? Diese Form, so wollen einige Forscher herausgefunden haben, hängt damit zusammen, daß die Dächer früher aus Bambus bestanden, der sich bekanntlich leicht biegen läßt.

Kaum ein Material ist so vielseitig verwendbar wie Bambus, er ist billig, leicht zu verarbeiten und stabil. Starke Taue aus geflochtenen Bambusfasern wurden früher überall in der Seefahrt benutzt, ebenso beim Ziehen der Schleppkähne auf dem Jangtse und anderen Flüssen. Auch die Hängebrücken, die über Schluchten und Abgründe führen, hängen an Bambustauen, deren Tragkraft bei Nässe sogar noch zunimmt. Bis heute werden vielerorts in China Häuser, Brücken und Wasserleitungen aus den dicken Stämmen des Bambus gebaut, und aus dem Mark stellt man Papier her. Es läßt sich kaum ein besseres Baumaterial finden! Aus den dünnen Bambusstangen werden Möbel und Hausgeräte wie Eimer, Reibeisen und Dämpfaufsätze gemacht. Auch andere schöne und praktische Dinge wie Vogelkäfige, Leitern, Fächer, Hüte, Vasen, Musikinstrumente und sogar Pfeifen, so klein und leicht, daß man sie an den Schwanzfedern der Tauben befestigen kann. Wenn der Taubenschwarm dann in der Abenddämmerung über die Dächer fliegt, hört man den harmonischen Ton der Pfeifen. Wer mit dem Fahrrad durchs Chaoyang-Viertel in Beijing fährt, kann es mit eigenen Ohren hören!

Das Zeichen für Bambus ist Bestandteil vieler Zeichen für Dinge des täglichen Gebrauchs, die aus Bambus gefertigt werden: *Korb, Sieb, Eßstäbchen, Matte, Feder, Kamm, Haarnadel, Vorhang, Koffer, Zollstock, Rohr, Gebäude* und *Flöte.*

Aus Bambus pflegte man auch **Regenschirme** und **Sonnenschirme** herzustellen. Über einen Rahmen aus dünnen Bambusstäbchen, der von Schnüren zusammengehalten wurde, spannte man gewachstes Papier oder Stoff. Das Bild ist sowohl in der traditionellen wie auch in der heutigen Form eindeutig.

Die ursprüngliche Konstruktion war ebenso einfach wie genial. Man spaltete ein Stück Bambus in lange, dünne Streifen, ließ aber das Ende des Bambusrohrs ganz. Die Streifen wurden wie die Speichen eines Rades angeordnet und mit Wachspapier oder Seide überzogen. Ein entsprechendes Stück Bambusrohr, aber nur halb so groß, wurde genauso aufgespalten und mit dünnen Schnüren am Dach befestigt. Mit Hilfe eines Stabes, der durch die »Nabe« der Rohre in die Dachspitze lief, konnte man den Schirm öffnen und schließen.

Manchmal sieht man noch heute Regenschirme aus Bambus und Papier, im allgemeinen sind sie jedoch wie bei uns aus Metall und Nylon. Sie sind leichter, doch die Konstruktion ist dieselbe geblieben.

Regenschirm

Das vereinfachte Zeichen für Regenschirm.

Im Zeichen für **Baum/Holz** gibt es keine Blätter, nur den Stamm und die Äste. So sieht ein Baum aus, wenn er, seiner Farbenpracht entkleidet, schwarz in den Winterhimmel ragt. Ein einfaches, aber naturgetreues Bild.

Ich denke bei diesem Bild immer daran, wie ich die chinesischen Bäume zum erstenmal als Schriftzeichen sah. Das war Anfang der sechziger Jahre, ich studierte damals an der Universität von Beijing. Der »Große Sprung« war mißglückt, und es herrschte bereits das zweite Jahr Lebensmittelknappheit. Nicht einmal Chinakohl, das wichtigste Wintergemüse der Nordchinesen, war in jenem Herbst ausreichend vorhanden. Jedes Blatt wurde gesammelt und zum Trocknen aufgehängt.

Die Bäume vor unserem Haus hatten gerade ihr Laub verloren. Nun erstrahlten sie für einige Wochen in dem frischen, hellen Grün der Kohlblätter, die allerdings mit jedem Tag dunkler wurden, bis die Bäume mit den im Wind raschelnden verschrumpelten Kohlblättern wie zu einem makabren Opfer geschmückt dastanden. Dazu kam der keineswegs angenehme Geruch, alles in allem ein erschreckendes Erlebnis.

Kaum war der Frühling da, waren die Bäume über Nacht wie verwandelt. Das feine, frische Laub zitterte im Wind wie auf einer Malerei aus dem 11. Jahrhundert, und die Magnolien blühten. Doch der Frieden trog, denn überall auf den Bäumen knackte und krachte es, überall in den Bäumen hockten die sonst so ordentlichen chinesischen Studenten und rupften wie die Ziegen die frischen Blätter ab.

Ich erinnerte mich zwar, wie gut uns als Kindern im Frühling frische Buchenblätter geschmeckt hatten – grün und säuerlich –, aber diese Studenten waren unersättlich. Die Bäume schwankten, Äste und Zweige brachen, und bald sahen sie aus wie gerupfte Vögel.

»Die hausen ja wie die Vandalen!« beklagte ich mich bei meiner Lehrerin. »Kann man das nicht verbieten? Die Bäume werden doch zerstört!«

»Du mußt das verstehen«, sagte die Lehrerin leise. »Sie haben den ganzen Winter kein frisches Grünes bekommen ... keiner von uns ...«

Mir fielen die verschrumpelten Kohlblätter vom Herbst wieder ein, und ich beschwerte mich nicht mehr, daß wir Ausländer in einer besonderen Mensa essen mußten. Reisbrei, Hirsebrei, Maisfladen und dazu eingeweichter Chinakohl, damit wären wir, die verwöhnten Europäer, sicher nicht zufrieden gewesen. Jetzt sah ich plötzlich die Bäume draußen in der nordchinesischen Ebene mit anderen Augen. Sie dienten in erster Linie den Bedürfnissen der Menschen und nicht der natürlichen Schönheit. Sie wurden bis zum letzten ausgenutzt: im Sommer als Schattenspender, im Winter als Schutz gegen den Wind, vor allem aber als Brennholzlieferanten für den Herd; und die Blätter sind Nahrung für die Tiere, in schweren Zeiten auch für die Menschen. Von dem stolzen Baum in der freien Natur konnte kaum mehr die Rede sein.

Noch unnatürlicher die künstlichen Zwergbäume, die die Mönche seit mehr als tausend Jahren als Meditationsobjekte züchten. In kleinen und kleinsten Töpfen haben sie Pinien, Ulmen und Kirschbäume gezogen. Durch minimale Versorgung mit Wasser und Nährstoffen war es gelungen, Bäumchen mit allen Merkmalen eines richtigen Baumes zu züchten. Neben das Bäumchen stellte man gern einen Stein, der den Taishan oder einen anderen heiligen Berg symbolisiert, und dazu einen Dichter aus Keramik, als Zeichen für die Größe der Natur und die Kleinheit des Menschen. Diese Figur soll uns in die symbolische Landschaft hineinführen. In zahlreichen chinesischen Haushalten steht so ein kleines Bäumchen und wird über Generationen sorgsam gepflegt.

Stirbt eines der Bäumchen ab, pflanzt man ein neues in den hohlen Stamm. Man nennt das »Alter und Jugend begegnen sich«. Alles hat in alten Kulturen seinen Namen.

Viele ehrwürdige Tempel haben ihre Gärten mit Zwergbäumen bewahrt. Zu Hunderten stehen die kleinen Bäumchen in ihren schönen Töpfen. Eine dreihundertjährige Ulme wächst auf dem Dach des Verwaltungsgebäudes des Botanischen Gartens von Xiamen, der alten Hafenstadt, die früher Amoy hieß.

»Zum Neujahrsfest oder bei sehr hohem Besuch holen wir den Baum manchmal herunter in den Empfangssaal. Ansonsten bleibt er in Ruhe auf dem Dach. Der Baum ist alt und hält nichts von Veränderungen«, erklärte mir die Leiterin des Botanischen Gartens, den ich vor einigen Jahren besuchte.

Die Ulme ist so alt, daß man sie auf einer Briefmarke verewigt hat.

Zwergbäume. Botanischer Garten. Xiamen. Die dreihundertjährige Ulme in der Mitte hat man 1981 auf einer Briefmarke abgebildet.

Die dreitausendjährige Zypresse in der Songyang-Akademie, eine der berühmtesten Akademien des alten China. Der Han-Kaiser Wu war von dem Baum so begeistert, daß er ihm den Titel eines ranghöchsten Generals verlich. 1984.

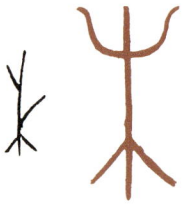

Voll ausgewachsene alte Bäume mit unverstümmeltem Astwerk findet man auf der »großen Ebene« nur in Parks oder in Tempelnähe. Sie sollen dort an den Baum als Sinnbild der freien Natur erinnern. Oft handelt es sich dabei um Pinien oder Zypressen, die ja sehr alt werden können. Sie sind zäh und widerstandsfähig und trotzen Wind und Wetter in ihrem immergrünen Kleid. Deshalb wurden sie auch zum Symbol des unbestechlichen Beamten, der über allen Intrigen und Beeinflussungen steht. Als Zhou Enlai, das Vorbild des wahren Beamten, gestorben war, gedachte man seiner in einem Saal voller Pinien und Zypressen – man fühlte sich versetzt in einen Wald der Ewigkeit.

Es gibt viele uralte Bäume in China. Einer steht zum Beispiel in Shandong vor der ältesten, noch erhaltenen buddhistischen Pagode (Si men ta). Sie wurde im Jahr 611 gebaut, und der Baum, eine Zypresse, soll zur gleichen Zeit gepflanzt worden sein.

»Ganz schön alt«, sagte ich beeindruckt zu meinem Begleiter.

»Alt? Na ja. Du solltest einmal nach Qufu fahren, nicht weit von hier. Da gibt es ein paar Bäume, die Konfuzius gepflanzt hat und außerdem einen dreitausend Jahre alten Ginkgobaum. Er trägt immer noch eine Tonne Früchte pro Jahr, süße Nüsse, aus denen man feine Nachspeisen bereiten kann.«

Ich habe diese Bäume bisher noch nicht zu Gesicht bekommen, aber in den Songyang-Bergen südlich von Zhengzhou steht eine Zypresse, die genauso alt ist wie die Orakelknochen und die Bronzen. Inzwischen sieht sie selber fast aus wie ein Zeichen.

Das Zeichen für Baum zeigt einen Stamm und Äste, sagte ich weiter oben. Doch vielleicht könnte man den unteren Teil des Zeichens nicht als Äste, sondern als Baumwurzeln auffassen? So steht es schon im Shuo-wen-Lexikon, aber aus irgendeinem Grund ist diese Deutung in Vergessenheit geraten. Sie wird durch mehrere alte Zeichen unterstützt.

Es gibt allerdings noch ein eigenes Zeichen für *Wurzel*. Der untere Teil des Zeichens für Baum wird dabei ganz einfach mit einem Querstrich versehen. In übertragener Bedeutung heißt das Zeichen *Ursprung, Grundlage, Abstammung* – ähnlich wie das Wort Wurzel bei uns. Wir sprechen von der »Wurzel allen Übels«, und wir wissen, daß wir in einer bestimmten Kultur oder Zeit »verwurzelt« sind. So ist es auch bei den Chinesen, nur verbindet sich der Begriff Wurzel/Ursprung bei ihnen wegen der langen Tradition mit einem besonderen historischen Bewußtsein.

Das Zeichen bedeutet auch *Buch, Band*. Das mag auf den ersten Blick seltsam erscheinen, doch man darf die entscheidende Bedeutung der Bücher für die chinesische Bildung nicht vergessen: die philosophischen Schriften, in denen die moralischen Grundsätze für das Leben des Menschen in der Gesellschaft niedergelegt sind, und die kalligraphischen Übungsbücher, die die Kunst lehrten, wie die Zeichen der Schrift und der Natur mit Tusche und Pinsel wiederzugeben sind.

Alte Bäume, die auf felsigem Grund oder in der Nähe von Quellen wachsen, haben oft deutlich sichtbare Wurzeln, steht in dem hier abgebildeten Kommentar aus dem »Senfkorngarten«. Solche Bäume haben eine Ähnlichkeit mit Eremiten oder den Unsterblichen der Legenden, die sich von der Welt zurückgezogen haben. Hager und verwittert vom Alter stehen sie da, und die Adern treten an den knotigen Beinen hervor. Malt man eine Gruppe von Bäumen, sollte man darauf achten, auch ein oder zwei Exemplare mit knotigen Wurzeln darzustellen. Man begnüge sich aber damit, denn solche Wurzeln sehen aus wie die Zähne einer Säge, und das ist kein schöner Anblick.

Das Handbuch geht dabei von Beobachtungen aus, die jedem, der im Kernland Chinas lebt, vertraut sind. Der feine Lößboden wird leicht vom Sommerregen weggespült, und dann werden die Wurzeln der Bäume sichtbar. Wie lange Arme recken sie sich vom Stamm über die trockene Erde, auf der Suche nach versteckten Wasserlöchern.

Baumwurzeln auf der trockenen Erde in einem Dorf bei Yan'an und eine Abbildung aus dem »Senfkorngarten«, die dasselbe Phänomen zeigt.

Wurzel

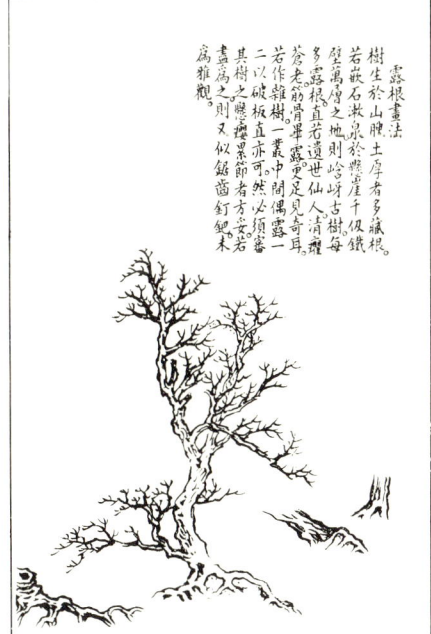

Spitze

Wald

brennen

dichter Wald

ausruhen

sich sammeln

Das Zeichen für Baum kommt in vielen Zusammensetzungen vor. Dabei hat es bisweilen aus unerklärlichen Gründen seine Form verändert. Dennoch handelt es sich um das Zeichen für Baum.

Ein Baum, dessen Oberteil mit einem Querstrich versehen ist, bedeutet *Spitze, vorderes Ende eines Astes.* In übertragener Form heißt das Zeichen auch *Ende* und *Staub, Pulver* – also das, was vom Baum übrigbleibt.

»Ein Baum macht noch keinen Wald«, heißt ein chinesisches Sprichwort. Ein ausgezeichneter Kommentar zu diesem Zeichen, das *Wald* bedeutet.

Wald und Feuer bilden zusammen das Zeichen für *brennen, durch Feuer zerstören.* Ein Waldbrand oder vielleicht ein Hinweis auf die Zeit der Brandrodungen? Möglich. Das Zeichen wurde aber auch oft in Orakelknocheninschriften benutzt, die mit der Jagd zu tun hatten. Daraus geht hervor, daß man im Wald Feuer legte, um Hirsche, Wildschweine und anderes Wildbret aus dem Versteck zu locken – eine uralte, in aller Welt angewandte Jagdmethode.

Drei Bäume: *dichter Wald, viele Bäume, finster* – dichte Wälder sind *finster* – und *ernst.*

Ein Mensch und ein Baum. Vielleicht sucht er Schatten? Das Zeichen bedeutet *sich ausruhen.*

Ein Vogel in einem Baum bedeutet *sich sammeln, zusammenkommen.* Das mag auf den ersten Blick seltsam erscheinen – wie kann man sich selber sammeln? Aber nach Meinung bestimmter Forscher soll die ursprüngliche Bedeutung des Zeichens *sich niederlassen, übernachten* gewesen sein, und da wird das Bild sofort klarer. Ein Großteil der Vögel im alten Kerngebiet um den Gelben Fluß waren Hühnervögel, die sich gern in Schwärmen sammeln und auf einem Ast hockend zu schlafen pflegen. So erhielt das Zeichen für »sich niederlassen« allmählich auch die Bedeutung für »sich

sammeln«, »zusammenkommen«. Um das Zeichen zu
verdeutlichen, fügte man noch einige Vögel hinzu.
Diese Form behielt das Zeichen lange Zeit. Inzwischen
sind die zusätzlichen Vögel verschwunden, und es sitzt
wieder ein Vogel allein auf seinem Schlafbaum. Das
Zeichen wird auch für *sammeln, herausgeben, Sammlung
von Schriften* verwendet.

Oben in den Bäumen hört man die kleinen Vögel mit
ihren geöffneten Schnäbeln: *Vogelgezwitscher.* Zu gewissen Zeiten war es ziemlich ruhig in den Baumkronen, beispielsweise in den fünfziger Jahren, als man mit
allen Mitteln versuchte, die Spatzen auszurotten, weil
man der Meinung war, die Vögel würden den Menschen zuviel Getreide wegfressen. Als daraufhin riesige Insektenschwärme über die Saat herfielen, beendete
man die Kampagne.

Ein geöffneter Mund unter einem Baum. Welches
Obst ist so begehrt? Der Mund wartet auf eine *Aprikose.*

Baum und Kind. Ein Baum mit vielen »Kindern« =
vielen Früchten? *Pflaumen.*

Ein Zeichen mit verwirrend vielen Strichen, das *Laub-
werk, Blatt* bedeutet. Geht man zu den ältesten Zeichen
zurück, erweist es sich als deutliches Bild einer Baumkrone. Der Zusatz *Gras,* ganz oben, ist eher irreführend.

Eines der zahlreichen Wörter der chinesischen Sprache für *rot* zeigt einen Baum, dessen Stamm mit einem
zusätzlichen Strich oder Punkt versehen ist – ein
Baum, aus dem man einen roten Farbstoff gewinnt.
Rote Farbe bekommt man sonst aus Zinnober oder aus
der strauchartigen Pflanze Rubia cordifolia – einige der
Seidengewänder der Fürstin von Tai waren damit gefärbt.

Vogelgezwitscher

Aprikose

Pflaume

Laub, Blatt

rot

In der Zhou-Zeit, vielleicht sogar schon gegen Ende der Shang-Zeit, war Rot die kaiserliche Farbe und wurde für alles verwendet: für Kleidung, Wagen, Palastbauten, Fahnen, Haushaltsgeräte usw. Die Farbe der kurzen Qin-Dynastie war Weiß, die der Han-Dynastie Schwarz, aber Rot war und blieb die besondere, Glück bringende Farbe. Tempel und Paläste strich man weiterhin rot an – die »Verbotene Stadt« in Beijing ist ein gutes Beispiel dafür –, und rot müssen die runden Lampions aus Seide oder Papier sein, die die Chinesen zu festlichen Anlässen so gern aufhängen.

In einer roten Sänfte trug man einst die Braut in ihr neues Heim, rot war die Bettdecke, unter der sich das Paar schlafen legte, und am Tag trug die junge Ehefrau ein rotes Kleid. Bräute werden heute nicht mehr in Sänften getragen, aber die Bettdecke ist immer noch rot, ebenso wie die Einladungskarten zur Namengebungszeremonie des Kindes, und oft sind auch die Krabbelanzüge der Kleinen rot. Die Schulkinder marschieren und tanzen nach roten Trommeln, wer in Pension geht, erhält am letzten Tag eine rote Schleife, und daß Maos kleines Buch die Farbe Rot hatte, ist nicht zufällig. Rot begleitet die Chinesen durch das ganze Leben, rot sind fröhliche Feste und ernste Feierlichkeiten. Die roten Fahnen, die in China wehen, sind wohl ebensosehr Ausdruck der kommunistischen Ideologie wie einer uralten chinesischen Tradition.

Frucht/Obst

Dies ist das Zeichen für *Frucht/Obst.*. Die moderne Form ist wenig konkret – es scheint sich um eine Kombination von »Acker« und »Baum« zu handeln. Betrachtet man die alten Formen, wird das Bild sofort klarer.

Die Orakelknochenzeichen zeigen einen Baum mit runden Früchten an den Zweigen, und der obere Teil des Bronzezeichens kann mit etwas gutem Willen als Baumkrone gedeutet werden, die Punkte als Früchte.

Auf ähnliche Art gibt dieser Scherenschnitt aus Yan'an einen Obstbaum wieder.

Das Zeichen für Frucht bedeutet auch *Ergebnis, Folge* – eine Bedeutungsverschiebung ähnlich unserer Redewendung von den »Früchten der Arbeit«. Um die Begriffe auseinanderzuhalten, wird die konkrete

Frucht als »Wasserfrucht« bezeichnet, ein erfrischendes Bild, man schmeckt förmlich den Fruchtsaft auf der Zunge!

In den Zeichen *pflücken*, *sammeln* auf Orakelknochen stoßen wir auf denselben Baum. Wir sehen außerdem eine Hand, die nach den Früchten greift, und in China reifen bekanntlich die herrlichsten Früchte. Der Name der Apfelsine – Apfel von China (Sina) – weist darauf hin. Aus China stammen aber auch Mandarinen, Aprikosen, Pfirsiche, Kiwi, Kumquat, Litschi, Kaki und viele andere feine Früchte, die nun immer öfter in unseren Obstläden auftauchen.

Die Früchte sind leider schon beim Bronzezeichen verschwunden und erscheinen auch in der endgültigen Form, die das Zeichen erhielt, nicht mehr.

Für die Sammler der Frühzeit und die ersten Ackerbauern muß dieser Reichtum an Früchten von unschätzbarem Wert gewesen sein, und auch in der weiteren Geschichte Chinas hat Obst eine wichtige Rolle für die Ernährung gespielt. Eingemachtes Obst oder kandierte Früchte sind bis heute geschätzte Leckereien. Berühmt sind die kandierten Früchte aus Beijing, glänzend, süß und etwas zäh, eine besondere Delikatesse.

Das Zeichen für *Maulbeerbaum* wird als das Bild eines Baumes mit vielen pflückenden Händen beschrieben, eine leicht nachzuvollziehende Erklärung, die drei Hände in der Baumkrone sind nicht zu übersehen. Und kein Baum in China war mehr den menschlichen Händen ausgesetzt als der Maulbeerbaum. Von früh bis spät müssen die Seidenraupen mit frischen Blättern gefüttert werden, eine zeitraubende Arbeit, die viele Hände erfordert.

Geht man allerdings zurück zu den Orakelknochenzeichen, erscheint die herkömmliche Erklärung des Zeichens für Maulbeerbaum nicht mehr überzeugend. Handelt es sich wirklich um Hände, die wie Stiele aus dem Stamm herauswachsen? Sind das nicht vielmehr die Blätter?

Das haben jedenfalls einige Forscher später behauptet, und diese Erklärung hat etwas für sich. Die Blätter sind

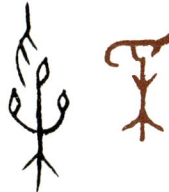

pflücken, sammeln

Maulbeerbaum

das Wertvollste am Maulbeerbaum. Was wäre naheliegender, als sie entsprechend hervorzuheben?

Auf einem Bronzegefäß aus der Zhou-Zeit sehen wir die Arbeit im Maulbeerbaum in vollem Gange. Hier stehen eindeutig die Blätter – nicht die Hände – im Vordergrund.

Bei der Erklärung zu den Zeichen für *Pfeil* und *Bogen* stießen wir auf einen prachtvollen Weinkrug, verziert mit Jagd- und Kampfszenen. Es sind mehrere ähnliche Gefäße erhalten, und obwohl ihre Form variiert, sind die abgebildeten Motive jedesmal dieselben. Ganz oben auf dem Gefäß sieht man Frauen, die in Baumkronen hocken und Blätter pflücken. Die Blätter sind groß, und die Zweige bilden ein wunderschönes Muster wie ein Seidenbrokat. Die Frau links pflückt allein, rechts hält die eine den Zweig und die andere pflückt. Darunter baumelt ein Korb.

Das Pflücken von Maulbeerblättern. Detail von einem Bronzegefäß aus der Zhou-Zeit. Das ganze Gefäß ist auf Seite 80 abgebildet.

Bis vor einigen Jahren war man sich darüber einig, daß hier Frauen Maulbeerblätter pflücken, ein neuer Deutungsvorschlag lautet nun, es würden Äste zur Herstellung von Bogen geschnitten. Diese Deutung ist nicht überzeugend. Zwar kommt der Bogen in vielen Szenen vor, und die Darstellung zeigt, wie man sich auf den Kampf vorbereitet, zeremoniell mit Musik und Tanz und praktisch mit Übungen wie Zielschießen und Jagen. Aber in unserem Fall geht aus dem Bild klar hervor, daß hier die Blätter und nicht die Äste im Mittelpunkt stehen. Man betrachte nur die Gesten der pflückenden Frauen und natürlich die Körbe!

Bogensehnen wurden aus Seide gefertigt – es gibt kein stärkeres und leichteres Material –, und wie das Pflükken der Maulbeerblätter gehörte es zu den traditionellen Arbeiten der Frauen, Bogensehnen herzustellen. Bei den obersten Szenen auf dem Gefäß sehen wir, wie eine Frau gerade einen Bogen bespannt, während die anderen probeschießen.

Der Maulbeerbaum ist die eigentliche Grundlage der Seidenproduktion, und das Pflücken der Blätter steht oft stellvertretend für den ganzen Prozeß. Ohne Blätter keine Seide, ohne Seide keine Bogensehnen – und auch keine der dünnen Seidenschnüre an den Pfeilen, mit denen man die Beute heranholen oder den Pfeil wiederfinden konnte, wenn dem Vogel die Flucht gelungen war.

Es gab eine Zeit, da war China zur Hälfte mit Wald bedeckt. Heute sind es noch acht Prozent. Schuld daran ist zum Teil eine Klimaveränderung in der Frühgeschichte, aber zum größten Teil ist der Mensch selbst der Verursacher.

Als die Bevölkerung zunahm, brannte man die Wälder ab, um Ackerland zu gewinnen. Die Folge war eine Erosion der Berghänge und die Ablagerung neuer Erdschichten in den Tälern. Andererseits wurde der Boden durch häufiges Abweiden geschädigt. Die feste Grasnarbe verschwand, und die oberste Erdschicht wurde von den Sommerregen weggespült.

Den Rest der Zerstörung besorgte der Wind. Wenn die Frühjahrsstürme aus Sibirien über Nordchina und die Ebenen am Gelben Fluß fegen, wird der feine Staub mitgenommen und verschwindet als gelbe Wolke über dem Meer.

Vor 1949 gab es keine Regierung, die stark genug war, hier wirksame Abhilfe zu schaffen. Erst einige Jahre nach der Revolution ging man daran, in großem Stil Bäume zu pflanzen. Das Vaterland soll grün werden, hieß die Parole. Entlang der Großen Mauer, einst gebaut, um die Übergriffe der mongolischen Reiterhorden auf die chinesischen Ebenen abzuwehren, schuf man eine neue, lebendige Mauer aus Bäumen. In kilometerbreiten Streifen stehen die Bäume und verhindern, daß der Nordwind mit voller Kraft über das Land braust und die Erde davonträgt. Man hat vor allem Pappeln, Weiden und Akazien gewählt, schnellwachsende und widerstandsfähige Baumarten.

Milliarden von Bäumen wurden auch um Dörfer und Städte und an Wegen und Flüssen gepflanzt, allein in Beijing ist der Baumbestand seit 1949 um eine Million gewachsen. An den kahlen, baumlosen Berghängen von Shanxi und Shaanxi hat man Terrassen angelegt, und in den tiefen Schluchten gedeihen Obstbäume, vor allem Äpfel und Aprikosen. Und tatsächlich ist es bereits gelungen, die Frühjahrsstürme in dem sogenannten Drei-Norden-Gebiet (das nördliche, nordwestliche und nordöstliche China) zu zähmen, die Luftfeuchtigkeit hat zugenommen, die Hagelschauer wurden weniger, und die frostfreie Periode verlängerte sich.

Es gab allerdings zahlreiche Rückschläge. Zu gewissen Zeiten hat man wieder blindlings Bäume abgeholzt, um die Bedürfnisse der Industrie und der Landwirtschaft zu befriedigen. Man hatte nur noch die Getreideernten im Auge und vergaß darüber das übergeordnete Ziel, den Waldbestand zu vergrößern.

Im Jahr 1980 hat man erneut eine Baumpflanzungskampagne gestartet, gefolgt von einer weiteren. Jeder Chinese ab elf Jahre ist verpflichtet, alle fünf Jahre fünf Bäume zu pflanzen. Ausgenommen sind nur die Alten, Kranken und Behinderten. Fünf mal fünf gibt fünfundzwanzig, mal eine Milliarde gibt 25 Milliarden Bäume! Das ist die größte Baumsetzungskampagne, die die Welt je erlebt hat. Hoffen wir, daß die Bäume gedeihen!

Hat man keine Setzlinge, werden die Baumsamen direkt auf die Berghänge gesät, in unzugänglichen Gebieten geschieht dies vom Flugzeug aus. Und es funktioniert. Jeder Berg eine kleine Baumschule! Auf lange Sicht wird China auf seinen Namen, das blühende Reich der Mitte zu sein, wieder Anspruch erheben können.

Bereits im dritten vorchristlichen Jahrhundert beklagte der Philosoph Mencius den Raubbau an der Natur. Er schlug vor, Maulbeerbäume um die Felder und Tümpel zu pflanzen. Es hat seine Zeit gedauert, aber nun dürfte sein Wunsch in Erfüllung gehen. Um die Fischteiche werden inzwischen bevorzugt Maulbeerbäume gesetzt. Mit den Blättern füttert man die Seidenraupen, deren Exkremente ernähren die Fische, und die Exkremente der Fische werden als Dünger für die Maulbeerbäume verwendet. Ein perfekter, ökologischer Kreislauf! Und die Sache lohnt sich. Für 2,5 Tonnen Maulbeerblätter bekommt man eine halbe Tonne Fische.

Grabb aus Shanghai kocht das Mittagessen für seine Familie. Das Öl dampft schon im Wok, und auf dem Schneidebrett liegt ein großes Stück Schweinefleisch. Ein Plakat informiert über Energiesparen, und an der Wand hängen Körbe zum Einkaufen oder zur Aufbewahrung von Zwiebeln, Eiern usw.

Die Szene mit den Frauen, die Maulbeerblätter pflükken, ist ein deutliches Bild, leicht zum Zeichen stilisier-
bar.
Man vergleiche das Bild von der Frau, die den Korb in
der Hand trägt, mit den Bronzezeichen für *Mensch*, sie
stammen aus der gleichen Zeit wie die Verzierungen
auf dem Weinkrug.

Man vergleiche auch ihren Korb mit dem Bronzezeichen für **Korb**, das ebenfalls aus der Zeit stammt.

Im Laufe der Zeit wurde es durch das Zeichen für
Bambus ergänzt, das ist naheliegend, da die meisten
chinesischen Körbe aus langen, dünnen Bambusstreifen geflochten sind. In dieser Form bedeutet das Zeichen jetzt *Getreideschwinge*, ein Korb, den man benutzt,
um das Getreide von den Spelzen zu befreien.
Die ursprüngliche Form für *Korb* wurde degradiert
zum Demonstrativ- und Possessivpronomen. Ein trau-
riges Schicksal für ein schönes altes Zeichen!
Später erhielten die Frauen spezielle Schemel, auf de-

nen sie beim Pflücken der Maulbeerblätter stehen
konnten, wie es diese Illustration aus einem Handbuch
für Seidenherstellung aus der Ming-Dynastie zeigt.
Das Zeichen für **kleiner Tisch** kommt weder auf Orakelknochen noch auf Bronzen vor, wir wissen aber, daß
dieses Möbel seit Beginn der Han-Dynastie existierte.
Im Grab der Herzogin von Tai fand man unter anderem einen zierlichen, lackierten Schemel mit leicht
nach außen gebogenen Beinen, der dem Zeichen recht
ähnlich ist.

Getreideschwinge

Korb (Zeichen mit der ursprünglichen
Bedeutung)
sein, ihrer, dieser, diese

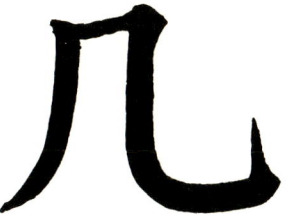

kleiner Tisch

Werkzeuge und Waffen

Als ich zum erstenmal die chinesischen Küchenmesser sah, bekam ich es mit der Angst zu tun. Das waren keine Messer, sondern Henkersbeile. Mit der gewaltigen Schneide und dem kurzen Handgriff wirkten sie lebensgefährlich und unpraktisch zugleich.

Lebensgefährlich sind sie vielleicht. Aber nicht unpraktisch. Hat man sich einmal an ihren Gebrauch gewöhnt, gibt es keine besseren Messer, jedenfalls für die chinesische Art der Speisezubereitung, wo die meisten Zutaten vor dem Kochen in Streifen oder Scheiben geschnitten oder gehackt werden, damit man später sein Essen in aller Ruhe mit den Stäbchen verzehren kann.

Schneidet man Streifen, freut man sich, daß die Schneide so breit und scharf ist. Das Messer steht auf der Schneide und geht in wiegender Bewegung über das Fleisch und die Gemüse. Es verliert eigentlich nie den Kontakt mit dem Schneidebrett. Die Hand kann ungehindert und effektiv arbeiten, und man schneidet sich nie in den Finger.

Beim Hacken weiß man das Gewicht des Messers zu schätzen. In jeder Hand ein Messer, kann man das Fleisch mühelos zerkleinern, und das Fleisch bleibt wesentlich schöner, als wenn es durch einen Fleischwolf gedreht würde. Es ist sehr beeindruckend, einen chinesischen Koch beim Kleinhacken zu beobachten. Rasch und leicht wie Vogelschwingen bewegen die Hände die schweren Messer, man hört ihren rhythmischen, dumpfen Schlag auf dem Hackklotz; Dieses

»Trommeln« ist das vertrauteste Geräusch aus der chinesischen Küche, in den Ohren der Hungrigen klingt es wie liebliche Musik.

Diese Messerform kommt außer in China nur bei bestimmten Völkern Nordasiens sowie bei Indianern und Eskimos vor. In der Steinzeit bestand die Klinge aus Sandstein, Quarz, Feuerstein oder einer Muschelschale und hatte keinen Griff. Man benutzte das Messer als Ergänzung der Finger in der Hand, d. h., nur die Schneide ragte unter den Fingern heraus. Viele der Messer hatten Löcher zur Befestigung einer Schlinge aus Schnur oder Leder, in die man die Finger stecken konnte, um damit einen besseren Halt zu bekommen. Solche Messer wurden unter anderem bei der Hirseernte verwendet. Die Kolben – bei den einfachen Hirsearten die Rispen – reifen ungleichmäßig. Man kann deshalb nicht alle Hirsepflanzen gleichzeitig ernten, wie das bei Weizen möglich ist. Man muß die Kolben einzeln schneiden, sobald sie reif sind, und sorgfältig darauf achten, daß sie ihre Samen nicht ausstreuen.

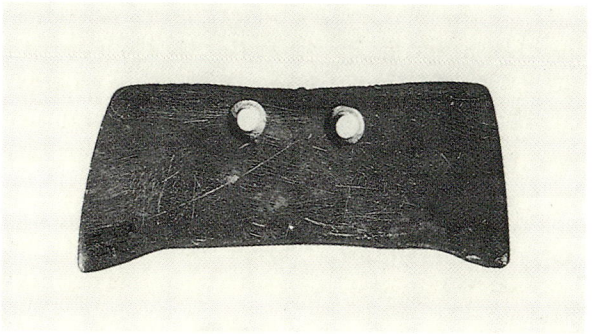

Mit dem Züchten von Hirsearten, die gleichmäßiger reifen und den Samen nicht so leicht verlieren, wurde das alte Erntemesser überflüssig. In Nordchina wurde es allerdings noch in den dreißiger Jahren benutzt, vor allem bei der Ernte von Gaoliang, einer Getreideart, die man zur Branntweinherstellung verwendete. Das Messer bestand nicht mehr aus Stein, sondern aus Metall, hatte aber keinen Griff.

Messer

Handelt es sich um das normale Gebrauchsmesser, das in dem Zeichen **Messer** abgebildet ist? Ich war lange dieser Meinung, und es ist auch verlockend, in diesem Zeichen die große Klinge mit dem kleinen Handgriff zu sehen. Aber offenbar steckt hinter dem Zeichen nicht das gewöhnliche Messer, sondern die wertvolle Klinge aus Bronze, die man bei den Opferzeremonien in der Shang-Zeit benutzte. Der Rücken bei diesen Messern ist dicker, und die Schneide ist zu einer Spitze leicht nach oben gezogen. Dieser Messertyp ist, wie das alte Erntemesser aus Stein, nur in China gebräuchlich.

In der alten Handelsstadt Gaocheng, nördlich von Anyang, hat man Tonscherben mit Inschriften gefunden, die vermutlich Vorläufer von Zeichen auf Orakelknochen und Bronzen sind. Auf zwei der zwölf Scherben, die man bislang entdeckt hat, sind Messer dargestellt. Eines davon zeigt eine breite Klinge und ähnelt den ursprünglichen Steinmessern, allerdings sind deutlich eine Spitze und auch ein kurzer Handgriff zu erkennen. Die Ähnlichkeit mit den heutigen Küchenmessern, mit denen man Gemüse schneidet, ist erstaunlich.

Das andere Messer zeigt eine bedeutend schmalere Klinge und ähnelt sehr den Bronzemessern, die man bei den Opferzeremonien benutzte. Diese Messerform setzte sich durch und verbreitete sich über die Mongolei und ganz Zentralasien. Vermutlich über Arabien ist das Messer bis nach Spanien gelangt, der genaue Weg ist uns aber nicht bekannt.

Auch was die beiden Messerformen miteinander zu tun haben, ist meines Wissens nicht erforscht. Das schmale Messer scheint wegen seiner besonderen Verwendung bei Opferzeremonien einen höheren Rang gehabt zu haben als andere Messer. Es wurde auf den Orakelknochen abgebildet, weil es bei den Fragen an die Ahnen und an den Himmel im Rahmen des Opfers eine Rolle spielte.

Auf mehreren Bronzegefäßen aus der Shang- und Zhou-Zeit werden Schlachtszenen wiedergegeben. Das ist nicht verwunderlich – die Gefäße wurden bei Opferzeremonien verwendet. Das Opfertier liegt mit den Beinen nach oben und geöffnetem Maul bereit, die Hand mit dem langen Messer befindet sich darüber.

Tonscherben mit Abbildungen von Messern. Gaocheng. Shang-Zeit.

In den Gräbern aus der Shang-Dynastie ist man auf viele ähnliche Messer aus Bronze und Jade gestoßen. Die älteren Exemplare sind einfach und schlicht, während die späteren einen kunstvoll verzierten Messerrücken zeigen.

Das Zeichen für Messer hat mir lange Kopfzerbrechen bereitet. Das lag nicht nur daran, daß kein selbständiges Zeichen für Messer existiert – die auf der gegenüberliegenden Seite gezeigten sind zusammengesetzten Zeichen entnommen –, ich begriff einfach nicht die Form des Zeichens. Falls es ein Bild ist, wo befinden sich dann der Handgriff, wo die Klinge und wo die Schneide? Nach einer Durchsicht sämtlicher Zeichen in Wörterbüchern über Inschriften auf Orakelknochen und Bronzen, in denen Messer enthalten sind, weiß ich jetzt, daß in fast neunzig Prozent aller Beispiele das Messer in zusammengesetzten Zeichen auf der rechten Seite steht. Interessanterweise zeigt es immer mit derselben Seite auf die übrigen Teile des Zeichens, es ist die Seite mit dem kleinen »Dorn«, der über die Kopflinie des Zeichens hinausragt. In den wenigen Fällen, wo das Messer links steht, ist es spiegelverkehrt angeordnet und zeigt mit diesem Dorn auf das übrige Zeichen.

Spielt diese Beobachtung für die Deutung eine Rolle? Ich bin fest davon überzeugt. Abgesehen von einer begrenzten Anzahl abstrakter Zeichen, handelt es sich bei den ältesten Zeichen um einfache, direkte Wiedergaben von Gegenständen entweder von vorn, von oben oder im Profil gesehen. Die Zeichen, die für Bewegungen stehen, gehen meist davon aus, wie der Handelnde sein Tun gesehen und aufgefaßt haben muß: Man denke nur an die Zeichen *ergreifen, schlagen, schießen* und viele andere, bei denen wir die Hand von rechts her agieren sehen. Obwohl ein bestimmter Prozentsatz der Erdbevölkerung Linkshänder ist, entscheiden sich doch die meisten Menschen für die rechte Hand, wenn sie beispielsweise mit einem Messer hantieren. Mir erscheint es naheliegend, daß das Zeichen für Messer in stilisierter Form ein Messer mit der Spitze nach oben und der Schneide nach links zeigt, etwa wie die Messer der sogenannten Clan-Zeichen auf den Bronzen.

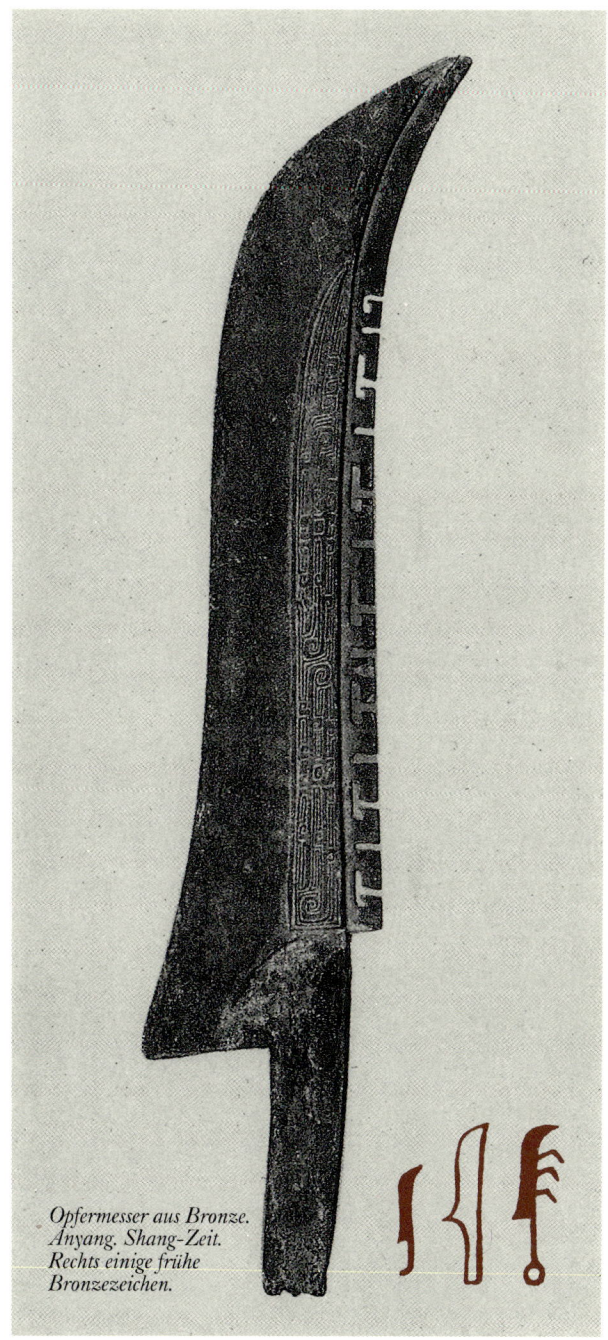

Opfermesser aus Bronze. Anyang. Shang-Zeit. Rechts einige frühe Bronzezeichen.

Messerschneide   Messerschneide

spalten, teilen

Anfang, zuerst

scharf, spitz,
Ernte

Einen weiteren Beweis für diese Deutung liefert das Zeichen für *Messerschneide*, bei dem die Schneide mit einem Strich gekennzeichnet ist. Bei dem Zeichen für Wurzel oder Spitze des Baumes wird dasselbe Prinzip angewandt, einfache Striche unterscheiden die Baumteile vom Baum. Der Strich wird entweder schräg über der Schneide angebracht oder – wie ein Blutstropfen – daneben.

Das Zeichen *spalten, teilen* zeigt ein Messer, das etwas zerschneidet und teilt. Es wird meist verwendet, um die kleineren Einheiten, in die eine größere Einheit aufgeteilt wurde, zu bezeichnen, z.B. *Minute, Pfennig, Abteilung, Branche.*

Anfang, zuerst. Links das Zeichen für »Kleider« in seiner vereinfachten Form, rechts das für »Messer«. Die Konstruktion des Zeichens deutet an, daß es ursprünglich mit dem Zuschneiden von Kleidern zu tun hatte – und die erste Arbeit ist das Zuschneiden –, doch diese Assoziation ist in diesem Fall früh verlorengegangen. Das Zeichen ist Teil von Ausdrücken, die mit dem Einleiten bestimmter Zeitabschnitte verbunden sind, wie *erster Tag, Sommeranfang,* oder die anzeigen, daß etwas eintrifft oder *zum erstenmal* erscheint, z.B. *erster Schnee, erste Liebe, erste Auflage* eines Buches. Das Zeichen wird auch in der Bedeutung *grundlegend* benutzt.

Das Messer tritt oft in einer Form auf, die ganz anders aussieht als die bisher vorgestellte, doch der Ursprung ist derselbe. Diese Form kommt schon im Bronzezeichen vor und wurde vom dritten Jahrhundert an allgemein verwendet, um dann mit der Zeit zur meistbenutzten Form zu werden. Die Hauptlinie befindet sich in senkrechter Stellung, getrennt daneben die Schneide.

Im Zeichen *scharf, beißend, Ernte* sehen wir rechts das Zeichen für Messer in seiner vereinfachten Form und links das Zeichen für Getreide – eine Hirsepflanze mit ihrem schweren Kolben. Ernte ist gleichbedeutend mit Gewinn. Das Zeichen bedeutet deshalb auch *Gewinn, Profit, Vorteil.* Es ist Teil vieler zusammengesetzter Wörter, die mit der harten Geschäftswelt zu tun haben, angefangen von *ausnutzen, Egoismus, Opportunismus, schaden, ausbeuten* und *blind vor Habgier* bis hin zu *effektiv, Fortschritt* und *wirtschaftliche Macht.*

Dieses Zeichen wird gewöhnlich mit **Axt/Beil** übersetzt.

Schon auf den Bronzen hatte es im Prinzip seine endgültige Form erhalten, die Stilisierung läßt nur noch schwer erkennen, was nun was sein soll.

Die Orakelknochenzeichen sind deutlicher, man ahnt sowohl den Stiel wie die scharfgeschliffene Schneide der Axt.

Äxte und Hacken aller Art und aus verschiedenen Materialien werden häufig bei Ausgrabungen gefunden. Jede hat ihre Spezialbezeichnung, doch eine klare Ordnung weist die Terminologie leider nicht auf. Was wie eine Axt aussieht, wird »Hacke« genannt und umgekehrt. Nun ist keine tiefe Einsicht erforderlich, um zu erkennen, daß zwischen Axt und Hacke lange Zeit, sowohl was die Form wie auch die Verwendung betrifft, nicht klar unterschieden wurde. Das Werkzeug, das wir gewöhnlich als »Axt« oder »Beil« bezeichnen, entstand erst zu einer Zeit, als man Werkzeuge aus Eisen herstellte.

Einen kleinen Hinweis, wie das Werkzeug, das im Zeichen für Axt dargestellt ist, aussah, gibt eine Abbildung auf einem Tongefäß aus der Dawenkou-Kultur, die zwischen 4500 und 2500 v. Chr. auf der Shandong-Halbinsel bestand. Gezeigt wird etwas, das aussieht wie eine stabile Spitzhacke oder ein Handbeil. Werkzeuge dieser Art scheinen in der Jungsteinzeit in ganz Nordchina üblich gewesen zu sein. Man hat sie aus Hirschhorn oder Astgabeln hergestellt und später mit einem flachen Stein beziehungsweise mit Bronze oder Eisen verstärkt. Sie wurden noch zur Zeit der ersten Dynastien verwendet, neben den technisch verfeinerten Bronzeäxten, die den Opferzeremonien vorbehalten waren.

Eine solche »Axt« aus Hirschhorn befindet sich im Provinzmuseum von Shandong in Jinan. Sie stammt direkt aus Dawenkou.

Axt/Beil
(Zeichen mit der ursprünglichen Bedeutung)

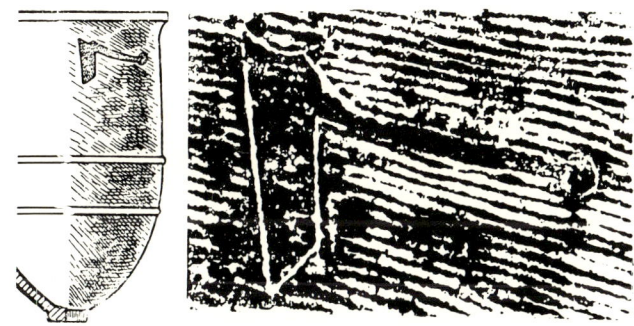

Handbeil auf einem Tongefäß aus Dawenkou. Jungsteinzeit.

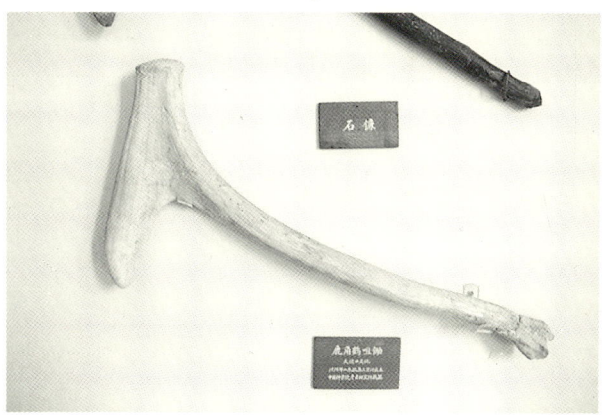

Hirschhornbeil aus Dawenkou.

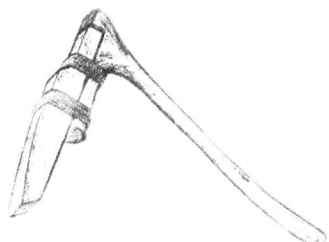

Kinder aus dem Dorf Dayudao im östlichen Shangdong arbeiten auf dem Süßkartoffelfeld ihrer Schule.

In gewisser Weise gibt es die alten »Beile« auch noch im heutigen China – zumindest dem Anschein nach. Denn so ungefähr sieht das Gerät aus, das die Bauern bei der Feldarbeit benutzen, zum Einebnen des Bodens oder zum Bau von Terrassen. Oder stammen die heutigen Hacken von den alten Steinbeilen ab, die ein Loch in der Mitte für den Stiel hatten? Darüber ist offenbar nichts bekannt.

Rekonstruktion einer Spitzhacke.

»Die Bibliotheken sind voll mit Büchern über chinesische Kunstgegenstände aus Bronze, Porzellan und Elfenbein«, erwähnte ich in einem Gespräch mit befreundeten Archäologen aus Beijing, »aber die Geschichte der Arbeitsgeräte und Werkzeuge ist noch nicht geschrieben. Wie ist das zu erklären?«
»Das ist doch nicht weiter verwunderlich«, war die Antwort, »die gewöhnlichen alten Arbeitsgeräte haben wir doch von Kindesbeinen an benutzt, für die Forschung sind sie uninteressant. Die Hacken und Beile haben schließlich immer so ausgesehen.«
Im Verlauf der weiteren Erörterung des Themas erinnerten sie sich dann an einen Kollegen, der sich mit Minoritäten-Völkern im südwestlichen China beschäftigt, vor allem mit den Miao, den Naxi und den Hani, und durch ihn kam ich an einige Aufsätze, die zeigen, daß die primitiven Hacken oder Beile, wie man

sie in Dawenkou gefunden hat, bis heute benutzt werden, beispielsweise zum Entrinden der Bäume oder zum Lockern der Erde auf dem Feld – genau die Tätigkeiten, die für die ersten Ackerbauern in den Gemeinschaften, in denen das Zeichen entstand, besonders wichtig waren.

Baum und Axt/Beil bilden zusammen das Zeichen für *spalten*, *trennen*. Aus den ältesten Formen des Zeichens ist klar das beschriebene Bild abzulesen. Links der Baum mit seinen Ästen und rechts die auf den Stamm gerichtete Axt. Das muß für die Dorfbewohner der Frühzeit ein gewohnter Anblick gewesen sein. Rodungen waren an der Tagesordnung, um neues Ackerland für die wachsende Bevölkerung zu gewinnen. Dabei fiel gleichzeitig das notwendige Bauholz für die Dächer und Zäune, für neue Geräte wie Hacken und Pflüge, für Boote und Wagen ab.

spalten, trennen

Ein sehr ähnliches Zeichen bedeutet *abbrechen*, *biegen*, *zerstören*. Auch hier sehen wir in den ältesten Formen des Zeichens eine Axt, gerichtet auf etwas, das nach der gängigen Erklärung »Gras« sein soll. Bei dem Bronzezeichen könnte man zwei Zeichen für »Gras« vermuten, nicht aber bei dem Orakelknochenzeichen. Außerdem erscheint es etwas unwahrscheinlich, daß man Gras mit Hilfe einer Axt »abgehackt« haben soll. War das Zeichen nicht eher das Bild eines gefällten und abgeästeten Baumes? Die Sprachgelehrten des ersten Kaisers lösten das Deutungsproblem, indem sie die beiden Zeichen für Gras durch das Zeichen für Hand ersetzten, und in dieser Form blieb das Zeichen bestehen.

abbrechen ...

Eine Axt, deren Schneide markiert ist: *zeigen auf*, *lenken*, *abweisen*.

Axt/Beil und Kasten:  *Handwerker*
Die Grenzen zwischen Werkzeug und Waffe waren in der chinesischen Frühzeit fließend. Dieselbe Axt, die man benutzte, um Bäume zu fällen, den Stall zu bauen und Wagen herzustellen, konnte ebenso zur Verteidigung von Haus und Hof und zur Bekämpfung der Feinde nützlich sein. Das Zeichen *Soldat* zeigt zwei Hände, die eine Axt umfassen.

abweisen ...

Handwerker

Soldat

einem Stiel befestigt, vielleicht so, wie es einige Bronzezeichen von Dolchäxten zeigen. Derartige Spitzen waren sicher als Waffe sehr wirkungsvoll – entsprechend den Mistgabeln, mit denen die aufständischen Bauern des europäischen Mittelalters kämpften. Dieser Teil der Waffe scheint eine lange Geschichte zu haben. Die Zeichen auf dem Orakelknochen wirken zwar krakelig und schwach, im Unterschied zu der kraftvollen Darstellung auf den Bronzezeichen, aber die Konstruktion der Waffe geht daraus klar hervor.

Die in der chinesischen Frühzeit allgemein übliche Waffe war ansonsten die sogenannte Dolchaxt. Sie bestand in der Shang-Zeit aus einem kurzen, breiten Dolch, der in einem etwa einen Meter langen Stiel steckte und entweder mit einem Zapfen oder mit Lederriemen befestigt war. Diese Waffe erinnert an unsere Hellebarde, ist aber für eine bronzezeitliche Kultur einzigartig.

Auch wenn verständlicherweise keiner der Holzstiele von dieser Waffe erhalten ist, kann man sich mit Hilfe der Bronzezeichen doch eine Vorstellung machen, wie sie ausgesehen haben muß. Bei vielen Zeichen erinnert der untere Teil an einen Dreizack. Über die Anwendung dieses Teils weiß man nicht viel, aber man hat solche dreizackigen Bronzebeschläge mit äußerst scharfen Spitzen und einer Größe von gut zehn Zentimetern gefunden. Sie waren höchstwahrscheinlich an

Parallel zu diesen realistischen Bildern der Dolchaxt zeigen uns die Orakelknochen und Bronzen noch stilisierte Darstellungen, und davon leitet sich das Zeichen für **Dolchaxt**, **Streitaxt** ab.

Dolchaxt, Streitaxt

Während ihrer langen Geschichte hat die Dolchaxt häufig Veränderungen erfahren, was die Wissenschaft mit akribischer Genauigkeit festgehalten hat. Die Klinge wurde länger und bekam eine lange, gebogene, sichelförmige Schneide. Der Teil, der durch den Schaft ging, ragte auf der anderen Seite als spitzer, scharfer Haken heraus. Meistens befestigte man am oberen Ende des Stiels noch ein Messer oder eine Speerspitze. Damit hatte der Krieger eine vielseitig verwendbare Waffe.

Sogar an den Kampfwagen befestigte man Dolchäxte, immer paarweise und dazwischen eine gezackte Klinge, die aussah wie ein großes Brotmesser. Damit waren die Kampfwagen eine fürchterliche Waffe, wenn sie in voller Fahrt in eine Volksmenge rasten.

Auf einem Bronzegefäß aus der Zeit der Streitenden Reiche sehen wir, wie Fußsoldaten mit ein bis drei Meter langen Dolchäxten kämpfen. Dolchäxte von dieser Länge richtete man sonst eher gegen Feinde, die sich auf Wagen oder Booten näherten.

Dolchaxt und Fuß ergeben zusammen das Zeichen *kriegerisch, militärisch, gewaltsam.* Was der kleine Strich links oben bedeuten soll, weiß niemand, es handelt sich um einen späteren Zusatz, und man braucht ihn vermutlich nicht so wichtig zu nehmen.

kriegerisch ...

Zwei Hände und Dolchaxt: *Wachsamkeit, verteidigen, bewachen.*

Wachsamkeit ...

Mann und Dolchaxt: *angreifen, erschlagen, Strafexpedition.* Das Zeichen kommt oft auf Orakelknocheninschriften vor. In den meisten Fällen sieht man nur Mensch und Dolchaxt, aber das reicht durchaus, um den Sinn zu verstehen.

Es gibt aber auch einige Bronzezeichen, die inzwischen als Varianten des Zeichens angesehen werden; sie zeigen die brutale Situation noch deutlicher: eine Hand hält eine Dolchaxt und erschlägt eine Person von hinten – eine Hinrichtung also.

angreifen, erschlagen ...

ich

Männer mit Streitäxten, wahrscheinlich Namen oder Berufsbezeichnungen.

Eines der Zeichen zeigt das Opfer kniend. Das erinnert mich an eine Fotografie aus dem China des vorigen Jahrhunderts: Dicht umringt von Zuschauern, kniet weit nach vorn gebeugt ein Mann mit nacktem Oberkörper und auf dem Rücken gefesselten Händen am Boden. Ein Helfer des Henkers hält den Verurteilten am Haarschopf fest, damit sich der Kopf in der richtigen Position für den tödlichen Hieb befindet.

Die Dolchaxt ist auch im Zeichen für *ich* enthalten. Nach der traditionellen Erklärung im Shuowen zeigt das Zeichen eine Hand, die eine Waffe hält. Spätere Forscher haben auf die Form hingewiesen, die das Zeichen auf den Orakelknochen hat; sie sind der Meinung, es handle sich um eine Waffe mit drei Spitzen. Andere verweisen auf das Bronzezeichen und sehen darin zwei aufeinanderprallende Waffen.

Wie dem auch sei, es besteht jedenfalls kein Zweifel daran, daß im Zeichen für »ich« eine Waffe enthalten ist, eine traurige Vorstellung, aber bei genauer Betrachtung der Geschichte der Menschheit kein Grund, sich zu wundern. Das Zeichen hat, wie wir gesehen haben, seinen Ursprung in den Opferriten und Wahrsagezeremonien, die der König mit seinen weisen Männern veranstaltete, um die Zukunft zu ergründen und zu beeinflussen. Ein Großteil der Inschriften auf den Orakelknochen handelt von den Kriegen, die er mit den benachbarten Reichen und Stämmen führte, und mit der Waffe in der Hand bewies er seine Macht und war ICH, der König.

Mit dem Kriegführen verfolgte man in der Shang-Zeit einen doppelten Zweck. Zum einen ging es natürlich um die Verteidigung des eigenen Territoriums, aber andererseits brauchte man Kriegsgefangene. Der geringste Anlaß genügte, um bei einem der benachbarten Völker eine umfassende Strafexpedition durchzuführen. Einer Orakelknocheninschrift zufolge wurden bei derartigen Gelegenheiten bis zu 30 000 Gefangene gemacht. Man benutzte sie nicht nur als Sklaven auf den Feldern und als Arbeiter im Bau, wo man viele Kräfte brauchte, sie wurden auch bei großen Festlichkeiten zusammen mit Ochsen, Hunden und Schafen geopfert.

Im Zusammenhang mit dem Zeichen für »Zahn« stießen wir bereits auf ein gewaltiges Bronzebeil, das bei Menschenopfern verwendet wurde (vgl. S. 34). Ähnliche Beile finden sich in vielen Bronzezeichen, und da ist der Kopf offenbar schon gerollt. Eine Seite aus dem Lexikon Jinwen bian – die bislang umfassendste Darstellung der frühen Bronzezeichen – zeigt einige dieser Zeichen. Es fehlt ihnen allerdings jede moderne Entsprechung, und man hält die Zeichen deshalb für nicht mehr existierende Namen oder Berufsbezeichnungen.

Das Leben in dieser frühgeschichtlichen Zeit war grausam – und bei den großen Zeremonien mußten viele Menschen ihr Leben lassen. Als man in dem Dorf Xiaotun bei Anyang ein größeres Bauwerk einweihte, mußten 600 Menschen sterben. In einem Grab, nicht weit davon entfernt, hat man 164 Menschenopfer gefunden. In Zhengzhou waren es Hunderte von Menschen, die man in Augen- und Ohrhöhe »geköpft« hatte.

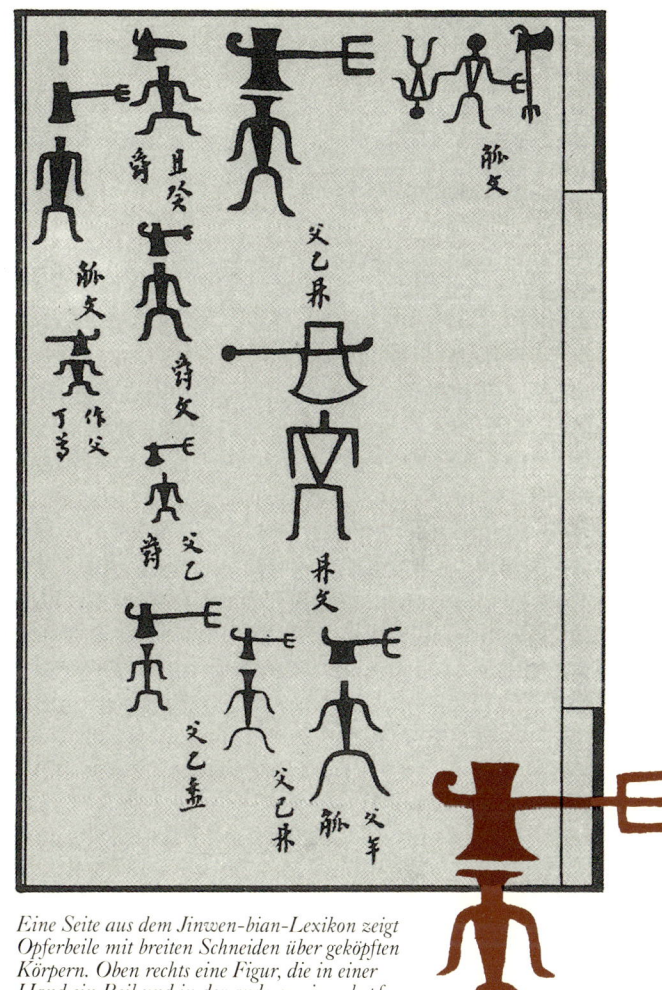

Eine Seite aus dem Jinwen-bian-Lexikon zeigt Opferbeile mit breiten Schneiden über geköpften Körpern. Oben rechts eine Figur, die in einer Hand ein Beil und in der anderen einen kopfstehenden Menschen hält. Das Zeichen unten rechts gibt die maßstabgetreue Größe der Abbildung wieder.

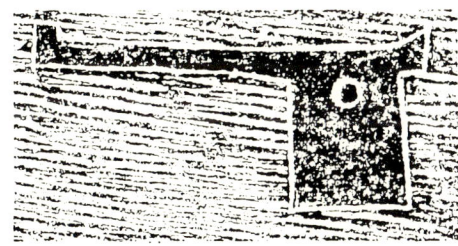

Dasselbe Beil ist auf einer Tonscherbe aus der Dawenkou-Kultur (Shangdong-Halbinsel) abgebildet. Die Abbildung ist mindestens tausend Jahre älter als die Bronzezeichen.

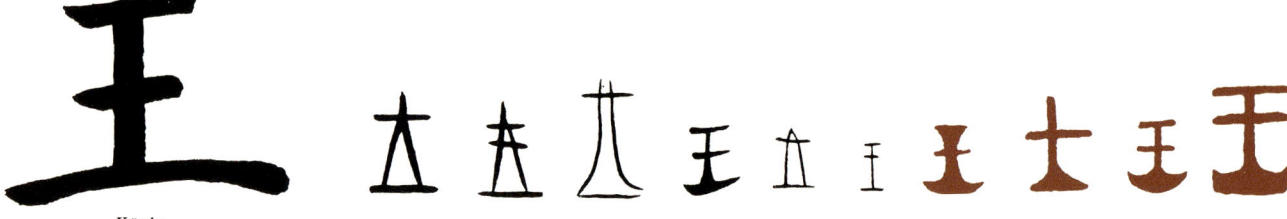

König

Aller Wahrscheinlichkeit nach ist auch das Zeichen **Fürst, König** anfangs das Bild einer Waffe. Über dieses Zeichen ist im Laufe der Jahrhunderte viel diskutiert worden. Seine scheinbar einfache Form und die herausragende Bedeutung des Fürsten haben Anlaß zu anspruchsvollen und philosophischen »Deutungsversuchen« gegeben.

Eine dieser Deutungen sieht in dem Zeichen eine große, lodernde Flamme, die die Macht des Königs symbolisiert. Einer anderen Deutung zufolge steht der senkrechte Strich für den König, der in seiner Person Himmel, Menschen und Erde – die drei waagerechten Striche – verbindet. Ein weiterer Deutungsversuch sieht im König (senkrechter Strich) die Verbindung zwischen dem Himmel (oberer Strich) und der dualistischen Welt, in der die gewaltigen Naturkräfte Yin und Yang (der kurze bzw. der lange Strich) in ihrem ewigen Wechsel die Veränderungen bewirken.

Das sind schöne Vorstellungen. Dabei scheint das Zeichen ganz einfach die Abbildung eines breiten Beiles von der Art zu sein, wie man es bei Hinrichtungen und Opferzeremonien benutzte. Schon zur Shang-Zeit galt das Beil, ebenso wie andere, nur für Zeremonien bestimmte Beile aus Jade, als Symbol für fürstliche Macht und Autorität. Die meisten dieser Beile wurden wahrscheinlich für ihren ursprünglichen, mörderischen Zweck eingesetzt.

Wieder einmal sind es die archäologischen Funde, die die hochfliegenden Spekulationen auf die Erde zurückholen.

Bei den Ausgrabungen der vergangenen Jahrzehnte ist man auf viele dieser charakteristischen Beile gestoßen. Bei manchen ist die Schneide nur unbedeutend schmaler als der obere Teil, bei anderen ist sie deutlich nach außen gebogen. Für beide Arten finden sich entsprechende Zeichen.

Den Fürsten oder König symbolisch durch das Zeremonialbeil oder das Henkersbeil darzustellen, ist nicht ungewöhnlich, man denke nur an die Rutenbündel mit Beil, wie sie den römischen Konsuln und Prätoren als Zeichen ihrer Macht über Leben und Tod vorangetragen wurden.

Opferbeil aus Bronze, Fu-Hao-Grab in Anyang. Shang-Zeit.

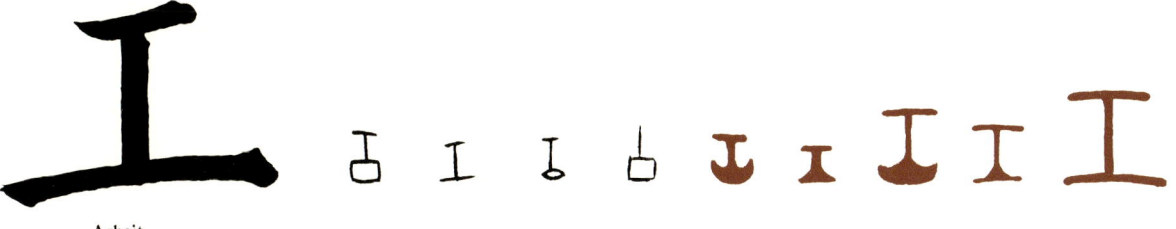

Arbeit

Nun wollen wir uns wieder friedlicheren Tätigkeiten zuwenden. Dieses Zeichen bedeutet **Arbeit**, **Arbeiter**. Nach der gängigen Erklärung zeigt es das Winkelmaß eines Tischlers – die Abbildung eines Werkzeugs soll also die gesamte Tätigkeit repräsentieren.

Zum Beweis für die Richtigkeit dieser Deutung haben einige Forscher auf das Zeichen »Winkelmaß« hingewiesen, eine Person mit einem Gegenstand in der Hand, der dem Zeichen für Arbeit ähnelt. Nebenstehend ein Bronzezeichen. Orakelknochenzeichen hierzu sind nicht bekannt.

Reicht das als Beweis? Kaum. Auf den Orakelknochen hat das Zeichen für Arbeit eine seltsame Form, die mit der Bedeutung »Winkelmaß« offensichtlich nichts zu tun hat. Das Zeichen scheint eher ein Werkzeug oder ein Gerät zu beschreiben, das man zum Klopfen oder Stoßen verwenden kann.

Was es ist, weiß niemand, aber bereits vor der Shang-Zeit gab es Gerätschaften, die sehr gut Vorbilder für das Zeichen »Arbeit« sein könnten, zumindest mit der gleichen Berechtigung wie das Winkelmaß. Eines davon war ein kleiner Stößel, mit dem die Töpfer die Tongefäße formten, ehe die Töpferscheibe aufkam. Das Gefäß wurde aus langen, dünnen Lehmwürsten, die man ringförmig übereinanderlegte, hochgezogen, und danach klopfte man die Würste glatt. Mit der Drehscheibe verschwand dieses kleine Gerät, man sieht es nur noch hin und wieder in Museen, wo es als »Plattklopfer« oder »Klopfer« vorgestellt wird. Wie es zu seiner Zeit genannt wurde, ist unbekannt.

»Stößel«, die man zur Herstellung von Tongefäßen verwendete. 10 bis 12 cm. Jungsteinzeit. Provinzmuseum Henan, Zhengzhou.

Ein Steinklumpen mit Holzstiel: ein uraltes, aber sehr effektives Werkzeug beim Bau von Häusern, Mauern und Wällen. Eingefaßt von einem Rahmen aus Hölzern, wird Erdschicht um Erdschicht festgeklopft. An dem fertigen Teil der Mauer sieht man deutlich die verschiedenen Schichten. Shaanxi. 1987.

Ein anderer Stößel oder Stampfer wird beim Haus- oder Mauerbau benutzt. Dieser Stampfer gehört wahrscheinlich zu den ältesten und am meisten verwendeten Werkzeugen in der Geschichte Chinas und ist nach wie vor in Gebrauch. Im Frühjahr, wenn das Wetter trocken ist und die Feldarbeit noch ruht, ist man mit dem Bau von Häusern und Mauern beschäftigt. Eingefaßt in Rahmen aus Brettern oder zusammengebundenen Holzstämmen, wird Schicht um Schicht die Erde festgestampft. Ist eine Schicht fertig, hebt man den Rahmen an und beginnt mit der nächsten. Diese sehr sorgfältig ausgeführte Arbeit setzt man fort, bis die Mauer die gewünschte Höhe hat.

Der gewöhnliche Stampfer besteht aus einem unten abgerundeten Stein von je 25 Zentimetern Höhe und Breite, der mit einem Holzstiel versehen ist. Im Lößgebiet und in der chinesischen Ebene hat jeder Hof seinen Stampfer, er ist etwa so gebräuchlich wie bei uns Hammer und Säge.

Es gibt auch größere Stampfer, die bis zu einem halben Meter breit sind und 50 bis 60 Kilo wiegen. Man verwendet sie für Hausfundamente, Marktplätze oder größere Erdwälle. Sie werden im allgemeinen von fünf Personen gehandhabt, es gibt aber auch Stampfer für acht Arbeiter. Eine Person hält den Handgriff und bestimmt die Stoßrichtung. Die anderen heben den Stein mit Hilfe von langen Seilen an, die durch seitliche Löcher im Stein befestigt sind.

Diese Technik ist seit der Jungsteinzeit bekannt. Sie erscheint vielleicht primitiv, aber die auf diese Weise gebauten Wände und Mauern sind von verblüffender Stabilität und Haltbarkeit. Die Stadtmauer von Zhengzhou, die um 1400 v. Chr. gebaut wurde, war zur Blütezeit der Shang-Dynastie durchschnittlich zehn Meter hoch und zwanzig Meter breit. Heute, mehr als dreitausend Jahre später, hat sie noch immer eine Höhe von vier Metern. Ein Teil der Mauer liegt heute mitten in der Stadt, und die Leute gehen ziemlich respektlos damit um. Sie ziehen oben auf der Mauer Gemüse und am Fuß der Mauer Kürbisse und Tomaten. Wenn man ihr nicht gerade mit Hacke und Schaufel zu Leibe

Zwei Männer bauen eine Mauer aus Erde.

rückt, wird sie weitere tausend Jahre stehen. Die verschiedenen Erdschichten, aus denen die Mauer besteht, sind immer noch sichtbar, und man kann sogar die Spuren, die die Werkzeuge beim Stampfen der Erde hinterlassen haben, erkennen.

Über das Aussehen dieser Werkzeuge hat man bis vor kurzem kaum etwas gewußt. Aber bei den jüngsten Ausgrabungen im Herzen Chinas fand man an verschiedenen Orten Steine, von denen man annimmt, daß es sich um alte Stampfer handelt. Die ältesten sehen wie gewöhnliche Mörser aus, wie man sie zum Zerstoßen von Getreidekörnern verwendete. Andere sind größer und breiter.

Allen gemeinsam ist der dicke, abgerundete Boden. Sie sind zwischen 20 und 40 Zentimeter hoch. Einige sind unten breit und werden nach oben schmaler, andere

sind überall von gleichem Umfang und haben oben ein Loch, vermutlich für einen Holzstiel.

Ein ähnliches Werkzeug benutzte man zur Herstellung von Lehmziegeln. Es gab dafür verschiedene Methoden, aber die beste besitzt eine große Ähnlichkeit mit dem Mauerbau. Man füllte Lehm in einen Rahmen und stampfte ihn fest. War der Lehm getrocknet, hatte man einen Baustein, der bedeutend stabiler war als ein normaler Ziegel. Das Werkzeug, mit dem man stampfte, war im allgemeinen ein Stein mit einem Holzstiel.

Aus archäologischer Sicht ist keiner dieser Steine besonders auffällig. Es handelt sich um ganze einfache Steinklumpen. Doch aus sprachlicher Sicht sind sie hochinteressant, und ich behaupte, daß sie das Vorbild für das Zeichen »Arbeit« abgegeben haben.

Soweit mir bekannt ist, wurde über dieses Thema noch nichts geschrieben, und dies ist nicht der Ort für eine detaillierte Abhandlung. Gehen wir aber zu den älteren Formen des Zeichens zurück, stellen wir fest, daß viele im unteren Teil an einen schweren Gegenstand erinnern, also den zum Stampfen der Erde verwendeten Stein. Und der obere Teil wäre demnach der Stiel bzw. Handgriff.

Die Verwendung von Erde als Grundbaustoff der frühen chinesischen Architektur ist ausreichend belegt. Die zur Verfügung stehende Erde war für diesen Zweck außerordentlich gut geeignet. Stampfte man sie entsprechend fest, war sie von etwa derselben Festigkeit wie die Berge im Lößgebiet. Die Stadtmauern sind dafür ein gutes Beispiel. Ein anderes Beispiel sind die riesigen Terrassen oder Plattformen, auf denen man Paläste, Ahnentempel und andere wichtige Bauwerke errichtete. Viele von ihnen haben noch immer eine Höhe von zwanzig Metern über dem Erdboden.
Die Errichtung aller dieser Bauwerke erforderte einen ungeheuren Arbeitseinsatz. Die Mauer in Zhengzhou hatte eine Länge von sieben Kilometern, und die Archäologen des Provinzmuseums von Henan haben ausgerechnet, daß der Bau einer solchen Mauer zwölfeinhalb Jahre gedauert haben muß, vorausgesetzt, man konnte zehntausend Mann einsetzen, die 330 Tage im Jahr arbeiteten.
Praktisch alle Städte im nördlichen und nordwestlichen China waren bis in unsere Zeit von solchen Mauern umgeben. Auch viele Abschnitte der Großen Mauer an der Grenze zur Wüste und zu den Nomadenvölkern wurden auf diese Weise gebaut. Und natürlich mußten Mauern instand gehalten werden. Neben der Anlage von Kanälen und der Errichtung von Dämmen entlang der Flüsse gehört der Bau der Mauer in Nordchina zu den größten kollektiven Leistungen in der Geschichte der Menschheit. Das könnte ein weiterer Grund sein zu überlegen, ob nicht das Werkzeug, das beim Bauen verwendet wurde, für das Zeichen »Arbeit« Vorbild war.
Das Geräusch der Erde klopfenden Stampfer war vielleicht in den chinesischen Städten früher genauso typisch wie heute der Autolärm. Aber man hörte nicht nur das dumpfe Stampfen. Um die Arbeitsgänge rhythmisch zu koordinieren, sangen die Menschen wie überall auf der Welt, wenn sie schwere und mühsame Arbeiten gemeinsam erledigen.

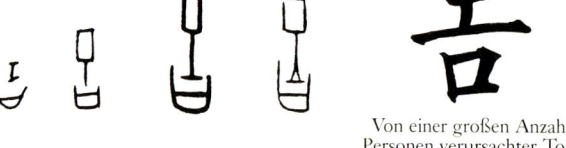

Von einer großen Anzahl Personen verursachter Ton.

Arbeit und Mund bilden zusammen ein Zeichen, *das Ton, verursacht von einer großen Anzahl Menschen, Gesang mehrerer Personen* bedeutet. Das Zeichen kommt auf den Orakelknocheninschriften überraschend oft vor; es soll gleichzeitig der Name von feindlichen Stämmen im Westen gewesen sein, mit denen die Shang-Dynastie in ständigem Streit lag. In einer Variante dieses Zeichens ist »Arbeit« durch das gleichlautende *gemeinsam, alle zusammen* ersetzt, ein Zeichen mit zwei Händen, die etwas hochheben. Ich kann mir kaum ein Bild vorstellen, das besser die gemeinsame Arbeit der Sklaven an den Mauern beschreibt. Es gibt aber so viele andere Deutungen, daß wir uns am besten rasch auf sicheren Boden zurückbegeben.

Dach und Haus

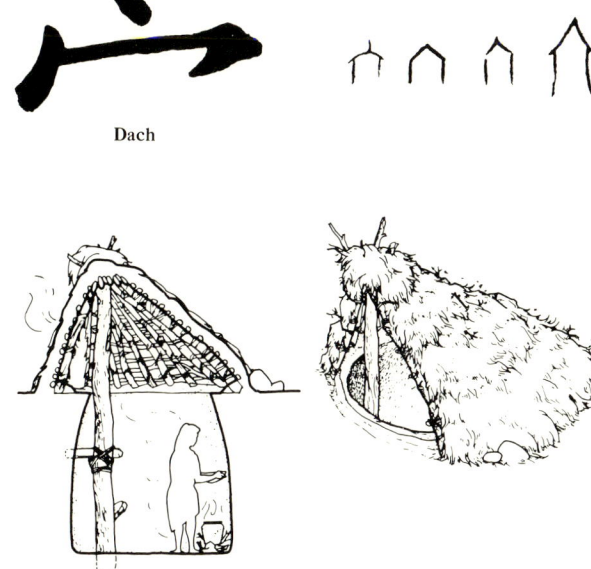

Dach

Als ich zum erstenmal erfuhr, daß dieses Zeichen **Dach** bedeutet, meinte ich das Dach deutlich vor mir zu sehen: flach und darüber ein Schornstein. Aber da hatte ich mich geirrt. Zwar sehen viele Dächer in Nordchina heute so aus, aber als das Zeichen entstand, waren die meisten Dächer steil und rund. Und in dieser Form erscheint das Zeichen für Dach auch auf den Orakelknochen.

Das Dach wurde von Holzpfosten getragen und bestand aus einem Gerüst aus Latten oder Zweigen, die oben am Rauchabzug zusammentrafen. Die frühesten Modelle waren mit Schilf gedeckt. Die nebenstehenden Zeichnungen zeigen die vermutliche Konstruktion.

Dieser Haustyp trat erstmals in der Jungsteinzeit auf. Das Dach stand direkt auf dem Erdboden, und man wohnte in einer Grube oder Höhle darunter, die drei Meter tief und vier bis fünf Meter im Durchmesser war.

Später stand dann das ganze Haus auf der Erde, doch das Dach wurde nach wie vor von den Pfosten und nicht von den Wänden getragen. Die Aufgabe der Wände war der Schutz vor Wind und Wetter. Wände und Dach wurden mit Lehm abgedichtet.

Rundhäuser dieser Art waren um 4000 v. Chr. und auch noch während der ersten Dynastien in Banpo üblich. Die Tür war im allgemeinen dem Süden zugewandt.

Wohnhöhle und Rundhaus in Banpo. Jungsteinzeit.

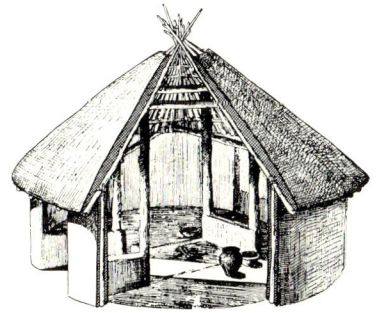

Die Form der Häuser erinnert sehr an die Zelte, wie man sie immer noch in den mongolischen Steppen sieht, Wände und Dach bestehen allerdings aus Filzdecken. Die Forscher sehen keinen Zusammenhang zwischen den beiden Hausformen, was mir schwer verständlich erscheint, denn auch dort ist das Dach am wichtigsten und wird von einer ähnlichen Konstruktion getragen.

Rekonstruktion eines Rundhauses. Museum in Banpo.

Modell des Dorfes Banpo.

Es gab in Banpo auch einige viereckige Häuser. Eines davon sieht in seiner Rekonstruktion aus wie ein pyramidenförmiges Campingzelt mit Wind- und Regenschutz am Eingang. Es stand in der Mitte des Dorfes und scheint eine Art Gemeinschaftshaus gewesen zu sein. Trotz der unterschiedlichen Form ist die Konstruktion im großen und ganzen dieselbe wie beim Rundhaus. Die Grundfläche betrug etwa 160 m².

Banpo war in seiner Blütezeit ein großes und gut organisiertes Dorf. Man fand die Reste von vierundsechzig Häusern und von über zweihundert Vorratshöhlen, in denen Getreide und andere wichtige Nahrungsmittel aufbewahrt wurden. Nördlich des Dorfes lag eine Begräbnisstätte, im Osten ein Zentrum für die Keramikherstellung. Das Dorf war offenbar über einen sehr langen Zeitraum bewohnt, wenn auch nicht ständig. Man betrieb Wechselwirtschaft. Erwies sich der Boden als nicht mehr ertragreich, suchte man sich einen neuen Platz und kehrte erst ein paar Generationen später, wenn sich der Boden erholt hatte, zurück. Man baute sich neue Häuser – wie üblich aus Lehm und Holz.

Noch heute sind die Grundrisse der Häuser und die Pfostenlöcher in der lehmigen, graugelben Erde des Museums zu sehen. Als man 1957 die Ausgrabungen beendet hatte, überdachte man einfach den Ort. So kann man sich bei einem Museumsbesuch gut in das Leben der Menschen vor 6000 Jahren hineinversetzen. In einem der Ausstellungsräume, in denen Gefäße, Werkzeuge und andere Funde ausgestellt sind, steht ein Modell des Dorfes, wie es wahrscheinlich ausgesehen hat. Es lag auf einer Terrasse am Fluß und war von einem fünf bis sechs Meter breiten und tiefen Graben umgeben.

Grundriß eines Hauses. Museum von Banpo. Ca. 4000 v. Chr.

Im Laufe der Zeit setzte sich mehr und mehr das viereckige Haus durch. Im Dorf Dahe in der Nähe von Zhengzhou befinden sich die Reste eines Hauses mit vier Räumen, die etwa tausend Jahre jünger sind als die Häuser von Banpo. Die eigentliche Ausgrabung ist abgeschlossen, die archäologische Bearbeitung der Funde aber noch in vollem Gange. Ich bin im Sommer 1984 einmal hingefahren und hatte das Glück, daß mich ein freundlicher Archäologe hineinließ.

Das Dorf liegt mitten in einem fruchtbaren Anbaugebiet nicht weit von einem Fluß. Auf den Feldern waren die Bauern gerade beim Reispflanzen. Wie in Banpo hatte man die Fundstelle überdacht, um die Grundrisse, die Vorratshöhlen und die Feuerstellen zu schützen. Eine dünne Moosschicht überzog die rötlichen Reste der einstigen Hausmauern. Über den Geländern hingen die Triebe von frisch geerntetem Knoblauch, und der Duft von Moos, Knoblauch und den zahllosen Tonscherben, die darauf warteten, zu Gefäßen zusammengesetzt zu werden, versetzte mich augenblicklich fünftausend Jahre zurück.

Grundriß eines Hauses aus der Jungsteinzeit im Dorf Dahe unweit des Gelben Flusses.

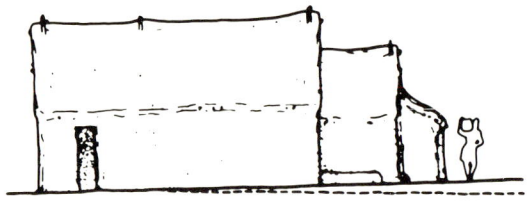

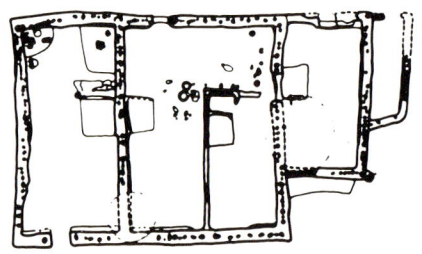

Dre Palast in Erlitou, der von 1600 bis 1300 v. Chr. bewohnt war, ist der bisher älteste in China gefundene Palast. Aus der Rekonstruktion der Archäologen geht hervor, daß das Hauptgebäude acht Balken breit und drei Balken tief war. Es stand auf einer Terrasse aus gestampfter Erde. Der Haupteingang lag nach Süden. Um den Hofplatz lief eine Säulengalerie. Die Ausgrabungen haben ergeben, daß der Ort bereits vor dem Jahr 2000 v. Chr., zur Zeit der legendären Xia-Dynastie, besiedelt gewesen sein muß. Es handelt sich genau um die Gegend, wo nach alten Schriftstücken das Zentrum das Xia-Reiches gewesen sein muß.

Wie weit zurück hier die Besiedlung reicht, ist noch ungeklärt, aber in Hemudu, unweit von Hangzhou, wo der Große Kanal eine Biegung nach Norden macht, fand man in den siebziger Jahren Hausbalken, die nach der Radio-C[14]-Methode über 7000 Jahre alt sind. Abgesehen von dem ungewöhnlichen Umstand, daß sich so altes Holz in einem feuchtwarmen Klima erhält, sind die Balken der Beweis für eine überraschend fortgeschrittene Technik des Hausbaus. Mit einfachsten Steinwerkzeugen hat man die verschiedenen Balken erstaunlich genau zusammengefügt.

In Anyang hat man die Funde nicht auf diese Weise bewahrt. Die ausgegrabenen Grundmauern und Wände wurden nach einem kurzen Gastspiel am Tageslicht wieder zugeschüttet und liegen nun unter der gelben Erde. Die Bauern pflanzen dort wieder ihren Mais.

Durch Ausgrabungen wissen wir, daß die Menschen vor allem in Wohnhöhlen lebten, die man mit der Zeit vergrößerte und mit einer praktischen Treppe versah. Es gab aber auch Gebäude ganz anderer Art: große Langhäuser, die auf hohen Sockeln aus gestampfter Erde standen. Eines davon war 28 Meter lang, acht Meter breit und stand auf einer ein Meter hohen Plattform, zu der eine Treppe hinaufführte. Das Dach war wahrscheinlich mit Schilf gedeckt. Getragen wurde es von 31 Holzpfeilern, von denen jeder in einem eigenen Sockel steckte, wie eine Kerze im Kerzenständer. Die Wände bestanden aus Stroh und Lehm.

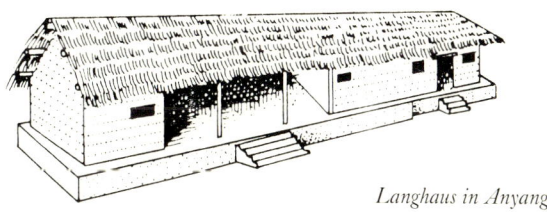

Langhaus in Anyang.

Ein ähnliches Langhaus hat man in den Hauptstädten des Shang-Reiches vor Anyang gefunden – das älteste in Erlitou, unweit von Zhengzhou und dem Gelben Fluß, das größte weiter südlich in Panlongcheng.

Auf den Orakelknochen kommt »Dach« allein nur wenige Male vor und auf den Bronzen überhaupt nicht, es gehört aber zu einer großen Zahl zusammengesetzter Zeichen, die mit Haus, Heim und Bauwerk zu tun haben.

Frieden, Ruhe: eine Frau unter einem Dach. Stellt das Zeichen die Beruhigung dar, die ein Mann empfindet, der eine Frau unter seinem Dach hat, oder geht es dabei um die Ruhe der Frau am Herd? Wir wissen es nicht, wir sehen sie nur auf ihren Fersen sitzen, die Arme nach vorn gestreckt, als würde sie mit etwas hantieren.

Heim, Familie: ein Schwein unter einem Dach. Der Platz, wo man wohnt und Haustiere hält. Das Orakelknochenzeichen ist wie üblich mager und ohne Saft, ganz im Gegensatz dazu die Bronzezeichen!

Übernachten: ein Mensch auf einer Matte unter einem Dach.

Gehege, fest, Gefängnis: ein Ochse unter einem Dach. Am Orakelknochenzeichen kann man ablesen, daß das, was jetzt als Dach geschrieben wird, ursprünglich möglicherweise eine Art Einzäunung war. In bestimmten Zeichen nimmt ein Schaf oder ein Pferd die Stelle des Ochsen ein.

Obwohl man bisher noch keine Reste von Ställen oder Gehegen gefunden hat, weiß man aus anderen Quellen, daß die Aufzucht von Ochsen, Schafen und Pferden während der Shang-Dynastie weit verbreitet gewesen sein muß. Man benötigte die Tiere für die sich regelmäßig wiederholenden Opferzeremonien, bei denen den Vorfahren große Mengen Fleisch geopfert wurden, die anschließend vom König und seinem Gefolge verzehrt wurden.

Das Zeichen hat in diesem Zusammenhang auch noch eine spezielle Bedeutung, nämlich *Opfer, Opfertier.* Es ist in den Namen von zwei wichtigen Zeremonien enthalten: dem sogenannten »Großen Opfer«, für das man Ochsen schlachtete, und dem »Kleinen Opfer«, für das ein Schaf geschlachtet wurde. Beide Zeremonien blieben bis ins 20. Jahrhundert hinein lebendig.

Frieden, Ruhe

Heim, Familie

übernachten

Gehege, fest,
Gefängnis

Frieden, Ruhe: ein Herz und eine Schale unter dem Dach. Der Frieden, der Leib und Seele nach den Anstrengungen des Tages überkommt, wenn man endlich unter dem eigenen Dach in Ruhe ein wenig das Leben genießt?

In einer Variante wird das Zeichen mit einem unteren Teil geschrieben, dessen Bedeutung unbekannt ist. Als man 1958 die Zeichen vereinfachte, verschwanden leider sowohl das Herz wie die Schale.

Bewachen, schützen. Dem Bronzezeichen können wir entnehmen, daß der untere Teil des Zeichens ursprünglich das Bild einer Hand war, manchmal ergänzt durch einen kleinen Strich, den man als Daumen gedeutet hat. Steht die Hand hier für Verteidigung und Schutz? Oder handelt es sich um eine bedrohliche, verbrecherische Hand?

Wohnhaus, Palast, Tempel. Eine Erklärung sieht in dem Zeichen die Grundrisse zweier Räume und darüber das Dach. Diese Deutung wird von den Zeichen auf den Orakelknochen und den Bronzen gestützt, wo das Bild ohne Dach erscheint. Sie zeigen deutlich zwei Wohnräume nebeneinander. Daß das Zeichen seit der ersten Zeichenvereinfachung 200 v. Chr. in einer Version mit Dach auftritt, beruht möglicherweise darauf, daß man alle Zeichen, die einem bestimmten Bedeutungsumfeld angehörten, sammelte – z. B. alle, die mit dem Begriff Haus zu tun hatten – und sie einem Zeichen unterordnete, wie hier dem »Dach«.

Einer anderen Erklärung zufolge zeigt das Zeichen das Bild eines Hauses mit Tür und Fenster. Zum Beweis für diese Theorie werden einige kleine Tonskulpturen von Häusern aus der Jungsteinzeit angeführt. Beide wurden im Wei-Tal unweit von Banpo gefunden. Sie haben große Ähnlichkeit mit den Rekonstruktionen von Wohnhäusern, wie sie die Archäologen für diese Gegend angefertigt haben. Solche Häuser waren auch später zur Zeit der Shang-Dynastie noch allgemein üblich, als das Zeichen seine Form erhielt.

friedlich, ruhen

Das vereinfachte Zeichen für friedlich, ruhen.

bewachen, beschützen

Wohnhaus ...

宗

Ahn(herr), Vorfahr ...

Nach der Grammata Serica bedeutet das nebenstehende Zeichen *Ahnentempel, Vorfahren, Clan/Sippe, ehren, aufwarten, Würde* und *die Sommeraudienz, die der König den vornehmen Prinzen gewährte.* Die unterschiedlichen Funktionen des großen Hauses in Anyang als Mittelpunkt wichtiger gesellschaftlicher Vorgänge ließen sich nicht besser beschreiben!

In seinen ältesten Formen scheint das Zeichen ein erstaunlich deutliches Bild der Giebelwand des Langhauses gewesen zu sein – wie sie sich die Archäologen vorstellen – mit den Pfosten und Querbalken, die das Dach tragen. Nach der gängigen Erklärung besteht das Zeichen jedoch aus »Dach« und »Vorzeichen«: *zeigen, erklären.*

示

Zeichen mit der ursprünglichen Bedeutung
Vorzeichen, Omen

Karlgren war der Ansicht, *Vorzeichen* oder *Omen,* wie er es nannte, sei das Bild von Stäbchen, die man zur Weissagung benutzte. Aber leider ist das Zeichen gar nicht so einfach zu deuten. Nach der traditionellen Erklärung stehen die obersten Striche für den Himmel und die drei darunter für Sonne, Mond und Sterne, durch die der Himmel den Menschen seinen Willen kundtut und deren »Zeichen« die Menschen zu deuten suchten. Andere Kommentare vertreten die Auffassung, das Zeichen stelle einen Altar mit einem Stein zu Opferzwecken dar oder eine Gedenktafel, in die man die Namen der Vorfahren einschrieb.

Keine der Erklärungen wirkt überzeugend, und das gilt um so mehr, wenn man die Orakelknochen zu Rate zieht. Gesichert ist nur, daß das Zeichen mit der Beobachtung von Naturerscheinungen zu tun hat und mit Voraussagen über Glück und Unglück – alles Vorgänge, die sich im Ahnentempel oder in dessen Nähe abspielten. Das Zeichen ist in mehreren Zusammensetzungen enthalten, die sich auf Riten und Prophezeiungen beziehen.

Ich habe mich lange mit den verschiedenen Formen, in denen das Zeichen für Dach auftritt, beschäftigt. Auf den Orakelknochen hat es ausnahmslos eine Form, die der runden, einem Bienenkorb ähnlichen Form der Wohnhöhle entspricht, während man auf den Bronzen des öfteren auf Zeichen stößt, die ein Haus zu zeigen scheinen, mit deutlicher Unterscheidung zwischen Dach und Wänden. Es handelt sich also eher um ein richtiges Haus, das an die Rekonstruktionen erinnert, die die Archäologen von den großen Zeremonienhallen vorgenommen haben. Beruhte der Unterschied der unterschiedlichen Schreibweise von »Dach« einfach darauf, daß verschiedene Arten von Dächern wiedergegeben wurden?

Die chinesischen Sprachforscher, mit denen ich darüber diskutierte, hielten nicht viel von meiner Idee. Der
Unterschied sei zufällig, sagten sie, und beruhe allein
auf der individuellen Handschrift der Schreiber. »Das
Messer ist abgerutscht.« Aber im Sommer 1984 traf
ich in Beijing eine Gruppe von Wissenschaftlern, die
gemeinsam eine Arbeit über die Geschichte der chinesischen Architektur schrieben, und sie verstanden sofort, was ich meinte.

Ich erfuhr, daß lange Zeit zwei Hausformen nebeneinander existierten. Das gewöhnliche Volk wohnte weiterhin in Höhlen und Häusern, die zur Hälfte in die
Erde gegraben waren, und nur Häuser mit einer besonderen Bedeutung wurden nach dem Modell des
Langhauses in Anyang gebaut. Mit der Zeit wurden
solche Häuser allgemein üblich, eine Entwicklung, die
sich, wie zu erwarten, in den Zeichen spiegelt. Eine
systematische Untersuchung dieses Vorgangs ist leider noch nicht erfolgt.

Fest steht jedenfalls, daß das Langhaus der Shang-Zeit
eine Bautradition einleitete, die mehr als dreitausend
Jahre Bestand hatte:

Die Häuser stehen auf einer Plattform aus gestampfter
Erde, die später meist mit Ziegeln verkleidet wurde.

Das Dach wird von Holzpfosten getragen, die freiste-
hend in der Plattform steckten oder in speziellen Stein-
fundamenten verankert waren. Die Wände sind nicht
tragend, so daß der Raum zwischen den Pfosten beliebig durch Fenster, Türen oder leichte Holzgitter ausgefüllt werden kann.

Die nach Süden gehenden Türen sind auf der Längsseite angebracht.

An dieser Bauweise halten die Chinesen bis heute hartnäckig fest. Natürlich variieren die Häuser, was Größe
und Ausstattung anlangt, doch die grundlegende Konstruktion bestimmt gleichermaßen das private Wohnhaus wie die Zeremonienhalle, die Pagode und den Pavillon.

Während der Han-Dynastie (206 v.Chr. bis 220
n.Chr.) erhielten sowohl die Häuser wie die Dächer ihre
endgültige Form. Seitdem ist im großen und ganzen

*Das Rundhaus der Jungsteinzeit wurde noch bis lange in die geschichtli-
che Zeit gebaut. Erst in der Han-Dynastie erhielt das chinesische Haus
eine neue Form, die zweitausend Jahre Bestand hatte. Ob Wohnhaus,
Pavillon oder Tempel – alles wurde nach demselben Prinzip gebaut.*

Chinas ältestes Haus, Ahnenhalle in Feicheng.

keine Veränderung eingetreten, und erst in den letzten Jahrzehnten machen sich Einflüsse aus der westlichen Welt bemerkbar.

Das älteste noch existierende chinesische Haus steht in Feicheng auf der Halbinsel Shandong. Das aus Steinen gebaute Haus stammt aus der Han-Dynastie und wurde im Jahr 129 eingeweiht. Seitdem steht dieses Haus, und erst 1978 errichtete man darüber ein Schutzgebäude und stützte das Dach mit einigen Holzbalken.

Das Haus ist eine Ahnenhalle, dem Gedächtnis eines gewissen Guo Ju geweiht. Er war arm und hatte es schwer, seine Familie zu versorgen. Seine alte Mutter pflegte ihre tägliche Essensration mit dem kleinen Enkel zu teilen, und der Junge wuchs und gedieh, während sie selbst immer schwächer wurde. Um das Leben der Mutter zu retten, beschloß Guo, den Sohn zu opfern – einen neuen Sohn kann man sich anschaffen, aber keine neue Mutter –, und so begann er, eine Grube auszuheben, in der er den Knaben lebendig begraben wollte. Die Treue zur Mutter wurde auf der Stelle belohnt. Nach einigen Spatenstichen stieß Guo auf einen Krug mit Gold, auf dem geschrieben stand: »Geschenk des Himmels für Guo Ju. Niemand darf es ihm wegnehmen.« Der auf diese Weise reich gewordene Guo Ju konnte seinen Sohn am Leben lassen, und alle wurden in Zukunft satt.

Die Geschichte von Guo Jus rühmlicher Verehrung der Mutter, die man an der Westwand der Ahnenhalle nachlesen kann, gehört zu den bekanntesten in der Sammlung moralischer Geschichten, die unter dem Namen »Vierundzwanzig Beispiele der Kindesliebe« noch heute Bestandteil der Kindererziehung sind. Eine andere Geschichte erzählt von einem Jungen, der sich nackt zum Schlafen niederlegte, um die Mücken auf sich zu lenken und damit seinen Eltern zu einem friedvollen und schönen Schlaf zu verhelfen. Ein anderer Junge legte sich mitten im eisigen Winter auf den zugefrorenen Fluß, um das Eis mit seiner Körperwärme so weit aufzutauen, daß er den Fisch, nach dem es seine Stiefmutter so sehr verlangte, erwischen konnte. Das ist wahre Kindesliebe!

Die Weiterentwicklung der chinesischen Architektur nach der Han-Zeit betrifft hauptsächlich das Dach. Die tragenden Balken wurden nach einem ausgeklügelten System miteinander verbunden und durch Einpassen in Stützen oder Konsolen stabilisiert. Dazu brauchte man keinen einzigen Nagel. Balken um Balken, alle vom gleichen Zuschnitt, nur zunehmend kürzer, paßte man in die Konsolen ein; so entstand ein in sich beweglicher, aber als Ganzes stabiler Dachstuhl, der imstande war, ein dynamisches Gleichgewicht zu halten – jedem Erdbeben gewachsen – und das schwere Dach zu balancieren.

Siebentausend Jahre alte Holzbalken aus Hemudu. Darunter eine Konstruktionszeichnung aus dem Lehrbuch Yingzao fashi (Bau- und Konstruktionsregeln) aus dem Jahr 1100 – eines von vielen Beispielen für die Kontinuität in der Tradition des chinesischen Hausbaus.

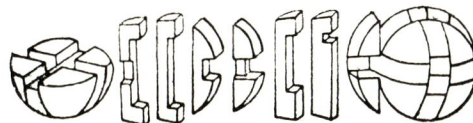

Das System hat große Ähnlichkeit mit einem chinesischen und japanischen Spielzeug, das aus einer Handvoll Holzteilen besteht, die nur auf eine einzige Art zusammengesetzt werden können und dann eine feste Kugel bilden.

Yingzao fashi, ein Lehrbuch über die Kunst des Hausbaus – die Bilder auf dieser und der nächsten Seite sind diesem Buch entnommen –, wurde im Jahr 1100 von dem Reichsarchitekten Li Jie, selbst ein erfahrener Baumeister, dem Kaiser übergeben. Dieses Buch faßt viele Jahrhunderte Bauerfahrung zusammen und blieb bis in unsere Zeit ein Kanon der Baukunst.

Hatte man sich erst einmal entschlossen, wo ein Haus stehen und wie viele Balken lang und tief es werden sollte, so war es ein leichtes, mit dem Bau zu beginnen. Das Lehrbuch lieferte alle nötigen Angaben bezüglich der Abmessungen, Teilabschnitte und des zu verwendenden Materials, all dies war den äußerst instruktiven Bildern zu entnehmen.

Wollte man ein kleines Privathaus bauen, begrenzte man die Tiefe des Hauses auf eine Balkenlänge. Das

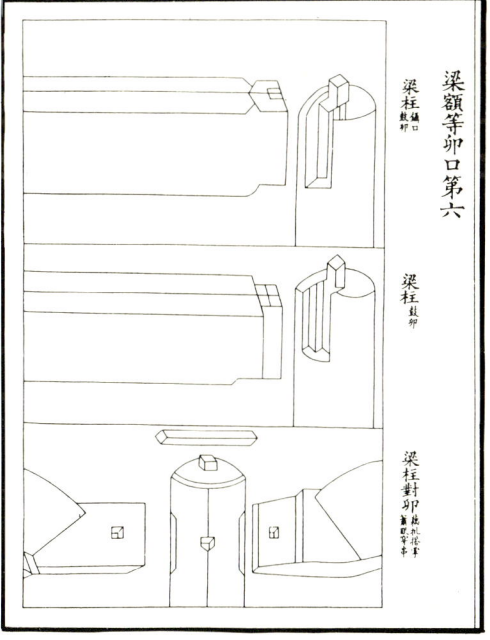

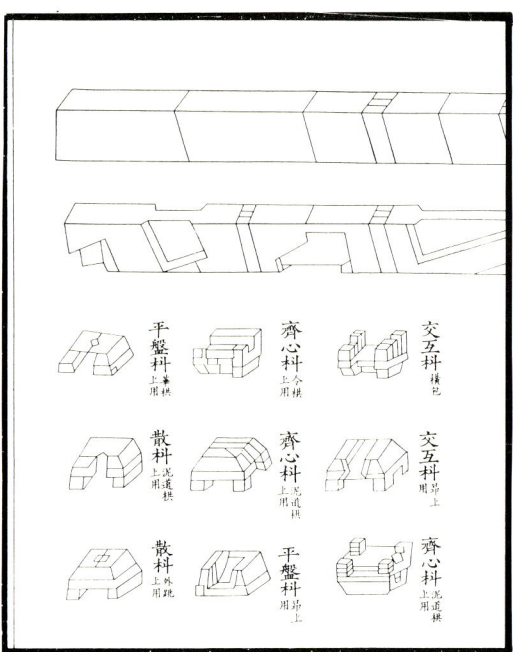

Aus dem Lehrbuch Yingzao fashi aus dem Jahr 1100.

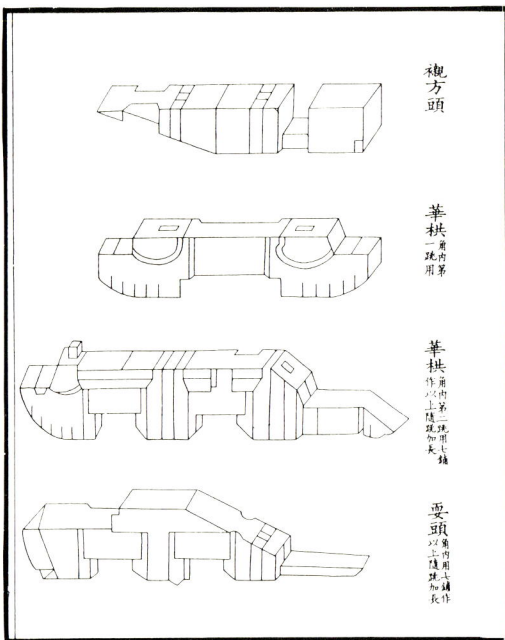

Lehrbuch zeigt, wie in diesem Fall das Haus von vorne auszusehen hat.

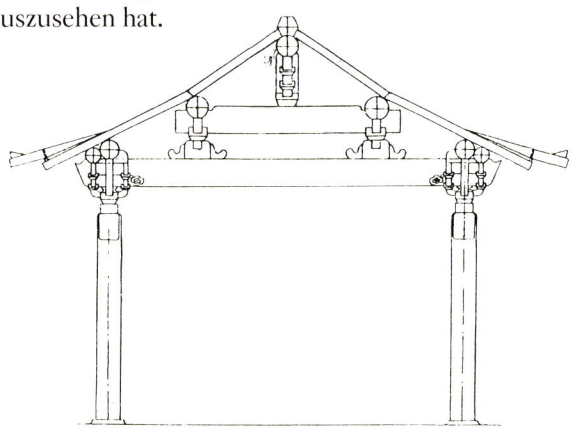

Will man einen großen Tempel bauen, braucht nur die Balkenlänge entsprechend vervielfacht zu werden. Der Foguang-Tempel in Wutai in den Taihang-Bergen von Shanxi ist drei Balken tief und sieben Balken lang. Der Tempel wurde 857 gebaut, ist aber nach über 1100 Jahren immer noch intakt, und das, obwohl China oft von Erdbeben heimgesucht wird. Daß dieser Tempel und viele andere Holzgebäude so alt geworden sind, hängt mit der bereits erwähnten Konstruktion zusammen und damit, daß die Bauwerke nicht im Boden verankert sind, sondern frei auf ihrer Plattform stehen. Sie »schwimmen« gewissermaßen. Sogar die hohen Holzpagoden stehen frei und werden durch keinen einzigen Nagel zusammengehalten. Wenn die Erde bebt, zittern sie nur kurz, stürzen aber nicht zusammen. Nur Feuer kann ihnen etwas anhaben. Die Pagode von Yingxian, hundert Kilometer nördlich des Foguang-Tempels, ist die älteste noch erhaltene Holzpagode Chinas. Sie ist 67 Meter hoch und damit das höchste Holzbauwerk der Welt. Seit 1056 steht sie auf ihrem Platz.

Alle Teile des Daches haben eine Funktion, sie tragen und verteilen das Gewicht. In späteren Zeiten legte man großen Wert auf das Dekorative, und vieles ist nur für das Auge. Wesentlich für die chinesische Architektur ist jedoch ihre Kontinuität. Taihedian, die Große Halle der Harmonie in der Verbotenen Stadt,

Die Große Halle der Harmonie in der Verbotenen Stadt in Beijing.

wo der Kaiser die Zeremonien zum Neujahrsfest und zur Wintersonnenwende abzuhalten pflegte, wo er Generäle ernannte und die Namen der Glücklichen verlas, die die Prüfung zum kaiserlichen Beamten bestanden hatten, diese Halle ist nach demselben Prinzip gebaut wie die niedrigen Wohnhäuser an den kleinen Straßen im Zentrum Beijings oder in den Dörfern draußen auf dem Land, und nicht anders als die Gebäude, in denen die ersten Könige der chinesischen Geschichte ihren Ahnen Opfer darbrachten.

Die Pagode in Yingxian in der Provinz Shanxi, erbaut im Jahr 1056, ist das höchste Holzgebäude der Welt.

Die Verbotene Stadt in Beijing. Nordansicht.

Was die chinesischen Häuser ausmacht, sind ihre Dächer. Das merkt man nirgends deutlicher als in Beijing, in dem Viertel um die Verbotene Stadt. Dort versteht man auch eher, warum »Stadt« und »Mauer« mit dem gleichen Zeichen geschrieben werden, denn hier sind noch alle Gebäude auf traditionelle Weise von Mauern umgeben.

Der Kaiserpalast liegt im Zentrum Beijings hinter einer hohen roten Mauer, eine Stadt in der Stadt. Seine 9999 Räume sind symmetrisch entlang einer gedachten Nord-Süd-Achse angeordnet. Aber trotz der enormen Ausmaße – 960 Meter von Nord nach Süd und 750 Meter von Ost nach West – findet man hier keine der aus der europäischen Renaissance oder dem Barock bekannten grandiosen Perspektiven vor. Man kann hier nicht vom Eingangstor auf das Hauptgebäude sehen, das gilt für alle chinesischen Monumentalbauwerke. Statt dessen öffnet sich uns Hof um Hof, mit Hallen und marmorverzierten Terrassen, als ob wir »hineingingen« in eine chinesische

Malerei und ein Bild nach dem anderen sich unserem Blick darböte.

Oder vielleicht erleben wir etwas Ähnliches wie an einem windigen Sommertag, wenn das Meer ans Ufer brandet? Zuerst nur einige bescheidene Wellen, die allmählich anwachsen zu einer gewaltigen, sich überschlagenden Woge – geballte Kraft, die für einen Augenblick stillzustehen scheint, um sich schließlich in überschäumender Freude fallen zu lassen. Zurück bleibt ein glattes Meer, das bedächtig Atem holt für die nächste Woge.

Um die Große Halle der Harmonie erreicht das Getriebe seinen Höhepunkt, um dann zu verebben, der Kaiserpalast fällt langsam nach Norden ab und endet in einem friedlichen Garten – der private Garten des Kaisers – mit Zypressen und Rabatten zwischen hohen Bambusgruppen und Felspartien.

Um den Kaiserpalast breiten sich Wohnviertel aus, mit grauen Einfamilienhäusern, umgeben von grauen Mauern. Sie sind nach Süden gerichtet und bestehen,

wie der Palast, aus einer Reihe von Gebäuden, die wie
Kästchen in einem Kasten in einem mit Steinen gepfla-
sterten Hof stehen, wo man in Ecken und Nischen Blumen pflanzt und Melonen zieht.

All diese Häuser und Mauern waren noch bis vor ein
paar Jahrzehnten von einer hohen Stadtmauer mit
Wachtürmen und Toren umgeben. Sie ist inzwischen,
zum großen Bedauern vieler Bewohner, verschwunden, hat einer Autobahn und neuen Wohngebieten
weichen müssen. Aber in den sechziger Jahren, bei
meinem ersten Aufenthalt in Beijing, war die Mauer
noch größtenteils erhalten, und wir unterschieden zwischen »innerhalb« und »außerhalb« der Mauer, wie es
die Chinesen seit Urzeiten getan haben.

»Innerhalb« war die Welt übersichtlich und klar, obwohl es von Menschen und Häusern wimmelte. Dort
fühlte man sich geborgen. »Außerhalb« lag die nordchinesische Ebene, das flachste Land, das man sich
vorstellen kann. Sie schien endlos und ohne Orientie-
rungsmöglichkeit. Die Mauer bildete nicht nur die
sichtbare Grenze zwischen Stadt und Land, sie gab der
Stadt eine Form und den Menschen das Gefühl, gut
aufgehoben zu sein. Man wußte, wohin man gehörte.
Daß die Stadt so übersichtlich war, verdankte sie auch
dem Stadtplan, der zurückreicht bis zu den Anfängen
der Geschichte. In Zhouli, dem Buch der Zeremonien,
das, wie viele andere Schriften aus der Zhou-Zeit, seine
Endfassung in der Han-Zeit erhielt, befindet sich ein
Abschnitt über die Stadtplanung. Die Stadt sollte einem
Rechteck von neun »li« im Quadrat entsprechen, und
für jede der vier Mauern waren drei Tore vorgesehen.
Neun Straßen in Ost-West-Richtung und neun Straßen in Nord-Süd-Richtung teilten die Stadt wie Kette
und Schuß das Webstück. So war die Idealvorstellung,
und auch, wenn die Wirklichkeit ihr nie ganz entsprach,
hielt sich das Ideal mit derselben Beharrlichkeit wie die
Methode des Hausbaus. Die von den Durchfahrtsstra-
ßen gebildeten Viertel schlossen sich oft zu einer eigenen Verwaltungseinheit zusammen und umgaben sich
mit einer eigenen Mauer – heute werden die Städte in
Einwohnerkomitees eingeteilt.

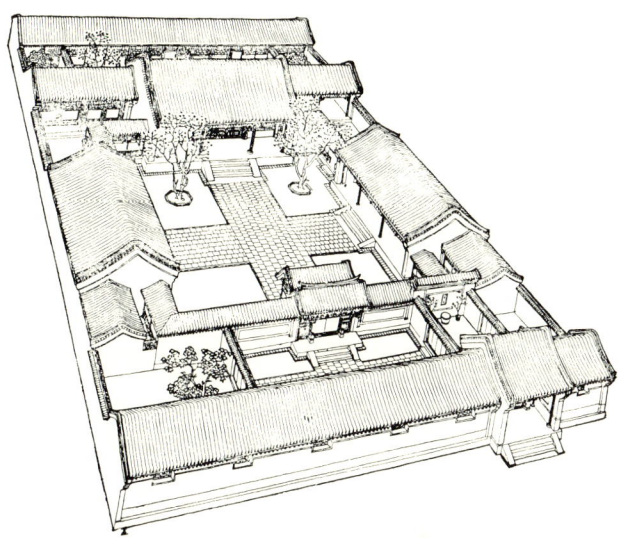

Im Schutze der Stadtmauer lagen viele Jahrhunderte lang die niedrigen Wohnhäuser Beijings mit ihren Innenhöfen. Nach außen abweisend wir-kende Fassade – eine glatte Mauer und ein Tor –, bot sich innen ein idyl-lischer Hof mit Blumen und Bäumen. Im Zentrum der Stadt der Kai-serpalast. Höher als der Kaiser durfte niemand bauen.

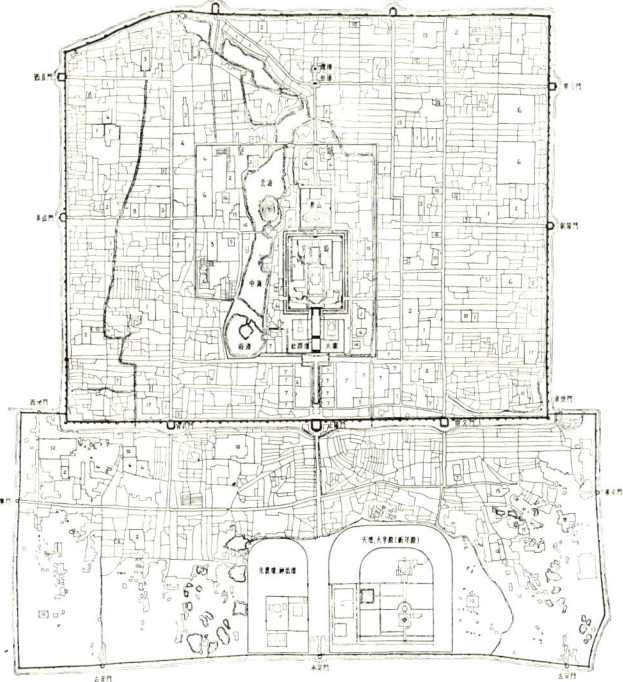

Wohnviertel im Westteil von Beijing. 1987.

Innerhalb der Mauern waren die einzelnen Häuser geschützt. Nach demselben Muster verschanzten sich die Dörfer und Städte auf dem Lande hinter Mauern, und entlang der nördlichen Landesgrenze verlief die alles umschließende Große Mauer, die Grenze zwischen Zivilisation und Barbaren – das einzige Bauwerk, das noch vom Mond aus zu erkennen ist.

Daß die chinesischen Städte seit Beginn der geschichtlichen Zeit von Mauern umgeben waren, ist durch archäologische Funde ebenso wie durch schriftliche Quellen belegt. Vor kurzem hat man nicht weit von Zhengzhou die Reste einer Stadt entdeckt – es muß Bo, die erste Hauptstadt der Shang, gewesen sein, deren Gründung um 1700 v. Chr. angenommen wird.

Die Stadt liegt auf einem Hügel, genau an der Stelle, wo sich die Flüsse Yi und Luo südlich des Gelben Flusses treffen, und sie befindet sich in Sichtweite des Ortes, den die Überlieferung als Wohnsitz des Großen Yu angibt. Anfang der dreißiger Jahre führte die chinesische Akademie der Wissenschaften eine Voruntersuchung an dieser Stelle durch, aber wegen des japanischen Überfalls auf China wurden alle archäologischen Unternehmungen eingestellt. Im Jahr 1938 versuchte General Jiang Jieshi (Tschiang Kai-schek) durch das Öffnen der Dämme am Gelben Fluß das Vorrücken der Japaner zu verhindern. Der Versuch mißglückte, die Japaner wurden nicht aufgehalten, aber die ganze Gegend versank in den Wassermassen, und als sich das Wasser endlich verlaufen hatte, war die Topographie derart verändert, daß man die Stelle nicht mehr fand. Eine ausdauernde Suche führte schließlich Ende der siebziger Jahre zum Erfolg, man lokalisierte die alte Stadt Bo, und dort vorgenommene Ausgrabungen haben reiche Funde zutage gefördert.

Demnach war die Stadt von einer achtzehn Meter dicken Mauer umgeben. Die Straßen waren in dem später üblichen Rautenmuster angelegt. Den Südteil der Mauer hatte der Luo-Fluß teilweise zerstört, aber es wurden noch sieben Tore festgestellt. Vielleicht waren es einst dem klassischen Ideal entsprechend zwölf gewesen.

hoch

Das Zeichen **hoch** zeigt in seinen ältesten Formen das Bild eines hohen, turmähnlichen Gebäudes, vielleicht einen der vielen Wachtürme, vielleicht ein Stadttor. Es gibt selten so eindrucksvolle Bauwerke wie die chinesischen Stadttore, abschreckend und Schutz und Sicherheit verheißend zugleich. Für jeden, der in ihrer Nähe lebt, verkörpern sie den Begriff »hoch.«

In dem Handbuch für Maler, »Senfkorngarten«, sind mehrere Torbögen abgebildet, die an das Zeichen für hoch erinnern. Auch wenn die Beispiele aus einer viel späteren Periode der chinesischen Geschichte stammen, vermitteln sie doch einen Eindruck, wie Mauern und Wachtürme erlebt wurden.

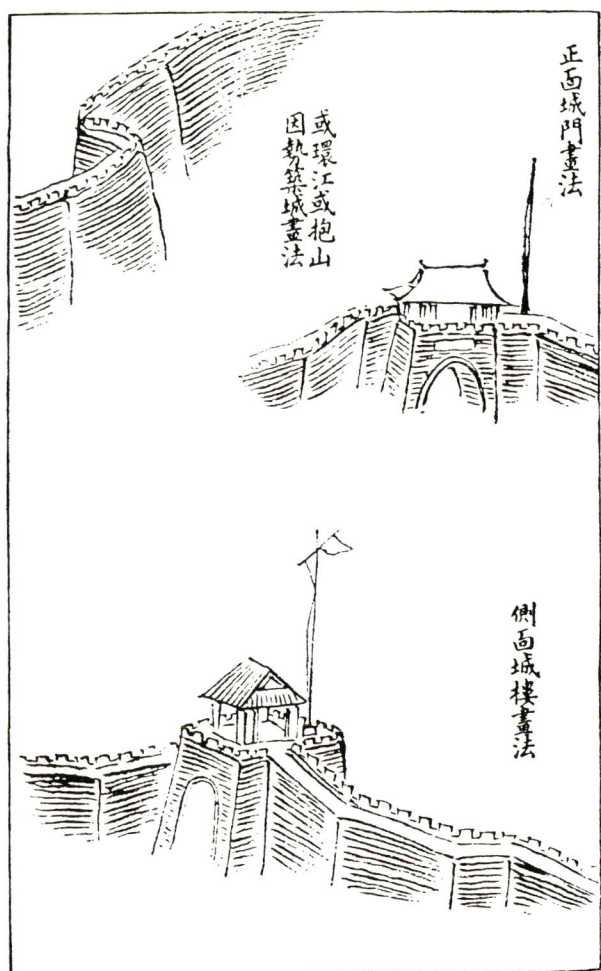

Beispiele, wie man eine Stadtmauer mit Toren und Wachtürmen malen kann. Aus dem »Senfkorngarten«.

Das Zeichen *äußere Stadtmauer* ist in seinen ältesten Formen eindeutig eine Mauer mit Wachturm, auch wenn im einzelnen keine völlige Übereinstimmung mit dem Ideal aus dem »Buch der Zeremonien« besteht.

In der vereinheitlichten Form des Zeichens ist das klare Bild verschwunden, aber der Teil, der offenbar den Wachturm oder die Stadttore zeigen soll, erscheint in mehreren anderen Zeichen, die mit hohen Bauwerken zu tun haben. Der rechte Teil mit der Bedeutung »Stadt« ist ein späterer Zusatz.

郭　　亳

äußere Stadtmauer　　Bo

Der obere Teil des Wachturms erscheint auch in dem Zeichen für *Bo*, der ersten Hauptstadt der Shang-Dynastie, die auf den Orakelknochen folgendermaßen beschrieben wird:

Dasselbe Oberteil erscheint im Zeichen **Hauptstadt**, in einigen älteren Schriften wie dem »Buch der Lieder« bedeutet es auch *großer Getreidespeicher*. Das ist nicht weiter verwunderlich. Ein großer Teil der Steuer wurde in Form von Getreide entrichtet, mit dem der Herrscher seine Verwaltung und die Armee versorgte. Getreide wurde auch für die unerläßlichen Ahnenrituale gebraucht. Überdies war es die Aufgabe des Herrschers, einen Getreidevorrat bereitzuhalten, um in Notzeiten das Volk ernähren zu können. Dazu mußten große Mengen Getreide gelagert werden, und das geschah in der Hauptstadt, im verläßlichen Schutz der Stadtmauern.

Das Zeichen für Hauptstadt könnte direkt das Bild eines Getreidespeichers sein, auf Pfählen gebaut zum Schutz vor Feuchtigkeit und Ratten. Solche Häuser gibt es noch bei den kleinen Volksstämmen Südchinas, die in einem feuchtwarmen Klima leben, wie es auch zur Zeit der ersten Dynastien in Zentralchina herrschte. Dieser Haustyp kam zur Han-Zeit auch in Japan vor, ein Import aus China, ebenso wie später die Technik des Tempelbaus. Bronzen aus der Shang- und der frühen Zhou-Zeit, wie man sie für Getreideopfer verwendete, waren offenbar Modelle von Kornkammern. Mehrere Zeichen auf Bronzen weisen eine ähnliche Form auf.

Hanzeitliche Grabskulpturen aus Keramik stellen auch Getreidespeicher auf Pfählen oder hohen Plattformen dar.

Hauptstadt

Vor dem auf Pfählen ruhenden Getreidespeicher: links zwei Männer, die mit Hilfe von Tretmühlen Getreide mahlen, rechts wird das Getreide gereinigt.
Grabziegel aus der Han-Zeit. 39 x 25 cm.

Außentür des Hauses der Familie Wei im Dorf Blühender Berg bei Wuhan.
Mit den Riegeln wird die Tür verschlossen.

Tür

Dies ist das Zeichen für **Tür**. Jeder, der schon einmal einen Western gesehen hat, kennt diese Schwingtüren der Saloons, die auch in China, und zwar besonders im Süden des Landes, gebräuchlich sind. Ihr Vorteil besteht darin, daß sie den Raum gegenüber der Außenwelt abschließen, nicht aber die Luftzirkulation. Das System bewährt sich an warmen Sommertagen ebenso wie im Winter, wenn man die von der Sonne erwärmte Luft in den ungeheizten Räumen dringend braucht.

Die meisten Türen sind allerdings genauso groß wie die Türöffnung. Sie bestehen aus einem stabilen Rahmen, in den Bretter eingefügt oder eingezapft werden. Sie sind nicht mit Scharnieren befestigt, sondern bewegen sich mit Hilfe von Zapfen, die oben und unten den Rahmen überragen und in ein Loch im Sockel beziehungsweise im Balken über der Tür passen.

Das ist eine einfache und praktische Konstruktion – außerdem ist sie billig, weil kein Metall gebraucht wird. Man findet sie an Haustüren ebenso wie an den lakkierten Rosenholztüren des Kabinettschranks.

Diese Türen sind leicht aus- und wieder einzuhängen. Man schiebt zuerst den längeren, oberen Zapfen in sein Loch und läßt dann die Tür in das Sockelloch gleiten, und schon steht sie da, beweglich und stabil.

Bekam eine Familie auf dem Land in früheren Zeiten unerwartet Übernachtungsbesuch und waren schon alle Schlafplätze belegt, hängte man einfach die Tür aus und ließ die Gäste darauf schlafen; so waren sie geschützt vor dem zugigen Fußboden. Zu vielen unerwarteten Übernachtungen kam es während der Kriegsjahre vor der Revolution 1949. Mao gab deshalb folgende Anweisung, die zu einer Grundregel für das Verhalten eines guten Soldaten wurde: Hänge stets die Tür hinter dir wieder ein!

Prunktür aus dem Architekturhandbuch Yingzao fashi aus dem Jahr 1100.

Das vereinfachte Zeichen für Tür, das seit 1958 verwendet wird.

Die ältesten Zeichen vermitteln ein gutes Bild von der Konstruktion einer Tür. Das gilt auch für die drei Tore, die dieser Ausschnitt aus der berühmten Karte über die Stadt Suzhou aus dem Jahr 1229 zeigt. Sie ist in eine zwei Meter hohe Säule eingemeißelt. Die Tore weisen den Eingang zu einem von Mauern eingeschlossenen Wohnbezirk im Zentrum der Stadt. Die Steinsäule ist im alten konfuzianischen Tempel, neben der Mittelschule, im südwestlichen Teil von Suzhou zu bewundern.

Die älteren chinesischen Wohnhäuser haben selten Schlösser an den Türen, aber das Tor in der Mauer zur Straße wird nachts immer verriegelt, genauso wie früher die Stadttore. Eine gebräuchliche Art der Verriegelung zeigt die Tür zum Haus der Familie Wei im Dorf Blühender Berg: Von jeder Seite wird ein Riegel in einen Griff am gegenüberliegenden Türflügel geschoben. Eine einzelne Glühbirne verbreitet ihr schwaches Licht über die grobe Holztür, die Lehmmauer und die Hacken, Tragstangen und anderen Gerätschaften, die hier abgestellt sind.

Schwerere Türen verschließt man gewöhnlich mit einem langen Querbalken über beide Türhälften. Das Zeichen für *Schloß, Riegel, verschließen* verrät, daß diese Art des Verriegelns eine lange Tradition hat.

Schloß, Riegel, verschließen

Um den Querbalken am Morgen zu entfernen, braucht es Muskelkraft, und man muß mit beiden Händen zugreifen. Das kommt in dem Zeichen für *öffnen, beginnen, starten* zum Ausdruck.

öffnen, beginnen, starten

Bei der heutigen, vereinfachten Form ist die Tür verschwunden, doch das Wesentliche ist geblieben, und das Zeichen ist viel einfacher zu schreiben.

Jemand verschwindet rasch durch die Tür. Man sieht nur noch die Beine, dann ist er weg: *ausweichen, fliehen, entkommen.*

sich aus dem Staub machen, sich drücken ...

Das Zeichen **Haushalt**, **Familie**, das man verwendet, wenn man davon spricht, wie viele Haushalte es in einer Stadt oder in einem Dorf gibt, ist ursprünglich auch ein Bild von einer Tür, allerdings keine Doppeltür wie das Tor zur Straße, sondern das einer normalen Zimmertür. In bestimmten zusammengesetzten Zeichen heißt das Zeichen immer noch Tür.

Eine Familie oder ein Haushalt in einem einzigen Zimmer ist in China nicht ungewöhnlich – in Shanghai war man froh, als man 1985 endlich eine Wohnfläche von 4,7 m² pro Person erreichte. Auf dem Land hat man in der Regel mehr Platz, aber das Bild einer Zimmertür in der Bedeutung »Familie«, »Haushalt« gilt auch dort.

Eine Einzeltür und Flügel: eine *Tür*, die ständig wie ein Flügel hin und her schwingt, wenn die Hausbewohner tagsüber aus und ein laufen. Das Zeichen heißt auch *fächeln, Lüftchen,* das Lüftchen, das man sich an heißen Tagen mit der Hand zufächelt, oder mit dem man das Feuer anfacht. In übertragener Bedeutung heißt dieses Zeichen deshalb auch *Fächer.*

Tür, fächeln, Lüftchen

Eine Halbtür, die in eine im Zentrum Shanghais gelegene Wohnung führt. Davor ein tragbares Kohleöfchen mit Wasserkanne und Waschschüssel. Ein Großteil der täglichen Hausarbeit wird auf dem Bürgersteig erledigt.

Einzeltür und Axt/Beil: *Ort, Platz.* »Sich mit einer Axt einen Wohnplatz schaffen«, schreibt Karlgren. Andere Kommentare vertreten die Ansicht, das Beil drücke das Geräusch des Holzhackens aus, wie man es in der Nähe jedes Wohnplatzes hört. Das scheint mir gehupft wie gesprungen.

Ort, Platz

Das Zeichen für **Höhle** ist in seinen frühen Formen ziemlich identisch mit dem Zeichen für Dach, was nicht verwunderlich ist, wenn man an die frühgeschichtlichen Häuser und Dächer denkt. Was die zwei Striche unter dem eigentlichen Dach bedeuten, ist unklar. Möglicherweise sollen sie andeuten, daß es sich um ein Dach mit Wohnräumen darunter, im Unterschied zum Dach allein handelt. Auf diese Methode sind wir bereits gestoßen, zum Beispiel in den Zeichen für Wipfel, Wurzel und Messerschneide, in denen durch einen einzelnen Strich der spezielle Zweck gekennzeichnet wird.

Das Zeichen kommt nie allein vor. Zusammen mit dem Zeichen für »Hund« entsteht das Zeichen *plötzlich, übereilt, herausgestürzt kommen*. Ein hübsches Bild!

plötzlich ...

Die Pekingmenschen und ihre Nachfahren in der Altsteinzeit wohnten in natürlichen Höhlen. Die Chinesen späterer Zeiten haben sich ihre Höhlen selbst in die Lößerde der Berghänge und der großen Ebenen gegraben. Noch bis heute leben etwa 40 Millionen Menschen in Henan, Shanxi, Shaanxi und Gansu in Höhlen. Primitiv? Vielleicht, aber auch praktisch, bequem, billig und ganz in Übereinstimmung mit einer zehntausendjährigen Tradition. In einem Gebiet, in dem ein katastrophaler Mangel an fruchtbaren Böden besteht und wo es bis vor kurzem kaum einen Baum gab, um

ein Haus zu bauen – für eine Holzbeschaffung aus anderen Gebieten fehlt das Geld, und Steine der entsprechenden Qualität sind schwer zu bekommen –, sind Höhlen eine einfache und geschickte Lösung.

Gut ausgebaute Höhlen geben erstaunlich angenehme und schöne Wohnungen ab, die in verschiedener Hinsicht einem normalen Haus überlegen sind. Würde ich selbst im Lößgebiet leben, ich würde eine Höhle einem gewöhnlichen Haus vorziehen. Das hat nichts mit nostalgischen oder exotischen Wünschen zu tun, sondern ganz einfach mit einer Wohnqualität, die dem modernen Haus fehlt. Die Räume sind ruhig, und es herrscht eine gesunde Luftfeuchtigkeit. Im Winter sind sie warm und im Sommer kühl, ideal in einem Klima mit starken Temperaturschwankungen zwischen Tag und Nacht und zwischen den Jahreszeiten. Die Winter sind wirklich kalt wegen dem ständigen Nordwind, aber davor ist man in den Höhlen geschützt. Auch bei null Grad und pfeifendem Wind sinkt die Raumtemperatur nicht unter 11 Grad, und wenn es einem zu kalt wird, heizt man den Herd. Im Sommer, wenn die Außentemperaturen tagsüber 30 Grad überschreiten, steigt die Wärme in den Höhlen höchstens auf 22 Grad, bewirkt durch natürliches, lautloses und kostenloses »Air-conditioning«.

Die Höhlen werden meistens an Absätzen von Berghängen gegraben; dort ist es nicht so feucht wie unten am Fuß des Berges, und man beansprucht kein wertvolles Anbaugebiet. Sie sind nicht besonders groß – drei bis vier Meter breit und fünf bis sechs Meter tief bzw. hoch –, die Decke ist gewölbt, und dadurch strahlen die Räume mit ihren weißgetünchten Wänden eine stille, fast feierliche Ruhe aus. Oft werden mehrere Höhlen nebeneinander angelegt und durch Türen oder offene Durchgänge verbunden. Am schönsten ist das Licht, das durch die aus dünnen Holzstäben hergestellten und mit Reispapier bespannten Fenstergitter fällt. Die Fenster in der Gegend um Yan'an sind berühmt. Sie reichen vom höchsten Punkt der Höhlenwölbung bis etwa einen Meter über den Boden und sind ein schönes Beispiel für Kunst im Alltag.

Wohnhöhlen im Dorf Liu Lin bei Yan'an. 1976.

Wohnhöhlen im Bau. Liu Lin bei Yan'an.

Unter dem Fenster oder an der Längsseite befindet sich das *kang* – ein Bett aus Backsteinen, die von unten erwärmt werden. Das Ganze erinnert ein wenig an einen liegenden Kachelofen und bildet den Mittelpunkt des Raumes. Dort schläft man auf einer Schilfmatte angenehm gewärmt von den roten Baumwolldecken und den Backsteinen des *kang*, dort sitzt man tagsüber und näht Kleider oder Schuhe, macht Schularbeiten oder ist mit Scherenschnitten beschäftigt.

Die Höhleneingänge sollen nach Möglichkeit Richtung Süden liegen. Das gibt einen optimalen Schutz vor dem Nordwind, die niedrigstehende Wintersonne dringt wärmend ins Innere und verlängert den Tag,

eine nicht unwichtige Kleinigkeit für eine Gegend, in der es bis vor kurzem keine Elektrizität gab. Im Sommer, wenn die Sonne hoch steht, scheint sie erst gegen Abend hinein und hat bereits ihre größte Kraft verloren, die Höhle bleibt also nachts kühl.

Auf dem Hofplatz vor der Höhle wird das ganze Jahr über die Alltagsarbeit verrichtet. Da ist ein kleines Beet mit Zwiebeln und Knoblauch, da wachsen Blumen in Töpfen, es gibt eine Kochstelle und eine Ecke für die schwarzen Schweine, die ansonsten frei herumlaufen. Die »Grundstücksgrenze« besteht meist aus einer Mauer aus gestampfter Lehmerde.

Aus der Entfernung betrachtet, verschmelzen Höhle, Vorplatz und Mauer mit dem Berg, und man sieht nur den graugelben Hang und die hohen Fensterbögen. Die Form ist vertraut – sie erinnert an die Wohnhöhlen in Banpo und an andere Wohnplätze aus der Jungsteinzeit.

Auf den Hochplateaus ebenso wie unten in der großen Ebene um den Gelben Fluß, wo es keine Bergwand gibt, in die man Höhlen graben könnte, muß man sich Wände schaffen. Man gräbt dazu etwa acht Meter senkrecht nach unten, bis ein quadratisches Loch von zehn auf zehn Meter entstanden ist. Jetzt hat man vier Wände, in denen man auf gewohnte Weise Höhlen anlegen kann, eine Höhle pro Wand. An der südlichen Wand, wohin keine Sonne kommt, wird keine Höhle gebaut, jedenfalls keine zu Wohnzwecken. Die drei Höhlen stehen meist einer Familie zur Verfügung, dazu ein Hofplatz. Die meisten Familien haben dort unten Bäume gepflanzt und einen Brunnen angelegt, und für die Hühner- und Schweinehaltung, aber auch für Kleinkinder ist der Platz ideal. So wohnen die Bauern unter der Erde, die sie bewirtschaften und von der sie leben. Auf der Ebene bläst der Wind, und die Wolken ziehen über scheinbar endlose Felder. Erst aus der Nähe entdeckt der Reisende die dunklen Vierecke der Wohnhöhlen.

Wie wir gesehen haben, beruht das Wohnen in Höhlen auf einer langen Tradition, die Erfahrung von vielen Generationen steckt im Bau und in der Gestaltung der Wohnhöhlen. In unserem Jahrhundert hat man sie lange Zeit als erbärmliche Reste einer unterentwickelten Lebensform betrachtet, die verschwinden müsse, je eher, desto besser. Inzwischen beginnt man die Vorteile dieser Wohnform zu schätzen. Auf mehreren großen Konferenzen in den letzten Jahren wurde darüber diskutiert, wie man die Erfahrungen aus der Höhlenkultur nutzen könne und wie diese Wohnform zu modernisieren sei, ohne ihre ursprünglichen Qualitäten zu zerstören.

Die Höhle gehört auch zum Zeichen für *Fenster*, aber das ist ein ganz später Zusatz. Der untere Teil, der der ursprüngliche zu sein scheint, zeigt eine Art Fensteröffnung, möglicherweise in Form eines geflochtenen Gitters, das licht- und luftdurchlässig ist, aber unwillkommenen Gästen den Eintritt verwehrt.

Fenster

An den kleinen Tonskulpturen von Häusern aus der Jungsteinzeit, denen wir bereits begegnet sind, sowie an den Rekonstruktionen von Häusern aus Banpo, wie sie die Archäologen vorgenommen haben, sehen wir solche Fensteröffnungen im Dach über der Tür. Diese Öffnung ist für die Luftzirkulation im Haus unerläßlich. Mit einer Tür und einer Luke darüber entsteht ein ausreichender Zug, um verbrauchte Luft und den Rauch der Feuerstelle rasch abziehen zu lassen.

Ein solches Fenster in das Dach einzufügen war nicht schwierig. Wenn das Holzgerippe, aus dem das Dach bestand, zum Schutz gegen Regen mit Lehm abgedichtet wurde, ließ man einfach ein Stück offen und setzte ein Geflecht aus Weidenruten oder Bambusstöckchen ein, damit das Loch nicht zu groß war. Und das Dach über dem Fenster wurde so angebracht, daß es nicht hineinregnen konnte. Ähnliche Lüftungslöcher hatten die Rundhäuser und Wohnhöhlen in der Shang- und Zhou-Zeit, und im Lößgebiet sieht man sie noch heute ganz oben in der Wölbung der Höhlenfenster.

Die kleinen Lukenfenster der Frühzeit zeichneten sich nicht durch besondere Schönheit aus, doch es dauerte nur einige Jahrhunderte, und das chinesische Fenster entwickelte einen ganz eigenen Stil – im Laufe der Jahre wurde daraus das ausdrucksvollste und ästhe-

tisch ansprechendste Element der chinesischen Architektur. Auf den Grabziegeln und Grabskulpturen der
Han-Zeit, die ein Haus darstellen, kann man Fenster
aus groben Holzgittern erkennen, mit senkrechten,
waagrechten, schräggestellten und sich kreuzenden
Holzstäbchen. Die Entwicklung schritt rasch voran.
Bereits zur Zeit der Tang-Dynastie waren Tempel,
Paläste hoher Beamter und vornehme Privathäuser mit
kunstvollen Sprossenfenstern verziert, innen mit Reispapier oder, in besonderen Fällen, mit weißer Seide
bespannt.

*Die großen Fenster öffnen sich zum Garten hin und geben den Blick frei
auf Steingärten und Teiche. Suzhou.*

Während der folgenden Dynastien wurden die Fenster immer kunstvoller. Aber nicht nur die Fenster,
auch die Türen – seit der Ming-Zeit läßt sich hier kein
Unterschied mehr feststellen – werden von oben bis
unten mit einem Gittermuster versehen. Jeweils vier
Türen zwischen den Pfosten und fünf kleinere Fenster
direkt darüber, so sieht die übliche Anordnung bei
größeren Gebäuden und Tempeln aus.
Weil es im traditionellen chinesischen Holzhaus keine
tragenden Wände gibt, hat man in der Gestaltung der
Zwischenräume zwischen den Pfosten freie Hand.
Man kann völlig auf Wände verzichten und hat dann
einen Pavillon, in dem man sich abends mit guten
Freunden zu einem Spiel oder einem kleinen Essen
zusammensetzt. Man kann zwischen den Pfosten eine
halbhohe Balustrade anbringen oder einen Zwischen-
raum mit Fenstern und Türen ausfüllen, verziert mit
Ornamenten aus dünnen Holzgittern. Im Winter läßt
man die Türen und Fenster geschlossen und überzieht
sie mit Papier (es isoliert etwa so wie eine einfache
Glasscheibe), und wenn die lang herabhängenden
Weidenruten zu knospen beginnen und die Kirschbäume wieder blühen, öffnet man die Fenster und
Türen oder hängt sie im Sommer ganz einfach aus und
sitzt herrlich im Freien, geschützt vor der Sonne, aber
umfächelt von einem kühlenden Luftzug, der die Hitze
des Tages erträglich macht.
Was die Verzierungen der Fenster betrifft, so scheint
es davon ebenso viele Muster wie Schreiner in China
zu geben, obwohl alle von den üblichen geometrischen
Formen wie Quadrat, Rechteck, Kreis oder Raute
ausgehen, die in immer neuen Kombinationen angeordnet werden. Die einfacheren Muster sehen aus wie
das Geflecht auf bestimmten Stühlen bei uns, aber es
gibt auch ineinander verschlungene Wellenmuster in
S- und U-Form, oder so seltsame Muster, wie sie
entstehen, wenn man auf eine dünne Eisfläche tritt.
Man sieht auch stilisierte Glückszeichen für langes
Leben und Reichtum, Drachen, Wolken, Vögel und
Blumen – alles gefertigt aus dünnen braunen oder
roten Holzleisten.

Einige Beispiele für die kunstvollen Ornamente, die die traditionellen chinesischen Fenster zieren.

Ich erinnere mich an so manchen Abendspaziergang durch die alten Stadtviertel von Beijing, Suzhou oder Anyang. Als erstes fallen einem die Dächer und die grauen Mauern auf und dann das Getriebe unter den Bäumen entlang der Straße: Frauen beim Wäschewaschen, Männer beim Kartenspiel oder mit ihren Vogelkäfigen beschäftigt und schließlich die kleinen Mädchen mit ihrem ewigen Gummihüpfen. Mit dem Eintreten der Dunkelheit leeren sich die Straßen, und alles Leben verschwindet hinter den Türen der Häuser. Von der Straße aus ist kaum etwas zu sehen, was dort vor sich geht – die Konstruktion der Häuser bzw. der Höfe läßt keinen Einblick zu –, aber um so deutlicher hört man, was dort geschieht: Kochgeräusche, Kinder, die ins Bett sollen, und Menschen, die sich für die Nacht vorbereiten. Wirft man einen verstohlenen Blick durch einen Torspalt, sieht man die hohen Fenster wie abstrakte, von innen erleuchtete Malereien, man sieht die feinen Linien des Holzgitters, und ein bleiches Licht fällt auf den Hof und verschwindet zwischen Fahrrädern, Holzschemeln, Blumentöpfen und Hühnerkäfigen. Hinter dem milchigen Weiß des Fensterpapiers bewegt sich hin und wieder der Schatten eines Menschen, und der geheimnisvolle Zauber hat ein Ende, es sind eben doch normale Fenster in einem normalen Haus.

In den zur Straße gelegenen Mauern sind nie Fenster, dafür aber in den Wänden zum traditionellen chinesischen Hof und in den Galerien, die die Gebäude mit dem Garten verbinden. Die Fenster lassen Luft herein, sie sind aber vor allem ein Blickfang und machen neugierig auf den Raum, der sich dahinter verbirgt. Haben die Chinesen nur wenig Platz zur Verfügung, teilen sie ihn so auf, daß kleine, zweckmäßige Räume entstehen mit geheimnisvollen Ecken und überraschenden Ausblicken, und unwillkürlich bleibt der Besucher stehen und schaut sich um. Hinter den dünnen Fenstersprossen rankt vielleicht eine Glyzinie mit duftenden, blauen Blütentrauben, oder der Blick fängt sich an einem besonderen Stein oder auch nur am Schatten einiger Bambusrohre auf der weißen Mauer. Mehr braucht es nicht, um einen tristen Durchgang zu einem besonders schönen Teil des Hauses oder Gartens zu machen. Die Lichteffekte lenken das Auge von der eigentlich düsteren Enge ab, und die Aufmerksamkeit richtet sich völlig auf das begrenzte Bild, das das Fenster bietet.

Kunstvolle Sprossenfenster in einem Garten in Suzhou.
Hinter den Glasscheiben auf der linken Seite in schwarzen Stein eingravierte Gedichte.

Daß aus Lehm geformte Gefäße, die dem Feuer ausgesetzt werden, wasserdicht sind, gehörte zu den wichtigsten Erkenntnissen der ersten seßhaften Menschen. Diese Erkenntnis machte man sich in China bereits in der Jungsteinzeit zunutze, um die Wohnplätze vor Feuchtigkeit zu schützen. Lößerde ist, wie wir gesehen haben, ein ausgezeichnetes Baumaterial, das aber seine Nachteile hat: Es nimmt leicht Feuchtigkeit auf und wird vom Regen aufgelöst. Um das zu verhindern, mußte man die Lößerde besonders behandeln.

Durch die in Banpo, Dahe und anderen Dörfern gefundenen Hausreste wissen wir recht genau, wie man dabei vorgegangen ist. Das Dach, die Wände und der Boden – manchmal sogar die tragenden Pfosten – wurden mit einer Lehmschicht überzogen. Sobald der Lehm trocken war, entfachte man an den entsprechenden Stellen ein Feuer und »brannte« so gewissermaßen den Lehm, der dadurch dicht und fest wie ein Tongefäß wurde. Man mußte das Feuer natürlich klein halten, damit nicht das ganze Haus abbrannte, aber ansonsten führte diese Behandlung dazu, daß das Haus nicht nur gegen Regen, sondern auch vor Ratten und Insekten bedeutend besser geschützt war.

Soviel ich weiß, wird die Methode inzwischen nicht mehr angewandt. Die Wände werden statt dessen gekalkt, und das große Kang-Bett wird mit Backsteinen aufgemauert. Ihre besondere Geschicklichkeit beim Hantieren mit dem Feuer beweisen die Chinesen heute nur noch beim Kochen auf dem Herd. Es ist gar nicht so einfach, die Hitze im Ofen so zu dosieren, daß sie dem Gericht, das man gerade kocht, entspricht. Stroh und Kartoffelkraut erzeugen wenig Wärme und sind zum Reiskochen geeignet, Zweige sind ideal zum Brotbacken, während Holzscheite die richtige Hitze für das Garen von Schweinefleisch abgeben.

In großen Teilen des nördlichen und nordwestlichen China, wo nur mit geringen Niederschlägen zu rechnen ist, deckt man die Dächer noch immer mit einer Schicht aus Lehm und Stroh, die dicht genug ist, um das Wasser abzuhalten. Weiter südlich verwendet man Dachziegel. Alten Schriften zufolge hat man bereits unter der Xia-Dynastie Dachziegel gekannt, die ältesten noch erhaltenen stammen aber aus der beginnenden Zhou-Zeit. Man benutzte sie damals für den Dachfirst und für die Dachränder – die Teile des Daches also, die besonders beansprucht werden –, aber bereits einige Jahrhunderte später wurde das ganze Dach mit Ziegeln gedeckt, eine Weiterentwicklung des aus gebranntem Lehm bestehenden Daches der Jungsteinzeit.

Die Dachziegel der Zhou-Zeit waren grau, und diese Farbe haben sie bei gewöhnlichen Wohnhäusern noch heute. Sie waren 30 Zentimeter lang und 15 Zentimeter breit. Um sie herzustellen, formte man zuerst ein Rohr aus Lehm, das man dann in längliche, schmale Stücke schnitt. Die dadurch entstehende runde Form der Dachziegel erinnert an unsere Dachrinnen. Die eine Schmalseite wurde nach unten gedrückt, um unter die obere Dachpfanne zu passen, und mit einer kleinen Nase befestigt. Man nimmt an, daß das Zeichen für **Dachziegel, Dachpfanne** von solchen Dachziegeln stammt. Frühere Zeichen sind nicht bekannt, doch bei genauer Betrachtung eines Dachziegels erscheint die Erklärung plausibel.

Dachziegel

Hausdächer. Suzhou.

Einer Theorie zufolge soll die Form der Dachziegel von den längs gespaltenen Bambusrohren stammen, die man früher in China zum Dachdecken benutzte und die in den südlichen Landesteilen nach wie vor verwendet werden. Man spaltet dicke Bambusrohre, entfernt die Innenwände und legt die Rohrhälften mit der Innenseite nach oben auf das Dach. Die Fugen zwischen den Rohrhälften dichtet man entweder mit Lehm ab, oder man deckt eine weitere Schicht von Rohrhälften mit der Außenseite nach oben über die Fugen. Solche Dächer bieten einen wirksamen Schutz gegen Regen.

Viele der Grabskulpturen aus der Han-Zeit, die Häuser, Wachtürme, Getreidespeicher und Tordurchgänge darstellen, sind mit Ziegeldächern versehen. Bei genauer Betrachtung sieht man, daß schon damals die untersten Dachziegel runde oder halbkreisförmige Verzierungen aufweisen. Dazu preßte man Schablonen in Tier- oder Pflanzenform in den noch feuchten Lehm. Etwa um die gleiche Zeit begann man, die Dachziegel zu glasieren. Seit der Tang-Zeit wurden offizielle Gebäude mit prachtvollen gelben, grünen und blauen Dächern versehen. Gelb war dem Kaiserpalast vorbehalten, Grün den Verwaltungsgebäuden und Blau den Tempeln. Das einfache Volk mußte sich mit grauen Dächern begnügen.

Dieses Zeichen heißt **Einfriedung/Umzäunung**. Es tritt nur in Kombination mit anderen Zeichen auf. Wir sind ihm bereits bei dem Zeichen für »Gemüsebeet« begegnet. Zusammen mit »Schwein« ergibt sich das Zeichen für *Schweinestall*, zusammen mit Hirse das Zeichen für die kleinen *Getreidevorräte*, wie sie der einzelne Bauer zu Hause hat, im Unterschied zu dem »großen« kaiserlichen Getreidevorrat in der Hauptstadt.

Schweinestall   Getreidevorrat   umgeben von   Gefangener

Ein eingezäunter Baum: *umgeben von*. Wie ein Baum von einem Zaun, so ist der Mensch von Freunden umgeben. Aber auch: *umzingelt, eingeschlossen* und *in Schwierigkeiten* sein und damit zusammenhängend *gedrückt, müde, schläfrig*.

Ein Mensch in einer Umzäunung: *Gefangener*. Wenn ich dieses Zeichen sehe, muß ich jedesmal an das viereckige Halsgericht aus Holz denken, in das Diebe und Schmuggler für einige Wochen oder Monate gesteckt wurden, um so öffentlich für ihre Verbrechen zu büßen. Auf dem Holzgestell stand mit großen Zeichen geschrieben, welches Verbrechen sie begangen hatten. Die Strafzeit und das Gewicht des Halskragens hingen davon ab, wie schwer das Verbrechen war. Der Holzkragen, in dem der Kopf steckte, war so konstruiert, daß man nicht ohne die Hilfe anderer essen konnte.

Eine Variante des Halsgerichts war der Gitterkäfig, in den man Grabplünderer und schwere Gewaltverbrecher steckte. Der Käfig wurde vor dem »Yamen«, dem zentralen Amtsgebäude, oder vor dem Stadttor zur öffentlichen Besichtigung aufgestellt. Manchmal waren die Käfige so niedrig, daß der Delinquent nicht aufrecht stehen konnte, und manchmal so hoch, daß er mit den Füßen den Boden nicht erreichte und auf Backsteinen stehen mußte. Jeden Tag wurde ein Stein entfernt, bis der Verbrecher auf Zehenspitzen stand

Hinrichtung in Shanghai. 1904.

oder versuchen mußte, sich in die Gitterstäbe einzuspreizen. Ließ seine Kraft nach, mußte er unweigerlich hängen. Diese Prozedur war normalerweise nach drei Tagen beendet.

»Umzäunung« gehört auch zum Zeichen für *Karte*, es fragt sich aber, ob nicht bereits das ursprüngliche Bild eine Landkarte mit Dörfern, Straßen, Wasserläufen usw. zeigte.

Karte/Bild

China blickt auf eine lange kartographische Tradition zurück. Bereits in der Zhou- und Han-Dynastie waren bestimmte Ministerien damit beschäftigt, das Land unter verschiedenen Gesichtspunkten kartographisch zu erfassen – so existierten für einige Gebiete Spezialkarten über Bodenschätze, Ressourcen für das Militär usw. Der Kaiser unternahm Inspektionsreisen, auf denen ihm die Topographie und die Erzeugnisse jeder Gegend erklärt wurden.

Qin Shi Huangdi ließ im Jahr 200 v. Chr. alle vorhandenen Karten sammeln, und spätere Kaiser schickten regelmäßig Expeditionen aus, um neue Gebiete kartographisch zu erfassen. Die großen Entdeckungsreisen im Mittelalter waren eine natürliche Fortsetzung dieser Tätigkeit.

Die ältesten bislang gefundenen Karten entdeckte man in zwei Gräbern in Changsha, sie sind auf das Jahr 167 v. Chr. datiert und in drei Farben auf Seide gezeichnet. Zwei Karten zeigen Gebirgsgegenden mit Flüssen, Straßen und Städten, die dritte ist rein militärischer Art und liefert eine detaillierte Darstellung von Befestigungen und Verteidigungslinien.

Mit Karten hatte ich durch meine Reisen immer wieder zu tun, und ich bildete mir ein zu wissen, wie die Welt aussieht. Bis ich eines Tages die große Buchhandlung an der Wangfujing, der Hauptstraße Beijings, betrat und die Landkarten betrachtete. Der Anblick war völlig ungewohnt, die Kontinente sahen ganz anders aus, sie zeigten die abenteuerlichsten Formen.

Konnten die Chinesen keine Karten zeichnen? Natürlich schon, aber mein Bild von der Welt ging von Europa als selbstverständlichem Mittelpunkt aus. Befindet sich dieser Mittelpunkt plötzlich in China, verändern die Kontinente auf der Karte sofort ihre Form, aus groß wird klein, aus breit wird schmal.

Eine weitere Überraschung erlebte ich später, als ich herausfand, daß sich die älteren chinesischen Karten nicht nach Norden orientieren, sondern nach Süden, wie alle Häuser und Städte Chinas. Dasselbe gilt für den Kompaß. An sich nicht so verwunderlich, bei der Konsequenz der Chinesen!

Das vereinfachte Zeichen für Karte.

Bücher und Musikinstrumente

Nimmt man zum erstenmal ein traditionelles chinesisches Buch zur Hand, erscheint alles verdreht. Man muß von hinten mit dem Lesen anfangen – und außerdem läuft der Text nicht waagrecht von links nach rechts, sondern senkrecht von oben nach unten, wobei man in der oberen rechten Ecke mit dem Lesen beginnt.

Diese Art der Textanordnung ist uralt. Bereits auf den Orakelknochen und den Bronzen wurde im allgemeinen so geschrieben, und man übertrug diese Gewohnheit auch auf die ersten richtigen Bücher.

Die ältesten Bücher bestanden aus dünnen Bambusstreifen. Zu ihrer Herstellung schnitt man kräftige Bambusstäbe auf bestimmte Längen zu, die kürzesten auf zwei, die längsten auf siebzig Zentimeter. Die so entstandenen Zylinder schnitt man in Streifen von einem Zentimeter Breite. Die grüne Außenhaut schabte man ab, trocknete die Streifen und konnte nun auf der glatten Oberfläche mit Pinsel und Tusche Zeichen schreiben. Anschließend wurden die schmalen Bambusstreifen mit dünnen Schnüren aus Hanf oder Seide verbunden. Man rollte das Ganze zusammen, und das »Buch« war fertig.

Von oben nach unten zu schreiben ist gar nicht so sonderbar, wie es scheint. Moderne Untersuchungen des Leseverhaltens haben ergeben, daß man senkrechte Zeilen rascher aufnimmt als waagrechte – das hat vielleicht mit der Augenmuskulatur zu tun. Diese Schreibweise ist natürlich auch für die chinesische Sprache besonders geeignet. Jedes Zeichen ist eine in sich geschlossene Einheit, da gibt es weder Deklinationsformen noch variable Endungen.

Die nebenstehende Abbildung zeigt einen Ausschnitt aus dem Buch der Riten, einem der dreizehn klassischen Bücher, die die Grundlage der chinesischen Kultur von der Han-Dynastie bis heute bilden. Die Bambusstreifen des Buches sind gut einen halben Meter lang. Links sieht man den zusammengerollten Text, daneben die sechzehn Bambusstreifen, auf die man ihn geschrieben hat.

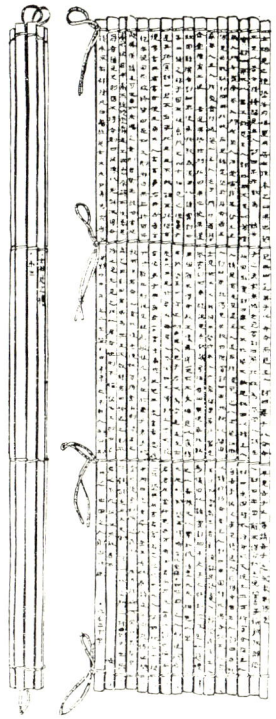

In dem Zeichen **Dokument**, **Band** sehen wir ein solches Buch aus Bambusstreifen, zusammengehalten von einer Schnur.

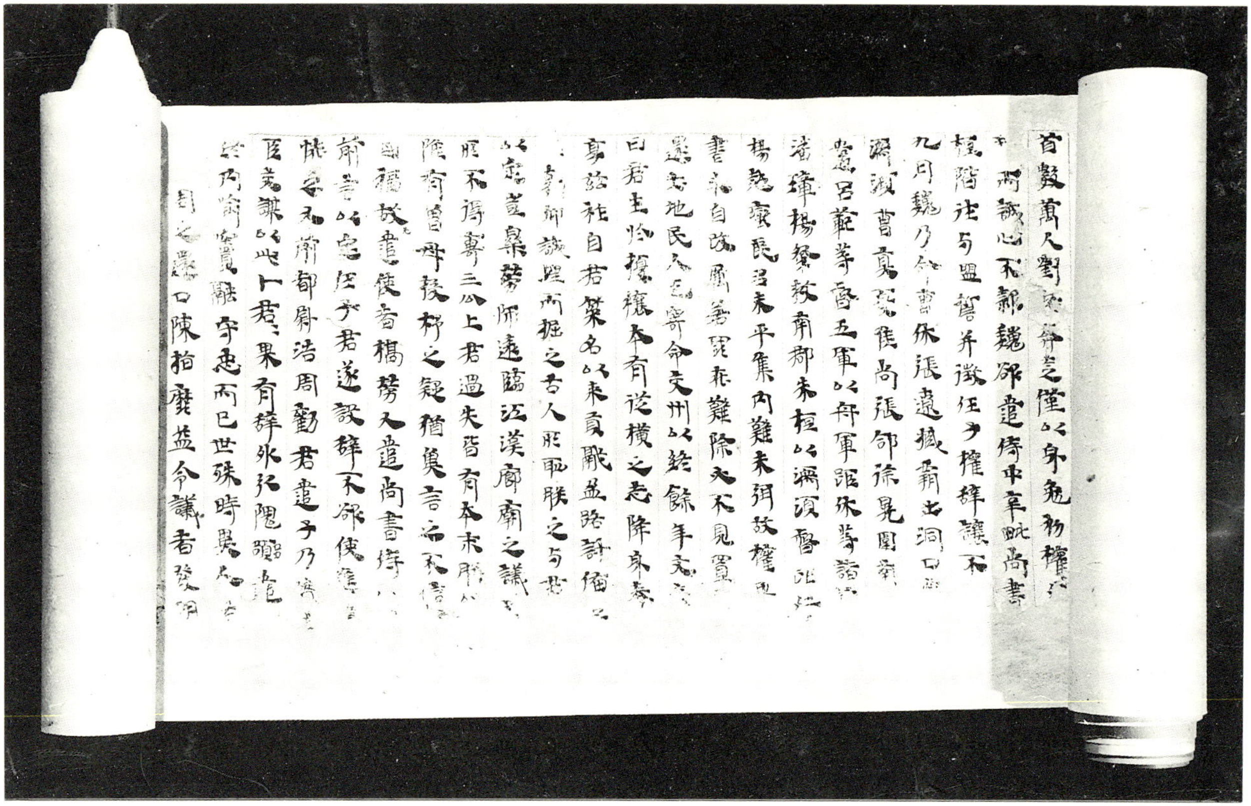

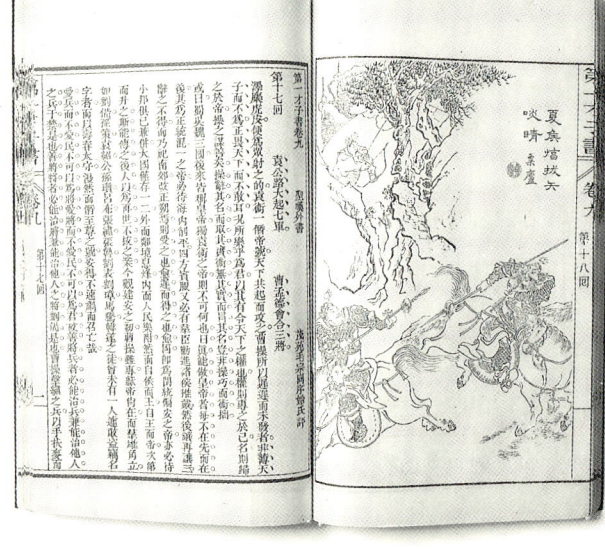

Papierbuch in Form einer Rolle. Der Text ist eine im 3. Jahrhundert n.
Chr. angefertigte Kopie des ältesten Papierbuches der Welt. Mit dem
Lesen beginnt man oben rechts, um dann den Text aufzurollen wie
einen Film. Zur Stabilisierung der Buchrolle dienen zwei an den Enden
befestigte Holzstäbe. Der Schreibstil ist eine Übergangsform zwischen
dem offiziellen (li shu) und dem regulären Stil (kai shu).

Das Buch enthält einen Bericht über die geschichtlichen Wirren, die auf
den Niedergang der Han-Dynastie folgten, als drei Reiche um die Macht
kämpften. Die damaligen Ereignisse lieferten Generationen von Ge-
schichtenerzählern auf Märkten und in Teehäusern Stoff für spannende
Geschichten, die wiederum die Grundlage für Chinas berühmtestes litera-
risches Werk bilden, einen Roman aus dem 14. Jahrhundert mit dem
Titel »Die Drei Reiche«, der immer noch in neuen Auflagen erscheint.
Die Abbildung rechts zeigt ein solches Exemplar.

Aus Bambus hergestellte Bücher gab es von der Shang-Dynastie bis zum Ende der Han-Dynastie im 3. Jh. n. Chr. – also über einen Zeitraum von etwa 1700 Jahren. Alles in allem hat man bisher etwa 40 000 Bambusstreifen mit Texten der verschiedensten Art gefunden: militärische Verträge, philosophische, medizinische und astronomische Schriften, Gesetze und Almanache, Biographien und Erzählungen.

Die Bambusbücher waren auf ihre Weise zweckmäßig und billig. Aber sie waren schwer und unpraktisch in der Handhabung. In dem langen Zeitraum, in dem diese Bücher in Gebrauch waren, fand eine weitreichende gesellschaftliche Entwicklung statt. Der Handelsaustausch und die sonstigen Beziehungen zu den Nachbarstaaten und zwischen den verschiedenen Teilen des Reiches führten zu immer mehr Urkunden und Dokumenten. So wurde mit der Zeit der rein physische Umgang mit den Büchern immer aufwendiger. Es wird erzählt, daß sich der Erste Kaiser, ein Bürokrat und Machtmensch, täglich durch sechzig Kilo Dokumente arbeiten mußte, um sein Reich umfassend kontrollieren und regieren zu können.

Etwa um 700 v. Chr. begann man deshalb aus praktischen Gründen, auf Streifen aus Seidenstoff zu schreiben. Aber Seide war teuer und wurde lange Zeit offenbar nur für wichtige offizielle Dokumente verwendet. Allmählich benutzte man Seide auch für den täglichen Gebrauch, und erst mit der Tang-Dynastie (618–906) ging man zum Papier über.

Inzwischen waren allerdings die Schriften so umfangreich, daß die Buchrollen schwer und unhandlich wurden. So ging man dazu über, das Papier wie eine Ziehharmonika zu falten und stoßweise zusammenzunähen. Auf diese Weise erhielt man ein Buch mit richtigen Seiten. Doch die Textanordnung veränderte sich auch mit der Einführung des Papiers nicht. Bis vor kurzem wurden die Bücher so gedruckt, daß der Text – immer nur auf einer Seite des Bogens – von oben nach unten läuft. Erst während der letzten Jahrzehnte hat sich unsere Art von Büchern in China durchgesetzt.

Die chinesischen Künstler malen weiterhin ihre Landschaften und Blumen auf Seiden- oder Papierrollen und versehen sie gern mit stimmungsvollen Gedichten, wobei die Zeichen genauso angeordnet werden wie auf den Bambusstreifen.

Das Bambusbuch mit seinen Streifen, ergänzt durch das Zeichen für Schemel, kleiner Tisch, gehört auch in das Zeichen für *Urkunde, Standardwerk*. Eine Variante des Zeichens zeigt zwei Hände, die das Buch halten, als wolle man darin lesen.

Urkunde, Standardwerk

Bevor man um die Mitte der Tang-Dynastie dazu überging, die ersten Bücher zu drucken, schrieb man sie mit der Hand. Nach der Überlieferung soll der Pinsel im 3. Jahrhundert v.Chr. erfunden worden sein. Neuere archäologische Funde zeigen allerdings, daß man Pinsel schon mindestens tausend Jahre früher benutzte, vielleicht sogar schon zur Jungsteinzeit. Auf Tongefäßen aus Banpo, die auf etwa 4000 v.Chr. datiert sind, findet man nämlich viele mit schwarzer Tusche geschriebene Symbole, die den Zeichen späterer Zeiten auffallend ähneln. Und aus der Form der Striche geht klar hervor, daß sie tatsächlich mit einem Pinsel geschrieben wurden.

Auch auf Orakelknochen tauchen ab und zu schwarz oder rot geschriebene Zeichen auf. Es sieht so aus, als hätte man einen ersten Entwurf mit Farbe gemacht, ehe man das Zeichen in den Knochen ritzte. Bestimmte Zeichen sind aus irgendeinem Grund nie eingeritzt worden, so kann man sehen, daß sie mit einem weichen, biegsamen Pinsel geformt wurden. Interessanterweise sind die Zeichen nach einem Prinzip geschrieben, das noch heute gilt: waagrechte Striche werden von links nach rechts ausgeführt, senkrechte von oben nach unten.

Als weiterer Beweis für die lange Geschichte des Pinsels kann das Zeichen für **Pinsel**, **Schreibstift** auf den Orakelknochen und auf den Bronzen betrachtet werden. Es zeigt eine Hand, die senkrecht einen Pinsel hält,

genau so, wie nach allen Regeln der Kunst ein Pinsel gehalten werden soll, damit Hand und Pinsel die größtmögliche Beweglichkeit beim Schreiben haben.

Wie die ältesten Pinsel aussahen, wissen wir noch nicht, aber vieles deutet darauf hin, daß sie aus aufgeschnittenen Bambusstücken bestanden, die man vielleicht an einem Ende weichgekaut hatte. Bereits zur Zhou-Zeit wurde das ursprüngliche Zeichen für »Pinsel« durch das Zeichen für »Bambus« ergänzt – ein deutlicher Hinweis.

筆

Pinsel, Schreibstift

Aus der späteren Zhou-Zeit sind einige Pinsel erhalten. Sie sehen im großen und ganzen genauso aus wie die heutigen. Der Stiel besteht im allgemeinen aus Bambus und der eigentliche Pinsel aus Tierhaaren. Dabei bestand das Innere des Pinsels meist aus Hasen- oder Hirschhaaren und das Äußere aus den weicheren Haaren der Ziege. Diese Kombination verschiedener Haarsorten macht den Pinsel zugleich geschmeidig und fest, gut geeignet für Striche aller Art.

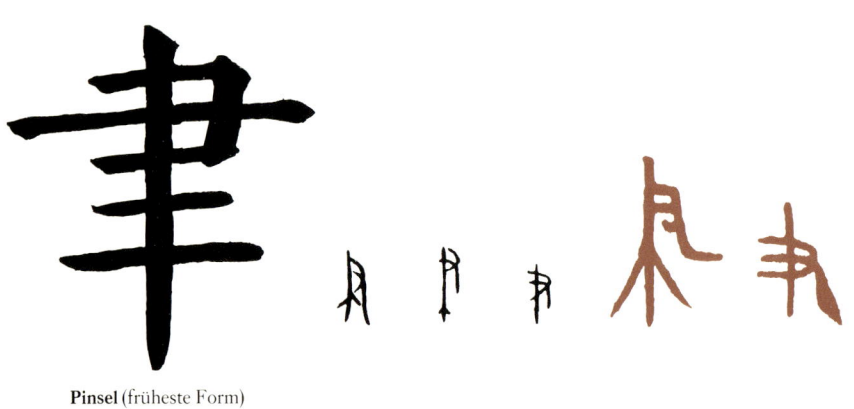

Pinsel (früheste Form)

Illustration aus einem Lehrbuch für Kalligraphie. 1983.

Es gibt unzählige Pinselsorten. Verschiedene Schrifttypen und der persönliche Geschmack des Schreibenden verlangen unterschiedliche Pinselsorten, und für Chinesen, die sich der vornehmsten unter den chinesischen Künsten, der Kalligraphie, widmen, bieten Spezialgeschäfte Tausende von Pinseln jeder Qualität und Preislage an. Ein wirklicher guter Pinsel kostet den Monatslohn eines Lehrers oder Arbeiters, dafür hält er bei entsprechender Pflege viele Jahre. Die Pinselgröße variiert stark. Es gibt kleine, dünne Pinsel, die nicht einmal ein Gramm wiegen, und gewaltige Borstenbüschel von mehreren Kilogramm. In einer kürzlich veröffentlichten Zeitschrift für Kalligraphie waren Bilder von Pinseln abgebildet, die 40 Kilo wogen! Eines aber ist allen Pinseln gemeinsam: Sie enden in einer ganz dünnen, festen Spitze, denn sie überträgt den Pinseldruck.

Durch ein Verändern des Pinseldrucks läßt sich die Breite des Pinselstrichs auf dem Papier variieren. Je fester der Druck auf den Pinsel, desto mehr Tusche wird herausgepreßt. Hebt man nun die Hand wieder und führt den Pinsel weiter über das Papier, lassen sich mit der äußersten Spitze des Pinsels wunderbar dünne Striche ziehen.

Im Zuge der Zeichenreform in den fünfziger Jahren ersetzte man das ursprüngliche Bild von Hand und Pinsel im Zeichen für Pinsel durch das Zeichen für »Haar«, »Daune«, »Fell«. Da man die Pinsel ja nach wie vor aus Bambus und Tierhaaren anfertigt, ist das naheliegend. Hinzu kommt, daß die vereinfachte Form eine lange Tradition hat.

Das vereinfachte Zeichen für Pinsel.

Die Tusche scheint ebenso alt zu sein wie der Pinsel, das beweisen u. a. chemische Analysen der Farben, mit denen die Zeichen auf die Orakelknochen geschrieben wurden. Die Tuschfarbe wurde anfangs einfach aus Ruß hergestellt, wie er sich beim Verbrennen von Holz bildet, und Ruß ist bis heute Hauptbestandteil der chinesischen Tusche. Die wohl berühmteste Tusche kommt aus den Huangshan-Bergen in Anhui, aus dieser Provinz stammt auch das berühmte Xuan-Papier. Diese Tusche ist aus Kiefernruß gemacht.

In späterer Zeit, wahrscheinlich in der Song-Dynastie (960–1279), verwendete man den Ruß, der sich in den Lampen beim Verbrennen von Öl bildete. Dieser Ölruß ist fetter als der Holzruß und liefert einen dunkleren Farbton.

Bei der Herstellung von Tusche mischt man verschiedene Rußarten mit aus Knochen, Horn und Haut gewonnenem Leim, bisweilen benutzt man auch andere Bindemittel wie Eiweiß, versetzt mit Moschus, Sandelholz, Kampfer und anderen wohlriechenden Essenzen.

Die Tusche wird dann in Form von festen Tuschesteinen aufbewahrt, die meist fein verziert sind mit glückbringenden Wesen wie Drache, Hirsch oder Karpfen, oder auch mit ansprechenden Blumen- und Landschaftsmotiven. Vor Gebrauch wird der Tuschestein auf einem speziellen Reibstein mit Wasser angerieben. Bei gleichmäßigem Reiben des Tuschesteins wird gerade soviel Tusche im Wasser gelöst, wie man benötigt, um zu schreiben oder zu malen – für beide Tätigkeiten werden dieselbe Tusche und derselbe Pinsel verwendet.

Die Schrift war in China einige tausend Jahre lang mehr als ein Mittel zur Niederschrift und Weitergabe von Mitteilungen oder zum Verfassen von Prosa oder Lyrik. Die Art, wie man die Zeichen gestaltet – wie man ihnen Harmonie und Klarheit, Intensität, Kraft und Leben verleiht, kurz, wie man all die Gefühle, die in einem Menschen sind, hineinlegt – ohne dabei den Rahmen der Schreibtradition zu verlassen –, das galt lange Zeit als die vornehmste aller Künste. Und die Gerätschaften, deren sich die Kalligraphen bedienten – Pinsel, Tusche und Tuschestein –, wurden schon früh zu Kunstgegenständen erklärt und in gelehrten Abhandlungen beschrieben und diskutiert. Tuschesteine wurden zu Sammlerobjekten –, und bis heute kann ein schöner alter Tuschestein genausoviel kosten wie eine Porzellanschale aus einer der berühmten Dynastien.

Genausogut könnte es einen Schamanen darstellen, der sich Gesicht und Körper bemalte, um durch Tänze und bestimmte Zeremonien Verbindung mit den Geistern der Verstorbenen aufzunehmen. Diesen Brauch pflegten die chinesischen Schamanen bis in unser Jahrhundert hinein.

Eine der ältesten Darstellungen eines Menschen, ein Kopf, der als Deckel für eine Urne aus der Jungsteinzeit diente, zeigt offenbar einen Schamanen. Das Gesicht ist mit schwarzen Strichen bemalt, und den Nacken hinunter windet sich ein schlangenartiges Wesen. Bis vor einigen Jahren war dieser Kopf ein einmaliges Exemplar, erst während der achtziger Jahre fand man weitere Gefäße mit ähnlichen Deckeln. Ich habe sie leider nicht gesehen, aber vielleicht käme man mit ihrer Hilfe der Deutung des Zeichens *schwarz* näher.

Deckel einer Urne in Kopfform, gefunden in Nordwestchina. Jungsteinzeit.

Das Zeichen **schwarz** zeigt ein Bild, das auf den ersten Blick einfach aussieht, aber Gegenstand zahlreicher Deutungsvorschläge wurde. Nach der auf dem Shuowen-Lexikon beruhenden traditionellen Erklärung zeigt das Zeichen Ruß, wie er sich an der Fensteröffnung bildet, durch die der Rauch von der Feuerstelle abzieht. Betrachtet man jedoch die frühen Zeichen, wird diese Erklärung fragwürdig. Spätere Kommentare wollen in dem Zeichen einen Menschen sehen, dessen Gesicht und Körper mit Flecken bedeckt ist. Eine Kriegsbemalung? Brandmale? Oder Tätowierungen?

Schwarz, erweitert durch das Zeichen für Erde, Humus bedeutet ebenfalls schwarz, wird aber inzwischen vor allem in der Bedeutung *Tusche* verwendet – das schwarze Material, das man zum Schreiben und Malen (Sich bemalen?) verwendete. In bestimmten Texten bedeutet es auch *Brandmal;* Brandwunden werden oft schwarz.

Tusche

Pinsel und Tusche sind bis heute das wichtigste Schreibgerät geblieben. Zwar benutzt man für Notizen und allgemeine Aufzeichnungen inzwischen Patronenfüller und Kugelschreiber, aber sobald man den Zeichen oder der Schrift eine ästhetische Form geben will, greift man wieder zum Pinsel. In den Schulen finden Kalligraphiewettbewerbe statt, und Kunstgalerien widmen den Zeichen ganze Ausstellungen; dabei kann man miterleben, wie sich Liebhaber der Kalligraphie um die Zeichen scharen und leidenschaftlich einzelne Striche diskutieren. Sogar Wandzeitungen, wie sie während der Revolution oft angeschlagen wurden, waren mit Pinsel und Tusche geschrieben; und mit der Hand geschrieben werden nach wie vor die Sonderangebote der Geschäfte und die Tagesgerichte der Restaurants.

Dieses Zeichen bedeutet in älteren Schriften *Striche, Linien, Muster, Ornamente, schmücken.* Aber bereits in der Zhou-Zeit benutzte man es vor allem in den Bedeutungen **Schrift, Sprache, Literatur, Dokument** und für **zivil** (im Gegensatz zu militärisch) und **kultiviert.**

Schrift, Sprache

Das Zeichen stellt auf den Orakelknochen und den Bronzen eine stehende Person mit leicht vom Körper abgespreizten, gestreckten Armen dar. Das Wichtigste an dem Zeichen scheint die Brust zu sein, auf der man wahlweise ein Herz, einen Mund, ein Kreuz, ein U, ein V oder wenigstens einen Punkt abbildete.

»Sich kreuzende Linien«, meint das Shouwen-Lexikon. »Mann mit Tätowierungen auf der Brust«, meinen spätere Kommentare und verweisen auf Stellen in den klassischen Schriften, die von den Tätowierungen der »Barbaren« in den Grenzgebieten berichten, die ihre Körper auf diese Weise zu verschönern pflegten.

Sollte dies der Ursprung des Zeichens sein, wäre das eine Ironie des Schicksals, denn in der späteren chinesischen Kultur bezeichnet es alles, was mit Bildung, verfeinerter Lebensart und Eleganz zu tun hat, steht also im krassen Gegensatz zum Rohen und »Barbarischen«.

Ein »gebildeter« Mann gehörte im alten China zu den Privilegierten der Gesellschaft. Aufgrund ihrer Kenntnis der Schriftsprache und der klassischen Werke hoben sie sich von der »dummen Masse« ab, wie die Gebildeten den Teil der Bevölkerung nannten, der nicht lesen konnte. Die Gebildeten widmeten sich der Kalligraphie, sie sammelten Tuschesteine, züchteten Orchideen und schrieben Gedichte, die sie einander bei einer Schale Reiswein vorlasen, wenn der Lärm des Tages verebbt war, und sie malten anmutige Landschaften, in denen ein kleines Boot hinter leichten Dunstschleiern auftaucht.

Die von ihnen verwendete Schriftsprache heißt übersetzt »klassisches Chinesisch« oder »Literatursprache«.

Literatursprache

Es handelt sich um eine Kunstsprache mit allen Vor- und Nachteilen, die damit verbunden sind – künstlich und steif, voller Klischees und Anspielungen auf die ältere Literatur und deshalb spannend für den, der sie verstand, aber uninteressant für alle, denen die gediegene Ausbildung in den klassischen Schriften fehlte. Erst seit der Vierte-Mai-Bewegung 1919 wurde ernsthaft damit begonnen, die Sprache und Literatur einer breiteren Öffentlichkeit zugänglich zu machen und die Schriftsprache der gesprochenen anzunähern. Die Zeichenreform von 1950 ist Teil dieser Bestrebungen: Zum erstenmal seit zweitausend Jahren ging man daran, die Schrift selbst zu reformieren.

Wort, Rede

Dieses Zeichen wird heute vor allem in der Bedeutung **Wort/Rede** verwendet, seine Grundbedeutung ist allerdings »große Flöte«, und das Zeichen scheint auch ursprünglich das Bild einer Flöte und eines Mundes, der hineinbläst, gewesen zu sein. Die Bedeutungsverschiebung Flöte–Laut–Wort ist leicht zu verstehen.

Das Zeichen für Wort/Rede ist Teil einer großen Zahl von Zusammensetzungen, die viele Situationen des

täglichen Lebens nennen, in denen die Sprache benutzt oder mißbraucht wird, z.B. *lesen, rezitieren, kommentieren, unterweisen, ausfragen, widersprechen, kritisieren, untersuchen, spionieren, zweifeln, warnen, beweisen, anklagen, sich irren, versprechen, bedanken, schmeicheln, prahlen, lügen, fluchen, streiten, verleumden, lächerlich machen.*

Inschrift auf einer Steintrommel, Ende der Zhou-Dynastie

Eines meiner Lieblingszeichen ist dieses hier, nicht weil es besonders schön ist, sondern wegen der Assoziationen, die es weckt. Ein Mensch und sein Wort: *Vertrauen, sich verlassen auf, Brief.*

Vertrauen ...

Leider sind nicht alle Menschen so klug, wie man es gerne hätte. Das Zeichen Wort/Rede zwischen zwei Zeichen für Hund bedeutet *Gerichtsverfahren, Prozeß* – die zwei streitenden Parteien »kläffen« sich an wie »Hunde«. Oft endet es damit, das einer von ihnen im *Gefängnis* landet.

Gerichtsverhandlung ...

Das Zeichen für **Ton**, **Laut**, **Note** kommt nicht auf den Orakelknochen vor, dafür aber auf den Bronzen und in anderen Inschriften aus der Zhou-Zeit, die mit dem Zeichen Wort/Rede identisch oder beinahe identisch sind. Das Zeichen ganz rechts stammt von einer Inschrift auf einem Keramikgefäß. Man darf deshalb vermuten, daß beide Zeichen einen gemeinsamen Ursprung haben und die Trennung in zwei verschiedene Zeichen mit unterschiedlicher Form und Bedeutung erst mit der Zeit erfolgt ist. Mehrere Wissenschaftler haben darauf hingewiesen, daß die Zeichen in bestimmten Zusammenhängen austauschbar sind, und sie nehmen das als Beweis dafür, daß es sich anfangs um ein und dasselbe Zeichen handelte.

Ton, Laut, Note

Ton und Herz (»Der Ton des Herzens«): *Gedanke, Idee, Meinung, Wunsch.*

Gedanke, Idee ...

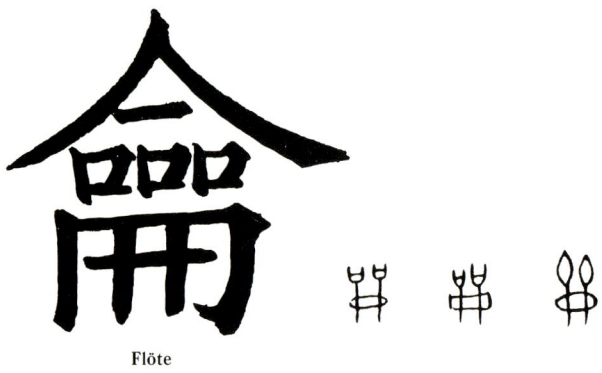

Flöte

Bindet man Flöten verschiedener Länge zusammen, erhält man die sogenannte Panflöte, ein Instrument, das in China seit Anbeginn der Geschichte bekannt ist. Einige Wissenschaftler meinen genau dieses Instrument in dem Zeichen für **Flöte** zu erkennen. Man sieht die einzelnen Pfeifen, ihre Mundstücke und das alles zusammenhaltende Band.

Bei einigen dieser Bronzezeichen ist die Bedeutung des oberen Teils nicht bekannt. Dieser Teil ist auch in der Form enthalten, die das Zeichen bei der ersten Sprachvereinheitlichung 200 v. Chr. erhielt.

Befestigt man die Pfeifen zweireihig an einem Kürbis oder einem Klangkörper aus Holz, hat man eine sogenannte Mundorgel, eines der ältesten und für China typischsten Instrumente. Die Mundorgel gibt es noch bei den Minderheiten in Südwestchina, wo die Pfeifen die imponierende Länge von über sechs Meter erreichen können.

Die älteste erhaltene Flöte stammt aus Wuyang, einige hundert Kilometer südlich von Zhengzhou; sie ist achttausend Jahre alt. Es handelt sich um eine Knochenflöte mit sieben Löchern, und man kann ihr noch immer Töne entlocken. Ansonsten sind Flöten unter den archäologischen Funden rar. Ab und zu stößt man auf kleine Knochenflöten, die aber eher als Pfeifen zu

bezeichnen sind. Flöten sind sicher aus Bambus gemacht worden, ein Material, das leicht vermodert. Es ist deshalb schwierig, über das Aussehen der Flöten, die möglicherweise Vorbild für die Zeichen »Wort« und »Ton« gewesen sind, detailliert Bescheid zu wissen.

Im Buch der Lieder, das Anfang der Zhou-Zeit entstanden ist, werden oft Musikinstrumente erwähnt, unter anderem auch Flöten. Aus dieser Zeit sind keine Flöten erhalten, doch aus dem 4. Jahrhundert v. Chr. gibt es zwei Exemplare und aus dem 2. Jahrhundert immerhin zwölf Bambusflöten verschiedener Länge, die noch in einem so guten Zustand sind, daß einige noch Töne hervorbringen können.

Diese Flöten wurden vermutlich nie als Musikinstrumente verwendet, sondern als Stimmpfeifen, mit deren Hilfe man die zwölf Töne der Tonleiter festlegen konnte. Im alten China war das von besonderer Wichtigkeit. Die Musik diente nicht nur dem Vergnügen, der angenehmen Entspannung oder Unterhaltung. Musik galt als etwas Heiliges, sie war dazu da, das Verhältnis zwischen Himmel und Erde zu regeln, und sie war Ausdruck der tiefsten Harmonie des Daseins. Mit ihrer Hilfe vermochte man die Mächte der Natur

Ein kleines Orchester aus bemalten Holzfiguren, gefunden im Grab der Herzogin von Tai in Changsha. Die beiden hinteren Figuren spielen Mundorgel, die drei vorderen ein Streichinstrument, das man »se« nennt. 32–38 cm hoch.

zu beeinflussen, was beispielsweise in der Gegend um den Gelben Fluß bitter nötig war, wo die Natur ständig zwischen Trockenheit und Überschwemmung schwankte. Da ließ man nichts unversucht. So spielte die Musik nicht nur eine entscheidende Rolle für den Ackerbau – schließlich hing das Wohlergehen aller von einer guten Ernte ab –, sondern auch im Jahreslauf. Zur Wintersonnenwende, dem kritischen Wendepunkt des Jahres, wurden die wichtigsten Zeremonien abgehalten, und der dumpfe Klang der Trommeln beschwor einen sicheren Übergang, den Sieg des Lichts und eine gute Ernte im kommenden Jahr.

Die Musik war aber nicht nur für das Fortbestehen des Staates und für gute Anbaubedingungen entscheidend, sie regelte auch das Leben jedes einzelnen Menschen. Ebenso wie ein bestimmter Ton ein Kristall zerspringen lassen kann, gefährdeten unreine Töne die Harmonie des Daseins. »Minderwertige Musik« und »vulgäre Töne« bedeuteten eine Verunglimpfung des Himmels und brachten einen Verfall der Sitten mit sich, sie erschütterten das rechte Verhältnis zwischen Mann und Frau, zwischen Herrscher und Untertanen, und unterhöhlten die Fundamente des Staates. Umgekehrt konnte gute Musik, vorgetragen nach allen Regeln der Kunst, die Ungestümen besänftigen und die Mächtigen davon abhalten, tyrannisch und rücksichtslos zu werden.

So spielte schon früh die Musik eine immer wichtigere Rolle bei allen offiziellen Anlässen und wurde dementsprechend gefördert. Es wird erzählt, daß der Kaiser Huang Di im Jahr 2697 v. Chr. seinen Minister Ling Lun, der ganz der Musik ergeben war, aussandte, um Bambuspfeifen zu besorgen, die die zwölf Töne der Tonleiter korrekt wiedergeben sollten. In den westlichen Bergen fand Ling Lun die geeigneten Bambusstämme, und aus einem besonders kräftigen Stamm schnitt er eine Pfeife. Als er hineinblies, hörte er einen tiefen Ton, der genauso klang wie der tiefste Ton, den er selber hervorbringen konnte. Wie er so mit seiner Flöte dasaß und dem Rieseln des Baches und dem Rauschen des Windes in den Blättern lauschte, ließen

Zwölf Stimmpfeifen aus Bambus und ein gesticktes Futteral wurden im Grab der Herzogin von Tai in Changsha gefunden, sie haben alle einen Durchmesser von 0,65 cm. Die längste Pfeife mißt 17,65 cm, die kürzeste 10,2 cm.

sich zwei mythische Phönixvögel auf dem Baum neben ihm nieder. Diese Vögel zeigen sich den Menschen nur, wenn große Ereignisse bevorstehen, und Ling Lun begriff, daß etwas Bedeutendes geschehen würde. Zuerst sang das Männchen, und der erste Ton stimmte mit dem Ton von Ling Luns Pfeife überein. Nun sang es noch einmal fünf Töne, und Ling schnitt rasch fünf Pfeifen mit diesen Tonhöhen. Dann sang das Weibchen sechs Töne, für die Ling Lun ebenfalls Pfeifen schnitt, um sie nicht zu vergessen. Als er schließlich alle zwölf Pfeifen zu einer Tonfolge ordnete, bemerkte er, daß er ein Tonsystem aus zwölf Halbtönen hatte. Modern ausgedrückt bestand sein Tonsystem aus einer Serie von aufeinanderfolgenden Quinten.

Alles stimmte. Im Buch der Riten steht geschrieben: »Drei ist die symbolische Zahl des Himmels, zwei die der Erde. Deshalb ist das Verhältnis von Tönen, die sich wie drei zu zwei verhalten, ebenso harmonisch wie das Verhältnis des Himmels zur Erde.«

Nach der Sage wurden die Töne, die diese zwölf Pfeifen hervorbrachten, zur Grundlage des chinesischen Tonsystems. Um die Töne für immer festzuhalten, ließ der Kaiser zwölf Bronzeglocken gießen, die genau den Tonhöhen der Bambuspfeifen entsprachen; nach ihnen wurden von da an alle anderen Instrumente gestimmt.

Glockenspiel, gefunden im Grab des Herzogs von Zeng. 433 v. Chr.

Das sind weltweit die ältesten Angaben über ein Tonsystem, das auf einem fest vorgegebenen Grundton und festen Intervallen zwischen den Tönen aufbaut. Interessanterweise ist die Tonleiter nicht weit entfernt von der modernen chromatischen Tonleiter mit ihren zwölf Tönen, also den sieben weißen und den fünf schwarzen Tasten einer Oktave auf dem Klavier.

Die längste Bambuspfeife lieferte nicht nur den Grundton des chinesischen Tonsystems, sie wurde auch zur Norm für Längenmaße – vergleichbar dem Urmeter in Paris – und für Raummaße. Die 1200 Hirsekörner, die sie faßte, nannte man »Flöte«, geschrieben mit dem Zeichen, das wir eben gesehen haben und das vermutlich ein flötenähnliches Instrument darstellt. Das Standardmaß mußte, angeblasen, den Grundton hervorbringen.

Ein festgelegter Grundton als Ausgangspunkt für eine Tonleiter mit exakten Intervallen war erforderlich, damit das Verhältnis zwischen Himmel und Erde stimmte. Im täglichen Leben auf dieser Erde bedurfte es exakter Maße und Gewichte sowie eines verläßlichen

Münzsystems. Jede Möglichkeit zur Täuschung in diesem Zusammenhang hätte Betrug und Korruption zur Folge, jeder Handel wäre gefährdet, was im schlimmsten Fall zu Unordnung und Chaos auf der Erde – oder »unter dem Himmel«, wie der chinesische Terminus für Erde lautet – führen würde. Wurde deshalb in früheren Zeiten eine kaiserliche Behörde für Musik eingerichtet, gehörte sie immer zum Kaiserlichen Amt für Maße, Münzen und Gewichte.

Was aus den Bronzeglocken wurde, die Kaiser Huang Di der Sage zufolge gießen ließ, wissen wir nicht, vielleicht liegen sie irgendwo im Wei-Tal, eingebettet in gelbe Lößerde. Aus späteren Epochen sind allerdings mehrere Glockensätze vorhanden. Die bisher eindrucksvollste Glockensammlung wurde 1978 im Grab des Herzogs von Zeng gefunden, der 433 v. Chr. beigesetzt wurde. Dieser Mann muß die Musik geliebt haben! Man gab ihm 125 Instrumente mit ins Grab, unter anderem Flöten, Mundorgeln und Trommeln. Diese einmalige Sammlung ist von unschätzbarem Wert, um die Entwicklung der chinesischen Musik nachzuvollziehen. Die größte Sehenswürdigkeit stellt ein Glockenspiel aus 65 Bronzeglocken dar, von denen die schwerste über 200 Kilogramm wiegt.

Das ganze Glockenspiel ist drei Meter hoch und fast elf Meter lang. Die Glocken hängen dreireihig übereinander, die kleinsten ganz oben gaben vermutlich den Ton für die übrigen Instrumente des Orchesters an, während die untere Reihe die Baßbegleitung lieferte. In der Mitte befanden sich die Sopran- und Altglocken. Die Glocken hatten keine Klöppel. Man spielte darauf mit einem Holzschlegel, wobei jede Glocke verschiedene Töne von sich gab, je nachdem, ob man sie in der Mitte oder seitlich anschlug. Dabei war jeder Ton sorgfältig an der entsprechenden Stelle notiert. Das gesamte Glockenspiel hatte einen Tonumfang von mehr als fünf Oktaven, vom tiefsten Ton eines Cellos bis zum höchsten einer Flöte. Die Tonfolge entspricht der eines Klaviers.

Die Glockenform ist nicht wie bei unseren Kirchenglocken rund, sondern elliptisch oder oval. Sie sind so konstruiert, daß die Schwingungen rasch verklingen – nur so ist es möglich, darauf zu spielen. Die einzelnen Glocken sind unwahrscheinlich genau aufeinander abgestimmt – die Oktaven, Quinten und Quarten sind von derselben Genauigkeit, wie sie die heutige moderne Technik ermöglicht, und das gilt auch für die einzelnen Töne: Die Glocke mit dem eingestrichenen C (c') schwingt mit 256,4 Hertz bis zum Idealwert von 256,0 Hz.

Die Glocken dieses Instruments wiegen zusammen zweieinhalb Tonnen. Die Holzbalken, an denen sie hängen, wurden offenbar für die Ewigkeit geschaffen, nach 2400 Jahren ist noch keiner von ihnen schwach geworden.

Eine Verzierung auf einem Bronzegefäß aus der späten Zhou-Dynastie zeigt ein solches Glockenspiel. An einem langen Balken, an dessen Enden sich Tierköpfe befinden und der von zwei vogelähnlichen Wesen gehalten wird, sieht man zur Linken vier große Glocken und darunter die Musikanten, die mit Klöppeln darauf spielen.

An der rechten Seite des Balkens sehen wir ein anderes Instrument. Es besteht aus fünf L-förmigen Steinscheiben verschiedener Größe, die man in derselben Weise anschlug wie die Bronzeglocken. Eines der vielen Instrumente aus dem Grab des Herzogs von Zeng ist ein solches Klangspiel aus 32 Steinen. Sie sind chromatisch gestimmt, genauso wie die Bronzeglocken. Der Ton ist rein und klar wie Kristall.

Diese Art von Instrument ist sehr alt und geht zurück bis in die Jungsteinzeit, scheint aber ursprünglich aus nur einem Stein bestanden zu haben.

Der älteste derartige Stein, der bisher gefunden wurde, stammt von einer Stelle in der Nähe des Gelben Flusses, die Taosi heißt. In dieser Gegend soll das Zentrum der Xia-Dynastie, der ersten Dynastie in Chinas langer Geschichte, gelegen haben. Der Stein ist fast einen Meter hoch und sieht aus wie ein Krokodilkopf. Nach der Radio-C^{14}-Methode wird er auf 2500–1900 v. Chr. datiert, und dieses Ergebnis stimmt mit den Quellen-

Klangstein

Klangstein

angaben überein, die man über die Regierungszeit der Xia-Dynastie besitzt.

Aus der Shang-Dynastie sind etwa dreißig Klangsteine erhalten. Sie sind im allgemeinen 30 bis 40 Zentimeter hoch und 60 bis 80 Zentimeter lang. Einige von ihnen sind mit Tierreliefs verziert, wie auf obigem Bild, wo wir einen Tiger mit geöffnetem Rachen und einem langen, geschwungenen Schwanz sehen.

Der Stein zeigt deutliche Spuren von Abnutzung, und die Abdrücke der Seile, an denen er aufgehängt war, sind unübersehbar.

Klangsteine wurden auch auf Orakelknochen abgebildet. Man sieht einen großen, länglichen Stein und eine Hand mit einem Klöppel, die ihn gerade anschlägt. Die Striche über dem Stein werden gewöhnlich als die Seile gedeutet, an denen der Stein aufgehängt war, oder als eine Art von Verzierung.

Das Zeichen bedeutet **Klangstein**.

Es wurde schon während der Shang-Zeit durch das Zeichen »Stein« ergänzt, ein eher unnötiger Zusatz, wenn man an das deutliche Bild des hängenden Klangsteines denkt.

Stimme, Ton

Klangstein und Ohr bilden zusammen das Zeichen *Ton, Stimme*. In dem heute meist benutzten, vereinfachten Zeichen fehlen die Hand mit dem Klöppel und das horchende Ohr. Geblieben ist nur das Bild des länglichen, alten Steines, der an seinen Seilen hängt.

Das vereinfachte Zeichen für Ton, Stimme.

Es fragt sich allerdings, ob hier tatsächlich Seile abgebildet sind. Dieselben Striche, die wir beim Zeichen für Klangstein ganz oben sehen, kommen nämlich als oberstes Element im Zeichen für Trommel vor, und da dürfte es sich kaum um Seile handeln. Die Trommeln der Shang-Zeit hingen nicht an Seilen, sie standen breit und schwer auf einem Sockel, das trifft jedenfalls für die aus dieser Zeit erhaltenen Trommeln zu. Dazu muß man sagen, daß bisher nur zwei Trommeln gefunden wurden, die das Aussehen in allen Einzelheiten zeigen. Beide bestehen aus Bronze. Abdrücke von einer weiteren Trommel aus Holz, die selbst längst vermodert ist, fand man 1935 in einem Grab in Anyang, aber die Fachleute sind sich über ihr Aussehen uneinig.

Die ältere der beiden erhaltenen Bronzetrommeln aus der Shang-Zeit ist 79 cm hoch und 40 cm breit. Sie ist völlig intakt und hat angeblich noch immer einen schönen Klang. Vorbild für dieses Stück war sicherlich eine Holztrommel, das kann man den alten Schriften und archäologischen Quellen entnehmen – ich werde darauf noch zurückkommen. Ein weiterer Hinweis ist das Nietenband, das den Eindruck erwecken soll, das Fell der Trommel zu halten – bei einer Holztrommel ist das erforderlich, nicht aber bei einer aus einem Stück gegossenen Bronzetrommel.

Für den Aufsatz der Trommel, der wie ein Sattel aussieht, hat man noch keine Erklärung gefunden. Bei einer der Trommeln aus der Shang-Zeit sieht er aus wie zwei sitzende Vögel. Beide Sättel sind von einem Loch durchbohrt. Möglicherweise diente es zum Transport der Trommeln mittels einer Tragstange oder eines Seils – die Trommeln wiegen immerhin fast 50 Kilo –, aber ich könnte mir auch vorstellen, daß man dort Verzierungen irgendwelcher Art befestigte. Über das Aussehen solcher Verzierungen ist uns allerdings nichts bekannt. Im Buch der Lieder finden sich einige Texte, in denen Festlichkeiten beschrieben werden, bei denen man mit Fasanen- oder Reiherfedern in den Händen tanzte und die Glockenspiele und Klangsteine mit Federbüschen verzierte. Vielleicht machte man das auch mit der Trommel, dem Instrument, das Xun Zi, einer der größten Denker der Zhou-Zeit, als »Königin der Musik« bezeichnete, und die bei vielen wichtigen Riten den Mittelpunkt bildete.

Für die vorgeschichtlichen Chinesen war die Musik, wie schon erwähnt, ein Mittel, um eine Verbindung mit den Vorfahren und dem Himmel herzustellen. Die Vögel, die sich frei zwischen Himmel und Erde bewegen können, hielt man für Boten zwischen den Menschen und den höheren Mächten, daher hatten viele

Reich verzierte Bronzetrommel aus der Shang-Dynastie, gefunden in der Provinz Hubei im Jahre 1977.

Bronzegefäße, die bei religiösen Zeremonien verwendet wurden, die Form von Vögeln. Der Mythologie zufolge stammte die Shang-Dynastie von einem schwarzen Vogel ab, ebenso wie die zwölf Töne der Tonleiter dem Vogel Phönix zugeschrieben werden. Die Gestelle, an denen man Glocken und Klangsteine aufhängte, hatten oft die Form von vogelähnlichen Wesen mit langen Hälsen, Flügeln und Schnäbeln. Vögel und Musik gehörten zusammen. Die auf den beiden Trommeln der Shang-Zeit sitzenden Vögel sind nicht nur Dekoration, sie haben eine tiefe, symbolische Bedeutung.

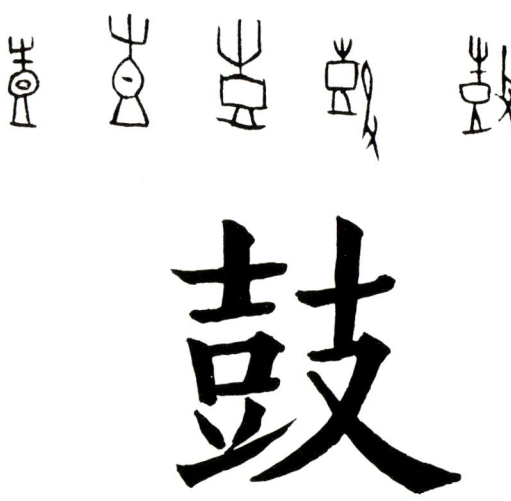

Trommel

Die gewaltigen **Trommeln** der Shang-Zeit begegnen uns in einer Reihe von Inschriften auf Orakelknochen. Einige sind von vorn, andere von der Seite abgebildet. Das Zeichen wurde schon früh durch das Bild einer Hand mit einem Stock oder Klöppel ergänzt. Dieselben niedrigen, schweren Trommeln tauchen in den Bronzeinschriften auf.

Bis vor kurzem wußte man fast gar nichts über das Aussehen der ersten Trommeln, bis man Mitte der achtziger Jahre einen überraschenden Fund machte. An der gleichen Stelle, wo man den ältesten Klangstein gefunden hatte, lagen auch zwei Trommeln, die ältesten, auf die man in China bisher gestoßen ist. Die eine ist über einen Meter hoch und aus einem ausgehöhlten Baumstamm hergestellt. Dieser Fund ist sensationell, denn Holz verfault bekanntlich sehr schnell. Diese Trommel ist mit Sicherheit etwa viertausend Jahre alt und weitgehend unversehrt. Das Instrument war oben mit einer Schlangenhaut bespannt, die vermutlich wie alle Trommeln in der weiteren Geschichte Chinas rot gefärbt war. Es sind noch Farbreste erkennbar. Den alten Schriften zufolge pflegte man die Trommeln zu magischen Zwecken mit Menschenblut zu bemalen, doch in diesem Fall ist die Farbe von anderer Art.

Holztrommel aus Taosi, wahrscheinlich Xia-Zeit.

Aus dieser einfachen Trommel entwickelte sich allmählich die in eine waagrechte Stellung gedrehte Trommel mit Fellen an beiden Seiten, die große Trommel der Shang-Zeit war entstanden.

Die zweite Trommel aus Taosi besteht aus Keramik. Während die Wohlhabenden der Gesellschaft Holz- oder Bronzetrommeln schlugen, begnügte sich das einfache Volk mit Trommeln aus Ton, so steht es im Buch der Riten, Li Ji. Auf Bronzen gibt es einige Zeichen für »Krug«, »Kanne« und rechts daneben das Zeichen für »schlagen«, aber für diese Zeichen gibt es in der Forschung leider keine Erklärung.

Das Spielen auf Tongefäßen war ebenso üblich wie das Spielen auf Glocken und Klangsteinen. Indem man die Gefäße mit mehr oder weniger Wasser füllte, konnte man sie genau stimmen. Der Klang dieser Gefäße sei schöner als der von Metallplatten, erklärte ein für die Musik zuständiger kaiserlicher Beamter am Ende der Tang-Dynastie. Ich stimme ihm zu. Als ich einmal in Beijing ein Konzert für wassergefüllte Porzellanschalen hörte, war das ein so reiner und über allem Irdischen schwebender Klang, daß man glaubte, Sphärenmusik zu hören.

In einigen Zeichen auf zhouzeitlichen Bronzen wird die Trommel auf einem hohen Gestell abgebildet. Sicher hat sie auch in Wirklichkeit so ausgesehen, denn auf diese Weise ließ sich besser darauf spielen. Eine rote Trommel, wie eine Erdbeere auf einen Grashalm gespießt, hatte man dem Herzog von Zeng 433 v. Chr.

mit ins Grab gegeben. Ähnliche Trommeln findet man in den Verzierungen der Bronzegefäße aus derselben Zeit.

In dem so reich ausgestatteten Grab des Herzogs von Zeng befanden sich auch viele Gegenstände chinesischer Lackkunst, darunter eine prachtvolle Ente. Auf der einen Seite ist eine seltsame Szene mit zwei Figuren abgebildet, halb Mensch, halb Tier, die einen kulti-

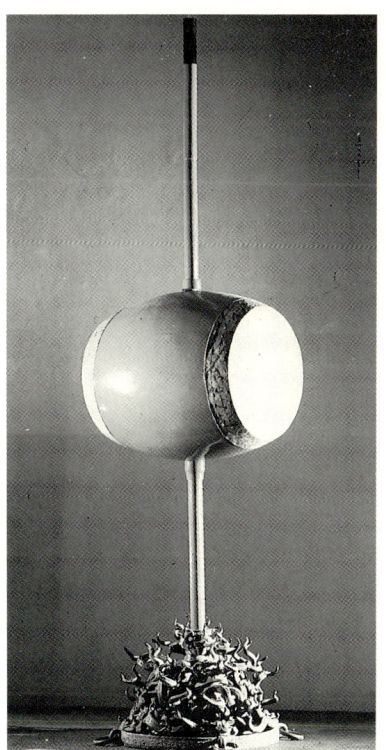

Lackkunst aus dem Grab des Herzogs von Zeng.

Abreibungen von Grabreliefs aus der Han-Zeit, die schön verzierte Trommeln und ihre Verwendung zeigen. Das Wagenbild auf der nächsten Seite stammt aus der Ahnenhalle in Feicheng, dem ältesten erhaltenen Gebäude Chinas.

schen Tanz vorführen. Zwischen den Figuren sieht man eine auf einer Stange befestigte Trommel. Oben ziert sie eine Art von Federbusch, wie beim Zeichen für Trommel auf den Orakelknochen und Bronzen.

Trommeln sieht man auch auf Grabreliefs aus der Han-Zeit, wo sie bei Darstellungen von Feiern und Prozessionen zu Ehren des Herrschers und des Reiches eine Rolle spielen. Viele Trommeln sind mit meterlangen Federn geschmückt, andere mit Federgirlanden. Auf einer sehr lebendigen Darstellung von Jongleuren, Schwerttänzern und Musikanten aller Art aus dem Jahr 193 sehen wir eine große, von einem Vogel gekrönte Trommel.

Eine ähnliche Trommel ist auf einem Wagen befestigt, der von drei feurigen Drachen gezogen wird. Auf einer Plattform hoch über der Trommel zeigt ein Akrobat seine halsbrecherischen Kunststücke.

Seit der Han-Zeit und bis hinein in unser Jahrhundert gehören Wagen mit Musikanten und anderen Schaustellern zu allen politischen und traditionellen Feierlichkeiten. Die Paraden zum Nationaltag in Beijing in den fünfziger und sechziger Jahren sind legendär. Stundenlang rollte ein Korso von Lastwagen mit großen Bühnen auf der Ladefläche am Tor des Himmlischen Friedens vorbei, wo die höchsten Persönlichkeiten des Landes die Darbietungen aus berühmten Opern bewunderten. Weibliche Schönheiten führten Schleiertänze vor, und Kinder mit riesigen Pumpen im Arm stellten sich zu lebenden Bildern auf und priesen den Fortschritt in der Landwirtschaft. Und die Trommeln dröhnten über ein Meer von begeisterten, blau gekleideten Menschen.

Einige interessante Trommeln zeigen die Reliefs, die die Innenwände des kleinen Hauses in Feicheng zieren, das zum Andenken an die Kindesliebe errichtet wurde. Eines der Bilder zeigt eine stattliche Prozession mit dem höchsten Herrscher in seinem Wagen, gefolgt von Lanzenträgern und einer berittenen Eskorte sowie einem Wagen mit Musikanten auf zwei Ebenen – oben zwei eifrige Trommler und darunter vier friedliche Mundorgelspieler.

Aus Fahrzeugen dieser Art wurde etwa zu Beginn unserer Zeitrechnung der sogenannte Hodograph entwickelt, ein Wegschreiberwagen, der die Wegstrecke mißt. Jedesmal, wenn der Wagen einen »li« – einen halben Kilometer – zurückgelegt hatte, schlug eine Holzfigur auf eine Trommel, und nach zehn »li« schlug eine andere Figur auf eine Glocke aus Metall. Der Mechanismus wurde von zwei an der Wagenachse angebrachten Zahnrädern ausgelöst.

reichlich, üppig ...

Ritus, Ritual ...

Dieses Zeichen bedeutet *reichlich, üppig, im Überfluß*. Nach der traditionellen Erklärung ist es das Bild eines Opfergefäßes von der Art, die »dou« genannt wird. Allerdings haben viele Fachleute diese Deutung in Zweifel gezogen. Einiges spricht dafür, daß es sich um das Bild einer Trommel handelt. Vergleicht man die frühen Zeichen für Trommel mit dem Zeichen für reichlich, üppig, ergeben sich einwandfrei Ähnlichkeiten. Der einzige wirkliche Unterschied besteht darin, daß der obere Teil des späteren Zeichens mehr ausgeprägt ist als im Zeichen für Trommel und außerdem durch etwas ergänzt wurde, von dem wir noch nicht wissen, was es sein soll.

Zusammen mit dem Zeichen für »Weissagung«, das mit Opfern und Fragen an die himmlischen Mächte nach Heil und Unheil zu tun hat, bildet das Zeichen für »reichlich«, »üppig« das Zeichen *Ritus, Ritual, Zeremonie*, das Ereignis, das im religiös-politischen Leben des frühgeschichtlichen China von zentraler Bedeutung war. Wenn der Herrscher sich auf die Jagd vorbereitete, wenn er den duftenden Hirsewein zu Ehren der Ahnen eingoß oder wenn die Musik, die die Kommunikation mit dem Himmel einleitete, zu erklingen begann, geschah das alles auf ein Signal der Trommeln hin, genauso wie die Trommeln bis heute das traditionelle chinesische Orchester bestimmen. »Ritus« ist ein abstrakter Begriff, den man schwer bildlich wiedergeben kann. Indem man ihn mit dem Instrument verband, das für die Zeremonie am wichtigsten war, und das Zeichen für »Weissagung« hinzufügte, das den Zweck des Ritus festlegte, erhielt man ein ohne weiteres nachvollziehbares Zeichen für Ritus. Die Musik aber war nicht nur ein Mittel zur Staatslenkung und zur Herstellung einer Kommunikation mit dem Himmel. Es bestand auch eine enge Verbindung zwischen Musik und Krieg. Beim Aufstellen der Armee vor einer Schlacht blies der Musikmeister die Pfeife, die den Grundton der Tonleiter angab, um die Stimmung – den »Ton« der Lage – sowohl der eigenen wie auch der feindlichen Armee und damit den voraussichtlichen Ausgang der Schlacht zu ergründen. Schien alles

Mannshohe Trommel im Tempel Yong zuo si. Taiyuan.

seine Ordnung zu haben, gaben die Trommeln das Zeichen zum Angriff.

Die Dekors auf den berühmten Bronzegefäßen aus der Zeit der Streitenden Reiche zeigen Kriegstrommeln und ihre Verwendung. Umgeben von schwerbewaffneten Kriegern mit Hellebarden, Schwertern und Bogen, stehen die Trommler neben ihren Instrumenten, die Schlegel zum Schlag erhoben, um die Soldaten anzufeuern. Die Standarte flattert, die Ruderer in den langen Booten legen sich in die Riemen, und getroffene Krieger stürzen, an Armen und Beinen verstümmelt, in den Fluß. Die Trommeln sind deutlich zu erkennen, sie sind genauso konstruiert wie die rote Trommel aus dem Grab des Herzogs von Zeng. Einige sind mit langen, flatternden Wimpeln geschmückt, andere mit Dolchäxten. Bis jetzt noch nicht erklärt ist der runde Ball oder die Scheibe zu Füßen des Kriegers.

Ich bin mehrere Jahre mit einigen ziemlich abgegriffenen Bildern solcher Trommeln in der Brieftasche durch China gereist und habe jeden, der mir sachkundig erschien, gefragt – Historiker, Musiker, Linguisten und Archäologen –, was es mit dem seltsamen Ball auf sich haben könnte, aber keiner hat es gewußt.

Als ich schon aufgeben wollte, beschäftigte ich mich eines Tages in einem anderen Zusammenhang mit den alten Schriften Zuo Zhuan (eine Geschichte des Fürstentums von Lu) und Zhou Li (Riten der Zhou) und

fand dort eine Stelle, die ich früher nicht weiter beachtet hatte: Wurde in einer Schlacht das Signal zum Rückzug gegeben, pflegte man auf Glocken oder Metallscheiben zu schlagen, eine Art Vorläufer der Gongs.

Besteht darin die Erklärung?

Das wäre durchaus denkbar. Eine Schlacht bewegt sich zwischen Angriff und Rückzug, der Ausgang ist ungewiß. Die Person, die das Zeichen zum Angriff gibt, sollte am besten auch das Zeichen zum Rückzug geben, und so liegt es nahe, beide Instrumente, die Trommel und den »Gong«, miteinander zu verbinden.

Die Trommel war das wichtigste Instrument des Herrschers, um seine Armee in der Schlacht zusammenzuhalten. Sie symbolisierte seine Macht, und solange sich seine Truppen im Vormarsch befanden, dröhnten die Trommeln, um die Soldaten zu noch mutigerem Kampf anzustacheln. In einigen alten Texten wird erwähnt, daß man in der Zhou-Zeit Geistesgestörte als Trommler anstellte. Sie mußten das nötige Durchhaltevermögen haben, bis zum bitteren Ende mit dem Trommeln fortzufahren, und durften nicht in Panik geraten.

Mitte

Vielleicht kann das Bild der Trommel aus der Zhou-Zeit ein Zeichen erklären, das die Wissenschaft lange an der Nase herumgeführt hat, nämlich das Zeichen Mitte, **Zentrum**, das Zeichen, das die Chinesen von 680 v.Chr. bis heute zur Bezeichnung ihres Landes verwenden.

Die Zhou-Dynastie, Chinas längste Dynastie, wurde im Jahr 1028 v.Chr. gegründet, und während der ersten zweihundert Jahre herrschten Ruhe und Frieden im Land. Man hielt die Nomadenstämme im Norden und Westen in Schach und erweiterte den Einfluß nach Süden. Aber mit der Zeit wurde die Macht des Zhou-Reiches schwächer; die Vasallen, die sich früher loyal verhalten hatten, waren nicht bereit, sich länger unterzuordnen, und sagten sich los.

Im Jahr 771 v.Chr. begann der Nomadensturm, die Hauptstadt wurde dem Erdboden gleichgemacht und der König getötet. Die alte Machtstruktur zerbrach. Zwar bestand die Zhou-Dynastie dem Namen nach noch weitere fünfhundert Jahre; der König wurde nach wie vor als Sohn des Himmels angesehen und war der einzige, der die wichtigen, für das Fortbestehen des Reiches grundlegenden Opferzeremonien ausführen durfte. Aber die politische Macht verteilte sich auf die Fürsten in den etwa hundert Kleinstaaten. Sie erkannten den Zhou-König nominell als Oberhaupt an, waren aber bis zum endgültigen Niedergang der Dynastie im Jahr 221 v.Chr. ausschließlich in blutige Machtkämpfe untereinander verwickelt. Nicht zufällig nannte man die späte Zhou-Zeit die Zeit der Streitenden Reiche.

Das Jahr 680 brachte eine zufällige Pause in den kriegerischen Auseinandersetzungen. Bedroht von den Nomaden im Norden und von dem mächtigen Reich Chu im Süden, schloß sich eine Anzahl kleinerer Reiche in der großen Tiefebene zu einem Bund zusammen, den sie »Zhongguo« nannten, Die Mittleren Reiche. So nennen die Chinesen bis heute ihr Land, und daher stammt unser (etwas irreführender) Name vom Reich der Mitte.

Das Zeichen für »Mitte«, »Zentrum« ist umstritten. Eine Deutung sieht darin ein Viereck, dessen Mitte markiert ist, einer anderen Deutung zufolge ist es ein Pfeil auf einer Zielscheibe. Was die zweite Deutung betrifft, so ist sie nur verständlich, wenn sich Pfeil und Zielscheibe auf zwei verschiedenen Ebenen befinden. Eine weitere Deutung konzentriert sich auf die »Wimpel«, die das Zeichen sowohl auf den Orakelknochen wie auf den Bronzen hat, und sieht in dem Zeichen Fahnen oder Standarten mit langen Zipfeln, die lustig im Wind flattern.

Daß das Zeichen ursprünglich eine Fahne mit langen Zipfeln zeigt oder eine Art Banner an einer Stange, scheint mir einleuchtend. Das wird u.a. bei einem Vergleich zwischen dem Zeichen für *Fahne* auf dem Orakelknochen und dem 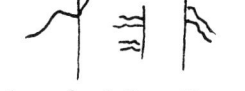 entsprechenden Teil des Zeichens für Mitte, Zentrum klar.

Dasselbe Bild taucht beispielsweise im Zeichen *Clan, Gruppe* auf.

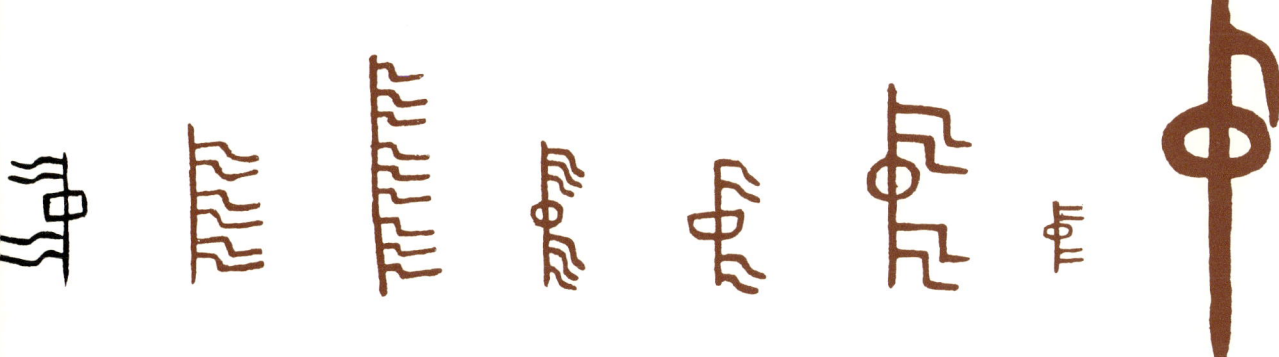

Das Zeichen für Fahne kommt in zahlreichen Zusammensetzungen vor, darunter Zeichen für zehn verschiedene Sorten von Fahnen oder Bannern: Drachenfahnen, Federfahnen, Schildkrötenfahnen, Schlangenfahnen, Ochsenschwanzfahnen, Falkenfahnen usw. Wofür diese Begriffe einmal gestanden haben, darüber ist wenig bekannt. Vielleicht deuten sie auf das abgebildete Motiv hin – etwa auf Tierembleme, die Geschlechter, Städte oder Staaten bezeichneten –, oder vielleicht hatten die Fahnen die Form von Drachen, Schildkröten oder Falken, oder sie waren aus Federn bzw. Ochsenschwänzen. Das Zeichen ist auch Teil einiger Zusammensetzungen, die *schweben, flattern wie eine Fahne* bedeuten, aber auch *militärische Einheit-, Truppe, Masse*. In den letztgenannten Zeichen sehen wir zwei Personen, die marschieren – zwei von den vielen Unbekannten, die in den Krieg zogen –, und über ihnen flattert die Fahne genauso wie im Zeichen für »Mitte«.

Zeichen für Truppe, Masse auf Orakelknochen

Die Frage bei dem Zeichen »Mitte« ist nicht, ob es mit Fahnen und Krieg zu tun hat oder nicht, das ist für mich eindeutig der Fall. Das Problem liegt in dem runden oder länglichen Gegenstand in der Mitte der Fahnenstange, für den es bisher keine Erklärung gibt. Ich glaube, daß es sich um eine Trommel handelt.

Im Buch der Riten, Li Ji, das in der späten Zhou-Zeit entstanden ist, wird erwähnt, daß die Trommeln zur Zeit der Shang-Dynastie an einer Stange befestigt waren. Das stimmt nicht mit den archäologischen Funden überein, aber andererseits gibt es nur wenige davon. Die einzigen erhaltenen Trommeln aus der Shang-Zeit liegen wie schwere Portweinfäßchen auf einem niedrigen Gestell – sie entsprechen der Art von Trommel, wie wir sie von dem Schriftzeichen her kennen. Es gibt aber auch Zeichen, die Trommeln anderer Art benennen, zum Beispiel die große Kriegstrommel, die zu Pferd benutzt wurde, und die kleinen, an einer Stange befestigten Handtrommeln, die man sowohl für religiöse Riten wie für profane Feste verwendete. Man sieht sie ab und zu auf Grabziegeln aus der Han-Zeit abgebildet. Die späteren Trommelmodelle sind bis heute in Gebrauch. Ich habe selbst erlebt, wie fahrende Händler und Handwerker die Trommel schlugen, um Kunden anzulocken.

Doch kehren wir zurück zum Zeichen »Mitte, Zentrum«. Eines der Orakelknochenzeichen zeigt das gewohnte Bild der flatternden Fahnen. Neben dem Ding an der Fahnenstange, das ich für eine Trommel halte, sehen wir zwei Striche, die damit in Verbindung zu stehen scheinen.

Auf ähnliche Striche stößt man bei einem Zeichen, das in älteren Texten *kräftig, mündig, Klang der Trommel* bedeutet, aber auch das lautmalerische Wort *peng!* Wir sehen die gewaltige Trommel der Shang-Zeit, umgeben von vielen dünnen Strichen – ein Bild, das u. a. als Trommelwirbel gedeutet wird. Doch jeder Leser von Comics weiß sofort, daß hier nichts anderes ausgedrückt wird als das laute Dröhnen der Trommel.

Auf den Orakelknochen kommen die Strichelchen in wahlloser Anordnung und Zahl vor – links, rechts, auf beiden Seiten, einmal sind es drei, dann fünf. Alle scheinen aber – wie die drei Striche im Bronzezeichen – von der Trommel auszugehen, und das gilt auch für die Striche im Zeichen für Mitte, Zentrum auf dem Orakelknochen.

Es ist nicht schwer, sich vorzustellen, daß die Striche das Geräusch bezeichnen, wenn man sieht, mit welcher Kraft die Trommler auf einem Bronzegefäß aus der Zeit der Streitenden Reiche ihre Instrumente bearbeiten. Sie befinden sich mitten in der Schlacht. Über dem einen weht eine lange Fahne, über dem anderen steht drohend die Dolchaxt mit ihren scharfen Spitzen.

Die Trommel verkörpert die Macht des Herrschers und zugleich das Schicksal der Armee. Vor der Schlacht wurde sie geweiht, indem man sie mit dem Blut geopferter Kriegsgefangener bemalte, und während des Kampfes folgten alle mit äußerster Aufmerksamkeit ihrem Klang, ganz gleich, ob sie auf einem Schiff stand oder auf dem Streitwagen des Feldherrn. »Augen und Ohren der Armee sind auf Flagge und Trommel gerichtet, die den Vormarsch oder Rückzug bestimmen«, heißt es in dem Werk Zuo Zhuan aus dem 3. Jahrhundert.

So wie Rutenbündel und Henkersbeil das Römische Reich symbolisierten und Hammer und Sichel den Arbeiter-und-Bauern-Staat, so wurde das Zeichen für Mitte, Zentrum zuerst zum Symbol für eine Anzahl von Kleinstaaten, die in der späten Zhou-Zeit um ihre Existenz kämpften, und später für das ganze, riesige Reich der Mitte. Die Menschen, die dort lebten, hielten sich für den Mittelpunkt der Welt, umgeben von Barbaren, rohen Gesellen, die mit dem Messer in der

Faust am Lagerfeuer saßen und keinen Sinn hatten für festliche Zeremonien und eine edle Denkungsart, wie sie die in den Mittleren Reichen lebenden Völker auszeichnete.

Genauso wie der Ausdruck »La Douce France« auf ein bestimmtes Selbstverständnis der französischen Zivilisation gegenüber einer andersartigen Umwelt hinweist, bedeutet Mitte, Zentrum auch *maßvoll, rechtschaffen*, und das Zeichen für *loyal, treu, aufrichtig, patriotisch* ist aus den Zeichen für Mitte und Herz zusammengesetzt: treu ist der, der die Mitte in seinem Herzen hat.

loyal, treu

Das Zeichen ist erst relativ spät entstanden. Es taucht erstmals in Inschriften aus der Zeit der Streitenden Reiche auf, als die Mitte nicht mehr nur geographisch zu verstehen war, sondern zum Symbol des Landes und zum Ausdruck eines intellektuellen Selbstverständnisses geworden war, das die neue Staatsbildung stützte.

Der Name Zhongguo, Die Mittleren Reiche, verschmolz bald mit Zhongyuan, Die Zentrale Ebene, also dem Gebiet, das als die Wiege der chinesischen Zivilisation gilt, die Lößebenen von Shanxi und Shaanxi und die flache, fruchtbare Tiefebene Nordchinas um den Gelben Fluß. Diese beiden Namen stehen als Metapher für China – sowohl geographisch wie auch politisch und moralisch.

Die Trommeln haben lange das Leben der Menschen gelenkt. Wie bei uns die Kirchenglocken den Tag einteilten und bei Krieg und Feuer warnten, hatte jede chinesische Stadt ihren Trommelturm. Abends um sieben, wenn der Tag zu Ende war und die Stadttore geschlossen wurden, verkündete der Klang der Trommeln über Wohnhäuser, Märkte, Tempel und Mauern

das Ende des Tages und das Schließen der Stadttore. Die Trommeln begannen langsam, mit bedächtigen Schlägen, um dann zu einem raschen Wirbel anzuschwellen, der unvermittelt abbrach.

Nachts erklangen die Trommeln alle zwei Stunden, ein Signal der Nachtwächter, die durch die Straßen patrouillierten, sich abzulösen. Am Morgen wurde getrommelt, um die Bevölkerung zu wecken und den Beginn des neuen Tages sowie das Öffnen der Stadttore zu verkünden, die Bauern konnten mit ihren Waren zu den Marktplätzen strömen.

In den alten Städten Beijing, Xi'an und Nanjing stehen die Trommeltürme noch wie eh und je, sind aber inzwischen zu Museen umfunktioniert; in den Luken, durch die der Klang der Trommeln schallte, nisten die Schwalben.

Um die Zeit zu messen, hatte man eine sogenannte Klepshydra, eine Wasseruhr, in der das Wasser – wie der Sand in einer Sanduhr – sachte von einem Gefäß in das andere rann. Diese Wasseruhr kam um die Mitte der Zhou-Dynastie auf und wurde in der Han-Zeit dahingehend weiterentwickelt, daß mehrere Gefäße hintereinandergeschaltet wurden. Dank dieser Konstruktion ließ sich die Zeit fast so genau ablesen wie bei einer mechanischen Uhr. Berühmt ist die Wasseruhr von Kanton, die von 1316 bis zum Niedergang des Kaisertums funktionierte.

Die Trommeln wurden in einzelnen Fällen auch benutzt, um die Einwohner der Stadt vor Gefahren zu warnen. Dieser Brauch scheint sehr alt zu sein. Es wird erzählt, daß einer der Zhou-Könige eine Trommel auf einen hohen Turm stellte, um seine Leute bei einem feindlichen Angriff rasch mobilisieren zu können. Es gibt ein Zeichen, inzwischen bis zur Unkenntlichkeit verändert, das *Problem, Unglück, beunruhigende Neuigkeit* bedeutet und eine Person neben einer großen Trommel zeigt. Das Zeichen taucht oft auf Orakelknochen auf.

Die Trommeln auf den Trommeltürmen sind inzwischen verstummt, aber der Klang der Trommeln ertönt nach wie vor in den Städten. Sie sind rot wie zu allen

Scherenschnitt mit dem Zeichen für doppelte Freude, umgeben von einem Drachen und einem Phönix, Symbolen für den Kaiser und seine Gemahlin.

Freude   doppelte Freude

Zeiten und meist mit flatternden Seidenbändern und Rosetten geschmückt. Bei jedem Fest werden sie hervorgeholt, ob Hochzeit oder Begräbnis – der ständige Klang der Trommeln gehört dazu.

Wenn ein Arbeiter in Rente geht und am letzten Arbeitstag die Fabrik verläßt, wird er von seinen Kollegen nach Hause begleitet. Auf Lastwagen drängen sich Freunde und Bekannte in der Gesellschaft von Trommlern und anderen Musikanten.

Natürlich war die Musik seit dem Beginn der chinesischen Kultur eine ernste Angelegenheit. Sie war aber zugleich ein Ausdruck der Freude. Das geht u.a. aus dem Zeichen für *Freude, sich freuen* hervor, das aus Trommel und Mund besteht. »Doppelte Freude« wird für Hochzeiten und andere Freudenfeste verwendet, wenn zwei Personen und zwei Familien miteinander verbunden werden. Große, rote Scherenschnitte mit diesem Zeichen werden an die Tür zur Straße geklebt, es prangt auf Lampions, an Fenstern und Spiegeln, und jeder, der vorbeigeht, sieht sofort, daß ein Fest gefeiert wird. Das Zeichen wird auch gern als Motiv für Schmuck und Stoffe verwendet oder als Perlmuttintarsie auf alten Möbeln aus Rosen- oder Ebenholz.

Zuletzt ein Zeichen, das sowohl **Freude** wie **Musik** bedeutet. Nach der traditionellen Erklärung handelt es sich um das Bild einer großen Trommel, umgeben von vier kleinen. Befestigt sind sie auf einem Holzgestell.

Freude, Musik

Die Erklärung erscheint auf den ersten Blick durchaus akzeptabel. Instrumente dieser Art waren zur Han-Zeit üblich. Sie wurden von berittenen Trommlern gespielt, wie man von Grabziegeln aus dieser Zeit weiß. Es gibt davon viele Zeichen auf Bronzen.

Betrachtet man allerdings die Zeichen auf den Orakelknochen und den ältesten Bronzen, stellen sich Zweifel ein. Hier ist keine Spur von einer Trommel erkennbar, nur das Zeichen für »Baum«, »Holz« und zwei Elemente, die an die Zeichen für »Seide« oder für »klein«, »zart« erinnern, was ursprünglich auch mit Seide zu tun hatte. Und meiner Meinung nach müßte man eher hier nach einer Erklärung für die Konstruktion des Zeichens suchen.

Die chinesischen Musikinstrumente wurden seit der Zhou-Zeit nach dem Material klassifiziert, aus dem sie bestanden, den sogenannten »acht Lauten«:

Stein – Klangstein
Metall – Glocke
Seide – Saiteninstrument
Bambus – Flöte
Holz – »Mörser« (offener Kasten, auf den man klopfte) »Holzfisch«, »Holztiger«, Kastagnetten
Fell – Trommel
Kürbis – Mundorgel
Ton (Keramik) – Okarina, »Tonpfeife«.

Durch die ganze Geschichte Chinas hindurch bis in unsere Tage hat man »Seide und Bambus« als allgemeinen Begriff für »Musik« verwendet. Man hatte offenbar nur zwei aus der Reihe der »acht Laute« stellvertretend für alle ausgewählt – obwohl es logischer gewesen wäre, die beiden ersten, Stein und Metall, zu nehmen. Vielleicht liegt der Grund aber auch darin, daß die Saiteninstrumente und Flöten in der chinesischen Musik gern kombiniert wurden, zum Beispiel beim besinnlichen Musikvortrag der gebildeten Schichten in Pavillons und Studierstuben.

Ein geläufiger Begriff für »Saiteninstrument« war früher »Seide und Holz«. In der Zhou-Dynastie gab es zwei Saiteninstrumente, Qin und Se. Beide bestanden aus einem gut einen Meter langen, gewölbten Resonanzkörper aus Holz und hatten Saiten aus gezwirnter Seide. Die Qin, ein Instrument, das man mit Wölbbrett-Zither oder Laute übersetzt, wurde bald das beliebteste Instrument der Intellektuellen. Konfuzius und andere Gelehrte sollen Stücke dafür geschrieben haben, und in den folgenden Jahrtausenden hat sich die Qin zu einem der verfeinertsten Instrumente für meditative Musik entwickelt.

Das vereinfachte Zeichen für Freude, Musik.

Man hat noch keinen Beweis dafür, daß Qin und Se bereits während der Shang-Zeit gespielt wurden – die ältesten Exemplare, die bisher gefunden wurden, stammen aus dem Grab des Herzogs von Zeng – doch die Instrumente werden im Buch der Lieder mehrmals erwähnt. Und das Zeichen für Freude, Musik könnte durchaus ein Hinweis darauf sein, daß die genannten Instrumente bereits bei der Entstehung des Zeichens existierten. Das Zeichen würde in diesem Fall nicht ein Instrument mit Trommeln von verschiedener Größe auf einem Gestell benennen, sondern ein zusammengesetztes Zeichen aus den Komponenten Seide und Holz, und von dort ist es nicht weit zu der Vorstellung *Musik, Freude, sich freuen.*

Problematisch bleibt jedoch der runde oder ovale Gegenstand, der in den späteren Bronzezeichen gewöhnlich als Trommel gedeutet wird. Diese Frage ist noch völlig offen.

Daß das Zeichen für Musik gleichzeitig Freude, sich freuen bedeuten kann, liegt für uns auf der Hand. Das war für die Chinesen der Frühzeit nicht anders, bedeuteten für sie doch das Lied der tanzenden Sänger, die Regen und eine gute Ernte erflehten, oder die magisch-religiösen Anrufungen des Himmels durch die Schamanen und alle von Musik begleiteten Festlichkeiten Glanzpunkte in einem einförmigen und mühsamen Alltag.

Und gewiß waren die religiösen Riten und die großen Zeremonien mit Musik auch für die Gelehrten, die einst die Zeichen schufen und sie in Orakelknochen und Bronzen ritzten, ein großes Erlebnis. Wenn der schwebende Ton der Bambusflöte, der sanfte Ton der Mondorgel und der Klang der Bronzeglocken und Steine – rein wie rinnendes Wasser, wie Xuan Zi sagt – mit dem stumpfen Schlag der Trommel verschmolz und alle wußten, daß mit dem Anschwellen der Musik und den aufsteigenden Düften von Opfertieren, Wein und Getreide sich der Himmel zu den Ahnen öffnete, fällt es nicht schwer zu begreifen, daß Musik, Freude und sich freuen ein und dasselbe sind.

Zahlen und andere abstrakte Zeichen

Die Zeichen, die wir bisher kennengelernt haben, waren entweder einfache Bilder von Gegenständen bzw. Erscheinungen des täglichen Lebens, oder es waren Bildkombinationen, um zusammengesetzte Begriffe zu bezeichnen. Es gibt aber auch eine kleine Gruppe von rein abstrakten Zeichen. Dazu gehören zum Beispiel **oben** und **unten**.

oben   unten

Auf den Orakelknochen sind die Bilder eindeutig. Zwei Striche, der eine kürzer, der andere länger, beschreiben auf einfache Weise den Sachverhalt.

Während der Zhou-Zeit kam ein senkrechter Strich dazu, vielleicht um zu verhindern, daß der kurze Strich, der ja in diesem Zusammenhang der wichtigere ist, übersehen wurde.

Das Zeichen wird nun in zahlreichen Bedeutungen, die mit oben/unten zu tun haben, benutzt: *hinaufgehen/hinuntergehen, weitergehen/aussteigen, beginnen/enden, höher/niedriger, besser/schlechter, erster/zweiter* (Teil eines Buches), *voriger/nächster* (Monat) usw.

konvex   konkav

Zwei Zeichen, die nach einem analogen Prinzip gebildet wurden, sind **konvex, vorspringen** und **konkav, einsinken,** diese Zeichen entstanden aber erst in der Tang-Dynastie und haben keine Vorläufer.

Das Zeichen für »groß« ist, wie an anderer Stelle ausgeführt, das Bild eines Menschen, der groß ist oder sich groß macht. »Klein« dagegen ist nicht das Bild eines kleinen Menschen oder eines Kindes, sondern besteht aus nur drei Strichelchen oder Punkten. Was sie darstellen sollen, ist unklar. Nach dem Zeichenlexikon Shuowen soll das Zeichen zeigen, wie etwas in kleine Teile zerteilt wird. Das ist möglich, aber wahrscheinlich handelt es sich eher um ein rein abstraktes Zeichen. So verstehen es auch die modernen chinesischen Philologen.

Eigentlich ist es ziemlich unwichtig, was die drei Punkte darstellen. Jeder sieht doch, daß sie **klein** sind.

klein

Außer diesen und ein paar anderen abstrakten Zeichen besteht der größte Teil aus Zahlen und Zahlwörtern sowie Zeichen, die etwas regelmäßig Wiederkehrendes benennen, mit denen also Tage und Jahre eingeteilt werden konnten.

Europa hat schon relativ früh die arabischen Zahlen übernommen. Die Chinesen haben bis zum Beginn des 20. Jahrhunderts ihr eigenes Zahlensystem verwendet. Es beruhte offenbar auf der Verwendung von fünfzehn Zentimeter langen Bambusstäbchen, die man in verschiedener Anordnung auf eine glatte Unterlage legte und als Zahlen nahm.

Die ältesten bisher bekannten Rechenstäbchen fand man Anfang der siebziger Jahre in Gräbern aus der Han-Zeit, Rechenstäbchen werden aber mehrfach bereits in Schriften aus dem 4. Jahrhundert v.Chr. erwähnt, und allem Anschein nach wurden sie sogar schon zur Zeit der Shang-Dynastie benutzt. Man ging von einem Dezimalsystem aus, wobei die einstelligen, die dreistelligen und die fünfstelligen Zahlen aus stehenden Stäbchen, die zweistelligen, vierstelligen und sechsstelligen Zahlen dagegen aus liegenden Stäbchen gebildet wurden.

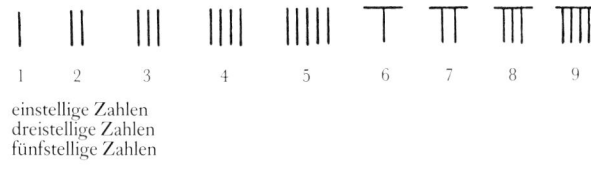

einstellige Zahlen
dreistellige Zahlen
fünfstellige Zahlen

zweistellige Zahlen
vierstellige Zahlen
sechsstellige Zahlen

Die Zahl Null wurde seit der späten Zhou-Dynastie mit einer Leerstelle bezeichnet, vom 12. Jahrhundert an verwendete man einen runden Ring.
Hier die Zahl 6708:

Das System mag primitiv erscheinen, ist aber aus mathematischer Sicht fortgeschrittener als die Zahlensysteme, wie man sie in alten Zeiten in Babylon, Ägypten, Griechenland und Rom verwendete. Während man bei diesen Zahlensystemen auf Addition und Subtraktion angewiesen war, um größere Zahlen auszudrücken, und bestimmte zwei- und dreistellige Zahlen speziell bezeichnen mußte – die Römer schrieben 19 als IXX (20 minus 1), 50 als L und 100 als C –, konnten die Chinesen mit ihren neun stehenden oder liegenden Stäbchen jede beliebige Zahl bezeichnen. Darin waren sie einzigartig auf der Welt (Needham). Der Wert der Ziffern innerhalb einer zusammengesetzten Zahl hängt ganz einfach davon ab, wo sie sich in bezug auf die anderen Ziffern der Zahl befinden, genauso wie in unserem heutigen Zahlensystem.

Während der Ming-Dynastie wurden die stehenden und liegenden Ziffern zu einem einzigen System vereinigt:

In dieser Form haben die Zahlen bis in unser Jahrhundert hinein bestanden, und so verwendet sie der Kaufmann noch heute zum Auszeichnen seiner Waren. In fast allen anderen Bereichen haben allerdings nun auch in China die arabischen Zahlen Eingang gefunden, und mit diesen Zahlen lernen die Schulkinder das Rechnen.

Die Rechenstäbchen wurden mindestens zweitausend Jahre lang benutzt. Als sich aber um 1300 das Rechenbrett durchsetzte, war das Ende der Stäbchen gekommen, genauso wie die Rechenbretter heute von den Taschenrechnern verdrängt werden.

Ein Rechenbrett oder Abakus, wie es auch genannt wird, besteht aus einem länglichen Holzrahmen. An den Längsseiten des Rahmens sind dünne Holzstäbe befestigt, auf die sieben Kugeln aufgereiht wurden, getrennt von einem quer verlaufenden Brett, zwei Kugeln darüber und fünf darunter. Jeder der oberen Ku-

Mathematikstunde in der Huwan-Schule in Shanghai.

geln entsprechen fünf der unteren Kugeln. Gewöhnliche Rechenbretter haben elf bis dreizehn Kugelreihen, will man aber mit hohen Zahlen rechnen, oder benutzen mehrere Personen gleichzeitig ein Rechenbrett, was durchaus möglich ist, sind die Bretter mit entsprechend mehr Kugelreihen ausgestattet. Auf einem Rechenbrett kann man überall beginnen, man muß nur vorher festlegen, wo die Reihen mit den einstelligen Zahlen sind. Schulkinder markieren sich das meist mit einem Kreidestrich.

Das längste Rechenbrett Chinas befindet sich im historischen Museum von Tianjin. Es ist 3,60 Meter lang und wurde früher in einer Apotheke benutzt, wo es auf der Theke lag und von fünf oder sechs Verkäufern gleichzeitig benutzt werden konnte. Ein anderes interessantes Rechenbrett ist im Revolutionsmuseum von Beijing zu sehen. Es hat Kugeln aus Hickorynüssen und wurde in den vierziger Jahren während des Bürgerkrieges von Studenten in Yan'an angefertigt. Damals konnte man nicht wählerisch sein.

Chinesische und japanische Schüler erhalten eine gründliche Ausbildung im Gebrauch des Rechenbrettes. Taschenrechner sind nicht erlaubt, weil die Schüler allzuleicht davon abhängig werden. Schulkinder müssen in erster Linie lernen, Kopf und Hand zu gebrauchen, meint die Schulbehörde.

Das Rechenbrett ist so einfach und zuverlässig, so energieunabhängig und wartungsfrei, daß es gute Chancen hat zu überleben. Und so seltsam es klingt, das Rechenbrett addiert und subtrahiert schneller als der Taschenrechner, und es ist viel billiger. Mit ein paar Stöckchen und einer Handvoll Nüsse kann sich jeder so ein Gerät bauen und sofort ohne Schwierigkeit bis zu einer Milliarde rechnen.

Zahlwörter, die wir mit Buchstaben ausschreiben (eins, zwei, hundert, tausend usw.), schreiben die Chinesen mit Zeichen. Daß die Zeichen in den drei oberen Reihen **eins**, **zwei**, **drei** bedeuten, ist leicht zu erraten, sie haben sich seit der Zeit der Orakelknochen nicht verändert. Die Form der Zeichen hängt sicher mit den alten Rechenstäbchen zusammen.

Das Zeichen **vier** wurde in ältester Zeit mit vier waagerechten Strichen geschrieben, aber um 200 v. Chr. durch ein viereckiges Zeichen ersetzt.

Auch das Zeichen **fünf** schrieb man auf den Orakelknochen mit waagerechten Strichen, doch begann man schon damals, die mittleren drei Striche zu einem Kreuz zusammenzufassen – so entstand eine Form wie die lateinische Zahl zehn –, und aus diesem Kreuz entwickelte sich die endgültige Form des Zeichens für fünf.

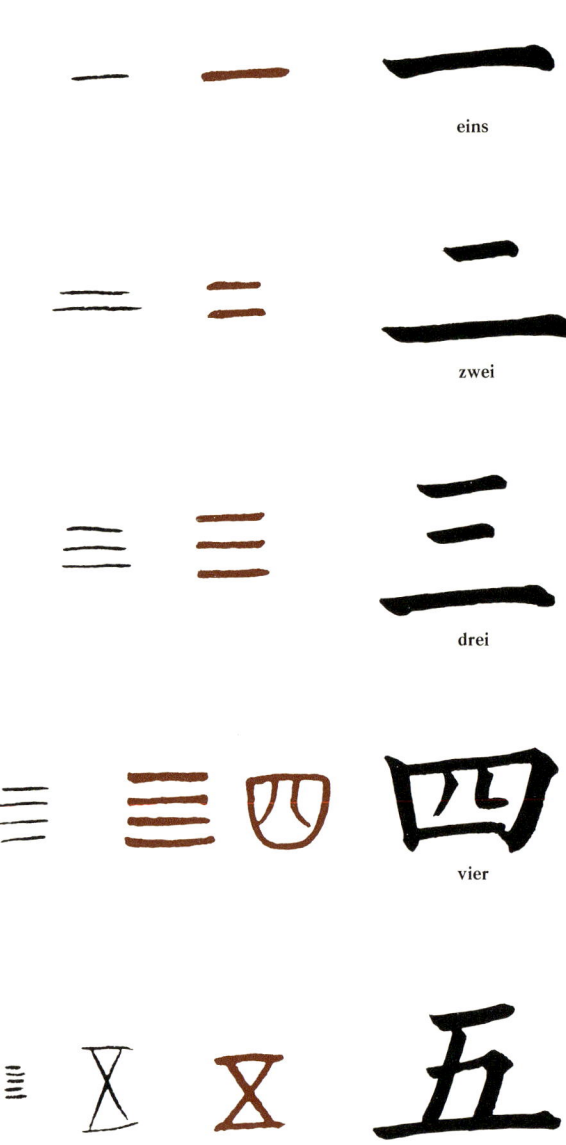

eins

zwei

drei

vier

fünf

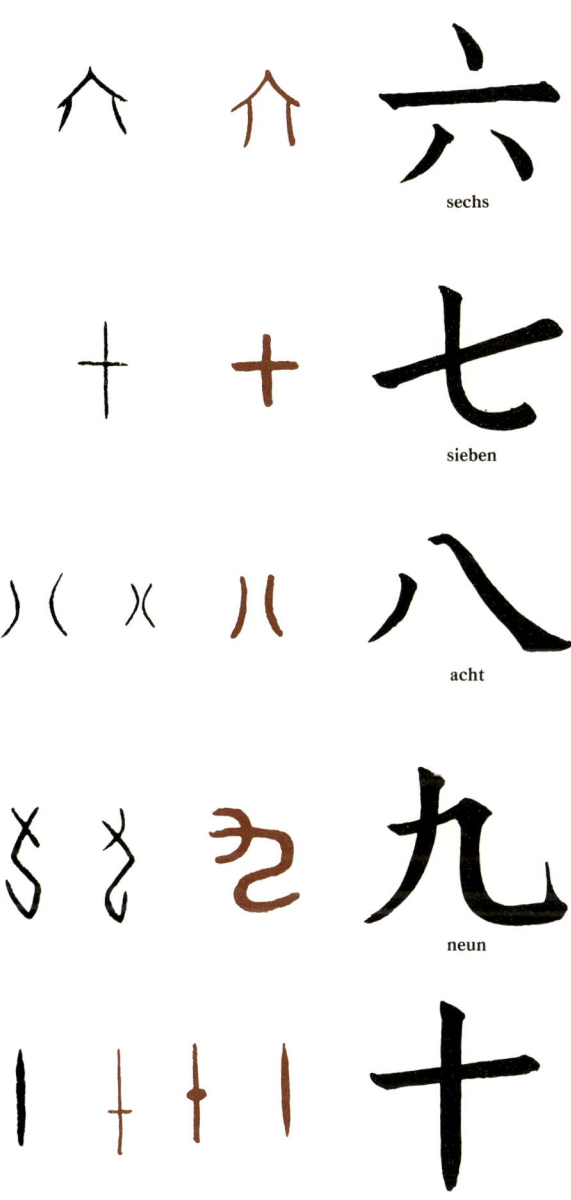

sechs

sieben

acht

neun

zehn

Zur Form der Zahlworte **sechs**, **sieben**, **acht**, **neun** und **zehn** besteht derzeit noch keine allgemein anerkannte Erklärung. Es liegt natürlich nahe zu vermuten, daß sie ebenso wie die Zeichen eins bis fünf von den Rechenstäbchen ausgehen, und die Zeichen für sechs, sieben und zehn schrieb man anfangs mit geraden Strichen, im Prinzip wie bei dem Zeichen für fünf – ein klarer Hinweis darauf, daß derselbe Ursprung zugrunde liegt.

Die wirklichen Problemzeichen sind die Acht und die Neun. In beiden Zeichen sind die ursprünglichen Formen weiche, gekrümmte Linien, die kaum etwas mit den Rechenstäbchen zu tun haben können, die, soweit wir wissen, alle gerade und von gleicher Länge waren. Man muß also auf neue archäologische Funde warten.

Die Zahlworte von elf bis neunundneunzig sind Kombinationen der Zeichen für eins bis zehn. Elf bis neunzehn, einundzwanzig bis neunundzwanzig usw. werden durch Addition der Zehner- mit der Einerzahl gebildet. Die Zehnerzahl wird durch Multiplikation von Einer- und Zehnerzahl gebildet.

Elf: 十一   Zwölf: 十二

Zwanzig: 二十   Einundzwanzig: 二十一 usw. bis

Neunundneunzig: 九十九

Rechnen ist aus dem Zeichen für Zahl und für Zehn zusammengesetzt: Die Hauptsache ist, man kann bis zehn rechnen.

rechnen   alt

Zehn und Mund zusammengesetzt bedeuten *alt:* das, was durch zehn »Münder« geht, also durch zehn Generationen, kann man wirklich als alt betrachten.

Für die Zahl **Hundert** gibt es ein besonderes Zeichen, das wie ein Tontopf aussieht, was sich genau dahinter verbirgt, weiß man noch nicht.

hundert

Tausend zeigt einen Menschen mit Querstrich in Höhe der Beine. Was das bedeuten soll, ist ebenfalls unklar. Möglicherweise hängt es mit der Organisation des Militärs zusammen.

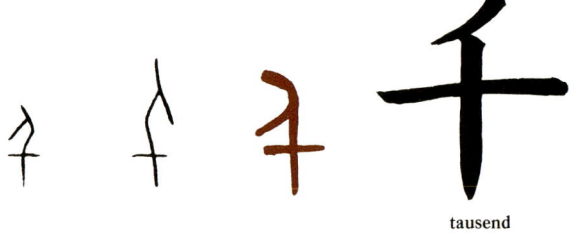

tausend

Zehntausend ist ein Lehnwort. Das Zeichen bedeutet eigentlich *Skorpion*, und die Darstellung dieses Tieres mit seinen Greifzangen (mit denen die Beute gepackt wird) und dem giftigen Stachel hinten (um die Beute zu töten) läßt an Klarheit nichts zu wünschen übrig.

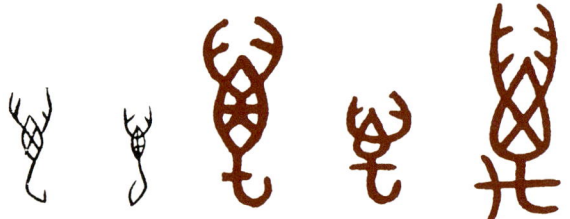

Beide Wortbedeutungen wurden in früheren Zeiten gleich ausgesprochen, und das Bild des Skorpions hieß auch *zehntausend*, *unzählige* oder *Myriaden*, alles Angaben für Mengen, die nicht mehr vorstellbar sind. Das Klima um den Gelben Fluß war bekanntlich in frü-

geschichtlicher Zeit wesentlich feuchter und wärmer als heute. Vielleicht wimmelte es dort damals von Skorpionen. Eine unangenehme Vorstellung!

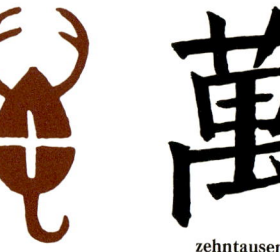

zehntausend

Dieses Zeichen ist bis heute die höchste Zahl im alltäglichen Leben, *hunderttausend* wird durch zehn Zehntausend ausgedrückt und eine *Million* durch hundert Zehntausend. Wenn man als Ausländer durch chinesische Betriebe geführt und dabei mit Zahlen bombardiert wird, kann man leicht verwirrt werden durch die Art, wie die Chinesen die hohen Zahlen ausdrücken.

Gratulieren wir jemandem zum Geburtstag, wünschen wir ihm, er möge hundert Jahre alt werden. Die Chinesen sind nicht so bescheiden, sie wünschen dem Geburtstagskind zehntausend Jahre. Wan sui! Wan sui! Wan wan sui!

Das vereinfachte Zeichen für zehntausend.

Viele Zahlen erhielten im Laufe der Zeit eine magisch-symbolische Bedeutung. Über den reinen Zahlenwert hinaus benutzte man sie zur Klassifizierung und Erklärung der Wirklichkeit.

Yin und Yang gelten als die Grundprinzipien oder Urkräfte des Universums, die einander in ständigem Wechsel ablösen. Yin steht für die Erde, das Weibliche, Dunkle, Passive und Empfangende. Man findet es in den geraden Zahlen, in Tälern und Flüssen, ihm entspricht der Tiger und die unterbrochene Linie im I Ging. Yang ist in den ungeraden Zahlen und ist Ausdruck des Himmels, des Männlichen, Hellen und Aktiven, ihm entspricht der Drache und die ungebrochene Linie.

In dieser Aufteilung ist keine Anspielung auf Gut oder Böse enthalten. Yin und Yang sind zwar Gegensätze, aber das Universum ist nicht statisch, es ist lebendig und einem ständigen Wandel unterworfen. Ein ewiges Entstehen und Vergehen, ein Sichzusammenziehen und Sichausdehnen hält das Universum in Bewegung. Yin und Yang sind – ebenso wie die positiven und negativen Kräfte, mit denen die moderne Naturwissenschaft das Universum zu erklären versucht – eine Voraussetzung für jedes Dasein, immer wieder neu erschaffen in einem ständigen Kreislauf.

Der Idealzustand ist durch Harmonie gekennzeichnet, nur bei einem Gleichgewicht der Kräfte funktioniert das Universum. Dann herrschen auch Glück, Gesundheit und eine gute Gesellschaftsordnung auf Erden. Das Universum ist nach Auffassung der Chinesen ein gewaltiger Organismus, in dem abwechselnd einmal der eine, dann der andere Teil die Führung übernimmt und in dem jedes Teil, ob klein ob groß, entsprechend seinen individuellen Voraussetzungen mitspielt, wie in einem großen Orchester, aber ohne Dirigent. Alles hat seinen Platz und seine Zeit, alles steht zueinander in Beziehung, alles gehört unwiderruflich zusammen.

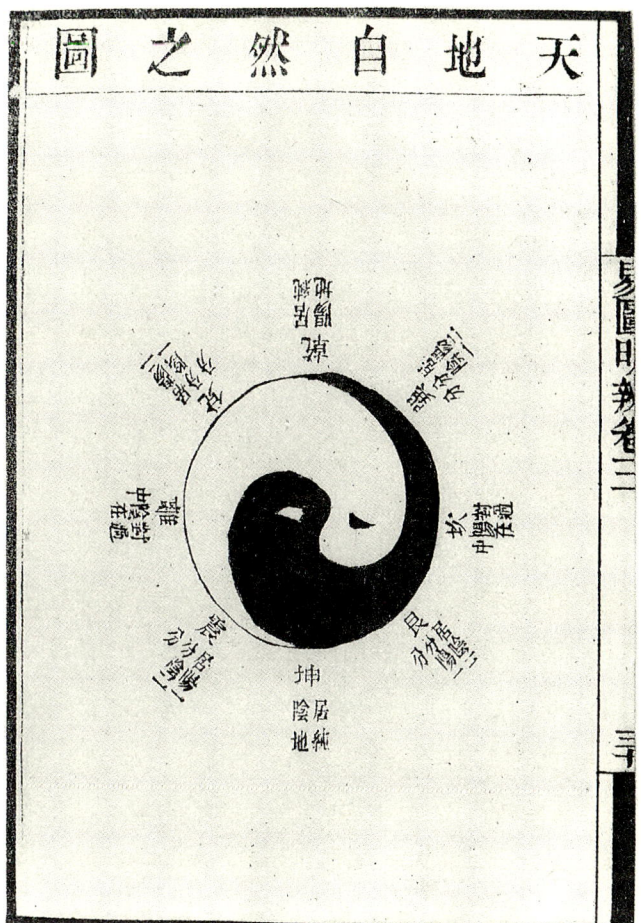

Symbolische Darstellung der beiden Grundprinzipien des Universums. Der Himmel, Yang, ist weiß, die Erde, Yin, schwarz. Ganz oben und ganz unten sehen wir die Punkte, an denen die eine Kraft ab- und die andere zunimmt. Die kreisförmig angeordneten Zeichen erklären die Phasen.

Diese Art der Wirklichkeitsauffassung hängt eng mit der Lehre von den *Fünf Elementen* (Holz, Feuer, Erde, Metall und Wasser) zusammen, die eher als Prozesse oder metaphysische Kräfte zu sehen sind, und nicht so sehr als konkrete Substanzen.

Die fünf Elemente.

Ebenso wie Ying und Yang befinden sie sich in einem ständigen sich gegenseitig bedingenden Wandel, in einem ununterbrochenen Fließen. Sie können sich gegenseitig »erzeugen« oder »besiegen«.

Holz erzeugt Feuer. *(Holz brennt.)*

Feuer erzeugt Erde. *(Asche ist fruchtbar.)*

Erde erzeugt Metall. *(Das Erz im Innern der Erde.)*

Metall erzeugt Wasser. *(Eine seltsame Vorstellung. Wahrscheinlich geht sie auf bestimmte nächtliche Bräuche zurück, bei denen Tau auf Metallspiegeln gesammelt wurde. Außerdem wurde das flüssige Metall als eine Flüssigkeit betrachtet.)*

Wasser erzeugt Holz. *(Bäume brauchen Wasser.)*

Holz besiegt Erde. *(Hacken aus Holz brechen die Erde auf, und Bäume wachsen aus der Erde.)*

Erde besiegt Wasser. *(Dämme können das Wasser aufhalten, und die Erde kann es aufsaugen.)*

Wasser besiegt Feuer. *(Bedarf das einer Erklärung?)*

Metall besiegt Holz. *(Mit der Axt fällt man Bäume.)*

Zu den fünf Elementen wurden eine Menge Bezüge hergestellt: »Die fünf Himmelsrichtungen«, »Die fünf Planeten«, »Die fünf Töne«, »Die fünf Getreidesorten«, »Die fünf Sinnesorgane« usw. Die Verbindung sämtlicher Vorstellungen bildete ein großartiges System, mit dessen Hilfe man alles im Himmel und auf der Erde erklären zu können glaubte.

Bestimmte Verbindungen erscheinen ganz natürlich, z.B. *Sommer, Feuer* mit *Süden* oder *Erde, Mitte* mit *Gelb* – die gelbe Erde im Zentrum, das Reich der Mitte. Andere dagegen wirken weit hergeholt, zumindest für unsere Art, die Dinge zu sehen. Sie haben sich aber hartnäckig gehalten und dienen nach wie vor als Erklärungsmodelle, beispielsweise in der traditionellen chinesischen Medizin.

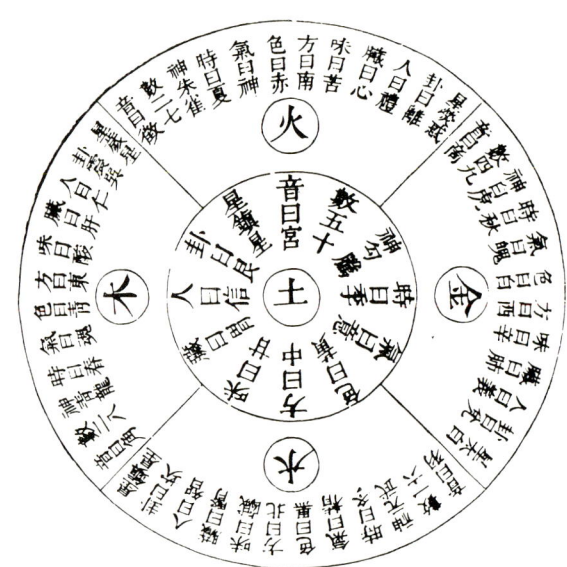

In älteren chinesischen Büchern stößt man oft auf Darstellungen, die die fünf Elemente und die ihnen zugeordneten Erscheinungen in einem Kreis vereinigt zeigen. In der Mitte sehen wir die *Erde*, umgeben von den sich auf sie beziehenden Erscheinungen, die übrigen vier Felder sind den Elementen *Holz, Feuer, Metall* und *Wasser* und den entsprechenden Beziehungen vorbehalten.

Die fünf Elemente	*Holz*	*Feuer*	*Erde*	*Metall*	*Wasser*
Die fünf Himmelsrichtungen	*Osten*	*Süden*	*Mitte*	*Westen*	*Norden*
Die fünf Planeten	*Jupiter*	*Mars*	*Saturn*	*Venus*	*Merkur*
Die fünf Sinnesorgane	*Auge*	*Zunge*	*Mund*	*Nase*	*Ohr*
Die fünf Geschmacksrichtungen	*sauer*	*bitter*	*süß*	*herb*	*salzig*
Die fünf Getreidesorten	*Weizen*	*Bohnen*	*Hirse* (Panicum)	*Hanf*	*Hirse* (Setaria)
Die fünf Haustiere	*Schaf*	*Hühnervogel*	*Ochse*	*Hund*	*Schwein*
Die fünf Farben	*grünblau*	*rot*	*gelb*	*weiß*	*schwarz*

Zahlenmystik und Numerologie spielen in vielen Kulturen eine Rolle, aber kaum ein anderes Volk dürfte sich so beharrlich und über einen so langen Zeitraum den Zahlen gewidmet haben, um damit die Wirklichkeit zu erklären, wie die Chinesen. Sun Yat Sen nannte das Programm seiner Partei »Die drei Prinzipien des Volkes«. Damit meinte er Nationalismus, Demokratie und Wohlstand für alle. Auch wenn sich das Programm als utopisch erwies, hielt die offizielle chinesische Politik doch von 1912 bis 1949 daran fest.

Die Geschichte der Kommunistischen Partei ist gespickt mit ähnlichen Parolen, in denen politische Weisungen in jeweils drei, fünf, acht usw. Schlagworten zusammengefaßt wurden. Zu den bekanntesten zählen die »Drei Regeln der Disziplin« (später auf acht erweitert), die für die Soldaten der Roten Armee während der dreißiger und vierziger Jahre galten:

1 Rede höflich.
2 Bezahle ehrlich alles, was du kaufst.
3 Bringe zurück, was du dir leihst.
4 Bezahle alles, was du beschädigst.

5 Verfluche und schlage keine Menschen.
6 Gehe nicht über frisch eingesäte Äcker.
7 Nimm dir Frauen gegenüber keine Freiheiten heraus.
8 Behandle Gefangene gut.

Im Jahr 1951, als die Revolution zwar beendet, aber das Land nach jahrzehntelangem Krieg wiederaufzubauen war, mußte man vor allem die Bürokratie dazu bringen, sich den Normen einer neuen Gesellschaft anzupassen. So startete man eine Kampagne unter dem Namen *Die drei Antis:* Anti-Korruption, Anti-Verschwendung und Anti-Bürokratismus.

die drei Antis   die fünf Antis

Ein Jahr später folgte die Kampagne *Die fünf Antis;* sie richtete sich gegen Mißstände im Handel und Gewerbe: Bestechung, Steuerhinterziehung, Verwendung von schlechtem Baumaterial, Diebstahl von staatlichem Eigentum und Verbreitung von staatlichen Wirtschaftsinformationen.

Als Sun Yat Sen sein Programm formulierte und die Kommunisten ihre Kampagnen vorbereiteten, gingen sie dabei von dem Wissen um Yin und Yang und um die fünf Elemente aus. Dieses Wissen ist Teil einer Tradition, die wahrscheinlich auf den Beginn der Zhou-Zeit zurückgeht und 300 v. Chr. in dem klassischen Werk Shujing, dem Buch der Urkunden, schriftlich niedergelegt wurde. Es bestand zunächst in einer Systematisierung der Beobachtungen über die Veränderungen in der Natur und im menschlichen Leben, aber in den folgenden Dynastien wurde das Material erheblich erweitert, vor allem durch taoistische und buddhistische Vorstellungen und durch die Sittenlehre des Konfuzius. Alles war jedoch nicht in der Zahl Fünf unterzubringen. So konstruierte man neue Gruppen, denn alles sollte einen festen »Zahlenrahmen« haben.

Eine solche neue Gruppe waren »Die vier Himmelskönige«, die den Paradiesberg gegen böse Geister verteidigten. In den Eingangshallen buddhistischer Tempel stößt man auf ihre Statuen, die so groß und schrecklich anzusehen sind, daß nicht nur böse Geister abgeschreckt werden.

Andere Gruppen waren »Die vier Kostbarkeiten« – die wichtigsten Gerätschaften jedes Intellektuellen: Papier, Pinsel, Tusche und Tuschstein – oder »Die vier Bücher« – die philosophischen Werke, die bis 1905 Grundlage der Bildung waren.

Neben den bereits erwähnten Fünfergruppen gibt es noch zahlreiche andere. Dazu gehören vor allem »Die fünf Beziehungen«, die, werden sie gepflegt, das Wohlergehen des Landes garantieren: das Verhältnis zwischen Herrscher und Untertanen, zwischen Vater und Sohn, zwischen Mann und Frau, zwischen älterem und jüngerem Bruder und zwischen Freunden.

Es gab auch »Die fünf Tugenden«, »Die fünf giftigen Tiere«, »Die fünf inneren Organe« und »Die fünf Strafen«: Brandmarken, Ohren abschneiden, Füße abhacken, kastrieren und köpfen; sie wurden mit dem Ende des Kaisertums abgeschafft. Seitdem werden zum Tode Verurteilte durch einen Nackenschuß hingerichtet, und kleine Verbrecher kommen hinter Schloß und Riegel.

Eine Fünfergruppe, die noch in vielen Küchen beliebt ist, heißt »Die fünf Gewürze«: eine Mischung aus Sternanis, Zimt, Fenchel, Gewürznelke und Sichuan-Pfeffer, die oft für Gerichte mit Fleisch und Ente verwendet wird. Auf Neujahrsbildern sind die traditionellen »Fünf Segenswünsche« abgebildet: langes Leben, Reichtum, Gesundheit, Tugend und ein natürlicher Tod. Ab und zu werden nur drei Wünsche genannt: Söhne, Reichtum und ein langes Leben.

Auf dem Neujahrsbild unten sieht man einen Glasbehälter mit Goldfischen – ein Symbol für Überfluß –, umgeben von fünf dicken Kindern mit Glückssymbolen in den Händen. Münze und Pfingstrose verheißen Reichtum, und der Sproß, den das Mädchen hält, steht für die Liebe zur Tugend. Die beiden Mädchen auf dem Bild sind ein Zugeständnis an neue Wertvorstellungen, sie halten sich aber trotzdem diskret im Hintergrund.

Neujahrsbild aus Xiamen, Provinz Fujian, 1982.

»Die sieben Aus« sind eine Zusammenfassung von Gründen, die ein Mann anführen kann, wenn er seine Frau verlassen will: Unfruchtbarkeit, Leichtfertigkeit, Vernachlässigung der Schwiegereltern, Zanksucht, diebischer Charakter, Eifersucht und bösartige Krankheit. Scheidungen waren aber normalerweise nicht üblich. Ein armer Mann und seine Eltern konnten nicht ohne weiteres die Anschaffung einer neuen Frau finanzieren, und in den Häusern der Reichen hielten sich die Männer ohnehin immer Nebenfrauen. »Die sieben Aus« sollten den Frauen nur angst machen. Eine Gleichberechtigung von Mann und Frau wurde erst 1950 in einem Ehegesetz verfügt.

Die Acht galt ebenfalls als wichtige Zahl, z. B. in den »Acht Trigrammen« *(ba gua)*, die die Grundlage für die 64 Hexagramme des I Ging bildeten, mit deren Hilfe man die Welt und das Leben erklären sowie die Zukunft voraussagen konnte.

»Die acht Unsterblichen« waren Taoisten, die durch ihr eingehendes Studium mit der Natur die Unsterblichkeit erlangt hatten, ohne deswegen ihre Menschlichkeit zu verlieren. Sie tranken gern ein Gläschen oder zwei und hatten auch noch andere Schwächen, aber sie waren heilig und lebten in den Wolken. Zwei von ihnen waren übrigens Frauen – ebenso wie es unter den Schamanen der Frühzeit viele Frauen gab. Die acht Unsterblichen verwendet man gern als Dekor für Porzellan, und auch in der Volkskunst sind sie wegen ihrer Menschlichkeit sehr beliebt.

Die Neun galt schon seit frühester Zeit als wichtige magische Zahl. Als es dem Großen Yu vor ca. viertausend Jahren gelungen war, das Wasser der großen Überschwemmung abzuleiten, so daß das Land wieder bewohnbar wurde, teilte er bekanntlich das Land in neun Provinzen auf und ließ neun Bronzekessel gießen. Sie symbolisierten die Macht des Staates und wurden an die nachfolgenden Dynastien weitergegeben.

Es gibt neun heilige Berge (fünf taoistische, vier buddhistische), neun Himmel und neun Rangstufen für Beamte. Neun ineinander verschlungene Drachen – Symbol der kaiserlichen Macht – figurieren auf den Mauern, die man früher den Tempeln und Verwaltungsgebäuden vorbaute, um böse Geister fernzuhalten. Eine solche Mauer steht im Beihai-Park in Beijing, größer und prächtiger ist allerdings die Mauer in Datong im nördlichen Shanxi mit ihren glasierten, fünffarbigen Ziegeln. Diese Mauer ist 45 Meter lang, acht Meter hoch und zwei Meter dick und stammt aus dem späten 13. Jahrhundert. Vor einem Hintergrund aus Wolken und schäumendem Meer kämpfen neun gelbe Drachen um glühende Kugeln, Symbole für die Sonne, für Männlichkeit und eine rechtschaffene Verwaltung.

Die großen Portale des Kaiserpalastes sind mit neun mal neun halbkugelförmigen Beschlägen aus Bronze oder Messing verziert. Diese Beschläge verdecken die Zapfen, die die Bretter des Tores mit den dahinterliegenden Querbalken verbinden, ihre Zahl ist jedoch keineswegs zufällig. Die Neun ist die höchste Zahl – danach kommt ja die Eins. Neun mal neun ist einundachtzig, und zählt man acht und eins zusammen, erhält man wieder neun.

Dem Himmelsaltar in Beijing, dem wohl schönsten und kunstvollsten Bauwerk Chinas, liegt die Zahl Neun zugrunde. Der Altar besteht aus drei runden, von Marmorbalustraden umgebenen Terrassen. Von Osten, Westen, Norden und Süden führen Treppen zur höchsten Terrasse, von der aus der Kaiser anläßlich der Wintersonnenwende während der feierlichen Zeremonien mit dem Himmel Verbindung aufnahm und Rechenschaft ablegte über alles, was im vergangenen Jahr geschehen war.

Die oberste Terrasse ist neunzig Fuß breit. Sie ist mit Marmorsteinen bedeckt, die in jeweils neun konzentrischen Kreisen angeordnet sind. Die Balustrade um die oberste Terrasse schmücken 72 Pfeiler, die der mittleren Terrasse 108 und die der unteren 180, alles in allem 360 Pfeiler, entsprechend der Gradeinteilung im geometrischen Kreis. Zählt man drei, sechs und null zusammen, erhält man – neun.

Der Himmelstempel in Beijing. Im Vordergrund der Altar, an dem der Kaiser vor dem Himmel für das abgelaufene Jahr Rechenschaft abzulegen pflegte.

Die Bindung der Chinesen an numerische Ordnungen hat alle Veränderungen überdauert. Ob es sich um Aktivitäten in den Bereichen Landwirtschaft, Kultur und Gesundheitswesen oder um grundsätzliche politische Überlegungen handelt, sie werden gern in Zahlengruppen ausgedrückt. So diskutiert man in China seit den fünfziger Jahren, wie man »Die drei großen Unterschiede« zwischen Stadt und Land, zwischen Arbeitern und Bauern, zwischen Kopf- und Handarbeit vermindern könnte. Man hat zur aktiven Teilnahme an »Den drei großen Revolutionen« aufgerufen, dem Klassenkampf, dem Kampf um die Erhöhung der Produktion und der wissenschaftlichen Forschung, und man sollte sich »Den drei roten Fahnen« anschließen: dem großen Sprung in der Industrie und der landwirtschaftlichen Produktion, der Generallinie des sozialistischen Aufbaus und der Einführung der Volkskommunen.

Nach der Kampagne gegen »Die Viererbande« in den siebziger Jahren, in der man Maos Witwe Jiang Qing und ihre Mitarbeiter für die Unruhen verantwortlich machte, in die das Land durch die Kulturrevolution (»Die zehn verlorenen Jahre«) gestürzt wurde, erlebt China jetzt »Die vier Modernisierungen«. Geplant ist, durch gezielten Ausbau von Industrie, Landwirtschaft, Verteidigung und Wissenschaft/Technik bis zum Jahr 2000 das Niveau der entwickelten Industrieländer zu erreichen.

Unter der Shang-Dynastie benutzten die Chinesen ein Zeitrad, das sechzig Tage umfaßte. Die Namen der Tage bestehen aus je zwei Zeichen, wobei das eine aus einer Gruppe von zehn zyklischen Zeichen stammt, genannt »Die zehn himmlischen Stämme«, das andere aus einer Gruppe von zwölf Zeichen, genannt »Die zwölf irdischen Zweige«. Worum es sich bei den Zeichen handelt, ist umstritten. Wahrscheinlich waren »Die zehn Stämme« Namen für die übliche Zehntagewoche und die »Zwölf Zweige« Namen der zwölf

die zehn himmlischen Stämme		die zwölf irdischen Zweige
甲	1	子
乙	2	丑
丙	3	寅
丁	4	卯
戊	5	辰
己	6	巳
庚	7	午
辛	8	未
壬	9	申
癸	10	酉
	11	戌
	12	亥

Monatsperioden und der zwölf Zweistundenabschnitte, aus denen ein Tag besteht.

Stellt man nun sechs Umläufe der Zehn himmlischen Stämme mit fünf Umgängen der Zwölf irdischen Zweige zusammen, entstehen sechzig verschiedene Zeichenkombinationen. In der Shang-Zeit wurden sie zur Benennung der Tage benutzt – auf den Orakelknochen stößt man ständig auf derartige Zeichen, die angeben, an welchem Tag der Herrscher eine Frage an die Vorfahren stellte. Seit dem ersten Jahrhundert v. Chr. wurden sie auch zur Bezeichnung der Jahre verwendet, und bis heute teilt man die Zeit in Perioden von sechzig Jahren ein.

Die Zusammenstellung derartiger Zeichengruppen funktioniert etwa nach demselben Schema wie das Zusammenfügen zweier Zahnräder verschiedener Größe. Die Bezeichnung für das erste Jahr in einem Zyklus von sechzig Jahren ergibt sich durch Kombination des ersten der »Zehn Stämme« mit dem ersten der »Zwölf Zweige«. So fährt man fort, bis keine Stämme mehr da sind, aber noch zwei der »Zwölf Zweige«. Man beginnt nun wieder mit dem ersten der »Zehn Stämme« und kombiniert ihn mit dem elften der »Zwölf Zweige« und so fort, bis alle möglichen Kombinationen gebildet sind. Nun beginnt ein neuer Kreislauf von sechzig Jahren.

Jeder der »Zwölf Zweige« wird durch ein Tier symbolisiert – Ratte, Ochse, Tiger, Hase, Drache, Schlange, Pferd, Schaf, Affe, Hahn, Hund und Schwein –, damit hat jedes Jahr sein Tiersymbol.

Dieser Kalender wird in China neben dem westlichen Kalender immer noch verwendet, und die meisten Chinesen wissen genau, in welchem Tierzeichen sie geboren sind und in welchem sie gerade leben, auch wenn sie dem keine besondere Bedeutung mehr für ihr Leben und Tun beimessen.

Eine solche Jahreseinteilung bezeichnet zwar genau jedes einzelne Jahr einer Periode, nicht aber die Periode selbst. Man gewöhnte sich deshalb an, den Namen des regierenden Kaisers dem Tiersymbol beizufügen. Damit waren alle Mißverständnisse ausgeschlossen.

Auf der Rückseite eines Kalenders von 1985 sind alle Tiersymbole abgebildet mit den ihnen jeweils zugeordneten Jahren seit 1878. Der bellende Hund und der krähende Hahn könnten ebensogut auf einer Bronze sein.

Ochse, Pferd, Schlange, Drache und Tiger haben ihre Vorbilder auf den Grabziegeln und in den Steinreliefs der Han-Dynastie, Ratte und Schwein könnten eher einem Comic-Heft entnommen sein.

丑牛

1 歲	乙丑	1985 年生
13 歲	癸丑	1973 年生
25 歲	辛丑	1961 年生
37 歲	己丑	1949 年生
49 歲	丁丑	1937 年生
61 歲	乙丑	1925 年生
73 歲	癸丑	1913 年生
85 歲	辛丑	1901 年生
97 歲	己丑	1889 年生

子鼠

2 歲	甲子	1984 年生
14 歲	壬子	1972 年生
26 歲	庚子	1960 年生
38 歲	戊子	1948 年生
50 歲	丙子	1936 年生
62 歲	甲子	1924 年生
74 歲	壬子	1912 年生
86 歲	庚子	1900 年生
98 歲	戊子	1888 年生

亥豬

3 歲	癸亥	1983 年生
15 歲	辛亥	1971 年生
27 歲	己亥	1959 年生
39 歲	丁亥	1947 年生
51 歲	乙亥	1935 年生
63 歲	癸亥	1923 年生
75 歲	辛亥	1911 年生
87 歲	己亥	1899 年生
99 歲	丁亥	1887 年生

戌狗

4 歲	壬戌	1982 年生
16 歲	庚戌	1970 年生
28 歲	戊戌	1958 年生
40 歲	丙戌	1946 年生
52 歲	甲戌	1934 年生
64 歲	壬戌	1922 年生
76 歲	庚戌	1910 年生
88 歲	戊戌	1898 年生
100 歲	丙戌	1886 年生

酉雞

5 歲	辛酉	1981 年生
17 歲	己酉	1969 年生
29 歲	丁酉	1957 年生
41 歲	乙酉	1945 年生
53 歲	癸酉	1933 年生
65 歲	辛酉	1921 年生
77 歲	己酉	1909 年生
89 歲	丁酉	1897 年生
101 歲	乙酉	1885 年生

申猴

6 歲	庚申	1980 年生
18 歲	戊申	1968 年生
30 歲	丙申	1956 年生
42 歲	甲申	1944 年生
54 歲	壬申	1932 年生
66 歲	庚申	1920 年生
78 歲	戊申	1908 年生
90 歲	丙申	1896 年生
102 歲	甲申	1884 年生

未羊

7 歲	己未	1979 年生
19 歲	丁未	1967 年生
31 歲	乙未	1955 年生
43 歲	癸未	1943 年生
55 歲	辛未	1931 年生
67 歲	己未	1919 年生
79 歲	丁未	1907 年生
91 歲	乙未	1895 年生
103 歲	癸未	1883 年生

午馬

8 歲	戊午	1978 年生
20 歲	丙午	1966 年生
32 歲	甲午	1954 年生
44 歲	壬午	1942 年生
56 歲	庚午	1930 年生
68 歲	戊午	1918 年生
80 歲	丙午	1906 年生
92 歲	甲午	1894 年生
104 歲	壬午	1882 年生

巳蛇

9 歲	丁巳	1977 年生
21 歲	乙巳	1965 年生
33 歲	癸巳	1953 年生
45 歲	辛巳	1941 年生
57 歲	己巳	1929 年生
69 歲	丁巳	1917 年生
81 歲	乙巳	1905 年生
93 歲	癸巳	1893 年生
105 歲	辛巳	1881 年生

辰龍

10 歲	丙辰	1976 年生
22 歲	甲辰	1964 年生
34 歲	壬辰	1952 年生
46 歲	庚辰	1940 年生
58 歲	戊辰	1928 年生
70 歲	丙辰	1916 年生
82 歲	甲辰	1904 年生
94 歲	壬辰	1892 年生
106 歲	庚辰	1880 年生

卯兔

11 歲	乙卯	1975 年生
23 歲	癸卯	1963 年生
35 歲	辛卯	1951 年生
47 歲	己卯	1939 年生
59 歲	丁卯	1927 年生
71 歲	乙卯	1915 年生
83 歲	癸卯	1903 年生
95 歲	辛卯	1891 年生
107 歲	己卯	1879 年生

寅虎

12 歲	甲寅	1974 年生
24 歲	壬寅	1962 年生
36 歲	庚寅	1950 年生
48 歲	戊寅	1938 年生
60 歲	丙寅	1926 年生
72 歲	甲寅	1914 年生
84 歲	壬寅	1902 年生
96 歲	庚寅	1890 年生
108 歲	戊寅	1878 年生

Bedeutung und Laut

Ein neues Prinzip für die Bildung von Zeichen

Die Zeichen, die wir bisher kennengelernt haben, sind – angefangen vom Zeichen für *Sonne*, bis zum Zeichen für *Musik, Freude* – im allgemeinen klar und leicht verständlich. Aber ganz so einfach, wie die chinesische Schriftsprache bisher in diesem Buch dargestellt wurde, ist sie nicht. Die Zeichen wurden nämlich bereits in der Shang-Zeit auch als eine Art Lautschrift verwendet. Damit wollen wir uns nun befassen.

Bildzeichen

Bekanntlich waren die Zeichen ursprünglich einfache Bilder von Gegenständen und Erscheinungen. Die ältesten Formen erwiesen sich meist als sehr ausdrucksvoll, und viele haben ihren Bildcharakter bis heute beibehalten. Auf den Orakelknochen kommen nach einer kürzlich durchgeführten Berechnung 227 verschiedene einfache Bildzeichen vor. Gut die Hälfte von ihnen wurde bisher in diesem Buch vorgestellt. Im Shuowen-Lexikon aus dem Jahr 121 erhöhte sich die Zahl auf 364 Zeichen. Es handelt sich um die Grundzeichen der Sprache, vergleichbar den Grundelementen in der Chemie.

Die Bildzeichen erfüllten ihren Zweck des schriftlichen Ausdrucks ausgezeichnet, solange es um die Wiedergabe konkreter Phänomene wie Mond, Frau und Kind, Wagen, Acker und Streitaxt ging. Wesentlich schwieriger erwies sich die Wiedergabe abstrakter Begriffe. Einige davon, wie etwa die Zahlwörter und Begriffe »oben« und »unten«, konnte man noch auf einfache Art schematisch darstellen. In anderen Fällen ließ sich ein Bildzeichen, das ein konkretes Phänomen abbildete, auch in übertragener Bedeutung für eine abstrakte Idee verwenden. Das Bild der Sonne konnte auch für *Tag* stehen, das Zeichen für Mond war auch für *Monat* zweckmäßig. *Hoch* war durch das Bild eines hohen Gebäudes darstellbar, usw.

日　　月　　高

Sonne, Tag　　Mond, Monat　　hoch

Zusammengesetzte Bildzeichen – Ideenkomplexe

Aber viele Wörter ließen sich nicht mit so einfachen Mitteln ausdrücken. Bereits in einem frühen Stadium der Entwicklung der Schrift begann man, einige Zeichen zu verdoppeln oder zu verdreifachen, was zu einer neuen Bedeutung führte. Wie schon an anderer Stelle ausgeführt, bedeuten zwei Zeichen für Baum *Wald*, drei Zeichen bedeuten *dichter Wald, viele Bäume, finster, düster*.

林　　　森

Wald　　　dichter Wald, finster, düster

Es gibt einige derartige Verdoppelungen und Verdreifachungen, aber die Wortbildung nach dieser Methode erwies sich als begrenzt. Mehr Möglichkeiten bot das Kombinieren unterschiedlicher Zeichen. Die an der Wortbildung beteiligten Zeichen können auch ein Merkmal gemeinsam haben, oder der eine Teil des Zeichens dient zur genaueren Bestimmung des anderen.

Sonne und Mond, die sich beide durch einen hellen Schein auszeichnen, ergeben gemeinsam den Begriff *hell, leuchtend*.

明

hell, leuchtend

Frau und Kind bilden das Zeichen *gut, gütig, mögen*.

好

gut, gütig, mögen

Mensch und Wort/Rede führen zur Bildung von *sich verlassen, Vertrauen*.

信

sich verlassen, Vertrauen

Auf den Orakelknochen kommen 396 nach diesem Prinzip gebildete Zeichen vor. Im Shuowen-Lexikon sind es 1167 Zeichen. Auf chinesisch werden solche Zeichen »zusammengelegter Sinn« genannt, bei uns spricht man gewöhnlich von zusammengesetzten Bildzeichen oder von einem Ideenkomplex. Sie bezeichnen überwiegend abstrakte Inhalte: Beispiele für konkrete Begriffe sind *Gefangener* und *Heim, Familie.*

Gefangener   Heim, Familie

Die Schriftzeichen der Shang-Zeit dienten vor allem dem Herrscher und seinen weisen Beratern dazu, in wichtigen Angelegenheiten Fragen an die Ahnen zu richten und Regierungsentscheidungen herbeizuführen. In alltäglichen Dingen bestand aber kein Anlaß, sich bei den höheren Mächten Rat zu holen, und so wurden für diesen Teil der Wirklichkeit keine Zeichen geschaffen.

Aber die Wörter existierten natürlich. Sie wurden tagtäglich in der gesprochenen Sprache benutzt, und mit der Entwicklung der politischen, wirtschaftlichen und sozialen Verhältnisse im Lande wuchs das Bedürfnis, immer mehr Wörter auch in der Schrift auszudrücken. Absprachen und Handelsvereinbarungen mußten registriert werden können, aber auch Steuern, Tribute und die tägliche Arbeitsleistung. Neue Werkzeuge und Techniken, neue wissenschaftliche und philosophische Begriffe erweiterten den Wortschatz. Die begrenzte Menge an Zeichen, die anfangs genügt hatte, war den Anforderungen der veränderten Verhältnisse nicht mehr gewachsen.

Erfinderische Zeichenschöpfer komponierten mit Hilfe der einfachen Bildzeichen viele neue und leichtverständliche zusammengesetzte Zeichen. Diese Neuschöpfungen machten schon in der Shang-Dynastie über 40 Prozent sämtlicher Zeichen aus. Irgendwann während der Zhou-Zeit geriet diese Entwicklung ins Stocken. Vermutlich hatte man die Grenze sinnvoller Kombinationen erreicht, die man mit den zur Verfügung stehenden Zeichen bilden konnte. Außerdem war es für viele abstrakte Begriffe beim besten Willen nicht möglich, ein verständliches Zeichen zu erfinden. Wie sollte man nun weiter verfahren?

Entlehnte Zeichen

Um aus dieser Sackgasse herauszukommen, ging man dazu über, einfach Zeichen zu entlehnen und sie zur Bezeichnung gleichlautender Wörter zu benutzen, für die man kein Zeichen hatte.

Gleichlautende Wörter unterschiedlicher Bedeutung, sogenannte Homonyme, gibt es in vielen Sprachen. Im Deutschen kann beispielsweise mit dem Wort »Steuer« eine Vorrichtung zum Lenken gemeint sein oder die vom Staatsbürger zu leistende Abgabe, und die Mutter ist eine Frau, die ein Kind geboren hat, aber auch ein Teil, das eine Schraube ergänzt.

In der chinesischen Sprache war der Anteil der gleichlautenden Wörter von jeher ungewöhnlich groß. So gab es zum Beispiel zwei Wörter, die gleich ausgesprochen wurden: Das eine war der Name einer Getreideart, vermutlich eine Weizensorte, das andere bedeutete »kommen«. Für die Getreideart hatte man bereits ein Zeichen – es war das Bild der Pflanze und ähnelte dem Zeichen für *Weizen*, das uns schon begegnet ist – aber für *kommen* fehlte ein Zeichen.

Weizen, kommen

Statt ein eigenes Zeichen für »kommen« zu bilden, benutzte man das Zeichen der Getreideart und überließ es dem Leser zu entscheiden, welche Bedeutung im jeweiligen Zusammenhang paßte.

Skorpion, zehntausend

Genauso wurde das Zeichen für *Skorpion* auch für das gleichlautende Wort *unzählige, zehntausend* eingesetzt, und das Zeichen für *Korb* benutzte man für die fast gleichlautenden Demonstrativ- und Possessivpronomen *dieser hier, dieser dort, sein, ihr, seine, ihre.*

Korb, dieser hier, sein

Natürlich war diese Methode, Zeichen zu entlehnen, nur bis zu einem gewissen Grad durchführbar. Enthielt ein Text zu viele von diesen gleichlautenden Zeichen, wurde er zu einem unverständlichen Bilderrätsel. Man konnte ja nicht wissen, wann ein Zeichen in seiner ursprünglichen Bedeutung benutzt wurde und wann nur als entlehnter Laut.

Erweiterte entlehnte Zeichen

In bestimmten Fällen wurden Begriffe, deren Zeichen man als entlehnte Laute verwendet hatte, mit der Zeit nicht mehr benutzt, und dann entstanden keine Verständnisprobleme. Man vergaß allmählich die ursprüngliche Bedeutung des Wortes, und die neue Bedeutung setzte sich durch.
In vielen anderen Fällen wurden die Zeichen weiterhin gleichzeitig in ihrer ursprünglichen Bedeutung und als entlehnter Laut benutzt. Das führte ständig zu Mißverständnissen. Um diese sprachliche Verwirrung in Grenzen zu halten, ging man dazu über, das ursprüngliche Zeichen mit einem erklärenden Zusatz zu versehen, um den Leser darauf aufmerksam zu machen, daß das Zeichen hier in seiner Grundbedeutung gemeint ist.

So wurde beispielsweise das Zeichen für Korb, Getreideschwinge – das Bild eines geflochtenen Korbes – durch das Zeichen für Bambus erweitert, und das ursprüngliche Zeichen für Korb, Getreideschwinge benutzte man weiterhin als Demonstrativ/Possessivpronomen, das so schwer in ein eigenes Zeichen zu fassen war.

Das erweiterte Zeichen für Korb, Getreideschwinge.

Dasselbe Schicksal ereilte viele andere der konkreten, alten Bildzeichen, die durch den Zusatz nichts gewannen. Aber die Schriftsprache nahm dadurch – bei gleichbleibender Anzahl von Zeichen – an Klarheit zu.

Abgeleitete Zeichen

Ein anderes Problem bestand darin, daß sich der Bedeutungsinhalt vieler Zeichen im Laufe der Jahrhunderte erweiterte oder eingeschränkt wurde. Andere Zeichen wiederum hatten zusätzlich eine metaphorische, übertragene oder abgeleitete Bedeutung bekommen. So wurde das Zeichen für Strich/Linie/Muster auch für Schrift/Sprache/Literatur verwendet. Und obwohl die chinesische Schrift in hohem Maße aus »Strichen« und »Linien« besteht, lagen die beiden Bedeutungen doch weit auseinander und führten in einem Text leicht zu Mißverständnissen. Um dem Leser die Unterscheidung zu erleichtern, wurde deshalb das Zeichen für Strich/Linie/Muster in seiner konkreten Bedeutung um das Zeichen für Seide erweitert. Das ursprüngliche Zeichen reservierte man für die übertragene Bedeutung *Schrift, Sprache, Literatur.*

Schrift, Sprache, Literatur   Strich, Linie, Muster

Was die Zeichenschöpfer dazu bewegte, ausgerechnet »Seide« hinzuzufügen, ließe sich folgendermaßen erklären: Seidenstoffe haben Muster und bestehen aus Tausenden von Fäden, »Linien«, die dieses Muster bilden. Insofern erscheint die Ergänzung des Zeichens *Strich, Linie, Muster* durch »Seide« durchaus logisch.

Das Zeichen *ausfüllen, Sattheit* wird auf den Orakelknochen auch für *Glück, Segen* verwendet. Es handelt sich hier um verwandte Bedeutungen – Sattheit, Überfluß, Glück –, doch bereits in der Shang-Zeit bestand das Bedürfnis nach einer klaren Unterscheidung. Man bildete ein neues Zeichen durch Hinzufügung des Zeichens für Vorzeichen, Omen, das mit Heils- und Unheilsprophezeiungen zusammenhing, und hatte so geschickt beide Bedeutungen erklärt.

ausfüllen, Sattheit

Glück, Segen

Die vielen neuen Zeichen, die auf diese Weise entstanden, scheinen auf den ersten Blick nach demselben Prinzip gebildet worden zu sein wie die zusammengesetzten Bildzeichen vom Typ *klar*, *gut* und *vertrauen*, wo die sich verbindenden Komponenten entweder eine Gemeinsamkeit aufweisen oder der eine Teil den anderen näher bestimmt. Aber das ist nicht der Fall. Sie gehen alle von einem »Mutterzeichen« aus, und jede Präzisierung der Bedeutung erfolgt von da aus. Die Zeichen, die in die entsprechende Wortfamilie aufgenommen werden, sind etymologisch und semantisch nahe verwandt und erinnern an die abgeleiteten Wörter und Metaphern, die in den indoeuropäischen Sprachen eine so große Rolle spielen.

Radikal-plus-Lautelement-Zeichen

Mit Hilfe all der genannten Methoden war es möglich, eine große Anzahl neuer Zeichen zu bilden. Trotzdem waren die Zeichenschöpfer immer wieder mit dem zentralen Problem konfrontiert: Wie sollten sie genügend Zeichen für all die zahllosen Phänomene der gesprochenen Sprache erfinden?

Die Lösung der Aufgabe erschien hoffnungslos. Aber bei der Arbeit mit den Homonymzeichen und der Bedeutungsdifferenzierung der verschiedenen Zeichen war man unversehens einem neuen, revolutionären Prinzip zur Bildung von Zeichen auf die Spur gekommen: gemeint ist ein zusammengesetztes Zeichen, in dem der eine Teil die Bedeutung und der andere die Aussprache angab. Ohne sich sonderlich um die Bedeutung, die ein bestimmtes Zeichen hatte, zu kümmern, benutzte man es nur aufgrund seines Lautwertes. Für die Worten *abbürsten* und *verheddern* fehlten zum Beispiel entsprechende Zeichen. Statt zu versuchen, geeignete Bildzeichen zu erfinden, nahm man ganz einfach das Zeichen für Schrift/Sprache/Literatur, das genauso ausgesprochen wird, fügte ein Zusatzzeichen, das einen Hinweis auf die Bedeutung gab, bei und hatte zwei Zeichen gewonnen.

abbürsten

Abbürsten: Links sehen wir »Hand«, rechts »Schrift«. Das Wort, das wie »Schrift« ausgesprochen wird und mit »Hand« zu tun hat – die Hand, mit der man beispielsweise den Staub von Mantel und Hose bürstet.

verheddern

Verheddern: Oben »Schrift« unten »Seide«. Das Wort, das wie »Schrift« ausgesprochen wird und mit »Seide« zu tun hat – diese dünnen Fäden mit ihrer unangenehmen Eigenschaft, sich immer zu verheddern.

Der die Bedeutung bestimmende Teil in Zeichen dieser Art wird gewöhnlich Radikal genannt, das Zeichen, das den Laut bestimmt, ist das Lautelement. Man spricht in diesem Zusammenhang auch von Idee- und Lautkomplex.

Wie sieht nun die auf diesem neuen Prinzip beruhende Zeichenbildung aus? Ein Beispiel:

Für die Wörter: *Radspeichen*, *Phytolacca* (ein Heilkraut), *Stoffbreite*, *Vize-/Nebensache* und *Reichtum* fehlten Zeichen. Gemeinsam war aber all diesen Wörtern, daß sie genauso ausgesprochen wurden wie *ausfüllen*, *Sattheit*. Von letzterem Zeichen ausgehend stellte man die neuen zusammen.

	Radikal = *Bedeutung*	Lautelement = *Aussprache*	Neues Zeichen
輻	Wagen	ausfüllen	Radspeichen
葍	Gras/Kräuter	ausfüllen	Heilkraut Phytolacca
幅	Tuch	ausfüllen	Stoffbreite/Bahn
副	Messer	ausfüllen	Vize-/Nebensache
富	Dach	ausfüllen	Reichtum/Wohlstand

Die Lautkomponente wurde anfangs sehr sorgfältig ausgewählt, und es besteht zwischen Zeichen mit demselben Lautelement nicht selten eine gewisse Übereinstimmung in der Bedeutung. Deshalb ist es manchmal schwer zu entscheiden, ob man ein bestimmtes Zeichen als Ideenkomplex, als erweitertes Bildzeichen oder als ein Radikal-plus-Lautelement-Zeichen auffassen soll. Hier sind sich in manchen Fällen selbst die Wissenschaftler nicht einig.

Ein Beispiel dafür ist das Zeichen *Reichtum, Wohlstand*. Wein war kostbar und galt deshalb als wertvolles Geschenk. Ein Zeichen, das einen großen Weinkrug unter einem Dach zeigt, ist ein ausgezeichnetes Sinnbild für den Begriff Reichtum/Wohlstand. Man hielt dieses Zeichen daher für ein zusammengesetztes Bildzeichen, dessen beide Teile die Bedeutung ergeben. Das Zeichen entstand aber erst in der späten Zhou-Zeit, als keine neuen Ideenkomplexe mehr gebildet wurden, und deshalb handelt es sich vermutlich um ein Radikal- und Phonetikzeichen, in dem das Dach die Bedeutung (»reiches Haus«) angibt und der Rest des Zeichens die phonetische Komponente ist.

Die Sache ist deshalb etwas kompliziert. Es gibt:
Bildzeichen, einfache und zusammengesetzte. Und es gibt:
Radikal-plus-Lautelement-Zeichen.

Zwischen diesen klar definierten Gruppen gibt es bestimmte Zeichen, die Übergangsformen darstellen:
Homonymzeichen, die ihre ursprüngliche Bedeutung verloren haben und aufgrund ihres Lautwertes benutzt werden.

Alte Bildzeichen, denen man einen bedeutungstragenden Teil beigefügt hat, damit man weiß, daß sie in ihrer konkreten, ursprünglichen Bedeutung verwendet werden.

Zeichen, die metaphorische Erweiterungen eines alten Bildzeichens sind und denen ein erklärender Zusatz beigefügt wurde.

Die meisten Zeichen sind allerdings unproblematisch. Es sind Radikal-plus-Lautelement-Zeichen, in denen der eine Teil die Bedeutung angibt und der andere die Aussprache. Das soll nun am Beispiel des Zeichens für *Viereck* demonstriert werden, das auch *Quadrat, Gebiet, Platz, ein Gebiet in Besitz nehmen, den Geistern in allen vier Himmelsrichtungen opfern, Seite* und *in alle Richtungen* heißen kann. Das Zeichen kommt häufig in den Inschriften auf den Orakelknochen vor und ist dort Teil des Namens für die vielen »barbarischen« Stämme und Völker, die außerhalb der Grenzen des Shang-Reiches lebten, *neben* der Zivilisation.

Viereck

Welche konkrete Wirklichkeit dem Zeichen ursprünglich zugrunde lag, darüber streiten sich die Gelehrten, in unserem Zusammenhang spielt es keine Rolle. Interessant ist vielmehr, wie leicht man auf der Grundlage dieses Zeichens eine ganze Serie neuer Zeichen bilden konnte. Für bestimmte Wörter ohne eigenes Zeichen benutzte man schon früher das Zeichen für Viereck, zum Beispiel:

– zwei nebeneinander liegende, aneinandergebundene Boote
– eine Baumart
– eine Art starker Ochse
– Brachsen
– Zimmer, Haus
– Platz, Ort
– helles Morgengrauen, hervortreten, eben jetzt
– duftend, wohlriechend
– spinnen
– gleich sein, gleichen, nachahmen
– ermitteln, untersuchen
– lösen, losmachen, gehen lassen, forttreiben
– schaden, hindern

Am liebsten würde ich den Leser bitten, an dieser Stelle innezuhalten und selbst zu überlegen, wie man, ausgehend vom Zeichen für *Viereck* als phonetischem Element, die in dieser Liste aufgezählten neuen Zeichen bilden konnte. Welche Bedeutungsträger waren erforderlich, damit der Sinn des neuen Zeichens deutlich wird?

In einigen Fällen liegt es auf der Hand. In der Bezeichnung eines bestimmten Bootes, Baumes, Ochsen oder Fisches sollte auch das Zeichen für *Boot, Baum, Ochse* und *Fisch* vorhanden sein, das versteht sich von selbst.

Bei *Zimmer, Haus* ist es naheliegend, sich *Dach* als Bedeutungsträger vorzustellen. Eine andere Möglichkeit wäre das Zeichen *Haushalt, Familie*, ursprünglich das Bild einer einfachen Tür, wie sie in ein Zimmer führt, im Unterschied zur zweiflügeligen Haustür.

Bei *Platz, Ort* ist kaum ein besserer Bedeutungsträger als *Erde* denkbar, das Baumaterial, aus dem früher Wälle und Mauern, Wohnhäuser, Schweineställe und Werkstattgebäude und die dazwischen liegenden Gassen bestanden. Der offene Platz, auf dem das Getreide gedroschen und Markt abgehalten wurde, war aus gestampfter Erde. Das Zeichen hieß deshalb schon früh *Marktplatz*, aber auch *Dorf* und *Stadtteil*.

Helles Morgengrauen, hervortreten, eben jetzt. Hier geht es offenbar vor allem um die Sonne. Die sanfte Morgendämmerung – und plötzlich ein intensives Leuchten, die Sonne tritt hervor, eben jetzt.

Duftend, wohlriechend. Hier bedarf es anregender Assoziationen: ein Blumenstrauß oder eine Mahlzeit, die sacht auf dem Herd köchelt, gewürzt mit Zwiebeln und Kräutern. Das Zeichen *Essen* oder noch besser das Zeichen *Nase* wäre als Bedeutungsträger geeignet, vielleicht aber auch *Gras*. Denn vom *Gras* zu den *Kräutern* ist es nicht weit, und stark duftende Kräuter wachsen in China reichlich.

Den Zeichenschöpfern war die Natur keineswegs fremd. Die Städte, in denen sie lebten, trugen auch dörfliche Züge, mit Feldern und Gärten zwischen den Häusern; sie kannten also den Duft der vielen Arten von Artemisia, Achillea, Mentha, Chrysanthemum und Allium, die zusammen mit wilder Hirse und anderen Gräsern überall wuchsen.

Einige von ihnen kannte man gut als Heilkräuter, die gegen Erkältungen und Magenverstimmung halfen.

Die Artemisia – der gemeine und echte Beifuß – gilt hierzulande wie in China als vielseitiger Helfer, und der Duft spielt dabei eine nicht unwesentliche Rolle. Der Rauch von leicht schwelenden Artemisiablättern vertrieb Mücken und Fliegen, Schaben und andere Kriechtiere aus den Räumen; den Getreidevorrat schützte man mit getrockneten Artemisiablättern vor Insekten, eine Handvoll pro fünfzig Kilo Getreide. Gemüsepflanzen und Blumen übergoß man zum Schutz vor Blattläusen und Larven mit einem Sud aus Artemisia. Und bei Rheuma und Infektionen der Harnwege legte man einen Kegel aus pulverisierten Artemisiablättern auf die Akupunkturpunkte, die aktiviert werden mußten, um die Krankheit aus dem Körper zu treiben. Der Kegel wurde angezündet, und das Pulver brannte ohne Flamme, wobei sich die Wärme nach innen ausbreitete. Gleichzeitig erfüllte ein starker, aromatischer Duft den Raum. Diese »Moxa« genannte Methode wird noch heute nicht nur in China, sondern in ganz Ostasien angewandt.

Spinnen. Es besteht hier in erster Linie die Wahl zwischen *Hanf* und *Seide* als Bedeutungsträger, denn diese Materialien wurden versponnen und zu Stoffen gewebt. Angesichts der zentralen Rolle, die die Seide in den frühen chinesischen Gesellschaften spielte, fällt die Entscheidung zugunsten der *Seide* aus.

Gleich sein, gleichen, nachahmen. Hier gibt es mehrere Möglichkeiten. *Hand* würde gut passen. Indem wir die Handgriffe anderer nachahmen, lernen wir sie selbst, zum Beispiel Zwiebeln schneiden, hobeln oder ein Instrument spielen. *Fuß* wäre auch denkbar. Die Redensart »jemandem auf dem Fuß folgen« hat ja auch damit zu tun, dem andern gleichen zu wollen und vielleicht sogar beruflich »in seine Fußstapfen« zu treten. Aber vielleicht paßt *Mensch* doch am besten.

Wer kennt nicht die Klagen, daß man jemandem in der Verwandtschaft so fatal gleicht? Und wer hat nicht davon geträumt, es einmal dem Klassenbesten gleichzutun und genauso souverän aufzutreten wie er?

Bei den Begriffen *untersuchen, sich erkundigen* ist es schwieriger, einen eindeutigen Zusatz zu wählen, denn Untersuchungen können auf so viele verschiedene Weisen durchgeführt werden. Das Beifügen des Zeichens *Hand* wäre eine Möglichkeit, denn wenn man in seinen Schränken nach etwas sucht, ist die Hand dabei sehr beschäftigt, genauso wie beim Zerlegen eines Gegenstandes in seine Einzelteile. Aber sich erkundigen, untersuchen bezieht sich häufig auf intellektuelle Tätigkeiten. Man schlägt in Büchern nach und spricht mit Fachleuten, wenn man ein bestimmtes Problem untersucht. In diesem Fall wäre es besser, das Zeichen für *Rede, Sprache* beizufügen.

Lösen, losmachen, gehen lassen, forttreiben. Auch in diesem Fall stellt man sich als erstes die *Hand* als bedeutungtragendes Element vor. Mit der Hand macht man das Boot los oder löst den Strick des Haustieres oder die Fessel des Gefangenen. Die Bedeutung *forttreiben* bezeichnet ein gewaltsameres Tun, und hier wäre *schlagen* als Bedeutungsträger besser geeignet. Das Zeichen zeigt eine zum Schlag erhobene Hacke oder Axt, ein Werkzeug bzw. eine Waffe, mit der man sicher viele Probleme lösen – man denke an den Gordischen Knoten – und Aufdringliche forttreiben kann.

Schaden, hindern, stören. Mit dem Wort *schaden* verbinde ich in erster Linie Waffen und Gewaltanwendung. *Beil, Messer* und *Dolchaxt* wären als Bedeutungsträger geeignet, wenn man den Gewaltaspekt betonen will. Bei weiterem Überlegen fallen einem Wörter ein wie verletzen und verwunden, fehlendes Verständnis und Respektlosigkeit, gezieltes Ausnützen und Schikanieren anderer Menschen – es gibt viele Möglichkeiten, jemanden zu stören, zu behindern oder ihm zu schaden. So gesehen wären *Rede, Sprache* oder vielleicht *Mensch* die Zeichen, die die Sache am besten zum Ausdruck bringen. Aber in dem Fall müßte man für die Zeichen *gleichen, nachahmen* und *sich erkundigen, untersuchen* andere Bedeutungsträger finden. Was tun?

Die frühen Zeichenschöpfer entschieden sich folgendermaßen:

– zwei nebeneinander liegende,
aneinandergebundene Boote   舫   *(Boot)*

– eine Baumart   枋   *(Baum)*

– eine Art starker Ochse   牦   *(Ochse)*

– Brachsen   鲂   *(Fisch)*

– Zimmer, Haus   房   *(Haushalt, Familie)*

– Markt, Ortschaft   坊   *(Erde)*

– helles Morgengrauen,
hervortreten, eben jetzt   昉   *(Sonne)*

– duftend, wohlriechend   芳   *(Gras)*

– spinnen   紡   *(Seide)*

– gleichen, nachahmen   仿   *(Mensch)*

– sich erkundigen,
untersuchen   訪   *(Rede, Sprache)*

– losmachen, lösen,
gehen lassen, forttreiben   放   *(schlagen)*

Bis hierher gibt es keine Schwierigkeit, die Überlegungen der Zeichenschöpfer bei der Wahl der Bedeutungsträger nachzuvollziehen. Um so größer ist die Überraschung, wenn man zum Zeichen für *schaden, hindern, stören* kommt. Wie sieht hier das bedeutungstragende Element aus?

– schaden, hindern, stören   妨   *(Frau)*

War es nun üblich, den Frauen Schaden zuzufügen und sie zu stören, oder waren es die Frauen, die andere behinderten und störten?
In der wissenschaftlichen Literatur über das archaische China sind selten Angaben über Leben und Arbeit gewöhnlicher Frauen zu finden, die über ihre Stellung in der Gesellschaft Auskunft geben könnten. Man erfährt aber, daß die grundlegenden wirtschaftlichen und sozialen Veränderungen während der Zhou-Zeit zur Folge hatten, daß das Betätigungsfeld der Frauen mehr und mehr auf Heim und Familie begrenzt wurde. Wichtige Aufgaben, für die Frauen seit der Jungsteinzeit verantwortlich gewesen waren, wie z.B. die Töpferei und der Ackerbau, wurden nach und nach von den Männern übernommen.
Die Drehscheibe und der von Ochsen gezogene Eisenpflug erhöhten die Produktivität, machten aber gleichzeitig die Arbeit schwerer. Sie »verlangten den ganzen Mann« und konnten nicht länger als Nebenbeschäftigung betrieben werden. Das Anwachsen der Bevölkerung machte eine intensivere Bodennutzung erforderlich, und die Jagd, mit der die Männer vorher beschäftigt waren, wurde für die Versorgung der Menschen

bedeutungslos. Grund und Boden waren nun das wichtigste Produktionsmittel und gingen gegen Ende der Zhou-Dynastie in Privateigentum über. Die einzelne Familie wurde unter der Führung des Mannes als Familienoberhaupt zur allgemein üblichen Produktionseinheit. Wie dadurch die Stellung der chinesischen Frau beeinflußt wurde, ist noch nicht ausreichend erforscht.

Es gibt auch noch keine Analyse über die Bedeutung dieser Veränderungen für die Bildung der Zeichen. Die Sprachforscher haben bisher nur in Einzelfällen Ergebnisse der Archäologen, Historiker, Wirtschaftswissenschaftler, Soziologen und Ethnographen zu Rate gezogen. Eines jedoch ist sicher: Die Wahl des bedeutungstragenden Elements in einem Zeichen geschah nie zufällig. Es sollte ja bewirken, daß der Leser auf möglichst einfache und deutliche Weise den Inhalt des Zeichens erkennen konnte, und man ging deshalb von den Erfahrungen, Wertvorstellungen und Konventionen aus, wie sie im Augenblick der Zeichenschaffung bestanden.

Um eine Vorstellung von der Verwendung des Zeichens für *Frau* als Bedeutungsträger zu bekommen, überprüfte ich die 222 Zeichen, die unter dem Radikal *Frau* im Shuowen-Lexikon aufgeführt sind. Etwa ein Viertel von ihnen bezeichnete entweder die weiblichen Familienmitglieder, also *Mutter*, *Tante*, *ältere* und *jüngere Schwester*, *Schwägerin*, *Stiefmutter* usw. oder andere in und um einen Haushalt vorkommende Frauen wie *Dienstmädchen*, *Konkubine*, *Heiratsvermittlerin*.

Ein weiteres Viertel hat mit *Heirat*, *Ehe*, *Schwangerschaft* und *Entbindung* zu tun oder mit *außerehelichen Vergnügungen* wie *unerlaubter Beischlaf mit Dienstmädchen*, *Ausschweifungen* und *Besuch von Prostituierten*.

Die verbleibende Hälfte dieser Zeichengruppe bezieht sich entweder auf sehr positive Beurteilungen weiblicher Schönheit und anziehender Verhaltensweisen: *schön*, *nett*, *elegant*, *graziös*, *schick*, *reizend*, *anmutig*, *still* und *freundlich*, *fügsam*, *nachgiebig*, oder auf ausgeprägt negative Beurteilungen, wie *falsch*, *treulos*, *abstoßend*, *entstellt*, *lästig*, *unzuverlässig*, *eifersüchtig*, *reizbar*, *lächer-*

lich, *mißtrauisch*, *faul*, *häßlich* und *verbraucht* – eine ziemlich deprimierende Aufzählung.

Die negativen Zeichen deuten offenbar in erster Linie an, wie aufreibend eine unzufriedene oder unglückliche Frau für ihren Mann und die übrigen Hausbewohner sein kann. Ohne etwas dafürzukönnen, wurde sie vielleicht so gereizt, daß sie den anderen *Schaden zufügte* oder *sie behinderte*?

Die Zeichen, die man als bedeutungstragende Elemente benutzt hat – *Mensch*, *Frau*, *Hand*, *schlagen*, *Sonne*, *Omen*, *Erde*, *Baum*, *Gras*, *Bambus*, *Seide*, *Fisch*, *Ochse*, *Wagen*, *Messer*, *Decke*, *Haushalt*, *Dach* und *Rede*, *Sprache* –, dienen auch in vielen anderen Zeichen als Bedeutungsträger. Genauso werden alle anderen in diesem Buch behandelten Bildzeichen verwendet. Jedes Zeichen hat sein spezielles Anwendungsgebiet. *Herz* weist darauf hin, daß das Zeichen etwas mit Gefühlen und Erlebnissen zu tun hat oder auch mit Eile – ein regelmäßiges oder nervöses Schlagen des Herzens, *Essen* bezieht sich auf ein Gericht oder eine Art der Zubereitung, *Kaurischnecke* auf Geldangelegenheiten: Handel, Vermögen, Bestechungsgelder, Almosen oder Diebstahl.

Mund gehört zu vielen Zeichen – wie Seufzen, Stöhnen, Schreien –, die Lebensäußerungen durch den Mund betreffen. Angefangen vom Wimmern des Säuglings bis zum Gestammel eines Frierenden und den merkwürdigen Geräuschen, wenn Menschen schnarchen, spucken, Schluckauf haben, schlürfen, husten, pfeifen, küssen, speien oder die Schweine rufen. Dazu die Laute der Tiere: das Brummen der Hummel, das Schwatzen der Vögel, wenn sie sich abends auf einem Baum versammeln, das Jaulen der Hunde.

Wasser – der bei weitem am häufigsten benutzte Radikal – wird Zeichen beigefügt, die entweder etwas mit Flüssigkeit zu tun haben oder mit dem Leben im und um den Fluß. Da gibt es Zeichen für die flachen Flußufer und Sumpfwiesen, für die Gezeiten und das Geräusch der Wellen, für die kristallklare Strömung und das schlammige Brackwasser, für langsam aufsteigende Luftblasen, für den Sand, die Nebel und den starken Regen. Und die Zeichen beschreiben das Leben der Menschen am Fluß, das Wasserholen, das Waschen von Körper und Kleidern oder die Stimmung am Abend, wenn ein kühles Lüftchen den Geruch des Flusses herüberweht.

Die Methode, Zeichen durch Kombination eines Bedeutungs- mit einem Lautträger zu bilden, erwies sich als außerordentlich produktiv. Auf diese Weise war es möglich, beliebig viele Zeichen herzustellen. Bereits in der Shang-Zeit betrug die Zahl der Radikal-plus-Lautelement-Zeichen 30 Prozent aller benutzten Zeichen, und diese Menge erhöhte sich noch in den folgenden Dynastien. Im Shuowen-Lexikon von Xu Shen aus dem Jahr 121, das 9353 Zeichen aufführt, sind es 80 Prozent, in Zheng Qiaos historischem Werk aus dem 11. Jahrhundert mit 23 000 Zeichen etwa 90 Prozent, und in Kang Xis großem Lexikon von 1711 das 48 641 verschiedene Zeichen enthält, 97 Prozent. Viele der Zeichen sind Namen von Personen, Orten, Geräten usw., die längst nicht mehr existieren, aber die Zeichen gibt es noch.

Und ständig werden neue Zeichen gebildet. Wie das vor sich geht, habe ich einmal miterlebt, als eine Freundin für ihren langen, schwedischen Namen eine chinesische Form brauchte, weil sie sich einen Stempel machen lassen wollte. Wir überlegten und diskutierten sicher eine Stunde lang, was ihr Name eigentlich bedeutete und aus welchen Lauten er sich zusammensetzte. Schließlich hatten wir drei Zeichen gefunden – mehr sollen es nicht sein –, die sowohl bedeutungsmäßig wie lautlich gut paßten. Aber der Stempelschneider schüttelte den Kopf.

»Eigentlich ist daran nichts auszusetzen. Das Problem ist nur, daß man den Eindruck eines Männernamens bekommt.«

Es kam zu neuen Diskussionen, bis schließlich eine Angestellte des Geschäfts vorschlug, den Zeichen, die den Vornamen betreffen, *Frau* beizufügen.

Damals habe ich das Konstruktionsprinzip der Radikal-plus-Lautelement-Zeichen endgültig begriffen. Wir könnten es hiermit gut sein lassen, würden dann aber ein wichtiges Problem in bezug auf die Radikal-plus-Lautelement-Zeichen unterschlagen. Es handelt sich um die Aussprache. Als man in der Shang-Dynastie begann, Zeichen durch Kombination von Bedeutung und Laut zu bilden, konnte man die umfassenden Lautveränderungen, die in den folgenden dreitausend Jahren stattfinden sollten, nicht vorhersehen.

Auch wenn wir nicht weiter darauf achten, ändert sich die gesprochene Sprache doch ständig. Laute werden zusammengezogen oder verändern ihren Charakter, andere Laute werden eingeschoben, Endungen verschwinden etc. In einer mit Buchstaben geschriebenen Sprache entsteht da kein größeres Problem. Mit einer gewissen Verzögerung paßt sich die Schriftsprache der gesprochenen Sprache an, und Ausdrucksweisen oder Formen, die früher als falsch galten, werden allgemein akzeptiert.

Das gesprochene Chinesisch war, wie alle anderen Sprachen, großen Veränderungen unterworfen, doch die Zeichen haben ihre ursprüngliche Form behalten. Damit ist der geniale Gedanke der Radikal-plus-Lautelement-Zeichen in gewisser Weise fragwürdig geworden. Vom heutigen Standpunkt betrachtet muß man feststellen, daß viele Zeichen, die einmal ausgezeichnet als Lautträger geeignet waren, inzwischen dem Leser keineswegs mehr genau mitteilen, wie das Zeichen ausgesprochen werden soll.

Ich bin bisher bewußt nicht auf die Aussprache der Zeichen eingegangen. Es ist nicht die Absicht dieses Buches, dieses Thema, so interessant es auch wäre, näher zu erörtern. Es soll nur an einem kurzen Beispiel gezeigt werden, was mit vielen Radikal-plus-Lautelement-Zeichen geschehen ist.

Bereits während der Shang-Dynastie benutzte man das Zeichen *Arbeit* in mehreren, eng verwandten Bedeutungen, die alle mit der Art und Weise, wie eine Arbeit ausgeführt wird, zu tun hatten. Indem man das Zeichen *Arbeit* durch das Zeichen für Kraft ergänzte, entstand ein Zeichen für die Begriffe *Kraftanstrengung, Einsatz, Ergebnis, Wirkung.* Indem man das Zeichen *schlagen, zuschlagen* hinzufügte, das eine zum Schlag erhobene Hand mit einer Hacke oder einem Beil zeigt, erhielt man das Zeichen für *sich ins Zeug legen, etwas anfangen, angreifen.*

Nachdem das erklärt war, wurden kurzerhand noch einige Wörter gebildet, die im Prinzip genauso ausgesprochen werden wie »Arbeit«. Einige von ihnen haben im weitesten Sinn mit dem Begriff Arbeit zu tun, die meisten betrafen aber andere Gebiete und Themenbereiche. In der Frühzeit wurden auch sie fast alle genauso ausgesprochen wie »Arbeit«. Mit der Zeit verstärkten sich die Unterschiede in der Aussprache, was die Sache nicht unbedingt vereinfachte. So ist das Zeichen für Arbeit, das »gong« ausgesprochen wird, Lautträger im Zeichen für Fluß, und Fluß wird »jiang« ausgesprochen. Das soll schon seit der Han-Dynastie so gewesen sein, als man sich noch erinnern konnte, wie die Bildung der Radikal-plus-Lautelement-Zeichen vor sich ging, und die Aussprache noch stimmte. Wie das Ganze zusammenhing, wurde erst durch Forschungen von Bernhard Karlgren geklärt, vor allem in seiner Grammata Serica, die 1940 herauskam.

Karlgren begann seine Laufbahn als Wissenschaftler bereits während der Schulzeit: Eines Tages kam sein großer Bruder Anton, der in Uppsala Philologie studierte, in den Semesterferien nach Hause und brachte eine Aufstellung mit, in der etwa dreitausend repräsentative schwedische Wörter verzeichnet waren. Ausgehend von dieser Liste sollten Wörter, Ausdrücke und die Aussprache schwedischer Dialekte untersucht werden, um das Verhältnis der verschiedenen Dialekte zueinander zu rekonstruieren.

Radikal		Lautelement		Bedeutung		Moderne Aussprache
力	Kraft	工	Arbeit	功	Ergebnis/Wirkung	gong
攴	zuschlagen	工	Arbeit	攻	angreifen	gong
穴	Höhle	工	Arbeit	空	leer/hohl	kong
絲	Seide	工	Arbeit	紅	rot	kong
木	Baum/Holz	工	Arbeit	杠	Stock/Stange	gang
水	Wasser	工	Arbeit	江	Fluß	jiang

Das Thema interessierte Bernhard, und so wanderte er einige Sommer lang vom Sommerhaus seiner Eltern aus zu den Höfen und Dörfern der Umgebung und befragte Bauern und Armenhäusler nach der Aussprache der in dem Verzeichnis aufgeführten Wörter. Im Jahre 1908 – er war gerade sechzehn Jahre alt und Schüler an der Höheren Schule in Jönköping – wurden seine Aufzeichnungen in einer angesehenen wissenschaftlichen Zeitschrift veröffentlicht.

Später studierte er Sprachen an der Universität in Uppsala, und mit zwanzig kam er nach Taiyuan, der Hauptstadt der Provinz Shanxi. Sobald er die chinesische Sprache beherrschte, ging er in die Dörfer und machte Aufzeichnungen über die Dialekte. Er ging dabei von einer Liste mit dreitausend repräsentativen Zeichen aus. Auf dem Land und in der Stadt suchte er Menschen auf, die ihr ganzes Leben dort verbracht hatten und über eine unverfälschte Aussprache verfügten. Mit Hilfe der Phonetiksymbole für schwedische Mundarten listete er auf, wie die Chinesen die Zeichen aussprachen. Und das funktionierte ausgezeichnet.

Bis zum Ausbruch der Revolution im Jahr 1911 hatte er siebzehn Dialekte gesammelt. Karlgren erlebte die Revolutionsunruhen in Taiyuan aus nächster Nähe, kehrte dann aber mit der Transsibirischen Eisenbahn nach Schweden zurück. Mit Hilfe des selbst gesammelten Materials und der Kopie eines Reimlexikons

aus dem 6. Jahrhundert, das sich für sein Vorhaben als ungeheuer wertvoll erwies, rekonstruierte Karlgren so gut es ging den gemeinsamen Ursprung der Dialekte, das Mittelalter-Chinesisch. Wie er dabei im einzelnen vorging und wie es ihm später gelang, auch die Aussprache zu Beginn der Zhou-Zeit zu rekonstruieren, ist eine lange Geschichte, die diesen Rahmen sprengen würde.

Vielleicht ist nun der Eindruck entstanden, wir hätten uns zu weit vom eigentlichen Thema entfernt. Das trifft aber nicht zu, denn trotz der gewaltigen Veränderungen, die die Schriftsprache durchgemacht hat, sind die ursprünglichen Bildzeichen nach wie vor grundlegend. Mann und Frau, Wasser und Berg, Vogel und Fisch, Wagen und Boot, Bambus, Baum und Seide – alles taucht wie in einem endlosen Glasperlenspiel einzeln oder in Kombinationen immer wieder auf, ergänzt und kommentiert sich gegenseitig. Ungeachtet der Funktion, die die Zeichen in den verschiedenen Zusammensetzungen haben, behalten sie ihre Identität, ihre sinnbildliche Klarheit. Hat man erst gelernt, sie zu identifizieren und zu verstehen, stellen sie nicht nur einen Schlüssel zur Schriftsprache dar, sondern auch zu der Welt, in der sie einst entstanden sind, und zu dem Leben der Menschen im heutigen China.

Die Welt der Zeichen

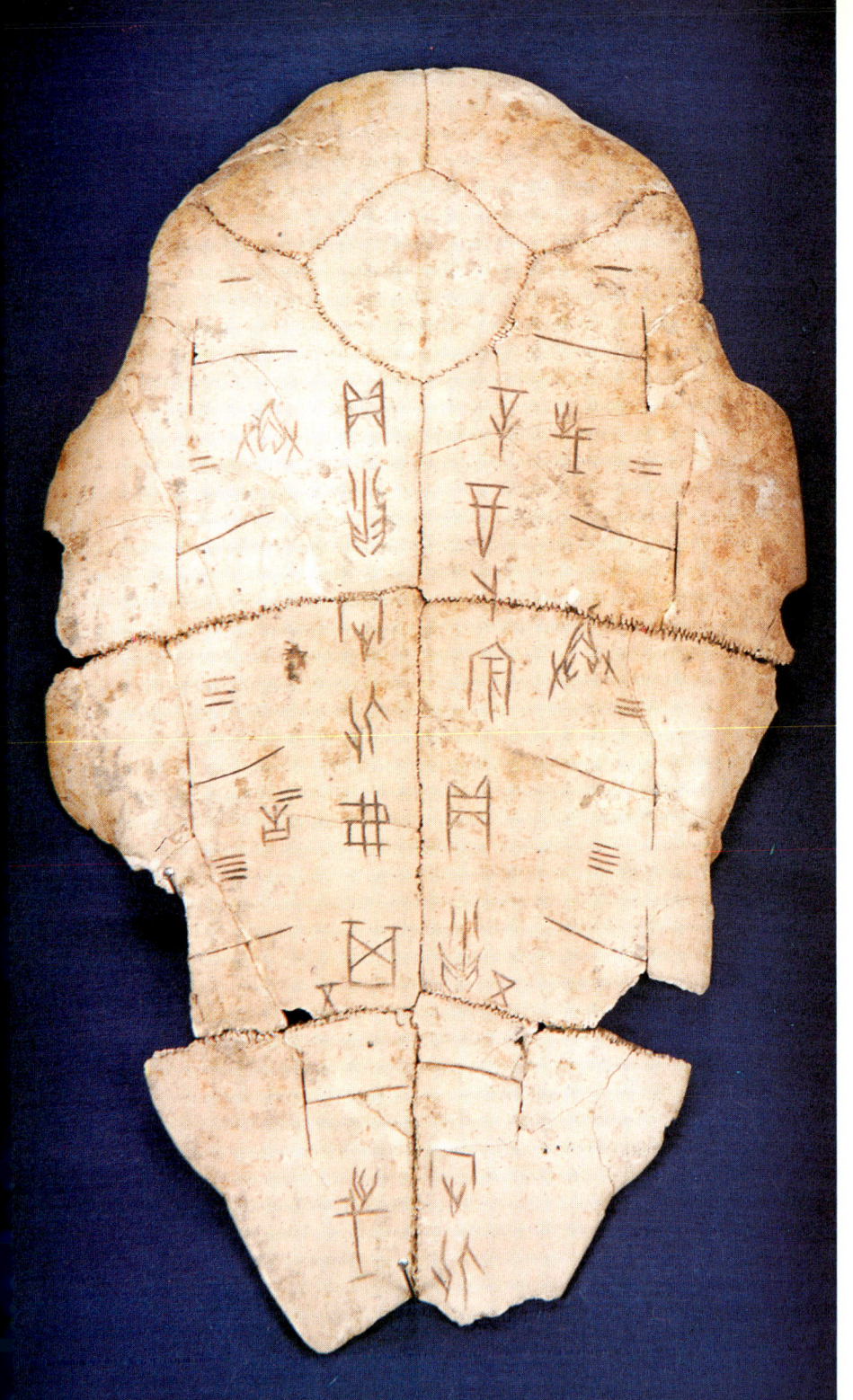

Die Zeichen stehen im Mittelpunkt der chinesischen Kultur. In ihnen verdichten sich die Erfahrungen und Beobachtungen von mehreren tausend Jahren menschlichen Lebens, in ihnen begegnen wir der chinesischen Natur mit ihren Bergen und Flüssen, ihren Pflanzen und Tieren. Auf den ersten Blick scheint der Weg von den kantigen Zeichen auf den Orakelknochen über die weichen, aber kraftvollen Linien auf den Bronzen bis zu den heutigen Schriftzeichen unendlich lang. Doch man entdeckt eine erstaunliche Kontinuität. Die Schreibweise hat sich geändert, aber die Art und Weise, die Wirklichkeit zu erfassen und wiederzugeben, ist geblieben. Und diese Wirklichkeit hat sich seit der Bildung des ersten Zeichens weniger geändert, als man denkt.

Orakelknochen mit Fragen an die Ahnen und an den Höchsten Herrscher.
Die Risse – Vorbild für das Zeichen »weissagen« – zeigten die Antwort an.
Shang-Zeit 20 x 12 cm.

Inschriften findet man auch auf den Bronzegefäßen, die die Chinesen
in frühgeschichtlicher Zeit benutzten, um den Geistern ihrer Ahnen
Fleisch und Wein zu opfern. Die älteren Gefäße wie der dreibeinige
Tiegel »ding«, aus der Shang-Zeit, sind mit Vögeln, Zikaden und
Wirbelmustern verziert und weisen nur ein einziges Zeichen auf,
vermutlich einen Namen. Spätere Gefäße, wie dieser Deckel vom
Ende der Zhou-Zeit, sind mit längeren Texten beschrieben.

Man braucht nur auf die Straße zu gehen, um den Vorbildern vieler alter Zeichen zu begegnen, die mit dem Menschen zu tun haben. Augen und Ohren, Nase und Mund, die offenen Gesichter, die charakteristische Haltung, wenn die Menschen die Straße überqueren oder einfach dastehen und schauen.

Die weißen Schleier eines Wasserfalls an einer Felswand, ein häufiges Motiv in der chinesischen Kunst, das uns auch im Zeichen für Quelle begegnet. Malerei von Li Keran (geb. 1907).

原

Berggipfel, dicht begrünt, ragen wie verzaubert aus den Nebeln des Tales. Im Vordergrund unter alten Pinien ein Pavillon, in dem unsere Phantasie Zuflucht suchen kann, um ungestört über die gewaltige Schönheit der Natur nachzudenken. Malerei von Mi Fei (1051–1107). Das Gedicht – es ist dem Baum im Vordergrund gewidmet – stammt von Kaiser Qian Long (1736–1795). Rechts oben das kaiserliche Siegel.

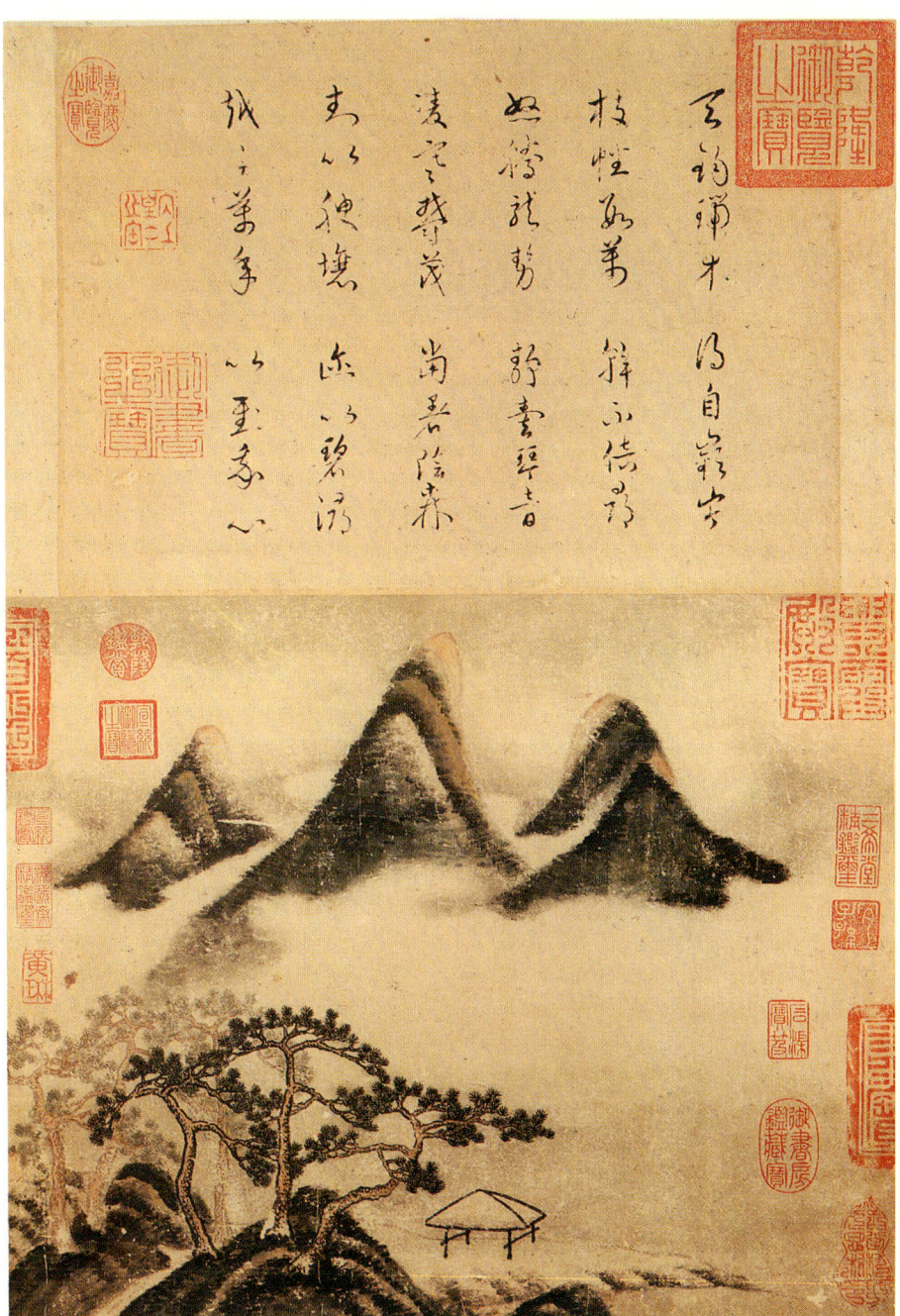

Der Gelbe Fluß auf dem Weg nach Süden. In vielen Windungen gräbt er sein Bett in die fruchtbare Erde des Tales, ein Bild, wie wir es deutlich im Zeichen für Wasser/Fluß und Insel/Umgebung wiedererkennen. Rundherum breitet sich das riesige Lößgebiet mit seinen kahlen, fast baumlosen, verwitterten Bergen aus. Manche erinnern an riesige Sanddünen, andere an kantige Tafelberge. Die Erde ist locker, und die steilen Wände, Vorbild für das Zeichen »Felsen«, brechen leicht ein, wie hier im Fen-Tal in Shanxi.

»Es gibt zwei Arten von Tigern«, erklärte mir eine alte Frau in Yan'an,
»die gefährlichen in den Bergen und
die freundlichen. Begegnet man
einem gefährlichen, darf man ihn
nicht anschauen und nichts zu ihm
sagen. Man muß einfach weiter-
gehen, sonst greift er einen an.«
»Gibt es denn Tiger hier in
Yan'an?« fragte ich.
»Aber nein. Hier gibt es nur die gewöhnlichen, freundlichen Tiger, die
vor allem Bösen schützen.«

Weingefäß aus Bronze, Shang-
Zeit. Rechts eine Bauerntruhe aus
Yan'an und darunter ein Stofftiger
im Zoo von Beijing. Vater und
Sohn lassen sich fotografieren, damit der Sohn stark und mutig
wird wie ein Tiger.

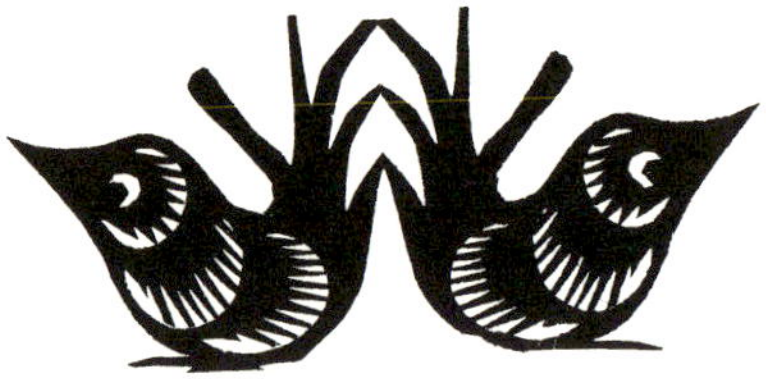

In der dunklen Küche von Yang Xixian ist jeder Zentimeter mit Bildern bedeckt, Neujahrsbilder mit drallen Kindern, umgeben von Glückssymbolen wie Pfingstrosen, Phönixvögeln und Drachen. Darunter selbstgefertigte Scherenschnitte von Vögeln und Szenen aus der berühmten Geschichte von der Hochzeit der Ratte und dem Affenkönig.

Der Junge auf dem roten Karpfen und das Zeichen für Atomenergie symbolisieren die 1978 eingeleitete Modernisierung Chinas. Der Karpfen – von alters her Ausdruck des Überflusses und der Lehre, daß Anstrengung sich lohnt – bewegt sich kraftvoll den durch das Drachentor strömenden Gelben Fluß hinauf. Genauso soll China alle Schwierigkeiten besiegen, die die Entwicklung des Landes behindern. Die Kraniche im Hintergrund bedeuten langes Leben.

Ganz links: Ji Lanying, neben ihr Yang Xixian. Sie haben die oben gezeigten Scherenschnitte angefertigt.

Eines der bekanntesten Glücksbilder Chinas ist ein sogenanntes Bauern-
gemälde aus dem Dorf Huxian, unweit von Banpo. Es heißt »Fischteich der
Kommune« und wurde 1973 von Dong Zhengyi geschaffen. Ein ausgebildeter
Künstler, der sich in den fünfziger Jahren auf dem Land niederließ, um als
Lehrer beim Aufbau einer breiten Bewegung von Amateurkünstlern in den
Dörfern mitzuwirken. Wie ein goldener Regen strömen die Karpfen herbei.
Das Netz ist schwer vom Fang, und die Menschen müssen all ihre Kraft
aufwenden, den Fischreichtum einzubringen. So groß kann die Ernte sein,
wenn alle zusammenhelfen, lautet die Botschaft des Bildes. Überfluß und
Reichtum sind möglich, erfordern aber harte Arbeit. Das Bild entstand zu
einer Zeit, als man die kollektive Arbeit pries. Inzwischen betont man mehr
den Einsatz des einzelnen. Der Unterschied ist nicht so groß, wie es aussieht,
denn in jedem Fall dreht es sich darum, daß sich alle anstrengen müssen,
damit der Wohlstand des Landes steigt.

Boot mit Gemüse auf einem der Kanäle in Suzhou. Bug und Heck sind stumpf, der Innenraum durch quergestellte, senkrechte Bretter unterteilt. Diese typisch chinesische Konstruktion war, wie man an dem Zeichen ablesen kann, seit der Shang-Zeit gebräuchlich.

舟

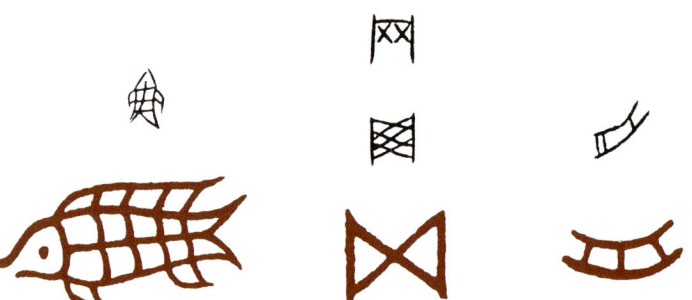

Ein Boot inmitten eines Lotus-Teiches, gefüllt mit groß-schuppigen Fischen. Im Hintergrund ein Netz, genauso deut-lich wiedergegeben wie auf den Orakelknochen und den Bronzen. Bauernmalerei aus Jiangsu. 1979.

Im spärlichen Morgenlicht fahren knarrend die Kohlewagen durch das eiskalte Datong. Die Männer dösen unter ihren Pelzmützen. Ihre Peitschen ragen wie Ausrufezeichen in die gelbe, trockene Luft. Die Vorgänger dieser Wagen – die leichten Streitwagen der Frühzeit – sind im Museum zu bewundern, wie hier in Beijing.

田

Als ich 1962 China verließ, malte mir der alte Qinmeister Guan Pinghu zum
Abschied dieses Albumblatt im klassischen Stil. Es sollte eine Erinnerung sein an die
Melonen und Kürbisse, die im Sommer das Haus überwucherten, in dem wir unsere
Musikstunden hatten. Guan Pinghus Vater war einst Hofmaler im Palast gewesen,
und er selbst hatte seine Ausbildung noch dort erfahren. Aber 1911 ging das Kaiser-
reich zu Ende, und Guan Pinghu widmete den Rest seines Lebens der stillen,
meditativen Musik, die seit Konfuzius für die siebensaitige chinesische Laute, »Qin«,
geschrieben wird.

◁ »Das Land, in dem Milch und Honig fließen«, mit diesem Bibelspruch könnte man
das linke Bild beschreiben. »Das Land mit Fisch und Reis«, sagen die Chinesen und
denken dabei an die fruchtbaren Gebiete Zentralchinas, wo der Reis auf dampfenden
Feldern gedeiht und die Fische in den Kanälen und Flüssen springen. Malerei aus
dem Jahr 1976.

Urne aus der Jungsteinzeit und Vorratsgefäße für Sojabohnensoße und eingelegte Gemüse im Dorf Dayudao im Jahre 1985 – eine fünftausendjährige Tradition. Doch Tongefäße sind teuer, man nimmt deshalb oft an ihrer Stelle Gefäße aus Pappmaché ...

Ein Brei aus alten Zeitungen und Kleister wird auf ein Tongefäß aufgetragen. Ist die Schicht trocken, löst man vorsichtig das Tongefäß heraus und hat nun ein Gefäß, das man mit hübschen Motiven bekleben kann.

Die Herstellung von Seidenstoffen gehört zum Schwierigsten, das man sich vorstellen kann. Hier sehen wir, wie die Kokons von den Zweigen gesammelt werden, an denen sich die Larven eingesponnen haben. Die feinen Kokonfäden werden aus dem Wasserbad gefischt und können nun zu einem Faden verzwirnt werden.

Die Grabfigur im Seidengewand und der Seidenstoff mit Stickerei in Kettenstich daneben stammen aus dem Grab der Herzogin von Tai, 165 v. Chr.

Rechts zwei gutgelaunte Frauen aus dem 5. Jahrhundert, das Haar auf traditionelle Weise hochgesteckt. Abgesehen von den langen, modernen Ärmeln sehen ihre Gewänder genauso aus, wie sie in China seit der Shang-Zeit getragen wurden.

▷

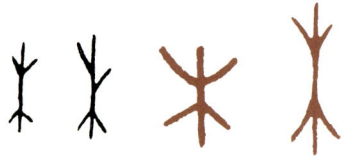

Wohnstraßen in Hangzhou. Die schattenspendenden Platanen wurden einst aus Frankreich eingeführt. Hier sind die Bewohner vor der sommerlichen Hitze geschützt. Hinter den weißgekalkten, abweisenden Mauern befinden sich Wohnviertel mit lauschigen Gärten. Eine privilegierte, friedliche Umgebung, die dem Grundbedürfnis des Menschen nach Kultur, Schönheit und Zweckmäßigkeit entgegenkommt.

Die anmutigen Blätter des Bambus und die Grazie, mit der sie sich im Wind bewegen, haben diese Pflanze zu einem unverzichtbaren Bestandteil des chinesischen Gartens gemacht. Ihre Schönheit zeigt sich besonders im Kontrast zu den klobigen Steinen. Garten in Suzhou.

竹

Grabskulpturen aus der
Han-Dynastie in Form von
Häusern. Oben ein Rund-
haus, jahrtausendelang die
allgemein übliche Wohnform
– man vergleiche sie mit den
ersten Zeichen für Dach auf
den Orakelknochen –,
darunter ein Getreidespeicher
mit Ziegeldach; zum Schutz
der Vorräte vor Schädlingen
ist er auf Pfähle gebaut.

Die chinesischen Häuser »sind« ihre Dächer. Das zeigt sich besonders in der Verbotenen Stadt in Beijing. Die gelbglasierten Dachziegel leuchten im frostigen Blau des Winters ebenso wie gegen den weißen Sommerhimmel. Unten der kleine Tempel Nanchansi, der seit dem Jahr 782 in den Wutai-Bergen steht.

Auf bestimmte architektonische Details hat man seit der Han-Zeit große Sorgfalt verwendet, und das gilt auch für das gewöhnliche chinesische Wohnhaus. Gemeint sind das Tor zur Straße und die Fenster mit ihren dünnen Sprossen, durch die das Licht in feinen Mustern in die Räume dringt, und nicht zuletzt die Dachziegel. Die Endstücke formt man oft zu Drachen oder grinsenden Masken.

Rechts ein traditioneller, ▷ nordchinesischer Hof, nach außen abgeschlossen, innen offen. In der Mitte ein Dreschplatz.

Schulkinder im Dorf Dayudao; vor dem Nationaltag üben sie den Trommeltanz. Darunter die mannshohe Trommel, die bei den religiösen Zeremonien im
Tempel Yong zuo si in Taiyuan benutzt wurde.
Zwei Beispiele, die zeigen, welche Rolle die Trommel
bei den Tänzen und Riten in China spielt und
spielte.

◁ Links: Zerschlissene Teile eines Seidenbuches aus
dem Jahr 179 v. Chr. – dieser Fund gehört zu den
bedeutendsten Zeugen des archaischen China. Der
Text enthält nämlich die älteste bekannte Version
von Laotses Dao de jing, des Hauptwerks der taoistischen Philosophie. Die Zeichen sind in senkrechten
Spalten mit Tusche geschrieben, ganz wie auf den
Orakelknochen und wie in dem Zeichen für Dokument, Band.

Neun mal neun glänzende Beschläge aus Bronze zieren die
schweren, zweiflügeligen Türen, die zum Himmelstempel in
Beijing führen. Die Deckenbalken sind blau und grün bemalt und mit Gold konturiert.

Die Strichordnung der Zeichen

Um ein chinesisches Zeichen richtig zu schreiben, müssen, genau wie beim Schreiben unserer Buchstaben, bestimmte elementare Regeln beachtet werden, was das Ausführen der Striche und ihre Abfolge angeht. Zum Schreiben der Zeichen werden dreißig verschiedene Striche verwendet, davon gelten acht als Grundstriche, die anderen sind Kombinationen daraus.

Die chinesischen Kinder lernen das Schreiben durch ständiges Üben dieser acht Grundstriche. Mit Pinsel und Tusche füllen sie Seite um Seite mit ihren Übungsstrichen und lernen dabei, daß waagrechte Striche stets von links nach rechts und senkrechte von oben nach unten geschrieben werden. Erst wenn die Kinder diese acht Grundstriche sozusagen im Schlaf beherrschen, dürfen sie Zeichen schreiben, die aus Kombinationen verschiedener Striche bestehen. Auf dieser Lernstufe besteht keine Möglichkeit zur Improvisation oder zum persönlichen Ausdruck.

Später wird im allgemeinen mit Patronenfüller oder Kugelschreiber geschrieben, sobald aber gewisse ästhetische Ansprüche an das Geschriebene gestellt werden, greift man wieder zu Pinsel und Tusche. Das Schreiben ist eine Kunst, die ein immerwährendes Üben erfordert, und nicht nur die Schüler, auch sehr viele Erwachsenen arbeiten ständig an ihrer Handschrift.

Die Ausführung der Striche beruht auf einem komplizierten Zusammenspiel zwischen einem mehr oder weniger starken Druck des Pinsels auf das Papier und schnellen beziehungsweise langsamen Bewegungen von einem Punkt zum andern. Dabei erweist sich der Pinsel als besonders anpassungsfähig, doch bei der geringsten Unsicherheit der Hand macht er sich selbständig und spreizt die Haare in alle Richtungen.

Beim ersten Ansetzen des Pinsels muß die Spitze fest und gerade sein. Diese Festigkeit der Pinselspitze muß man während des Schreibens immer wieder durch eine drehende Bewegung über den Tuschstein erneuern. Das ist für den Schreibenden gleichzeitig ein Augen-

blick des Nachdenkens und eine Vorbereitung auf den nächsten Pinselstrich.

Allein das Schreiben des einfachen Zeichens »Eins« – ein einziger, waagrechter Strich – erfordert große Konzentration. Es gibt zwei Möglichkeiten. (1) Man setzt den Pinsel mit einer gewissen Entschlossenheit gerade auf das Papier, wartet einen Augenblick und führt ihn dann mit einer gleichmäßigen Bewegung nach rechts bis zum Schlußpunkt des Striches, wartet wieder einen Augenblick und hebt den Pinsel schräg nach rückwärts gewandt vom Papier ab. Man erhält einen Strich, der mit einer eckigen, straffen und etwas schrägen Linie anfängt und aufhört.

(2) Man beginnt den Strich mit einer kreisförmigen Bewegung, um der Pinselspitze Halt zu geben, drückt dann den Pinsel ein wenig fester aufs Papier, wartet einen Augenblick und führt ihn nun zum Schlußpunkt des Striches. Dort verharrt man erneut einen Moment, um dann den Pinsel ein wenig nach unten zu drücken und zum Anfang des Striches zurückzukehren. Jetzt kann der Pinsel vorsichtig vom Papier genommen werden. Man erhält einen Strich mit weich gerundetem Anfang und Schluß.

Welche der beiden Möglichkeiten man wählt, hängt

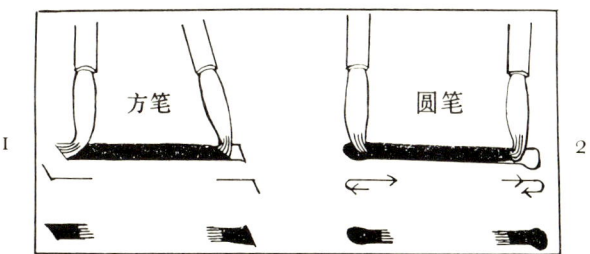

davon ab, was man ausdrücken und welchem kalligraphischen Stil man folgen will.

Doch damit nicht genug. Der Strich muß auch lebendig wirken. Die Enden dürfen weder nach unten hängen, wie eine mit Brennholz behängte Tragstange, noch nach oben zeigen, wie eine schwankende Hängebrücke. Der Strich soll fest und geschmeidig sein und leicht nach rechts oben weisen.

Für die übrigen sieben Grundstriche bestehen ähnliche Regeln. Eine Abbildung in einem Kalligraphienlehrbuch von 1983 zeigt, wie man sie ausführt.

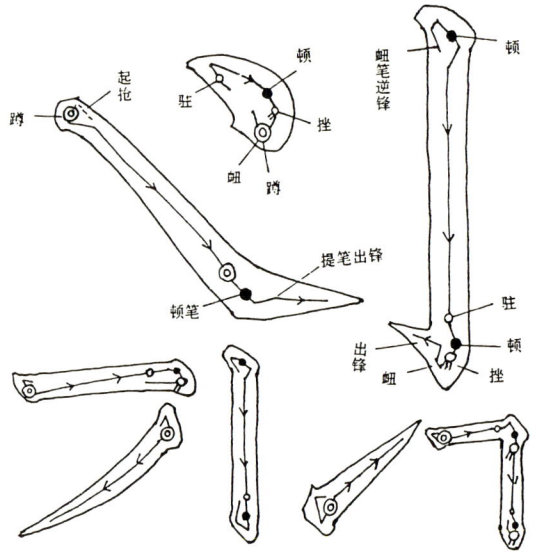

→ der Pfeil markiert die Richtung des Pinselstrichs.

⊚ markiert den Anfang des Striches, wo man einen kurzen, konzentrierten Augenblick lang den Pinsel ziemlich fest auf das Papier drückt und die Tusche aus dem Pinsel quellen läßt, ehe man den Druck beendet und mit der vorhandenen Tusche den Strich vollendet.

● markiert die Pause und den sehr kräftigen Pinseldruck, der angewendet wird, um einen Teil des Striches zu verstärken – ihm mehr »Knochenmark« zu geben, wie der Fachausdruck heißt –, also am Anfang und am Ende des Striches oder im »Gelenk«, wo zwei zusammengesetzte Zeichen sich treffen.

o markiert eine Unterbrechung.

℘ markiert das Ende eines Strichs, wo der Pinsel entweder im Strich zurückgeführt oder schräg nach links oben-außen geführt wird und dort einen Haken formt, ehe er das Papier verläßt.

Das Schreiben der acht Grundstriche ist schon schwierig genug. Doch die eigentlichen Schwierigkeiten stehen uns noch bevor: Man muß die Striche, aus denen ein Zeichen besteht, zusammenstellen und daraus eine harmonische Einheit schaffen, in der jeder Teil genau den Platz erhält, der ihm zusteht.

Jedes Zeichen soll so geschrieben werden, als sei es harmonisch in ein Quadrat eingepaßt. Diese Konvention entstand schon während der späten Han-Dynastie und wurde in den folgenden Jahrhunderten zur allgemeinen Norm. Damit die Zeichen gleich groß wurden, bediente man sich eines Tricks: Man faltete das Papier in Quadrate von geeigneter Größe. Diese Methode gibt es immer noch, obwohl inzwischen auch vorgedrucktes Übungspapier zur Verfügung steht, auf dem die Quadrate in noch kleinere Einheiten aufgeteilt sind – meist vier oder neun –, eine zusätzliche Hilfe für das richtige Plazieren des Zeichens. In vielen Fällen sind auch die Diagonalen vorgezeichnet.

Das Zeichen für Eins in ein solches Quadrat zu schreiben ist nicht weiter schwierig. Abgesehen von der Einhaltung der bereits beschriebenen Regeln, geht es nun darum, daß sich der Strich in der Mitte des Quadrates befindet und leicht nach rechts oben zeigt. Ideal ist das Zeichen, wenn es durch die senkrechte Mittellinie halbiert wird und das obere linke beziehungsweise das untere rechte Strichende die waagrechte Mittellinie berührt. So bekommt der Strich den freien Rhythmus, den er haben soll.

Besteht ein Zeichen aus mehreren Strichen, sind noch andere Dinge zu beachten. Bevor man überlegt, wie das Zeichen in dem Quadrat angeordnet wird, muß man wissen, in welcher Reihenfolge die Striche geschrieben werden. Auch dafür gibt es Grundregeln.

一　十

Zuerst waagrecht, dann senkrecht – das Zeichen für zehn

一　二　三

Zuerst nach oben, dann nach unten – das Zeichen für drei.

丿　人

Zuerst nach links, dann nach rechts – das Zeichen für Mensch.

丿　小　小

Zuerst die Mitte, dann die Seiten – das Zeichen für klein.

丿　几　月

Zuerst das Äußere, dann das Innere – das Zeichen für Mond.

丨　冂　日　日

Bilden die Striche wie im Zeichen für Sonne ein geschlossenes Viereck, wird der untere Strich zuletzt gezogen. »Zuerst hineingehen, dann die Tür schließen«, wie man bei diesem Zeichentyp zu sagen pflegt.

Weder Sonne noch Mond sind besonders zu beschreiben. Die Striche sind eindeutig und klar voneinander abgesetzt. Um für das Zeichen »hell/leuchtend«, das aus Sonne und Mond zusammengesetzt ist, eine neue Harmonie zu finden, mußte die äußere Form der Einzelzeichen leicht verändert werden. Die Striche werden im Prinzip auf die gleiche Weise ausgeführt wie bei den Einzelzeichen, lediglich ihre Länge und Breite wurden so verändert, daß die neue Einheit die richtigen Proportionen bekommt.

明

Je mehr Striche ein Zeichen beinhaltet, um so mehr wird vom Kalligraphen verlangt, daß er alle Einzelheiten des Zeichens deutlich vor sich sieht, ehe er mit dem Pinsel zum ersten Strich ansetzt. Er muß die Spannung und das Zusammenspiel zwischen den einzelnen Teilen kennen, muß wissen, ob er sich zurückhalten und wo er großzügig sein muß. Dabei geht es um Millimeter und vor allem um den richtigen Rhythmus. Alle Striche hängen voneinander ab und müssen so zusammengefügt werden, daß sie zueinander passen. Harmonie und Gleichgewicht des Gesamtbildes heißen die übergeordneten Prinzipien, denen alles gehorchen muß.

Unwillkürlich denkt man an die zehntausend sinnvoll verfugten Holzteile, die das hoch in den Himmel ragende Dach des chinesischen Tempels stützen, ohne daß ein einziger Nagel nötig wäre. Dieselbe Unterordnung der Teile unter das Ganze prägt die chinesische Gesellschaft seit frühgeschichtlicher Zeit. Der einzelne unterwirft sich der größeren Ordnung – sei es der Familie oder dem Staat –, eine Loyalität, die bei weitem das bei uns gewohnte Maß übersteigt.

Die Schreibübungen in den chinesischen Schulen sind mühsam und kosten viel Zeit, aber die Kinder lernen dabei nicht nur schön und korrekt schreiben. Sie üben sich gleichzeitig in Geduld und Ausdauer. Sie lernen die notwendige Anpassung, begreifen das Verhältnis zwischen dem Teil und dem Ganzen und übernehmen die gesellschaftlichen Wertvorstellungen.

Die Übungstexte sind bei dieser Schulung nicht unwichtig. Anfangs enthalten sie oft praktische oder moralische Ermahnungen. So erfahren die Kinder, was richtig und was falsch ist und was die Erwachsenen und die Gesellschaft von ihnen erwarten: Lerne fleißig, jeden Tag ein kleiner Fortschritt! Trinke kein unabgekochtes Wasser! Denk an deine Augen: lies nicht bei schlechtem Licht oder in einem schaukelnden Bus!

Ältere Schüler üben das Schreiben anhand bekannter, oft moralischer Geschichten, verfaßt von beliebten Dichtern aus der Vergangenheit, oder anhand von philosophischen Sprüchen. Während der Kulturrevolution stand in den Schülerheften: Diene dem Volk! Vertraue auf deine Kraft! Es lebe die Einigkeit zwischen allen Völkern der Erde! Der Inhalt war politischer Natur, aber die Handschrift basierte auf den ehrwürdigen, klassischen Vorbildern eines Wang Xizhi (307–365), Ouyang Xun (557–641) oder Yan Zhenqing (709–785). Seit mehr als tausend Jahren sind sie Richtschnur und Quelle der Inspiration für alle, die sich mit der Kalligraphie beschäftigen. Und die Sorgfalt, mit der man sich um die korrekte Ausformung der Zeichen kümmerte, war selbst in stürmischen Zeiten nicht minder groß als sonst.

Die Schreibübungen werden durch die gesamte Schulzeit fortgesetzt. Auch die obersten Klassen des Gymnasiums haben regelmäßig Unterricht in Kalligraphie, und die Lehrer korrigieren die Aufgaben. Besonders gut ausgeführte Zeichen werden mit einem runden, roten Ring belohnt, und jedes Jahr findet ein Wettbewerb im Schönschreiben statt. Die preisgekrönten Arbeiten werden zur allgemeinen Diskussion und Begutachtung ausgestellt.

Bis jetzt habe ich nur über die ersten Schritte zur Beherrschung der regulären Schrift, *kai shu*, berichtet. Für die ausdrucksstärkeren Formen *xing shu* und *cao shu* gelten andere Regeln. Aber solange man in der regulären Schrift nicht zu Hause ist, hat es keinen Sinn, sich damit zu beschäftigen, das wäre reine Quälerei.

Wer seine kalligraphischen Kenntnisse vertiefen möchte, wird irgendwann einmal vor die schwere Entscheidung gestellt: Soll ich mir Wangs freien, eher eleganten Stil aneignen oder Ouyangs straffen männlichen Stil oder aber Yans reichen, voll ausgereiften, aber etwas humorlosen Stil? Oder kommt meiner Hand und meinem Gefühl mehr die Schreibweise von Su Dongpo oder Zhao Mengfu entgegen? Die Wahl ist nicht leicht, denn die Unterschiede sind groß. Wer aber seinen Stil entwickeln will, muß sich entscheiden. Als Hilfe für die weitere Arbeit stehen die Werke der berühmten Kalligraphen zur Verfügung, die ständig in neuen Auflagen erscheinen und in jedem Buchladen für den Preis von etwa einer Packung Zigaretten zu haben sind. Ein besonders feierlicher Augenblick ist es, wenn man in einem Museum eine Inschrift oder eine Malerei von der Hand eines dieser Meister sieht und mit eigenen Augen die kühne Strichführung und ihren lebendigen Rhythmus verfolgen kann.

Die Freiheit, die sich ein erfahrener Kalligraph mit der Zeit erlauben kann, beruht auf einer langjährigen Übung, bis die Hand, wie bei einem großen Pianisten, ohne langes Überlegen die einzelnen Striche und die Komposition der Zeichen beherrscht. Wenn alles, was man in der Schule gelernt hat, verschmolzen ist mit den Erfahrungen, die man durch Nachahmen eines großen Meisters gesammelt hat, und die Tradition völlig verinnerlicht ist, erst dann ist der Weg offen für etwas Neues und Eigenes. Der Weg dorthin ist lang, und Abkürzungen gibt es nicht.

Für alle, die versuchen möchten, einige der grundlegenden Zeichen zu schreiben, folgt hier ein Verzeichnis, in dem gezeigt wird, in welcher Reihenfolge die Striche auszuführen sind. Natürlich ist das nicht einfach, aber man sollte sich nicht entmutigen lassen. Denn es kommt der Tag, an dem man die nötige Konzentration hat und ohne besonderen Anspruch unbeschwert mit dem Pinsel über das Papier fährt. Dann entstehen die Zeichen wie von selbst als ein tiefer Ausdruck der eigenen Gedanken und Gefühle. Und man sieht sie vor sich, die Bilder vom Leben und von der Arbeit der Menschen, sieht die Berge und Felder, die Flüsse und Boote mit stumpfem Bug und Heck, und man sieht die Hirsche mit ihren stolzen Geweihen. Es gibt nichts, was uns China, dem Reich der Zeichen, näherbringen könnte.

Sonne	日	丨	冂	月	日				
Mond	月	丿	刀	月	月				
vorhersagen	卜	丨	卜						

Mann, Mensch	人	丿	人						
groß	大	一	ナ	大					
Auge	目	丨	冂	月	目	目			
Gesicht, Oberfläche	面	一	丆	厂	夃	而	而	而	面
Ohr	耳	一	厂	刌	刊	耳	耳		
Nase, ich selbst	自	丿	亻	刍	自	自			
Mund	口	丨	冂	口					
Zahn, Zähne	齒	丶	上	止	步	步	步	步	步
		步	步	齿	齒				
Herz	心	丶	心	心	心				
Hand	手	丿	二	三	手				

Krieg, kämpfen	鬥	l	Ⴥ	ⴧ	ⴧ	ⴧ	ⴧ	ⴧ	ⴧ	鬥
Fuß, stehenbleiben	止	l	ト	止	止					
Körper	身	⼃	⼇	⾝	⾝	⾝	⾝	身		
Frau	女	⼅	夕	女						
Mutter	母	∟	口	毋	毋	母				
Sohn, Kind	子	⼁	了	子						

Wasser	水	⼁	刈	水	水				
Fluß	川	⼃	刈	川					
Berg	山	l	止	山					
Tal, Schlucht	谷	⼃	八	夕	父	谷	谷	谷	
Fels	厂	一	厂						
Stein, Felsblock	石	一	厂	不	石	石			
Quelle, Ursprung	原	一	厂	厂	厂	厉	盾	原	原	原
Feuer	火	⼂	⼃	少	火				

Fisch	魚	ノ	⺈	⺈	乌	叴	备	角	魚	魚	魚
Netz	网	丨	冂	冂	冈	网	网				
Pfeilspitze	矢	ノ	上	上	午	矢					
Bogen	弓	⺄	弓	弓							
Hirsch	鹿	丶	亠	广	广	产	庐	庇	鹿	鹿	鹿
Kopf, Haupt	首	丶	⺍	⺌	艹	首	首	首	首		
Schildkröte	龜	ノ	⺈	⺅	臼	臼	龟	龟	龜	龜	龜
		龜	龜	龜	龜	龜	龜				
Elefant	象	ノ	⺈	⺈	乌	曲	西	予	多	象	象
		象									
langschwänziger Vogel	鳥	ノ	⺈	勹	臼	臼	鸟	鸟	鳥	鳥	鳥
kurzschwänziger Vogel	隹	ノ	亻	亻	什	仨	隹	隹			
Feder	羽	丁	习	习	羽	羽	羽				
Tiger	虎	⺊	⺊	上	广	卢	虍	虐	虎		

| Drache | 龍 | ` | ㄷ | ㄷ | ㅗ | 立 | 产 | 产 | 音 | 音 | 䶎 | 䶎 |
| | | 䶎 | 龍 | 龍 | 龍 | 龍 | | | | | | |

Hund	犬	一	ナ	大	犬			
Schwein	豕	一	ㄱ	丂	豖	豕	豕	豕
Schaf	羊	`	ㅛ	ㅛ	芏	兰	羊	
Ochse, Stier	牛	ノ	㇉	二	牛			
Pferd	馬	一	二	三	王	馬	馬	馬	馬	馬
Horn	角	ノ	㇃	㇒	角	角	角	角
Fell, Haut	革	一	十	廿	廿	苎	苎	苷	苴	革

Wagen	車	一	厂	亓	同	百	亘	車
Weg	行	ノ	㇒	彳	彳	行	行	
Boot	舟	ノ	㇓	月	舟	舟	舟	
Kaurischnecke kostbar, wertvoll	貝	丨	冂	冂	目	目	貝	貝

Acker, Feld	田	丨	冂	冃	田	田					
Kraft	力	丿	力								
Pflug, Grabgabel	耒	一	二	三	丰	耂	耒				
Erde	土	一	十	土							
Regen	雨	一	厂	冂	帀	雨	雨	雨			
Luft, Dampf, Gas ordnendes Prinzip	气	丿	𠂉	气	气						
Gras	艸	乚	屮	屮	屮	艸	艸				
Brunnen	井	一	二	丰	井						
Beamter, Minister	臣	一	丆	玉	臣	臣	臣				
frisch, roh	生	丿	𠂉	𠂉	牛	生					
Zwiebel	韭	丨	丨	丬	丬	非	非	非	非	韭	
Getreide, Hirse	禾	一	二	千	禾	禾					
Hirse (panicum)	黍	一	二	千	禾	禾	禾	禾	黍	黍	黍
	黍										
Weizen	麥	一	十	未	朿	朿	朿	夾	夾	夾	麥

Reis	米	丶	丷	丷	半	米	米			
Melone, Kürbis, Kalebasse	瓜	丿	厂	瓜	瓜	瓜				

Wein	酉	一	丆	门	酉	酉	酉	酉		
Kanne, Gefäß, Krug	壺	一	十	士	士	吉	吉	壴	壴	壴	壴
		壴	壺							
Weinkanne	卣	丶	卜	卢	卢	卣	卣			
Essen, essen	食	丿	人	仒	今	今	食	食	食	
sich anschließen zusammenpassen	合	丿	人	仝	合	合				
gemeinsam gleich, zugleich	同	丨	冂	冃	同	同	同			
das Gefäß Li	鬲	一	丆	冎	丏	丏	鬲	鬲	鬲	鬲
das Gefäß Ding	鼎	丨	冂	冃	目	目	且	且	鼎	鼎	鼎
		鼎	鼎	鼎						
Tongefäß	缶	丿	仁	仁	午	缶	缶			

Hanf	麻	丶	一	广	广	庁	床	床	床	麻	麻	麻
Seide	絲	∠	∠	幺	幺	糸	糸	糹	丝	絲	絲	絲
		絲									
Kleider, Gewand	衣	丶	一	广	衣	衣	衣				

Bambus	竹	丿	노	与	竹	竹	竹		
Baum	木	一	十	才	木				
Korb	其	一	十	廿	甘	甘	其	其	其
Schemel	几	丿	几						

Messer	刀	刁	刀		
Axt, Beil	斤	丿	厂	斤	斤
Dolchaxt Streitaxt	戈	一	七	戈	戈
Fürst, Herrscher	王	一	二	干	王
Arbeit	工	一	丁	工	

Dach	宀	丶	宀	宀						
hoch	高	丶	亠	亠	古	古	戸	高	高	高	高
Hauptstadt	京	丶	亠	亠	古	古	亨	亨	京		
Tür	門	丨	門	門	門	門	門	門	門		
Haushalt, Familie	戸	丶	彐	彐	戸						
Höhle	穴	丶	八	宀	宀	穴					
Dachziegel	瓦	一	丆	瓦	瓦						
eingezäunt	口	丨	冂	口							

Pinsel, Feder	聿	𠃌	肀	肀	肀	聿	聿				
schwarz	黑	丨	冂	四	四	四	回	甲	里	黑	黑	黑
Schrift, Sprache	文	丶	亠	亠	文						
Rede, Wort	言	丶	亠	亠	言	言	言	言			
Ton, Laut, Note	音	丶	亠	亠	立	立	立	音	音	音	

Flöte	龠	ノ	人	스	人	合	合	侖	侖	侖	侖
		侖	侖	侖	龠	龠	龠				
Klangstein	殸	一	十	士	声	耂	吉	声	声	声	殸	殸
Trommel	鼓	一	十	土	吉	吉	吉	吉	吉	壴	壴	赴
		鼓	鼓								
Mitte	中	丶	口	口	中						
Freude, Musik	樂	丶	幺	幺	幻	幻	幼	幼	幼	纵	纵
		樂	樂	樂	樂						

über	上	丨	卜	上
unter	下	一	丁	下
klein	小	亅	小	小
eins	一	一		
zwei	二	一	二	
drei	三	一	二	三

vier	四	丨	冂	冊	四	四
fünf	五	一	丆	丙	五	
sechs	六	丶	亠	亣	六	
sieben	七	一	七			
acht	八	丿	八			
neun	九	丿	九			
zehn	十	一	十			

Literaturverzeichnis

Einige Bücher hatte ich ständig vor mir auf dem Schreibtisch stehen, um Form, Entwicklung und Bedeutung der Zeichen nachschlagen zu können:

Karlgren, Bernhard. *Grammata Serica Recensa*, Stockholm, 1957.

Sun Haibo. *Jiaguwen bian*. Beijing (1934), 1965.

Li Xiaoding. *Jiagu wenzi jishi*. Taipei, 1965. (16 Bde.)

Shima Kunio. *Inkyo bokuji sōrui*, 2. verbesserte Aufl., Tokyo, 1971.

Rong Geng. *Jinwen bian*. Beijing, 1959.

Zhou Fagao o.a. *Jinwen gulin*. (Hrsg.) Hongkong 1974–77. (19 Bde.)

Wang Renshou. *Jin shi da zidian*. Hongkong, 1975 (2 Bde.)

Xu Shen. *Shuowen jiezi zhu*. (kommentierte Ausg.) Shanghai, 1981.

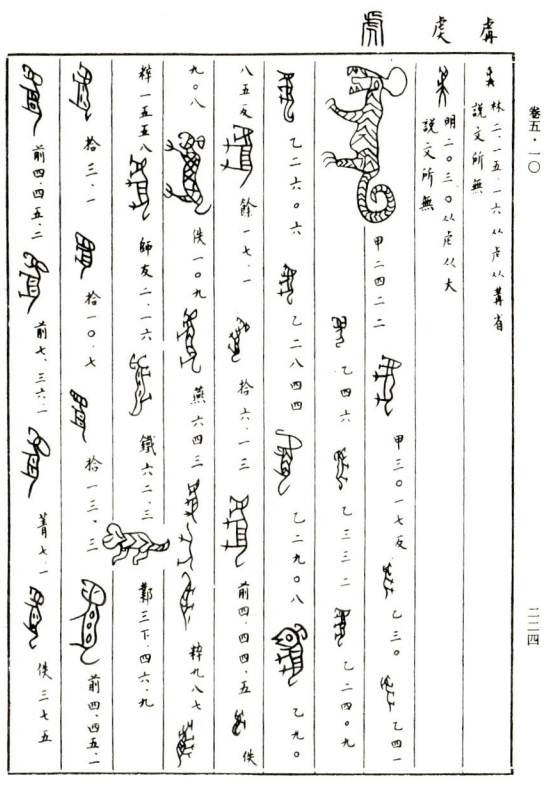

»Jiaguwen bian«. In der dritten Spalte von rechts beginnt das Stichwort »Tiger«.

Das Buch, das mich in das Studium der chinesischen Zeichen einführte, war Bernhard Karlgrens Lexikon *Grammata Serica Recensa*, ein Versuch der Rekonstruktion der chinesischen Sprache, wie sie zur Zeit der Zhou-Dynastie im Wei-Tal in der Gegend um Xi'an (heutiger Name) gesprochen wurde. Das Buch beschäftigt sich vor allem mit der Lautentwicklung, aber es beinhaltet auch die Zeichen aller behandelten Wörter.

Einen Sommer lang durchforstete ich dieses Buch nach allen Richtungen. Ich erstellte ein Verzeichnis aller vorkommenden einfachen und zusammengesetzten Bildzeichen und vertiefte mich dann gründlich in die phonetischen Reihen, in die Karlgren die Zeichen einteilte, um einen Überblick zu erhalten, wie die Radikale (Wurzelzeichen) als Bedeutungsträger benutzt wurden. Diese Arbeit war eine meiner spannendsten intellektuellen Erfahrungen.

Als nächstes interessierten mich die ältesten Formen der Zeichen, von denen bei Karlgren nur ein Bruchteil erwähnt wird, und dazu brauchte ich das Lexikon *Jiaguwen bian* (Zusammenstellung der Zeichen auf Orakelknochen), das 4672 verschiedene Zeichen enthält. Bei 1723 von ihnen sind mehr oder weniger gesicherte Angaben zur Bedeutung beigefügt. Es ist ein brauchbares und unterhaltsames Buch, unter anderem wegen der vielen angegebenen Zeichenvarianten, obwohl Erklärungen zur Bedeutung der Zeichen nur ausnahmsweise gegeben werden.

Um etwas über die Bedeutung der Zeichen zu erfahren, wandte ich mich nun verstärkt dem *Jiagu wenzi jishi* von Li Xiaoding zu. Li geht von den im *Jiaguwen bian* enthaltenen Zeichen aus, referiert kurz die Interpretationsvorschläge der Fachgelehrten und stellt am Ende jedes Abschnitts seinen eigenen Standpunkt dar. Das Buch ist für jeden, der sich einen Überblick über die ältesten Zeichen verschaffen will, unentbehrlich, ist aber schwer zu lesen, da es Lis handschriftliches Manuskript mit allen Änderungen und Streichungen wiedergibt.

Shima Kunio hat in seinem Werk *Inkyo bokuji sōrui* Inschriften veröffentlicht, die über 3000 Orakelknochenzeichen enthalten. Man erfährt hier, in welchem Zusammenhang die Zeichen benutzt wurden und wie verbreitet sie waren. Die zweite Auflage des Buches enthält ein Register, mit dessen Hilfe man, ausgehend von der modernen Form des Zeichens, das entsprechende Orakelknochenzeichen suchen kann, außerdem weist es auf Li Xiaodings Behandlung der Zeichen hin.

Das Werk *Jiaguwen heji*, Beijing 1978–82, enthält in dreizehn Bänden sämtliche bekannten Orakelknocheninschriften. Für die Inschriften auf den Bronzen existiert ein dem *Jiaguwen bian* entsprechendes Lexikon. Es heißt *Jinwen bian* und enthält die Varianten von 1894 Zeichen, die auf Bronzen aus der Shang- und Zhou-Zeit vorkommen. Man erfährt auch die Namen der Bronzegegenstände, auf die die Zeichen geschrieben wurden. Allerdings werden nur selten Erklärungen zur Bedeutung der Zeichen gegeben. Dazu muß man zum *Jinwen gulin* greifen, in dem ausführlich die Auffassungen der Fachgelehrten über die im *Jinwen bian* enthaltenen Zeichen abgehandelt sind.

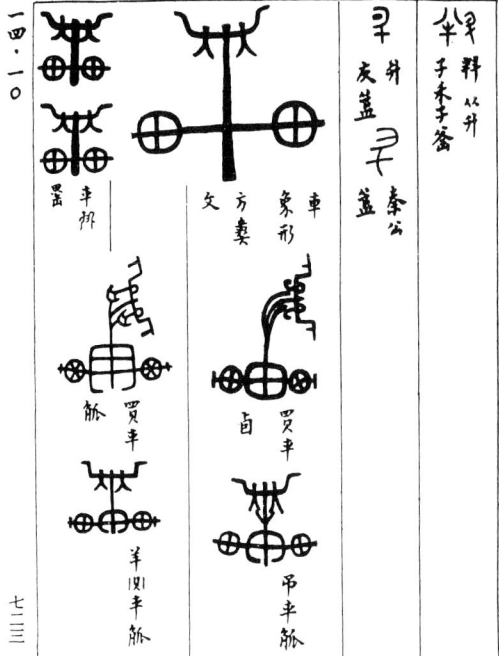

»Jinwen bian«, die erste Seite mit dem Zeichen für Wagen.

Wang Renshou behandelt in seinem *Jin shi da zidian* (Lexikon über Inschriften auf Bronzen und Stein) neben vielen Bronzezeichen auch Inschriften auf anderem Material, wie z. B. Ton.

Chinas erstes analytisches Zeichenlexikon, das *Shuowen jiezi* von Xu

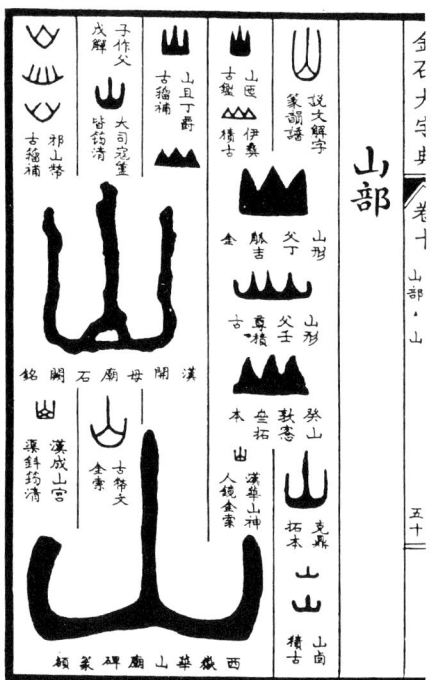

Erste Seite mit dem Zeichen für Berg im »Jin shi da zidian«. Das große Zeichen unten auf der Seite stammt von einem Stein auf dem Huashan.

Shen, erschien im Jahr 121. Es enthält 9352 Zeichen, eingeteilt in 540 Radikale. Diese Einteilung wurde für die später herausgegebenen Wörterbücher zur Norm, doch die Anzahl der Radikale wurde im Laufe der Jahre verringert. Die Interpretationsvorschläge, die in dem Buch gegeben werden, sind natürlich oft veraltet, die vielen archäologischen Funde des 20. Jahrhunderts haben neue Erkenntnisse gebracht.

Xu Shen war zwar bekannt, daß man in frühgeschichtlicher Zeit Knochen zum Orakelnehmen benutzte, aber über das Aussehen der Knocheninschriften wußte er nur sehr wenig. Die Verwendung von Orakelknochen zur Weissagung hörte im großen und ganzen mit dem Niedergang der Shang-Dynastie im Jahr 1028 v. Chr. auf, und die gut tausend Jahre, die vergingen, bis Xu Shen sein Lexikon zusammenstellte, waren von großen kulturellen und gesellschaftlichen Veränderungen geprägt. Die Orakelknochen selbst lagen noch tief unter den Schlammassen begraben.

Xu Shen ging von der Form aus, die die Zeichen bei der Vereinheitlichung zur Zeit des ersten Kaisers erhalten hatten. Dabei wurde jedoch in vielen Fällen die ursprüngliche Form der Zeichen entstellt.

Die Interpretationsvorschläge in seinem Lexikon sind deshalb oft irreführend. Aber in den beinahe zweitausend Jahren seit Erscheinen des Buches behandelte man es fast wie eine Bibel; bis heute verweisen viele der älteren Wissenschaftler zuerst auf das *Shuowen*, wenn es um die Deutung von Zeichen geht, und es ist üblich, aus diesem Werk zu zitieren.

Die erste Seite im Shuowen jiezi mit dem Zeichen für Seide.

Von den allgemeinen Werken zur Archäologie und zu wissenschaftlichen Fragen habe ich mich an die folgenden gehalten:

Chang Kwang-chih. *The Archaeology of Ancient China.* 3. Aufl. New Haven of London, 1977.

– *Shang Civilisation.* New Haven of London, 1980.

Chêng Tê-k'un. *Archaeology in China.* Cambridge: University of Toronto Press. 1959–66. I. Prehistoric China II. Shang China. III. Chou China. New Light on Prehistoric China.

Needham, Joseph, *Science and Civilisation in China.* Cambridge: Cambridge University Press, 1954.

Bd. 1 Introductory Orientations.
Bd. 2 History of Scientific Thought.
Bd. 3 Mathematics and the Sciences of the Heavens and the Earth.
Bd. 4 Physics and Physical Technology. I: Physics. II: Mechanical Engineering. III: Civil Engineering and Nautics.
Bd. 5 Chemistry and Chemical Technology, I: Paper and Printing (Tsien Tsuen-Hsuin). II: Spagyrical Discovery and Invention: Magisteries of Gold and Immortality. III: Spagyrical Discovery and Invention: Historical Survey, From Cinnabar to Synthetic Insulin. IV: Spagyrical Discovery and Invention: Apparatus, Theories and Gifts. V: Spagyrical Discovery and Invention: Physiological Alchemy. IX: Textile Technology: Spinning and Reeling (Dieter Kuhn).
Bd. 6 Biology and Biological Technology, I: Botany. II. Agriculture (Francesca Bray).

Abschließend möchte ich noch zwei Bücher nennen, die mir sehr wichtig waren:

Keightley, D.N. *Sources of Shang History, The Oracle-Bone, Inscriptions of Bronze Age China.* University of California Press, Berkeley, Los Angeles, 1978.
Es handelt sich hier um ein Standardwerk über Orakelknochen. Das Buch ist zwar höchst wissenschaftlich, aber mit viel Engagement geschrieben; es will dem Leser helfen zu verstehen, worauf es ankommt. Der Haupttext nimmt oft nur die Hälfte der Seite ein und faßt alles Wissenswerte zusammen: welche Knochen man verwendet, wie die Löcher gebohrt wurden, welche Stellen man für die Inschriften wählte, wie man sie dechiffrierte usw. Auf der restlichen Seite werden Gesichtspunkte und Fakten einander gegenübergestellt und diskutiert.

Hommel, R.P. *China at Work. An Illustrated Record of the Primitive Industries of China's Masses, Whose Life is Toil, and Thus an Account of Chinese Civilisation.* New York: John Day, 1937. Nachdruck M.I.T. Press, 1969.
Das Buch ist eine Goldgrube für jeden, der in allen Einzelheiten etwas über Werkzeuge und Gerätschaften und über ihre Verwendung im alten und im neuen China erfahren will: wie die Menschen Häuser bauen, kochen, Möbel schreinern, Bürsten, Kerzen, Seile oder Ziegelsteine herstellen, wie sie Wasser heraufziehen, Lehm klopfen oder Seide spinnen. All das wird hier mit Fotos und klar verständlichen Beschreibungen dokumentiert. Eine Geschichte des chinesischen Alltags, mit Liebe und Achtung erzählt.

Literaturverzeichnis

Ancient Chinas's Technology and Science. Beijing: Foreign Languages Press, 1983.

Andersson, J.G. *Den gula jordens barn.* Stockholm, 1932 (*Children of the Yellow Earth. Studies in Prehistoric China.* London, 1934.)
– *Researches into the Prehistory of the Chinese,* BMFEA, no. 15, Stockholm, 1943.

Atlas of Primitive Man in China. Beijing: Science Press, 1980.

Bagley, R.W. *Pan-lung-ch'eng: A Shang City in Hubei,* Artibus Asiae, 39:3/4, 1977.

Ball, J. Dyer. *Things Chinese* (1900). Nachdruck Hongkong: Oxford University Press, 1982 (Interessantes Nachschlagewerk voller nützlicher/exotischer Fakten über Kultur und Gesellschaft des alten China.)

Barnard, Noel. The Nature of the Ch'in ›Reform of the Script‹ as Reflected in Archaeological Documents Excavated under Conditions ofControl. In: David T. Roy und Tsuen-hsuin Tsien (Hrsg.), *Ancient China: Studies in Early Civilization.* Hongkong: Chinese University Press, 1982.

Bauernmalerei aus Huxian. Aschaffenburg, 1979. (Ausstellungskatalog mit dreißig Aufsätzen über die Entstehung der Bauernmalerei und ihre Stilrichtungen.)

Beifang chang yong zhongcaoyao shouce (Handbuch oft verwendeter Heilkräuter Nordchinas) Beijing, 1971.

Beuchert, Marianne. *Die Gärten Chinas.* Köln, 1983.

Blakney, R.B.A. *Course in the Analysis of the Chinese Characters.* Shanghai, 1926.

Blaser, W. *Chinesische Pavillon Architektur/Chinese Pavilion Architecture.* Niederteufen, 1974.
– *Courtyard House in China/Hofhaus in China.* Basel, Boston, Stuttgart, 1979.

Boyd, A. *Chinese Architecture and Town Planning: 1500 B.C. – A.D. 1911.* University of Chicago Press, 1962.

van Briessen, F. *The Way of the Brush. Painting Techniques of China and Japan.* Rutland. Vt: Tuttle, 1962.

Bunker, Emma C. u.a. *Animal Style. Art from East to West.* New York: The Asia Society, 1970.

Burkhardt, V.R. *Chinese Creeds and Customs.* (Hongkong 1953–1958). Hongkong, 1982.

Böttiger, W. *Die ursprünglichen Jagdmethoden der Chinesen nach der alten chinesischen Literatur und einigen paläographischen Schriftzeichen.* Veröffentlichungen des Museums für Völkerkunde zu Leipzig. Heft 10. Berlin, 1960.

Carter, T.F. *The Invention of Printing and Its Spread Westward.* Zweite, von L. Carrington Goodrich überarbeitete Aufl., New York, 1955.

Chang Kwang-chih. *Early Chinese Civilization, Anthropological Perspectives,* Harvard-Yenching Institute Monograph Series, Bd. XXIII, 1976.
– *Art, Myth and Ritual. The Path to Political Authority in Ancient China.* Cambridge, Mass.: Harvard University Press, 1983.
– (Hrsg.) *Food in Chinese Culture. Anthropological and Historical Perspectives.* New Haven und London: Yale University Press, 1977.

Changsha Mawangdui yi hao Han mu (Han-Grab Nr. 1 in Mawangdui, Changsha). (2 Bde.) Beijing: Wenwu chubanshe, 1973.

Chang Te-Tzu. The Origins and Early Cultures of the Cereal Grains and Food Legumes. In: Keightley, D.N. *The Origins of Chinese Civilization.* London, 1983.

Chang Tsung-tung. *Der Kult der Shang-Dynastie im Spiegel der Orakelinschriften. Eine paläographische Studie zur Religion im archaischen China.* Wiesbaden, 1970.

Chen Mengjia. *Yinxu buci zongshu* (Orakelknocheninschriften aus der Yin-Zeit). Beijing: Kexue chubanshe, 1956.

Chatley, H. *The Yellow River as a Factor in the Development of China.* Asiatic Review, 1939, I.

Chavannes, E. *Mission Archéologique dans la Chine Septentrionale,* Paris, 1909–15.
– *Le T'ai chan. Essai de Monographie d'un Culte Chinois.* Paris, 1910.

Chêng Tê-k'un. *Animal Styles in Prehistoric and Shang China.* BMFEA 35, Stockholm, 1963.

Cheung Kwong-Yue. Recent Archaeological Evidence Relating to the Origin of Chinese Character. In: David N. Keightley, *The*

Origins of Chinese Civilization. University of California Press, London 1983. (Die Aufsätze geben einen Überblick über alle Funde von Inschriften auf Tongefäßen, die bis Juli 1979 veröffentlicht wurden, außerdem werden die verschiedenen Vorschläge zur Datierung und Deutung diskutiert.)

Chiang Yee. *Chinese Calligraphy. An Introduction to Its Aesthetic and Technique*. London, 1938. Dritte, erweiterte und überarbeitete Auflage. Cambridge, Mass., 1973.

Chinese Rubbings. China Publication Centre. Beijing (o. J.).

Chongqing shi bowuguan. *Sichuan Han huaxiang zhuan xuanji* (Ziegelreliefs aus der Han-Dynastie in der Provinz Sichuan). Beijing, 1957.

Cihai (Ordhavet). Shanghai: Shanghai cishu chubanshe, 1979. (3 vol.)

Creel, H.G. *The Birth of China: A Survey of the Formative Period of Chinese Civilization*. London: Jonathan Cape, 1936.

Dawenkou. Xinshiqi shidai muzang fajue baogao (Ausgrabungsbericht über die Gräberfunde aus der Jungsteinzeit in Dawenkou). Beijing: Wenwu chubanshe, 1974.

DeFancis, J. *The Chinese Language. Fact and Fantasy*. Honolulu: University of Hawaii Press, 1984.

von Dewall, Magdalene. Pferd und Wagen im Frühen China. In: *Saarbrücker Beiträge zur Altertumskunde*, Bd.I, Bonn, 1964.

Devloo, E. *An Etymological Chinese-English Dictionary: A Handbook for the Systematical Study of the Most Useful 8000 Chinese Characters with the Etymological Explanation of the 200 Primitives*. Tai-pei, Hua Ming Press, 1969.

Dong Zuobin, *s.* T'ung Tso-pin.

Dye, D.S. *Chinese Lattice Designs*. New York: Dover, 1974.

Elisseeff, Danielle – V. *New Discoveries in China. Encountering History Through Archaeology*. Shen Zhen, 1983.

Elisseeff, V. *Bronzes Archäiques chinois au Musée Cernuschi*. Paris: L' Asiatèque, 1977.

Farrelly, D. *The Book of Bamboo*. San Francisco, 1984 (Ein Buch, in dem wirklich alles Wissenswerte über Bambus und seine Verwendung steht).

Fazzioli, E. *Gemalte Wörter. 214 chinesische Schriftzeichen. Vom Bild zum Begriff*. Bergisch Gladbach 1987.

Feifel, Eugen. *Geschichte der chinesischen Literatur*, 4.neu bearbeitete u. erw. Auflage 1982. Hildesheim, Zürich, New York, 1982.

Fenollosa, E. *The Chinese Written Character as a Medium for Poetry*. With a Foreword and Notes by Ezra Pound. London, 1936.

Gaocheng Taixi Shangdai yizhi (Shangboplats i Taixi, Gaocheng). Beijing: Wenwu chubanshe, 1985.

Gao Ming. *Guwenzi lei bian* (Verschiedene Arten frühgeschichtlicher Zeichen), Beijing: Zhong hua, 1980. (Lexikon über Zeichen auf Knochen, Bronzen, Bambus, Ton, die meisten verkleinert.).

Gao Wen. *Sichuan handai huaxiang zhuan* (Geformte Ziegel der Han-Zeit aus Sichuan). Shanghai renmin meishu chubanshe, Shanghai, 1987.

Granet, Marcel. *Die chinesische Zivilisation. Familie, Gesellschaft, Herrschaft von den Anfängen bis zur Kaiserzeit*. Übers. von Claudius C. Müller. Frankfurt a.M., 1985.
– *Das chinesische Denken. Inhalt, Form und Charakter*. Herausgg. u. eingeleitet von Manfred Porkert, München, 1963.
– *La religion des Chinois*. Paris, 1951.
– *Danses et légendes de la Chine ancienne*. Paris, 1926.

Gray, J.H. *China. A History of the Laws, Manners and Customs of the People*. London, 1878. Shannon, 1972.

van Gulik, R.H. *The Lore of the Chinese Lute. An Essay in Ch'in Ideology*. Tokyo, 1940.

Hager, J. *An Explanation of the Elementary Characters of the Chinese*. London, 1801.

Hawkes, D. *Ch'u Ts'u. The Songs of the South*. Oxford, 1959.

Hentze, C. *Die Sakralbronzen und ihre Bedeutung in den frühchinesischen Kulturen*. Antwerpen, 1941.
– Zur ursprünglichen Bedeutung des chinesischen Zeichens t'ou (= Kopf). *Anthropos*. Bd XLV, 1950.
– *Bronzegerät, Kultbauten, Religion im ältesten China der Shang-Zeit*. Antwerpen, 1951.
– *Tod, Auferstehung, Weltordnung*. Zürich, 1955.

A History of Chinese Currency (16th Century B.C.–20th Century A.D.). Hongkong: Xinhua Publishing House o.a., 1983.

Hoa, L. *Reconstruire la Chine; trente ans d'urbanism,* 1949–1979, Paris, 1981.

Ho Ping-ti. *The Cradle of the East. An Inquiry Into the Indigenous Origins of Techniques and Ideas of Neolithic and Early Historic China, 5000–1000 B.C.* Chinese University of Hongkong und University of Chicago Press, Hongkong, 1975.

Hsü Ching-hsiung. *The Menzies Collection of Shang Dynasty Oracle Bones.* (2 Bd.) Royal Ontario Museum, Toronto, 1971, 1977.

Hubei sheng bowuguan. *Suixian Zeng hou zhi mu* (Das Grab des Herzogs von Zeng in Suixian). Wenwu chubanshe, 1980.
– *Zhanguo Zeng hou zhi mu* (Das Grab des Herzogs von Zeng aus der Zeit der Streitenden Reiche). Changsha wenyi chubanshe, Xianning, 1984.

Jia Lanpo. *Early Man in China.* Beijing: Foreign Languages Press, 1980.

Jiang Liangfu. *Guwenzixue* (Studium der frühgeschichtlichen Schrift). Zhejiang renmin chubanshe, 1984.

Jieziyuan huazhuan (Das Handbuch der Malerei »Senfkorngarten«). Beijing: Renmin chubanshe, 1960.

Karlgren, B. *Analytic Dictionary of Chinese and Sino-Japanese,* Paris, 1923.
– *Yin and Chou in Chinese Bronzes,* in BMFEA, Nr. 8, Stockholm, 1936.
– *New Studies on Chinese Bronzes,* in BMFEA, Nr. 9, Stockholm, 1937.
– *The Book of Odes.* Göteborg, 1950. (Beinhaltet den chinesischen Text plus Transkription und Übersetzung des Buches der Lieder bzw. des Buches der Oden, wie Karlgren es nennt. Zu deutschen Ausgaben siehe Strauß und Weber-Schäfer.)
– *Easy Lessons in Chinese Writing.* Stockholm, 1958.
– *Kina i tal och skrift. En introduktion till det kinesiska språket.* Stockholm, 1965. *Schrift und Sprache der Chinesen.* Übers. a.d. Engl. und bearb. von Ulrich Klodt. Berlin 1975. 2. korr. Nachdruck 1989.

Keightley, D.N. (Hrsg.) *The Origins of Chinese Civilization.* University of California Press, London 1983. (Siebzehn gut dokumentierte Beiträge über die natürlichen Bedingungen, Ackerbau, Kultur, Volksgruppen, Sprache und Schrift sowie die Entstehung der ersten zivilisierten Reiche.)

Keswich, Maggie. *The Chinese Garden. History, Art & Architecture.* London: Academy Editions, 1978.

Keys, J.D. *Chinese Herbs; Their Botany, Chemistry, and Pharmacodynamics.* Rutland und Tokyo: Tuttle, 1976.

Knapp, R.G. *China's Traditional Rural Architecture. A Cultural Geography of the Common House.* Honolulu: University of Hawaii Press, 1986.

Kuhn, Franz. *Die Räuber vom Liang Schan Moor.* 2 Bde. Frankfurt a. M., 1953.

Kunze, R. *Bau und Anordnung der chinesischen Zeichen.* Tokyo und Leipzig: Tokyo Deutsche Gesellschaft, 1937.

Leeming, F. Official Landscapes in traditional China, in *Journal of the Economic and Social History of the Orient,* 1980:23.

Liang Donghan. *Hanzide jiegou nai qi liu bian.* (Form und Entwicklung der chinesischen Zeichen.) Shanghai, 1959.

Li Chi. *The Beginnings of Chinese Civilization.* Seattle: University of Washington Press, 1957.
– *Anyang.* Seattle: University of Washington Press, 1977.

Li Hui-Lin. The Domestication of Plants in China: Ecogeographical Considerations. In: Keightley, D.N. *The Origins of Chinese Civilization.* University of California Press, London, 1983.

Li Jie (Li Mingzhong). *Yingzao fashi* (Bau- und Konstruktionsregeln). Erstdruck 1103. Nachdruck: Wujin: Zhuanjing shushe, Minguo 14 (1925).

Li Shizhen. *Bencao gangmu.* Beijing: Renmin weisheng chubanshe, 1981. (Neuausgabe von »Die große Pharmakopöe« aus dem Jahr 1596.)

Li Xueqin. *The Wonder of Chinese Bronzes.* Beijing: Foreign Languages Press, 1980.
– *Eastern Zhou and Qin Civilizations.* Übers. von K.C. Chang. New Haven und London: Yale University Press, 1985.

Liu Dunzhen. *La Maison Chinoise.* Paris, 1980.
– o.a. *Zhongguo gudai jianzhu shi.* Beijing: Jianzhu kexue yanjiu shi, 1980.

Liu E (Liu Ngo/Liu T'ieh-yün). *T'ieh-yün ts'ang kuei.* (Gesammelte Funde auf Schildkrötenpanzern). 1903. Lithographische Ausg. 1931.

Liu Guojun-Zheng Rusi. *The Story of Chinese Books.* Beijing: Foreign Languages Press, 1985.

Li Yuzheng, u.a. *Xi'an Beilin Shufa Yishu* (Kalligraphisches Werk in Beilin in Xi'an). Xi'an: Shaanxi renmin meishu chubanshe, 1983.

Loehr, M. *Chinese Bronze Age Weapons.* The Werner Jannings Collection in the Chinese National Palace Museum, Peking: Ann Arbor, 1956.
– *Ritual Vessels of Bronze Age China.* New York: The Asia Society, 1968.

Loewe, M. Man and Beast, The Hybrid in Early Chinese Art and Literature, *in: Numen,* Bd. XXV, Fasc. 2, 1978.

Lowe, H.Y. *The Adventures of Wu. The Life Cycle of a Peking Man.* The Peking Chronicle Press, 1940–41. Nachdruck Princeton: Princeton University Press, New Jersey, 1983.

Ma Chengyuan. *Zhongguo gudai ging tongqi* (Frühgeschichtliche, chinesische Bronzen). Shanghai: Shanghai renmin chubanshe, 1982.

Mathew's Chinese-English Dictionary. Cambridge, Mass.: Harvard University Press, 1975.

Mayers, W.F. *The Chinese Reader's Manual. A Handbook of Biographical, Historical, Mythological, and General Literary Reference.* Shanghai, 1924.

Medley, Margaret. *The Chinese Potter. A Practical History of Chinese Ceramics.* Oxford: Phaidon, 1976.

Morrison, Hedda–Eberhard, W. *Hua Shan. The Taoist Sacred Mountain in West China. Its Scenery, Monasteries and Monks.* Hongkong, 1974.

Mullikin, Augusta–Hotchkis, Anna M. *The Nine Sacred Mountains of China. An Illustrated Record of Pilgrimage Made in the Years 1935–36.* Hongkong, 1973.

Pan Jixing. *Zhongguo zao zhi jishu shigao* (Geschichte der chinesischen Papierherstellung, Auszug). Beijing: Wenwu chubanshe, 1979.

Peasant Paintings from Huhsien County. Beijing: Foreign Languages Press, 1974.

Picken, L.E.R. The Music of Far Eastern Asia. In: *New Oxford History of Music,* vol. I. Oxford, 1957.

Qiu Feng. *Zhongguo danshiye shi hua* (Geschichte der chinesischen Süßwasserfischzucht) In: *Nongye kaogu,* Archäologie des Ackerbaus, 1982/I.

Qiu Xigui. Hanzi xingcheng wentide chubu tansuo. *Kaogu* 1978:3. (Übersicht über die Entwicklung der Schriftsprache in ältester Zeit.)

Rainer, Roland. *Die Welt als Garten – China.* Graz, 1979.

Rawson, Jessica. *Ancient China. Art and Archaeology.* London: British Museum, 1980.

Richthofen, F.von. *Tagebücher aus China.* Berlin, 1907.

Ryjik, K. *L'idiot chinois. Initiation élémentaire à la lecture intelligible des caractéres chinois.* Paris: Payot, 1980.
– *L'idiot chinois. La promotion de Yu le Grand.* Paris: Payot, 1984.

Shaanxi sheng kaogu vanjiusuo (Archäologisches Forschungsinstitut der Provinz Shaanxi). *Shaanxi chutu Shang Zhou ging tongqi* (Bronzen aus der Shang- und Zhou-Zeit, ausgegraben in Shaanxi). (4 Bd.). Beijing 1979-84. (Die ersten von zchn geplanten Bildbänden, in denen alle wichtigen Bronzen aus der Shang- und Zhou-Zeit, die in der für Bronzegegenstände berühmten Provinz Shaanxi gefunden wurden, von Berufsfotografen präsentiert werden. Dazu genaue Angaben über Größen, Inschriften, usw.)

Shangdong sheng bowuguan (Provinzmuseum Shandong). *Shangdong hanhua xiangshi xuanji* (Han-Zeit. Steinreliefs aus Shandong.) Qi lu shu she chuban, 1982.

Shandong Weifang nianhua (Neujahrsbilder aus Weifang). Weifang: Renmin chubanshe, 1978.

Shanghai bowuguan cang qingtongqi (Bronzen aus den Sammlungen des Museums in Shanghai). (2 Bd.) Shanghai: Renmin meishu chubanshe, 1964.

Shapiro, H.L., *Peking Man.* New York, 1974.

Shih Sheng-Han. *On 'Fan Shêng-Chih Shu'. An Agriculturist Book of China Written by Fan Shêng-Chih in the First Century B.C.,* Beijing: Science Press, 1959.

– *A Preliminary Survey of the Book Ch'i Min Yao Shu. An Agricultural Encyclopaedia of the 6th Century*. Beijing: Science Press, 1962.

Sichou zhi lu. Han Tang zhiwu (Die Seidenstraße. Seide aus der Han- und Tang-Zeit). Beijing: Wenwu chubanshe, 1972.

Sickman L. – Soper, A. *The Art and Architecture of China*. 3. Aufl., London, 1968.

Sirén, O. *Kinas trädgårdar* (Die Gärten Chinas). Stockholm, 1948.

Strauß, Victor von (Übers.). *Schi-king. Das kanonische Liederbuch der Chinesen*. Heidelberg, 1880.

Sze Mai-Mai (Übers.). *The Mustard Seed Garden Manual of Painting. A Facsimile of the 1887–1988 Shanghai Edition* (Senfkorngarten). New Jersey: Princeton University Press, 1977.

Temple R. *The Genius of China. 3 000 Years of Science, Discovery and Invention*. New York: Simon and Schuster, 1987.

Tian Enshan. Wangjude qiyuan yu rengong yujiao xiaokao (Abhandlung über Fischernetze und Dammbau). In: 1982/1. (Archäologie des Ackerbaus) *Nongye kaogu*.

Tiangong kaiwu (Von der Anwendung der Natur) (1637). Nachdruck. Hongkong: Zhonghua shuju, 1983.

Timmermann, Irmgard. *Die Seide Chinas. Eine Kulturgeschichte am seidenen Faden*. Köln, 1986.

Tong Kin-woon. *Shang Musical Instruments*. Middletown, Conn.: Wesleyan University, 1983.

Tsien Tsuen-Hsuin. *Written on Bamboo and Silk. The Beginnings of Chinese Books and Inscriptions*. University of Chicago Press, 1962.

T'ung Tso-pin. *Fifty Years of Studies in Oracle Bone Inscriptions*. Tokyo, 1964.

Vaccari, O. – Vaccari, Enko Elisa: *Pictorial Chinese-Japanese Characters. A New and Fascinating Method to Learn Ideographs*. Tokyo, 1950.

Waldenström, P.P. *Till Kina. Reseskildringar*. (Nach China. Ein Reisebericht.) Stockholm, 1907-08.

Waley, A. *The Book of Songs* (Das Buch der Lieder). London, 1937.

Wang Shucun. *Ancient Chinese Woodblock New Year Prints*. Beijing: Foreign Languages Press, 1985.

Wang Xuezhong. *Shufa jugyao* (Einführung in die Kalligraphie). Tianjin: Renmin meishu chubanshe, 1981.

Wang Yongyan. *Löß in China*. Shaanxi People's Art Publishing House, 1980 (Großer Bildband über verschiedene Lößformationen).

Watson, W. *China Before the Han Dynasty*. London, 1961.
– *The Genius of China*. An Exhibition of Archaeological Finds of the People's Republic of China, London, 1973.

Weber, C.D. *Chinese Pictorial Bronze Vessels of Late Chou Period*. Ascona, Schweiz: Artibus Asiae, 1968.

Weber, G.W., Jr. *The Ornaments of Late Chou Bronzes: A Method of Analysis.*. New Brunswick, New Jersey, 1973.

Weber-Schäfer, Peter (Übers.). *Altchinesische Hymnen aus dem »Buch der Lieder« und den »Gesängen von Ch'u«*. Köln, 1967.

Wen Fong (Hrsg). *The Great Bronze Age of China*. London, 1980. (Vier einleitende Aufsätze anerkannter Forscher sowie eine detaillierte Beschreibung von 97 Gegenständen aus der Shang- und Zhou-Zeit. Über 100 hervorragende Farbabbildungen, ebenso viele Detailbilder und Abreibungen von Inschriften. Die derzeit beste nichtchinesische Einführung in die Bronzen.)

Wenhua da geming qijian chutu wenwu, di yi ji (Archäologische Funde während der Kulturrevolution). Beijing. Wenwu chubanshe, 1973.

Wenwu kaogu gongzuo sanshi nian, 1949–1979 (Dreißig Jahre archäologische Arbeiten 1949–1979). Beijing, Foreign Languages Press, 1979.

Wheatley, P. *The Pivot of the Four Quarters: A Preliminary Enquiry Into the Origins and Character of the Ancient Chinese City*. Chicago, 1971.

White, W.C. *Tombs of Old Lo-yang*. Shanghai, 1934.

Wieger, L. *Chinese Characters, Their Origin, Etymology, History, Classification and Signification. A Thorough Study from Chinese Documents* (1915). Nachdruck New York: Dover, 1965.

Wilder, G.D. – Ingram J.H. *Analysis of Chinese Characters*. New York: Dover, 1974.

Wilhelm, Richard (Hrsg. u. Übers.). *I Ging. Das Buch der Wandlungen.* Köln, 1956.
– *Li Gi. Das Buch der Riten, Sitten und Gebräuche.* Köln, 1981.
– *Mong Dsi (Mencius). Die Lehrgespräche des Meisters Meng K'o.* Neuausgabe Köln, 1982.

Willetts, W. *Foundations of Chinese Art, From Neolithic Pottery to Modern Architecture.* London, 1965.
– *Chinese Calligraphy. Its History and Aesthetic Motivation.* Hongkong: Oxford University Press, 1981.

Williams, C.A.S. *Encyclopedia of Chinese Symbolism and Art Motives.* New York, 1960. Neuausgabe des klassischen Werkes mit dem ursprünglichen Titel *Outlines of Chinese Symbolism and Art Motives.* Shanghai: Kelly and Walsh, 1931.

Wu Haokun – Pan You. *Zhongguo jiagu xue shi* (Geschichte der Orakelknochenstudien in China). Shanghai: Renmin chubanshe, 1985. (50 Seiten Literaturverzeichnis aller wichtigen Werke und Aufsätze.)

Wu Qijun. *Zhiwu ming bao tu kao* (1848). Bearbeitete Aufl. Shanghai: Shangwu yingshuguan, 1957.

Xi'an Banpo (Steinzeitdorf in Banpo, Xi'an). Beijing: Wenwu chubanshe, 1963.

Xi nZhongguo chutu wenwu (*Historical Relics Unearthed in New China*). Beijing: Foreign Languages Press, 1972.

Xin Zhongguo de kaogu shouhuo (Archäologische Fortschritte im Neuen China). Beijing: Wenwu chubanshe, 1962.

Xinyang Chumu (Zwei Chu-Gräber bei Xinyang). Beijing: Wenwu Chubanshe, 1986.

Xu Guangqi. *Nong Sheng Quan Shu jiaozhu* (Vollständiger Bericht über den Ackerbau). Neuausgabe mit Kommentaren von Shi Shenghan. Shanghai: Guji chubanshe, 1979.

Xu Zhongshu. *Hanyu guwenzi xingbiao* (Zusammenstellung verschiedener Formen frühgeschichtlicher Zeichen). Sichuan renmin chubanshe, 1980. (Lexikon über die Zeichen auf Knochen, Bronzen, Bambus, Ton; einige vergrößert, andere verkleinert.)

Yan'an Papercuts. People's Fine Arts Publishing House. China (o.J.).

Yinxu fuhao mu (Das Grab der Fu Hao in Yinxu bei Anyang). Beijing: Wenwu chubanshe, 1980.

Yu, Ying-shih. *Trade and Expansion in Han China.* Berkeley, 1967.

Zhang Dao. *Zhongguo gudai tu an xuan* (Chinas frühgeschichtliche Musterarten). Jiangsu meishu chubanshe, 1980.

Zhang Zhongye. Jinyu shi hua (Geschichte der Goldfische). In: *Nongye kaogu* (Archäologie des Ackerbaus), 1982/1.

Zhengzhou Erligang. Beijing: Wenwu chubanshe, 1959. (Ausgrabungsbericht über Erligang von Zhengzhou.)

Zhougguo bowuguan (Chinas Museen). Beijing: Wenwu chubanshe, 1984–1989 (7 vol)

Zhounghua renmin gongheguo chutu wenwu xuan (Eine Auswahl von archäolog. Funden in der Volksrepublik China). Beijing, Wenwu chubanshe, 1976.

Zhou Xibao. *Zhongguo gudai fushi shi* (Geschichte der Kleider und Gewänder im frühen China). Shanghai: Zhongguo xiju chubanshe, 1984.

Zhou Xun, Gao Chunming u.a. *Zhongguo lidai fushi* (Chinese Clothing and Adornment in Various Dynasties). Shanghai: Xuelin chubanshe, 1984 (Prachtband über die Geschichte der Kleider und Gewänder in China).

Zhong Yuanzhao (Hrsg.) *History and Development of Ancient Chinese Architecture.* Chinese Academy of Sciences. Beijing, Science Press, 1986 (Monumentales Werk über Entwicklung, Materialien und Methoden in der chinesischen Architektur).

Östasiatiska Museet. (Hrsg.) *Arkeologiska fynd från Folkrepubliken Kina* (Archäolog. Funde aus der VR China). Stockholm, 1974.

Zeitschriften und Serien

Artibus Asiae. Ascona, Schweiz, 1925–.
Bulletin of the Museum of Far Eastern Antiquities. Stockholm, 1929–.
Early China. Berkeley, California, 1975–.
Harvard Journal of Asiatic Studies. Cambridge, 1935–.
Kaogu. Beijing, 1959–.
Wenwu. Beijing, 1959–.
Guwenzi yanjiu 1979–.

Dynastien und Epochen

Sämtliche Jahreszahlen bis 221. v. Chr., als die Qin-Dynastie gegründet wurde, sind ungesichert und werden ständig durch neue
Forschungsergebnisse und archäologische Funde korrigiert. So
wurde die Altsteinzeit durch die Funde in Lantian in den sechziger Jahren um hunderttausend Jahre zurückdatiert, und die Xia-
Dynastie, die bis vor kurzem vor allem unter westlichen Fachgelehrten als legendär galt, scheint nun nach Meinung der
Archäologen wirklich existiert zu haben, obwohl der Zeitraum
noch nicht genau feststellbar ist.

Ungesichert sind auch noch Beginn und Ende der beiden nachfolgenden Dynastien. Nach traditioneller chinesischer Geschichts-
schreibung begann die Shang-Dynastie im Jahr 1766, die moderne
Forschung nimmt eher 1523 an. Die Übernahme der Macht durch
die Zhou-Dynastie, für die man früher das Jahr 1122 angenommen hatte, wird jetzt auf 1027 angesetzt, obwohl auch diese Jahres-
zahl fraglich ist. Die Dynastie soll mit dem Tod von König Nan-
wang im Jahr 256 zu Ende gegangen sein, oder 221, als die
Qin-Dynastie an die Macht kam.

Die späte Shang-Zeit wird oft auch Yin-Zeit genannt, dieser Begriff ist aber erst ab der Zhou-Zeit nachweisbar.

Bezüglich des Zeitpunktes des Übergangs von der Frühlings- und
Herbstepoche zur Zeit der Streitenden Reiche bestehen unterschiedliche Meinungen, angenommen werden die Jahre 481, 478,
468, 453 und 403.

Die folgende Einteilung ist im heutigen China üblich:

Altsteinzeit: ca. 600 000–ca. 7000 v. Chr.
Jungsteinzeit: ca. 7000–2200 v. Chr.
Xia (legendär?) ca. 2200–1524 v. Chr.
Shang 1523–1028 v. Chr.
Zhou 1027–221 v. Chr.
Frühlings- und Herbstepoche 770–476 v. Chr.
Zeit der Streitenden Reiche 475–221 v. Chr.
Qin 221–206 v. Chr.
Han 206 v. Chr.–220 n. Chr.
Die sechs Dynastien 221–589
Die drei Königreiche 221–210
Westliche Jin 265–316
Östliche Jin 217–420
Nördliche Wei 386–535
Sui 581–618
Tang 618–906
Die fünf Dynastien 907–960
Song 960–1279
Yuan 1280–1367
Ming 1368–1644
Qing 1644–1911
Republik China 1912–1948
Volksrepublik China 1949–

Register

Bildnachweis

Bildarchiv China, Beijing: 27, 29, 34, 55, 66, 71, 94 (rechts), 105, 107 (links), 114, 115, 117, 133, 135, 197, 206 (ganz links), 222, 260, 277, 279, 285, 304, 314, 315, 316, 317, 318, 319, 344, 368, 387 (unten), 390,

Albert III, Bonnier, Stockholm: 364, 384.

British Museum, London: 39

Freer Gallery of Art, Washington DC: 90

Institut für Geschichte und Philologie, Academia Sinica, Taipei, Taiwan, Volksrepublik China: 84, 251, 362.

Gun Kessle, Mariefred: 292

Cecilia Lindqvist, Stockholm: 21, 31, 45, 53, 60, 65, 67, 76, 86 , 88, 89, 98, 107, 108, 112, 123, 125, 172, 130, 135, 143, 145, 147, 148, 151, 152, 154, 158, 160, 172, 176, 187, 200, 201, 202, 203, 204, 206 (Mitte), 209, 216, 218, 223, 226, 229, 233, 235, 236, 237, 244, 249, 253, 254, 261, 262, 263, 268, 270, 273, 276, 279, 280, 282, 286, 289, 291, 294, 296, 298, 322, 335, 365, 369, 371, 372, 373, 375, 377, 380, 381, 382 (Mitte, unten rechts(, 385, 386 (oben), 387, 388, 389, 391, 392.

Sammlung Cecilia Lindqvist. Abreibungen: 41, 58, 86, 122, 144, 166, 187, 217, 221, 320, 321, Scherenschnitte, Neujahrsbilder, Plakate u.ä.: 73, 74, 99, 100 (rechts), 145, 163, 166, 328, 342, 366, 372, 373, 378, 379.

Musée Cernuschi, Paris: 109, 370.

National Palace Museum, Taipei, Taiwan, Volksrepublik China: 59, 377, 208, 367.

Ostasiatisches Museum, Stockholm (Erik Cornelius): 25, 94 (links), 116, 157, 199, 296 (ganz rechts), 207, 249, 256, 308, 363, 382 (oben links), 383, 386 (unten).

Reichsarchiv, Stockholm: 146.

Schwedisch-chinesischer Freundschaftsbund,

Bildarchiv, Stockholm: 104, 142, 169, 188, 299, 366, 382 (oben rechts).

Wissenschaftsakademie China, Beijing: 80, 139.

Ancient Chinese, Architecture, Chinese Academy of Architecture, Hongkong 1982, 271.

Brinker, H. - Goeppner, R., *Kunstschätze aus China*, Zürich 1980: 17.

Chang, K.-C.; *The Archaeology of Ancient China*, New Haven/London 1977: 140 (links) – *Shang Civilization*, New Haven/London 1980: 271.

Changsha Mawangdui yi hao Han mu, Beijing 1973: 225, 312, 313, 382 (unten links).

Chavannes, E., *Mission Archéologique dans la Chine Septentrionale*, Paris 1909 - 15: 148.

Chêng Tê-k'un, *Shang China*, Cambridge 1960: 139.

–, *Zhoug China*, Cambridge 1963: 272

China – 7000 Years of Discovery. ASpecial Exhibition by the China Science and Technology Palace Preparatory Commitee and the Ontario Science Centre 1982: 219.

Chinese Literature 1979/12: 376.

Dawenkou, Beijing 1974: 57,253,259.

Dye,. D.S., *Chinese Lattice Designs*, New York 1974: 295.

Francke, O., Keng Tschi T'u, *Ackerbau und Seidengewinnung in China*, Hamburg 1913: 245.

Gaocheng Taixi Shangdai yishi, Beijing 1985: 40,177,178,250.

Goodall, J.A., *Heaven and Earth, 120 Album Leaves from a Ming Encyclopedia*, London 1979:132.

Jianming zhongguo lishi tuce, Tianjin 1978: 165,166,202,254.

Jin shi su, 1821: 73.

Kaogu, 1964/9: 163.

Keightley, D.N., *Sources of Shang History* 1978: 18.

Li Chi, *The Beginnings of Chinese Civilization*, Seattle 1957: 110.

Li Jie, *Yingzao fashi*, Nachdruck 1925: 277,278,287.

Liu Dunzhen (Hrsg.), *Zhongguo gudai jianzhu shi*, Beijing 1981: 275,281.

Liu E, *Gesammelte Funde auf Schildkrötenpanzern*, Beijing 1931: 19.

Mi Su moji san zhong, *Shanghai shuhua chubanshe*, 1973: 59.

Needham, J., *Science and Civilization in China*, Cambridge 1971: 142,150,153,156.

Nongye kaogu 1982/1: 75.

Pan Jixing, *Zhongguo zao zhi jishu shigao*, Beijing 1979: 214.

Peasant Paintings from Huhsien County, Beijing 1974: 374.

Das Handbuch der Malerei »Senfkorngarten«, Beijing 1960: 33,64,155,230,231,237,283,284.

Shaanxi chutu shang zhou qingtongqi I, Beijing 1979: 87.

Thompson, J., *China and Its People* (1873), New York/Dover 1982: 79.

Tiangong kaiwu, (1637), Nachdruck 1983: 222.

Weber, C.D., *Chinese Pictorial Bronze Vessels of Late Chou Period*, Ascona 1968: 77,83,101,103,257,315,323,326.

White, W.C. *Tombs of Old Lo-yang*, Shanghai 1934: 81,82,121.

Wu Qijun, *Zhiwu ming bao tu kao*, Shanghai 1957: 185,186,193.

Xi'an Banpo, Beijing 1963: 71,77,267,268.

Xu Guangqi, *Non Sheng Quan Shi*, Shanghai 1979: 147,173,175,179.

Yan'an Papercuts: 96-98,100 (links),108,126,240.

Zhanguo hou zhi mu, Xianning 1984: 319 (oben).

Zhongguo gudasi shi chang shi, Beijing 1980; 79,140 (rechts), 145,196,242,303.

Zhong Yuanzhao (Hrsg.), *History and Development of Ancient Chinese Architecture*, Beijing 1986: 267,275.